中国科学院规划教材

零 售 学

李骏阳 编著

科学出版社

北 京

内 容 简 介

　　本书从零售业发展的历史入手，全面阐述了零售业的形成与演变过程，介绍了当代零售业的组织与业态结构以及零售业发展的相关理论，在此基础上展开对零售企业的全面介绍，包括零售企业的发展战略、零售企业的经营策略、零售企业的内部管理，内容涵盖零售企业选址、内部组织结构与信息系统、商品定位、采购与库存管理、店铺设计、定价策略、促销策略、销售服务、人力资源管理等。本书反映了零售理论的最新发展，融入了零售经营管理中主要的实务活动，不仅对指导零售企业经营管理活动具有直接的作用，而且有助于读者了解零售行业的发展。

　　本书配备电子课件等相关教学支持，适合普通高等院校管理类相关专业研究生、本科生作为教材使用，也可供零售行业的管理者与从业人员阅读、参考。

图书在版编目（CIP）数据

零售学/李骏阳编著. —北京：科学出版社，2009
（中国科学院规划教材）
ISBN 978-7-03-024590-8

Ⅰ. 零…　Ⅱ. 李…　Ⅲ. 零售商业-商业经营-教材　Ⅳ. F713. 32

中国版本图书馆 CIP 数据核字（2009）第 075374 号

责任编辑：林　建　李　欢/责任校对：陈玉凤
责任印制：徐晓晨/封面设计：耕者设计工作室

科 学 出 版 社 出版
北京东黄城根北街 16 号
邮政编码：100717
http://www.sciencep.com

北京捷迅佳彩印刷有限公司 印刷
科学出版社发行　各地新华书店经销

*

2009 年 6 月第　一　版　　开本：787×1092　1/16
2021 年 1 月第七次印刷　　印张：20 1/2
字数：475 000

定价：36. 00 元
（如有印装质量问题，我社负责调换）

作者简介

李骏阳　男，教授，现任上海大学经济学院副院长，上海大学产业经济研究中心主任，产业经济学学科博士生导师，产业经济学、国际贸易专业硕士研究生导师。曾在德国柏林经济学院、吉森大学、纽伦堡大学做高级访问学者。长期以来从事商业与流通研究，2001年以来4次主持国家自然科学基金与国家社会科学基金项目，并主持完成各级政府与企业研究课题十多项。近10年来在各类期刊上发表论文50余篇，出版专著3部。2001年与2010年两次获宝钢优秀教师奖，2006年获全国商务发展研究成果奖，2009年获"影响中国流通发展与改革优秀著作奖"以及"影响中国流通发展与改革优秀人物奖"。现为中国流通三十人论坛（G30）成员、中国商业经济学会理事、中国市场学会理事、中国工业经济学会理事、上海连锁经营协会咨询专家。

前　　言

　　零售业是国民经济中的一个重要的经济活动领域。古典经济学把社会经济活动分为四个方面，即生产、分配、交换、消费。零售业与这四个方面都有密切关系，零售业实现交换、影响分配、推动消费、促进生产。

　　零售业是现代社会经济中最重要的产业之一。在美国，沃尔玛 2002 年的销售额达到 2 445.24 亿美元，一跃成为全球最大的企业，2008 年的销售额更是高达 4 012 亿美元。沃尔玛控制着全球几千家供应商，是名副其实的龙头企业。这种情况不仅仅发生在美国，在其他各国零售业中也是普遍现象。20 世纪 80 年代以来，零售企业的规模扩张速度超过了其他行业，市场势力不断上升。2004 年，商业流通企业的数量占到世界 500 强中的 10%，在美国 50 强中占到 20%；在 2000 年的富豪排行榜上，前十位中有 6 位来自流通企业。如果说西方国家在工业革命时期批发业是经济的龙头，在后工业化时期制造业是经济的龙头，那么在当今服务经济时代，零售业则成为龙头。

　　中国零售业在计划经济时代不被重视，被视为末端行业，成为计划分配消费品的窗口。改革开放以来，零售业的地位得以改变，在国民经济中起到越来越重要的作用。著名经济学家刘国光提出：要把流通业从末端行业变为先导产业。零售业是流通业中的重要组成部分，把流通业变为先导产业也就意味着把零售业变为先导产业。

　　为什么零售业在我国市场经济条件下是先导产业？我们认为可以从以下几方面予以解释：

　　（1）市场经济条件下，零售业处于社会再生产的关键位置。以销定产和以需定产，使零售业成为供应链的顶端。零售业直接面对最终消费者，决定产品价值的最终实现；生产商的产品必须经过零售业。零售业成为各个生产行业的追逐对象，在经济中起到了领导作用。

　　（2）零售业为生产者提供市场信息，对生产过程的决定作用不断增大。零售业引导生产的规模、速度和质量，引导产业结构的调整。

　　（3）零售业引导消费的规模扩大、质量提高、结构优化，对社会消费潮流具有引领作用。

　　（4）零售企业通过引进新兴业态，进行连锁经营，实行资产重组，采用先进技术，打破地区封锁而变得强大起来。部分零售企业成为巨型企业，市场势力不断膨胀，对生产商具有控制作用。

零售业成为先导产业使我国商品流通主导权发生变化。在计划经济时代是生产商主导商品流通，在改革开放前期是批发商主导商品流通，而在21世纪是零售商主导商品流通。

零售业关系到国民经济的命脉，零售业的采购和销售在一国经济中产生巨大的流量，从而具有控制市场、决定生产、影响金融的作用。零售企业掌握着生产企业的命运，决定生产什么、生产多少、如何生产。例如，日本7-11便利店让美国可口可乐公司生产哈密瓜口味芬达，并打上7-11店标，在日本市场销售。沃尔玛在中国年采购商品180亿美元，这对于中国制造业的产业导向、生产规模和结构不能不产生巨大的影响。

零售业是我国改革开放以来变化最大的行业之一，我国零售业正在经历前所未有的巨大发展与变革。社会消费品零售总额的增长从一个侧面反映了我国零售业的发展。2003年中国消费品零售额占全球8%，列第三位。中国已经成为一个零售业大国，中国的零售行业在最近15年中发生了巨变，新兴业态层出不穷，连锁经营遍布全国，现代化商业设施与日俱增。中国的零售企业在发展壮大，零售业从业人数在各行业中仅次于农业而位居第二。

零售学是研究零售企业经营管理和发展的一门学问，它总结了零售业发展的特点和规律，归纳了零售企业经营管理的理论和方法，介绍了零售企业经营的过程和技巧，对于指导零售企业的经营管理具有重要作用。

本书作者从事零售业的研究近20年，而且还有长时间在大型零售企业实践的经验。在高校从事零售学教学10多年，先后使用过国内外各种不同版本的零售学教材，逐渐形成了自己的零售学教学体系。本书是在博采众长的基础上，结合作者的科研和对零售业的理解而形成的。本书写作历时2年，内容经反复修改和推敲。

本书的特点是：

（1）在广泛参考国内外零售学各种版本的基础上，糅合了各家之长，形成从行业到企业、从中观到微观的结构安排。

（2）结合中国零售业的发展，比较全面地介绍了中国零售业的历史和现状，介绍了不少中国零售业的鲜活案例。

（3）结合作者长期从事的零售业研究和咨询，将一些研究成果融入教材，深化了对一些问题的认识。

本书的内容分为四大部分：一是整个零售行业的背景和发展环境；二是零售业的组织结构与演变理论；三是零售管理的基本知识；四是零售企业的经营管理决策。

本书配备电子课件等相关教学支持，不仅适合作为普通高等院校管理学相关专业的教材，也适合作为商业零售业经营者和管理人员的自学读本。

本书在编写过程中，参考了大量零售学教材、专著和论文，在此向被引用论著的作者表示感谢。

笔者的研究生李钰、余鹏、顾文婷、丁理、李燕博、施煜华、潘虹红、谢继勇、张娜、朱轶诚帮笔者做了大量资料收集、整理以及审稿和校对工作，为本书的完成付出了辛勤的劳动，在此一并向他们表示感谢。

李骏阳

2009年1月予上海大学

目　录

第一章

零售基本概念与零售业发展概述

零售业是一个历时几千年的古老的行业，它伴随着人类社会经济的发展而发展，如今成为一个与人们生活最息息相关的行业。本章介绍零售和零售企业的基本概念，并介绍工业革命以来零售业的重大发展和中国改革开放以来零售业的发展状况。

■ 第一节 零售与零售商活动

一、零售含义

（一）零售的概念

零售（retail）是指将商品和相关服务直接销售给最终消费者，从而实现商品和服务的价值的一种商业活动。零售是商品分销过程中的最终环节。

在商业活动中，零售是与批发（wholesale）相对应的一个概念，零售的概念具有以下特点：

（1）零售是针对最终消费者的经营活动。零售活动较之于生产制造商和批发商的活动有不同的对象。生产制造商和批发商活动的对象主要是生产者和转售者，他们购买商品的目的是生产加工和再出售，而零售是向最终消费者出售商品，最终消费者购买商品的目的是自己消费。

（2）零售向最终消费者不仅出售有形的商品，同时也出售服务。零售伴随着商品的出售还提供劳务，如送货等。

（3）最终消费者是指购买商品或服务的具体消费者，包括个人及社会集团。社会集团所购买的一些公共消费品，在我国约占社会零售商品总额的 10％ 左右。

（4）零售是商品流通的最后一个环节，商品一旦出售就表明商品离开了流通领域而进入了消费领域。零售学就一定意义上说是研究商品如何才能以最短的时间、最低的成本去满足消费者不断变化的需求，使商品以最快的速度自流通领域进入消费领域的一门科学。

（二）零售活动范围

零售不仅包括在商店中出售有形的商品，也包括出售服务。比如伴随出售有形商品而发生的送货、维修等。并非所有的零售都在商店中进行，不在商店里也能出售商品和服务，现在的无店铺零售有网上销售、邮购、目录销售、自动售货机、电视购物等。

零售亦不仅由零售商进行，当制造商、农民、进出口商和批发商将商品和服务出售给最终消费者时，也起着零售商的作用，执行着零售商的职能。

（三）零售活动特点

与批发活动比较，零售活动有以下特点：

（1）交易次数多，但平均每笔交易金额少。由于零售主要面对的是数量众多的个人消费者，他们在一定时间内交易次数比较多，但每次的需求量少，平均每笔交易金额有限。因而零售商品要批量购进，零散售出。而制造商和批发商的活动则是批量购进，批量售出。

（2）零售多为当面挑选的现货交易。消费者通过到商店现场选购，能够一次性完成交易；而制造商和批发商的活动多为看样订货，期货交易。零售活动的这一特点，要求零售商必须重视和做好市场需求预测，购进适销对路的，最好是畅销的商品，否则会造成商品积压。

（3）零售交易中，消费者多表现为较强的随机性。即消费者在逛商店时，有的无购买目的，有的事先计划购买的商品只占一定比例，在很多情况下是即兴购买；而制造商和批发商的交易活动则严格按计划交易商品。

（4）零售商提供的商品种类具有一定的广度，品种具有一定的深度。由于消费者的需求呈多样化、个性化和层次化，零售商为满足变化中的消费者的不同需求，经营的商品种类具有综合性，品种具有多样性。而制造商和批发商多为专业化的生产者和经营者，一般只向用户提供单一的或数量有限的商品种类或品种。

二、零售企业与零售企业功能

（一）零售企业

零售企业是指从事零售活动，将商品和服务出售给最终消费者的商业企业。零售企业处于连接生产企业、批发商和消费者的分销渠道中的最终业务环节。从严格的意义上讲，零售企业必须具有独立的资金，对经营成果能够进行独立核算，并且有一定的组织形态。

在现代社会经济活动中，产品从生产领域经过流通领域向消费领域转移过程中，除零售企业外，还有其他行业的企业从事或兼营零售业务，这种情况也非常普遍，如有部分制造商自建分销渠道，设立零售店，或者通过登门推销、邮购等方式将生产出来的产品直接出售给最终消费者，并从中了解市场需求及反应，以便改进生产和销售；批发商从制造商那里批购商品，其中亦有以自营零售的方式，将商品直接出售给最终消费者的；农民把自己生产的产品直接拿到集市上进行销售。但这些都不是真正意义上的零售企业。

（二）零售企业功能

零售企业处于社会再生产过程中交换环节的终端，承担着组织商品销售，并将商品从流通领域转入到消费领域的使命。为完成这一使命，零售企业既要不断满足消费者的不同需求，还要调节生产与消费在时间、空间、数量、质量、花色品种和信息沟通等方面的矛盾。因此，零售企业基本职能为组织商品销售，体现为如下的具体职能：

1. 组织商品功能

消费者需要衣、食、住、行、用、玩等多方面的商品，由于时间、空间、数量、质量、花色品种和信息沟通等原因，消费者个人不可能自己寻找制造商，购买自己所需的商品。而制造商又是一个大群体，每一制造商只能生产其中较少的产品品种，而且数量较多，其产品也不可能一次性地全部售给某一消费者，只能批量销售给批发商或其他供应商，尽快回笼垫支的资本并取得盈利。在这种状态下，必然存在产销之间的矛盾。为解决这一矛盾，零售企业必须行使组织商品职能，首先代替消费者垫支资金，从制造商、批发商甚至其他供应商那里大量购进商品，并按照消费者的需求分类、组合，使消费者不仅能方便购买，而且能在零售企业的店内得到需求的满足。零售企业的组织商品职能，使生产的产品能尽快被最终转为消费，从而实现生产的目的。生产越是发展，它对零售业的依赖也就越大。

2. 储存商品及承担风险功能

零售企业的采购是批量购进，却是零散销售。为此，零售企业为了满足消费者随时购买商品的需要，必须储备一定数量的各种商品。但是商品在储存期间会伴随着各种风险，如数量过多或过少的积压与脱销、商品的自然损耗、自然灾害、商品被窃以及商品的时尚更新和技术废弃等。这些风险的损失皆由零售企业承担。

3. 服务功能

零售企业必须服务于消费者。第一，要准确及时地掌握市场供求趋势，组织适销对路的商品，扩大花色品种，保证商品质量，使消费者能及时地、充分地选购商品。第二，要不断研究、改进商品的销售方式与方法，以良好的经营作风、文明言行，保持与消费者之间的良好关系。第三，要加强与消费者沟通，信息共享。零售企业处于商品流通的最终环节，能够较快地获得生产与消费的信息。可以通过媒体、商店销售人员等手段及时地将商品有关信息传递给消费者，平等沟通，解决认知上的矛盾，激发购买欲，让顾客明明白白地消费。第四，提供良好的购物环境，零售企业通过商品的艺术陈列、店堂的布局与装饰、悠扬的音乐、灯光照明、绿色花草等创造出具有魅力的购物环境，陶冶消费者的情趣，同时，为消费者提供休闲娱乐和歇息的去处，带来美的享受。第五，提供与商品销售直接相关的服务，如包装、免费送货、电话预约、停车场、临时保管物品、为儿童提供游乐场、照看婴儿、提供休息椅等，真正把消费者视为宾客。周到的服务才能给消费者留下良好的印象，使消费者成为回头客，并带来新的顾客。

4. 信息功能

零售企业直接接触最终消费者，可以获得消费者对产品需求的信息，生产企业可以从零售企业了解到消费者对产品的喜好及需求变化，掌握市场的脉搏，用于指导生产和开发新的产品。

5. 对社会分配和再分配的功能

社会成员的货币收入要转化为他们所实际需要的商品，还要依靠交换来实现。就消费品的分配来说，大多数情况下，要由零售企业来完成这一过程。此外，零售企业的价格变化会引起国民收入在各个不同阶层之间的再分配，而零售企业的价格又是整个国民经济价格体系中最重要的部分之一。

6. 对消费的功能

零售企业是满足消费需要的主要途径。零售企业的发展状况以及工作质量如何，直接影响消费需要的满足程度；零售企业能够制约消费的形成、方式，能够引导消费，提高消费的文明程度；零售企业的存在，使消费者较易获得商品的有关特性的信息而能够方便地购买，从而提高消费效率和消费效益。

（三）零售企业活动

零售企业活动是指零售企业的商业性活动，即将商品和服务出售给消费者进而使商品和服务的价值得到实现的商业活动。这一活动内容主要有五个方面：

1. 提供商品的组合

为满足消费者要求商品的多样性、交易规模小与交易频率高的特点，百货商店、超级市场和仓储商场等零售企业都必须为消费者提供 2 万种以上的商品，并对商品布局、品牌、规格、花色和价格等进行组合，以方便消费者购买，使消费者在同一商场中有充分的选购余地。零售企业在提供商品组合的同时，实行专业化经营。如超级市场提供食品、保健、日用品和服装以及家居用品的商品组合。

2. 分装、整理商品

制造商在向零售企业发运所采购的商品时，为降低运输成本，总是将整箱、整盒或整包的商品运交给零售企业，然而消费者每一次购买的数量少，零售企业只能零散售出。为适应消费者需求及购买的特点，零售企业必须对整箱、整盒和整包的商品拆开、分装、整理，如自行车等商品还要安装后才能出售。

3. 存储保管商品

零售企业从制造商那里是批量购进商品，但在商场上的商品只能零散销售，因为消费者只有在需要消费之前才购买，并且习惯零星购买，对供求平衡或供大于求的商品，消费者不愿多买，以免积压资金。为了保证消费者在需要时能买到商品，零售企业一般都要存储一定数量的商品。存储商品数量多少才合适，既不会脱销，又不至于积压或造成损耗，这要视市场供求状况而定。

4. 销售商品

将商品和服务出售给消费者是零售企业最主要的活动，零售企业全部活动都围绕商品销售展开，只有实现销售，零售企业才能实现效益。零售企业的销售活动不是简单的等客上门，而是运用现代促销手段，营造良好的购物环境让消费者接受商店提供的商品，满足消费者对商品的需要。各种零售业态在商品销售过程中侧重点不一样，百货商店以良好的购物环境、品质优良的商品和优质的服务著称；专营店、专卖店以商品专营或专卖的品牌、商品经营的深度和一对一沟通等服务显示特色；购物中心、仓储式商店、大型综合超市则以满足消费者一站式购物的需要见长。

5. 提供服务

零售企业对消费者具有服务职能。提供服务是零售企业组织商品销售过程中不可或缺的活动，尤其在当前由于商品的同质化，在市场竞争中商品的品种和质量的优势日益弱化，零售企业之间及相关行业的竞争优势大多反映在提供服务活动上，零售企业为消费者购买和使用商品提供多种方便，如设商场和货位指示图、商品陈列、试穿试用、无理由退货、销售人员向消费者提供有关商品的信息及解答问题；有的零售企业还为消费者提供分期付款等服务。提供优质服务已成为零售企业经营活动中不可或缺的部分，谁在服务活动上被消费者认可，并成为一种品牌优势，谁就赢得了消费者，就可以盈利。

■ 第二节　零售业的发展历史

一、零售业的三次革命

工业革命以来零售业面貌发生翻天覆地的变化，其中有三次里程碑式的创新：百货商店的出现、连锁经营的产生和超级市场的问世。这三次创新对后来的零售业发展产生深远的影响，因此商业界把这三次创新称为零售业的三次革命。

（一）百货商店

近代零售业的发展标志是百货商店（department store），在此之前零售业主要是各种专业商店（department specialty store）、杂货商店（variety store）。

百货商店形式的出现是零售业的第一次革命。百货商店于 19 世纪 20 年代后期出现于伦敦，它将各种专业商店的服务集于一处，以营业面积大、商品齐全而吸引顾客，人们可在此一次购齐所需各种物品。百货商店与传统的商店相比除了商品齐全外，还有三个不同：一是顾客可自由进出；二是商品明码标价；三是可退货。

最初的百货商店由专业化商店发展而来，只局限于服装销售：在英格兰，肯德尔·米尔恩和福克纳于 1831 年将他们的服装店发展成为"百货店"；不久以后，布恩布雷基在 1845 年也将他在纽卡斯尔的服装店扩大为"百货商店"；哈罗兹最初以一家杂货商店起家。不论从何种店铺发展而来，这些商店都能提供品种繁多的商品，并且划分明确产品类别进行销售，从而节省了顾客购物的时间和精力。因此，百货商店逐渐成为中产阶级所钟爱的场所，它通过提供便利、舒适和高质量产品的购物环境承担起一项社会职能。女士们在这里购物或定购送货上门的商品，还可以在优雅舒适的环境中共进午餐和品茶。随着中产阶级顾客人数的增加，英国到 1900 年时已经拥有超过 200 家百货商店。

但是，真正的现代大百货公司起源于法国，1852 年法国建成第一家大型百货公司，公司分各个商品部，分类经营各种商品。法国大百货公司的特点是装潢讲究、商品丰富、服务周到、价格低廉、明码标价，当时被称为"妇女乐园"。大百货公司于 19 世纪 60 年代传入英国和美国，很快风靡世界。

（二）连锁商店

一些学者把连锁商店的出现视为零售业的第二次革命。1858 年美国出现了第一家连锁商店（chain store）——大西洋与太平洋茶叶公司。连锁商店是大规模经营的商业公司，在一个城市或数个城市拥有分店，它的优点是可以直接从制造商和加工商那里大批进货，享受优惠的价格折扣，并通过大规模联合广告而节省成本。到 1885 年，美国有了 5 家连锁商店公司，1900 年增加到 58 家，1920 年增加到 800 家。

在英国，早期的连锁零售商包括从 19 世纪 50 年代开始在火车站以贩卖报纸起家的

W.H. 史密斯和 Boots 制靴公司。这种形式的商店发展迅速。例如，到 1877 年时已经有 160 家店铺销售辛格缝纫机。到 1914 年时已经有大量区域和全国性的多店铺零售商经营各类产品的销售，包括鞋类、食品和图书。有些多店铺零售商在这时已经建立了牢固的分销网络。Boots 制靴公司和同是鞋类零售商的 Freeman、Hardy 和 Willis 都各自经营数量超出 500 家的店铺，此外，还有另外 14 家公司拥有超过 200 家分销机构。1920～1950 年，随着一系列小型商店之间的合并（如联合乳业公司），连锁零售业又获得了进一步发展的契机。在其后的发展阶段中，多店面零售业又向新行业扩展，并实现了产销一体化。

连锁商店形式很快传到欧洲各地，20 世纪 20 年代中期传入日本。但是，连锁商店在欧美及日本占统治地位则是在第二次世界大战以后。1975 年，美国的连锁商店销售额占整个百货商店销售额的 89%，占整个杂货店销售额的 81%，占整个食品商店销售额的 56%。在英国，1984 年大型连锁系统的营业额占整个零售业的 69%；日本连锁商店销售额 1972 年在全国商品零售总额中位居第一位。

零售商业的集中化是零售业竞争的必然结果，连锁经营的零售企业掀起的第二次零售革命浪潮，直接冲击对象便是大批传统的、独立的零售小企业。英国在 1971～1981 年的 10 年间，独立小店铺减少了 45%；日本在 1986～1988 年的 3 年间，夫妻店由 160 万家锐减至 4 万家。美国在零售业大变革的 20 世纪六七十年代，单个商店在零售业中所占比重从 1963 年的 63% 下降到 1977 年的 52%，拥有 100 个以上连锁商店的大零售企业所占比重同期从 15.8% 上升到 26.9%，在百货商店、杂货商店、食品杂货商店中，连锁商店的销售比重占 50% 以上。1986 年，美国最大 10 家零售公司的销售额占零售总额的 12.35%。

（三）超级市场

零售业的第三次革命是超级市场（supermarket）的出现。超级市场的雏形是自选售货商店，20 世纪 30 年代由美国人麦格尔克伦在纽约创办，经营食品杂货，实行开架销售、自取商品、一次结算的办法。这家商场的地盘原是一家废弃的车库，租金很低，面积很大，相当于一般食品杂货店的 7 倍，它经营的商品品种多、价格低，利润只有经营同类商品商店的 50%，且有停车场，开办后大受欢迎。这种薄利多销的商场形式很快得到推广，从而兴起了超级市场热。1935 年，美国 17 个城市中已有 600 多家超级市场，1939 年发展到 5 000 家，其销售额占整个食品杂货商店销售额的近 20%。

超级市场的革命性的标志为：

（1）在销售方式上根本性的变革。超级市场创立了一套全新的销售方式，它采用了货架式陈列商品、无人销售、顾客自选、一次性结账的方式，缩短了顾客与商品之间的距离，极易激发消费者的购买欲望，巧妙地将自助购买、价格低廉与大量销售结合起来，推动了零售业一轮新的销售高潮。

（2）实行"低价格、低毛利、高周转"的经营方针，具有极强的竞争力与生命力。超级市场以选择廉价的地段、采取简单的装潢和使用最低限度的员工来降低费用，以连锁经营、统一配送中心实现规模经济效益，以大量销售日常生活中购买频率最高的食品与日用消费品而实行薄利多销。

超级市场在美国的最大发展是在第二次世界大战以后，20 世纪 60 年代达到高峰，1965 年占食品杂货商店销售额的 76%。1976 年美国超级市场的销售总额为 984 亿美元，超过百货商店的销售额，后者 1977 年为 769 亿美元。1980 年美国有超级市场 39 462 家，销售额占食品杂货行业的 84%。

美国超级市场形式受到全世界商业界的青睐。超级市场在 1952 年由美国发展到英国。日本于 20 世纪 50 年代后期引进超级市场，发展迅速，1984 年已有 19 172 家。日本零售业的头把交椅于 1972 年从百货商店转到超级市场，这年大荣超级市场销售额达 1 327 亿日元，超过了创业 300 年的三越百货商店，后者的销售额为 1 305 亿日元。日本综合超市与大型百货商店的销售额比在 1962 年是 2.3∶9.5，1991 年是 10.6∶8.6。日本超级市场的销售额占零售业销售额的 18.5%，同年百货商店的销售额为 8.1%。

超级市场所开创的开架陈列、自选购物、一次性付款的形式，引申出一系列新的零售业态，大型综合超市、仓储式超市、便利店随后相继出现。

（四）20 世纪零售业的发展

超级市场是以廉取胜的，但在继超级市场之后，两种更廉的商店又出现了，它们是折扣商店（discount store）和样本展销零售商店（retail catalog showroom）。这两种商店之所以能实行低价，是采取了一系列降低成本的手段，如减少营业员、选择差的地段、廉价的固定装置、大规模采购，以及现金和支票购货等。

有人把自动售货机的出现称为零售业的第四次革命。自动售货机设在路边或商场内，出售香烟、糖果、饮料等，售货不需要售货员，可以将销售费用降得更低。但自动售货机由于存在可出售商品品种的局限等问题，还未能在零售业中占重要地位。

20 世纪后半叶新的零售业态层出不穷，邮购、电话购物、电视购物，新的业态越来越人性化，新兴的食品便利店和大众化商店则满足了消费者对购物方式更方便、营业时间更长的要求。折扣店和样本展销商店反映了消费者愿意为低价格放弃服务的要求，而购物中心则可以满足消费者对各种产品和服务在一个场所的需求。同时，上门推销和邮购也为顾客提供了更多的方便。当然，最具革命性影响的是网上购物，它对年轻消费者产生特别大的吸引力，这种新型的购物方式还将随着互联网的发展而进一步扩展。

二、中国改革开放以来零售业的发展

从 20 世纪 80 年代至今，在三十年时间里，我国零售业走过了西方国家 100 多年的历程，经历了三次零售革命，零售业的业态、结构、规模都发生了重大变化。

（一）大型百货商店的普及

虽然大百货商店在我国始于 1900 年，但在 20 世纪 80 年代之前我国零售业以专业商店、中小百货商店与杂货店为主，网点不足，大百货商店在城市商业中只是凤毛麟角。80年代经济增长速度加快，商品供应日益丰富，消费品市场逐步由卖方市场向买方市场转变，城乡居民生活水平持续提高，购买力不断增长，刺激了商业的繁荣。

在零售业得到发展的情况下，大型百货商店在竞争中优势明显，促使零售商业在 20世纪 80 年代后期向大型化、综合化方向发展。原因有：①在流通格局方面，传统流通体制被打破，生产企业与零售企业为减少流通环节而直接挂钩，大百货商店由于规模优势而成为流通环节减少的受益者，从 80 年代起欣欣向荣。②80 年代在假冒伪劣商品盛行、消费者对个体私营商业心存疑虑的情况下，大百货商店以其较高的商誉、较好的商品质量、良好的服务、先进的设施、优美的购物环境备受消费者青睐。③80年代以来经济持续稳定增长，居民收入水平提高，要求有商品齐全的购物场所，大百货商店正好适应了这种要求。

20世纪80年代中期后，大型百货商场成为零售业中的佼佼者，各项经营指标在零售业中遥遥领先，良好的经济效益令人瞩目，于是乎"搞大型零售商场即能赚钱"成为一种理念，大百货商店如雨后春笋般地在全国各大中小城市拔地而起，成为我国零售业中占统治地位的业态。

正如过去某些行业一度看好而造成过度发展一样，大型百货商店也因一段时期中效益良好而成为投资热点。各地纷纷制定发展大型百货商店的宏伟规划，大型百货商店发展很快失控。从20世纪90年代中期起，大中城市大型百货商店增长速度远远超出社会商品零售总额与城市居民收入的增长速度，大型百货商店很快出现过剩，销售形势变得严峻起来。进入1995年，各大城市大型百货商店销售额下降，利润下滑。尽管大型百货商店形势已经不令人乐观，但90年代中期"大型百货商店热"并没有降温，各大城市仍在制定发展大型百货商店的宏伟规划，如上海市中心"四街一城"规划要求至1997年大商厦达到100个以上。

20世纪90年代中期以后，大型百货商场的商战此起彼伏，价格战成为商战的主要手段，1996年被称为打折年，当时流行："八折九折无关痛痒，六折七折普遍现象，四折五折刚刚像样。"

大型百货商店供过于求的状况在20世纪90年代末达到登峰造极的地步，其严重性才完全暴露出来。1999年全国239家重点大型零售商场实现商品销售总额1 146.4亿元，比上年实际增长13.4%；总计实现利润22.2亿元，比上年同期下降17.4%，其中149家商场总体利润呈现负增长，亏损企业有72家，占30.1%，比上年同期上升11.6%。据粗略统计，1996～1998年，北京先后有十几家较有规模的商厦以各种名义停业或转业。1998年上海市130家经营面积在5 000平方米以上的百货商场中有三分之二以上亏损。据抽样调查，大中型百货商店的平均利润率仅为0.87%。

2000年大型百货商店继续走下坡路，中华全国商业信息中心发布的《2000年全国重点大型商场监测报告》显示，273家重点大型商场利润总额比上年下降9.9%，利润总额比上年下降的有82家，占34.1%，亏损的有33家，占12.1%。

由此可见，在大城市，我国大型百货商店在20世纪90年代中期已经度过了它的黄金时期，进入成熟阶段，中小城市在90年代末也完成了百货商店的扩张。

我国的大型百货商店销售额在社会商品零售总额中的比重1991年达到11%（《中国商业年鉴》，1992年），这个水平与西方发达国家大型百货商店最兴盛的时期相差无几；与世界一些著名的大城市相比，我国大城市里的大型百货商店的覆盖率甚至超过国外城市，按每千人拥有百货商店数量计，我国高于美国，我国每千户拥有百货商店0.53家（《中国商业年鉴》，1992年），美国1977年只有0.1家。

大中型百货商店顺应我国经济快速增长、人民生活水平不断提高、消费品供应由计划经济体制下的"短缺"向市场经济的买方市场过渡的历史需要，于20世纪80年代中期在我国开始普及，90年代加快速度，90年代中期在大中城市达到饱和，90年代末在小城市占据主导。

（二）超级市场的发展

我国的超级市场起源于广东，而其真正成形则是在 20 世纪 90 年代初的上海。联华超市和华联超市是中国早期最有影响的两大连锁超市。超级市场发展的条件是：

（1）人均国民收入达到 1 000 美元左右。

（2）恩格尔系数降到 50％以下。此时居民生活从温饱向小康过渡，消费结构发生质的变化。

（3）电冰箱已经普及，汽车进入家庭，居民家庭有可能定期外出大量购物。

（4）食品工业、日用工业品工业、包装工业达到一定的规模与水平，能够为超市提供足够的规格化、统一化、小包装化的商品。

（5）商业企业连锁化经营。除了大型超级市场外，单体的中小型超级市场要在激烈的零售业竞争中站住脚是很困难的，超市只有搞连锁经营，利用规模经济效益才能最大限度地降低费用。

我国 20 世纪 90 年代东部沿海地区部分城市人均国民收入已经超过 1 000 美元。据全国城市社会经济调查总队统计，1995 年，我国一些东部地区的城市居民人均年收入已经达到较高水平，如深圳（11 693 元）、广州（8 553 元）、上海（6 822 元）、宁波（6 804 元）、海口（6 670 元）、厦门（6 353 元）、杭州（6 095 元），这些城市当时已经具备发展超市的生活水准条件；反映城市居民家庭消费支出结构的恩格尔系数在沿海经济发达城市已降到 0.5 左右；大城市电冰箱的普及率在 90％以上；超市发展所需的食品工业、日用工业品工业和包装工业已经达到一定的水平；连锁经营的方式已经在全国推开。

生活方式的改变是超级市场发展的重要条件，20 世纪 90 年代以后，大城市新的住宅区建设突飞猛进使城市不断向周边发展，原先的市郊出现了许多新的住宅区；另外，现代化水平提高以及生活水平提高使城市居民生活节奏加快，这些都导致居民购物习惯的改变，人们希望能就近一次性大量购买加工食品、半加工食品和日用工业品。建立在居民区的超级市场正好适应了生活方式变化的要求。

从零售业发展本身的规律考察，我国百货商店的发展已经走向了高价格、高费用、高市场定位的道路，大型百货商店之间激烈的竞争迫使它们向扩大规模、提高档次、增设服务方面发展，这样做的结果势必提高费用。从某一时、某一地的单个商店来说，可能会收到一些效果，但当大家都这么做时，效果便大打折扣甚至被互相抵消。新建的百货商店为取得竞争优势一味向大型化方向发展，但是在整个百货行业过度发展的情况下，单个商店面临的环境是外在不经济，因而很难取得规模经济效益。而且，单体商店规模过大反而可能造成规模经济效益递减。大型百货商店已不能像过去那样在零售行业中占有绝对的优势。根据零售"轮转"理论，零售业需要寻找新的"低费用、低价格、低市场地位"的形式，超级市场理所当然地担当了这一角色，20 世纪 90 年代中期后，超级市场在全国的发展如火如荼。

超级市场是 20 世纪 90 年代我国零售业中发展最快的业态，它的发展机遇在于其自选购物形式、经营大众化商品与低费用，超级市场与居民生活水平提高过程中形成的新的消费观念和消费行为相适应。超级市场在上海、北京、深圳等沿海城市率先成为零售业中的龙头。超级市场对传统零售业态的替代体现在两个方面：一是食品超市对食品店和菜场的替代；二是大型综合超市对百货商店的替代。这些替代虽然不是完全取代原先的业态，但是都大大缩小了传统业态的市场份额。

上海的超级市场在全国超级市场的发展中起到了领头羊的作用，20世纪90年代后期，上海的联华超市、华联超市、农工商超市快速发展，在全国超市行业列前三名。具有历史意义的是1999年联华超市以73亿元的年销售额超过上海第一百货公司（第一百货公司为63亿元）成为中国零售业的老大，标志着雄踞中国零售业榜首50年的百货业让位于超级市场业态。

到2000年，中国发展超级市场的条件已相当成熟。从居民收入水平来看，全国35个大城市居民家庭中人均可支配收入平均达8 392.61元，相当于1 000美元；城镇居民每百户拥有电冰箱86.7台，每百户农村居民也已拥有电冰箱10.64台。2000年城镇和农村居民的恩格尔系数分别为0.4和0.5左右。连锁经营普遍成为超市的组织形式，超市的经营管理技术已相当成熟，日用生活消费品的包装和条形码技术也已经适应超市销售的需要。2000年中国连锁业百强排名中，超级市场和大型综合超市分别占有55席和21席，百强位居前十名中有6家是连锁超市和大型综合超市。

2000年，超级市场业态在东部地区已渗透到乡镇，在中部地区发展到县城，在西部进入城市。在发展过程中，标准食品超市、大型综合超市齐头并进。东部经济发达地区便利店也开始呈良好的发展势头。2001年，便利店又成为商业发展的一个热点。这种现象实际上和居民收入水平有关，如上海2000年的人均GDP已突破4 000美元，便利店的发展规律是在人均GDP超过3 000美元后开始导入，而达到6 000美元则是便利店的高峰期。

我国的超市革命和百货商店大发展在时间上间隔很短，百货商店的高潮起始于20世纪80年代中期，超市革命起始于90年代中期，相隔只有10年。其原因是：第一，我国80年代起经济发展的速度特别快，零售业态的更新通常是和经济发展水平联系在一起的；第二，改革开放使中国一下子接触到世界最先进的零售业态，所有的业态同时引进，中国在零售业发展上可以吸收国外的经验教训，在业态发展上走捷径。

我国地域辽阔，各地区经济发展很不平衡，当经济发达地区普及超级市场之时，相对不发达地区发展超级市场的经济条件尚未成熟，使其他零售业态仍有很大的市场；同时，我国面临的是国际上各种成熟的零售业态，因此在进行超级市场革命的时候，其他比超级市场更加新的零售业态也被不同程度地采纳。20世纪90年代以后，除了超级市场外，其他一些零售业态也同时成长起来，如便利店、专卖店、大型专业店、购物中心等也得到了长足的发展，成为我国零售业中重要的业态。

（三）连锁经营的兴起

与国外相比，20世纪90年代初我国零售业规模很小，市场集中程度非常低，1991年平均每个零售企业的从业人员不足2.4人，大型零售企业基本上还没有跨越所在城市的地域范围，而且大多数是单体商店。1994年全国最大的10家零售企业销售总额为145.68亿元，不足当年社会消费品零售总额的百分之一。这种行业集中度低的状况反映了我国连锁业的发展十分落后。当时我国零售商业发展中的状况是一味追求单体规模扩大而不是从连锁化方向去实行规模经济效益，形成零售企业单体规模的超大型化，但是单体企业规模的扩大毕竟有限，而且规模过大会受到地段、商圈等因素的制约，灵活性较差。

我国的连锁经营起源于广东，1990年广东东莞糖酒公司创办了第一家连锁超市——东莞美佳超市。我国的连锁经营最早基本上都是体现在超市业态，因为超市没有连锁经营的支撑是无法生存的。直至 20 世纪 90 年代中期前，我国连锁概念还局限在超市和少数特色商店、快餐业方面。从国外零售业走过的道路来看，连锁是全方位的，大型百货、各种专业商店都要走连锁发展的道路。连锁商店本身不是一种零售业态，而是零售企业的组织形式，可以为任何一种业态所用。

20 世纪 90 年代中期，我国商战如火如荼，商业企业在竞争中使尽了一切促销手段。经营上的竞争发展到一定的阶段必然导致实力的竞争、规模的竞争，最后的胜负在很大程度上取决于谁的实力强、规模大。于是少数大型商业企业向多店化、连锁化方向发展，用增加网点、扩大市场覆盖面来提高市场占有率，我国零售业的竞争态势发生变化。

从 2002 下半年到 2003 年上半年，中央政府连续出台促进连锁经营的政策。2002 年 8 月 12 日，国务院体制改革办公室、国家经济贸易委员会颁布《关于促进连锁经营发展的若干意见》，以适应我国加入世贸组织后更加激烈的市场竞争，不断提高流通产业的组织化程度和现代化水平，引导消费和规范市场经济秩序。

2002 年 10 月 10 日，国家经济贸易委员会制定并印发《全国连锁经营"十五"发展规划》，以加快流通领域的改革，大力推进连锁经营。

2003 年 2 月 27 日，财政部、国家税务总局颁布《关于连锁经营企业有关税收问题的通知》，就跨区域的直营连锁企业增值税的缴纳作了统一规定，以支持连锁经营的发展。

我国长期以来形成的零售业以单体商店为主体的格局，使连锁业有很大的发展空间。1997 年全国连锁店达 1.5 万家，连锁企业实现销售额 420 亿元。1998 年，全国连锁企业的销售额达 1 000 亿元，其中，超市、便利店、大型综合超市、仓储式商场的销售额为 600 亿元，年销售额超亿元的连锁企业 71 家，实现销售总额 344 亿元；年销售额超过 5 000 万元的企业 121 家，其中加盟店的数量占总门店的 31％。1999 年连锁企业发展到 1 800 多家，拥有 26 000 个门店，年销售额为 1 500 亿元（表 1-1）。

表 1-1　中国连锁百强数据

年份	销售额/亿元	门店数	占社会消费品零售总额比重/％
2000	982	7 685	2.9
2001	1 620	13 120	4.3
2002	2 465	16 986	6.0
2003	3 580	20 424	7.8
2004	4 968	30 416	9.3
2005	7 076	38 260	10.5
2006	8 552	69 100	11.2
2007	10 022	105 191	11.2
2008	11 998	120 775	11.1
2009	13 600	136 880	11.0

资料来源：中华人民共和国统计局.2005.中国统计年鉴2005.北京：中国统计出版社

连锁商业的蓬勃发展势头可以视为我国零售业的一次新的革命，与前两次零售革命有所不同，连锁经营不是一次业态的革命，而是一次组织形式的革命；它的任务是把现有的零售企业连锁化，形成零售企业的规模化经营。如果说，前两次零售革命是外在的，是让消费者感到一种巨大的变化，而这次革命则是内在的，是让企业感到一种深刻的变化。连锁经营革命将使许多小企业不复存在。

连锁经营的强大生命力还表现在向异地发展，连锁经营在企业形象、商品、服务等方面强调统一性，容易为消费者识别。在内部管理上、配送上成本低、效率高，具有竞争力。连锁企业冲破了我国零售业不能跨地区发展的传统体制。值得注意的是进入21世纪以来，连锁经营中最为活跃的除了超市以外，各种专业连锁商店纷纷在全国圈地抢滩，如家电、建材、医药、通信器材、服装等各种专业连锁店如雨后春笋般地冒出来。连锁业发展到各种零售业态上，连锁经营的百货商店、便利店、专业商店、专卖店、仓储式商场也纷纷兴起，成为零售业中的强大力量。

（四）零售业的开放

中国在零售业开放问题上采取了谨慎的策略，在加入WTO谈判中力争3年对内资零售业的保护期，推迟向外商全面开放零售业。2004年11月，中国取消了对外资零售业在股权、地域和门店数量方面的限制，零售业全面对外开放。外资零售业加快进入中国市场的步伐，除加速开店外，并购浪潮叠起，由此产生对国内零售业较大冲击，我国制造业在外资零售商强势市场势力的作用下感受到更大压力。在全国人大会议上，人大代表提出提案，认为零售业是关系到国民经济命脉的产业，要有一定的保护措施，要对外资零售企业在中国的发展予以一定限制。鉴于2003年"SARS"期间商品抢购风潮，商务部选择了20家最大的内资流通企业集团组建"国家队"，以保障国内流通领域的经济安全。

零售业是我国改革开放以来变化最大的行业之一，我国零售业正在经历前所未有的巨大发展与变革。社会消费品零售总额的增长从一个侧面反映了我国零售业的发展（表1-2）。

表1-2 我国社会消费品零售总额及批发和零售业销售额

年份	社会消费品零售总额/亿元	批发和零售业销售额/亿元
1978	1 558.6	1 363.7
1980	2 140.0	1 768.0
1985	4 305.0	3 272.2
1989	8 101.4	6 009.5
1990	8 300.1	6 127.4
1991	9 415.6	6 903.9
1992	10 993.7	7 922.2
1993	14 270.4	10 892.8
1994	18 622.9	14 903.4
1995	23 613.8	19 454.3
1996	28 360.2	23 747.5
1997	31 252.9	26 169.9
1998	33 378.1	27 859.2
1999	35 647.9	29 708.8
2000	39 105.7	32 697.3
2001	43 055.4	36 014.8
2002	48 135.9	40 926.6
2003	52 516.3	44 659.4
2004	59 501.0	50 256.8
2005	67 176.6	56 589.2

资料来源：中华人民共和国统计局.2006.中国统计年鉴2006.北京：中国统计出版社

2003年中国消费品零售额占全球8%，列第三位，但是中国没有一家在世界上有影响的零售企业，中国的零售企业没有一家进入世界500强，中国零售企业几乎没有跨出国门。

相对于中国的经济实力和制造业，中国的零售业发展还处于不发达状态。可以说中国是制造业大国，零售业小国。即使从国内来看，中国也没有一家覆盖全国的连锁零售企业。

（五）进入 21 世纪的中国零售业

进入 21 世纪中国的零售业可谓百花齐放，连锁经营方兴未艾，零售业又在被各种新的业态推向前进，其中最为引人注目的是购物中心和无店铺销售。

20 世纪 80 年代末期，国内就有许多称为购物中心的商场，但它们只有购物中心之名，而无购物中心之实。既无应有的功能组合，也无必需的规模，因此都不能算是真正意义上的购物中心。直到 90 年代中期，随着上海港汇商城、广州天河城、北京国贸中心的陆续建成开业，我国才开始拥有了一批真正的购物中心。这些购物中心的经营内容突破了单纯百货店的模式，将小规模的娱乐、餐饮项目融入店内，取得了一定的成功，并带动内地各大资本相继跟入，纷纷上马建设购物中心。2006 年初，全国已开业和正在投产建设的大型购物中心项目共 400 多个，全世界建筑面积最大的 10 个购物中心中国就占了 6 个，并且随着经济的发展，私家车拥有数的增长，建在市郊的购物中心也开始出现。同时购物中心的形式逐渐丰富，出现了购物、生活、娱乐、文化、旅游等不同主题的购物中心，呈现出多元化的发展格局。

目前我国的无店铺销售主要是直复营销，即邮政购物、电话购物、电视购物和网上购物，此外还有自动售货机。最早进入中国市场的无店铺销售是邮购，商品购买者通过阅读厂商的商品目录，用信件或电话方式向销售企业订货，销售企业按订单要求通过邮局根据指定地点将商品寄给顾客。著名的邮购公司有麦考林、客万乐、3S、翱拓和贝塔斯曼等。20 世纪 90 年代末，发展较快的是电话购物，只要电话一拨，就能送货到家。当时上海市 16 家较大规模无店铺销售企业年平均销售达到 5 000 万元。2000 年，上海无店铺销售总额已达到 10 亿元。近几年来，随着电子信息技术不断普及，各种形式的无店铺销售大量涌现，并实行电话网、电视网、因特网、邮政网多网合并营销。据有关资料显示，截至 2005 年 12 月上海市已有无店铺零售企业 4 000 余家，自动售货机 3 000 余台，从业人员 3 万余人，资产合计 80 多亿元，年营业收入达 80 多亿元，年利润总额 4 亿多元。

在无店铺销售中，网上购物已成为主要形式。个人电子商务网上开店蓬勃发展，据易趣网董事长邵亦波介绍，目前在易趣网每天有近 30 万人网上购物，有 3.5 万个商品成交，月交易额达 2.5 亿元。2009 年 10 月 9 日淘宝网单日交易额创记录地达到 6.26 亿元人民币，相当于香港地区日均零售业销售额。2009 年上海电子商务零售额约为 331 亿元。截至 2005 年 5 月，上海市约有 5 万家网上店铺，每天约有超过 300 万人次在网上购物，年交易额超过 30 亿元。淘宝网是电子商务公司中第一家在电视台、户外做广告的公司，以前期免费入网交易吸引店主，并与四大国有商业银行及招商银行系统完成对接，率先推出"支付宝"，在买卖双方未完成交易或最终确认交易成功前，淘宝网代管买方支付给卖方的现金，有效解决了安全支付问题。

目前，我国从事无店铺销售的公司以外资和中外合资为主。贝塔斯曼文化实业有限公司由德国贝塔斯曼股份有限公司和中国科技图书公司合资，主要经营特色是无店铺销售。通过贝塔斯曼书友会向会员提供零售专卖，在全国拥有 100 多万会员，年销售额近 3 亿元。2004 年 3 月，韩国最大的电视直销公司——CJ 家庭购物株式会社与上海文广新闻传播集团合资成立上海东方希杰商务有限公司，投资 16 亿元进军电视购物，每晚 8 时至次日 1 时播出 5 小时家庭购物节目。开播第一天就达到 13 万美元的销售收入。自 2004 年 4 月营业以来，到 2005 年 12 月底已有 36 万人次购物，销售额超过 2 亿元。此外，世界排名第一的德国翱拓邮购公司及客万乐邮购公司等，在上海都有较大的市场份额。

一个值得注意的现象是外资零售业在中国的发展步伐正在加快。2006 年外资并购成为中国零售业中的热点，包括百思买控股五星电器、沃尔玛收购好又多、特易购增资乐购、百盛回购内地门店、百安居接盘东方家园、家得宝并购家世界家居等。

> ▶ **案例**

商业翻身，驾驭制造业

不论大小零售店，可口可乐之类超级品牌必不可少。它们似乎一直高高在上——完美的广告营销，无可挑剔的市场战略，上百年的稳定品质，高额的市场占有率。零售商的眼中透着敬畏，他们不会对这些品牌品头论足，因为它们向来畅销。

然而，日本 7-11（7-Eleven）连锁便利店偏偏"不走寻常路"，他们认为：可口可乐应该开发哈密瓜口味的饮料。后来，哈密瓜"芬达"一上市，立刻受到消费者的追捧。在这种"芬达"的包装上，印有 7-11 的店标。可口可乐公司认为：印上 7-11 的店标，能提升双方的品牌价值，达到双赢。

一家便利店，竟然让饮料界老大"乖乖就范"？

殊不知，西方商业不再是"左手进，右手出"的小角色，商业功能的变革已经蔓延开来。

日前，第二届中国现代流通（上海）国际论坛在沪召开，商业的现代产业功能成为会议讨论的焦点。会后，笔者独家专访了野村综研（日本）咨询有限公司顾问恩田达纪，并与其他中外专家进行了交流。

一、商店不只是"买进卖出"

遍布日本的 7-11 便利店里，有许多别处买不到的商品，上面都打着"7-11"的商标，当中有不少产品的价格还比普通品牌贵。令人惊讶的是，它们非常受欢迎，还培育出一大批铁杆"粉丝"。在他们心中，7-11 品牌就是高品质的象征。与其他国家相比，日本的便利店面临着更大挑战。盒装午饭、饭团、三明治以及面包、牛奶构成了一家便利店一日销售额的 40%，这些产品可以有上百种口味。然而，纵然流行的趋势变化很快，但 7-11 总是胜人一筹，每日销售额比竞争对手高出约 50%。

零售业是名副其实的"微利行业"，7-11 便利店却取得了巨大成功。恩田达纪道出了原因："7-11 建立起与制造商协作的策划部门，55% 的商品都是自行开发的自有品牌。"他们不满足于"买进卖出"赚个差价，而是主动创造需求，刺激消费。

在物质匮乏年代、计划经济制度下，生产什么就只能消费什么，销售受到生产环节约束。社会再生产的过程是生产、分配、交换、消费，商业处于末端环节。作为"买卖行业"，其功能不过是"保障供给，发展生产"。从 20 世纪 90 年代至今，情况正好颠倒过来，消费成了引领一切社会生产活动的源头，缺乏需求的生产只能产生库存。

从 20 世纪末开始，"内需不足"一直困扰着中国。商务部公布的 600 种商品监测中，没有供不应求的商品，73% 的商品供过于求。但就在库存增加、消费疲软时，居民的另一部分消费需求却得不到满足，主要表现在创新产品和高科技产品上。此前"日本生活用品博览会"和"香港日用工业品博览会"曾登陆上海，受到了热烈欢迎。造型别致的卧房用品、功能新颖的浴室用品、构思奇特的厨房用品……这些商品无论在外观设计还是在功能开发、科技含量上，都与众不同。所有商品刚刚摆上货架，半天内就被购买一空。

制造商把握不住消费者的需求，产品就会滞销，零售业就饱受拖累。满大街都是"大路货"，店铺就只能打出"拆迁价"、"跳楼价"的旗号甩卖。商业的竞争除了价格竞争，别无其他优势。从连锁行业排行榜看，商业平均利润率只有0.6％～0.8％，而且单店不能赢利，只能靠连锁、靠规模取得微小利润。

于是，国外商业已经不甘心做"末端产业"，变革的火种已经点燃。那么，商业的核心竞争力在哪里？如何改变"买进卖出"的局面？

二、问卷变成核心竞争力

"传统的产业链是这样的：制造商研发策划商品，然后采购原材料、进行生产，再通过物流，进入零售。在顾客的需求比较固定的情况下，这样的产业链完全可以胜任。然而，随着顾客的需求越来越复杂、不同层次的需求日趋差别化，原有产业链就会力不从心。制造商发现，市场变化迅速，越来越难以把握。"野村综研（上海）咨询有限公司高级咨询顾问叶华解释说。

这时候，商业的优势就显现出来。他们天天与顾客打交道，对市场变化最为敏感。如果能建立一套收集市场信息的机制，那么商业就掌握了市场上最有价值的东西。7-11便利店通过一系列的方法，建立起自己的核心竞争力。

"对国内超市的收银员来说，他们的工作也许只有两步：把顾客选中的产品输入电脑，然后收钱、找零。但在7-11便利店，在收银的一分钟之内，收银员悄悄完成了一张电子问卷：购买这件商品的顾客是男是女、大致的年龄，当时的天气如何，统统录入电脑。顾客没说一句话，但商店已经拿到了数据，在7-11眼中，这就是最宝贵的财富。通过数据分析，总部系统中心就可以快速分析出，什么商品最走俏，什么包装最吸引人"，叶华如是说。

每一天，顾客的购买活动都透露着大量的信息。如果不加利用，这些信息转瞬即逝。但将它们收集起来，就能形成一个数据库，便利店就能在第一时间了解到顾客喜好的变化，嗅出流行的趋势。有人会问，连天气都要记录，是不是太过繁琐？事实上，有了天气数据库，每逢炎热的晴天或阴冷的雨天，便利店就知道顾客有什么需求。每天，来自数百个气象中心的报告都会送到7-11的店面。店铺的电脑会对应过去的经验，快速调整商品，有针对性地提供服务。"或许有经验的营业员也能凭经验来判断，但个人的经验无法大规模普及，可靠性也低。通过数据信息的积累，公司上万个门店都能成熟、规范经营。"

三、垄断信息逆转产业链

7-11可以一天三次与供货商交换送货信息，能隔天处理所有的顾客和销售信息。相比之下，制造商的信息反馈就慢得多。一批新产品推出去，也许过了一两个月，企业才发现销售速度减缓，但什么原因搞不清楚。比如，到底是女士不喜欢，还是所有顾客都不喜欢，企业无从知晓。再如，上海市场和成都市场的不同反应，企业也难以掌握。有的制造商非常渴望了解顾客需求，他们投入巨资设立展示店、概念店，希望借此接触顾客，倾听他们的感受。但是，这种方法不仅成本高，而且获取的信息量有限。就算设立了几个"点"，也很难从"面"上把握需求。

既然市场需求决定了产品的命运，那么，当商业垄断了市场信息，也就获取了驾驭制造业的能力。在这种情况下，商业不再是以规模取胜的自闭式行业，而是一个参与并组织社会化再生产的重要产业。据恩田达纪介绍，7-11便利店没有一家工厂，也不准备建工厂，但店铺中一半以上的产品都打着自己的品牌。从丰富的数据中，便利店看到了顾客的需求，通过发出订单，组织再生产，制造商渐渐变成了商业的加工厂。于是，产业链逆转，商业成了上游，制造商反倒变成了下游。

透过对不同产品的对比，零售商对市场潮流一目了然。本文开头提到的哈密瓜口味"芬达"，就是一个典型例子。7-11依靠手中掌握的市场信息，指出市场看好哈密瓜口味，而且很多人喜欢"芬达"品牌。在值得信任的数据面前，可口可乐与7-11共同开发出哈密瓜口味的饮料，迅速取得成功。

除了针对需求组织生产，商业企业还要挖掘顾客的潜在需求。叶华告诉笔者，顾客的很多需求是隐性的，有时顾客也说不出自己需要什么，这就需要不断推出新产品，不断试探市场反应。商业企业称之为"天线功能"。

7-11便利店的单店商品总数约有2 500种，但每周都会推出40～50种新品，分布在高中低多种价位。这些产品大都出自策划部门，然后上市进行"试探"。就饭团来说，有的新品种比较便宜，但分量较少；有的新品种可能稍贵一些，但口味特别。究竟哪一种能获得认可，全凭销售数据分析。新品上市，有不少顾客愿意尝新，销量会增长。但如果顾客发觉不喜欢，就不会再次购买，于是销量会很快下滑。一旦发现市场不认可，便利店会立刻通知厂商停产，处理库存，更换品种。通过不断尝试，能发现很多市场空白。比如分量较少，但包装美观的盒饭，就得到女士们的欢迎。而在这之前，几乎没人注意到这一点。

四、转型的号角何时吹响？

让商业从末端走向上游，商业自有品牌和商业自主研发体系的建立是必由之路。培育商业品牌不是传统意义上的店牌店誉，也不是简单发展贴牌商品，而是借助自有品牌，形成商业研发体系。充分利用市场信息优势，在产品外观、功能、材质、品种、附加值等方面推陈出新，缩短商品更新周期，以订单为纽带，形成以商业企业为核心，专门生产商环绕的现代产业集群。这样一来，商业企业商品雷同、供应链雷同、管理方式雷同、竞争手段雷同、缺乏核心竞争力等老问题就可迎刃而解。

对于自有品牌的发展，恩田达纪归纳出四个阶段：第一阶段，用低价来阻击制造商品牌。当自有品牌出现时，顾客不了解这一品牌，也不知道这一品牌的质量。因此，选择同质化高、技术含量低、单价低、购买频繁的商品种类，通过直接定牌生产，减少中间环节，有时甚至可以稍微降低质量，大幅降低成本，用低价吸引顾客。第二阶段，品质与制造商品牌一致，考虑到消费者的需求。第三阶段，超越制造商品牌，提供个性化的产品，但价格与同类产品差不多。第四阶段，品质一流，完全瞄准顾客需要，满足制造商品牌无法顾及的需求，自主定价。这时候，顾客会把自有品牌当成一个成熟的独立品牌。日本的7-11能拥有一大批铁杆"粉丝"，就因为这个品牌已经走到了第四阶段，开始提供独特的服务。

那么，是不是以后制造业就不需要研发和策划？恩田达纪说，制造商品牌可以满足人们的一般需求，靠数量取胜。而自有品牌可以满足少量客户的个性化需求。需要指出的是，"少量客户"也有一个基本数量，便利店毕竟是走大众路线，并非奢侈品的"度身定做"。

当商业吹响了转型的号角，制造业主导的时代就走到了尽头。未来，超市里的新奇商品会越来越多，或许在这些商品身上，我们分不清是商业主导还是制造业主导。但有一样我们会备感熟悉：他们的品牌，不就是楼下便利店的店牌吗？

（资料来源：孟群舒 . 2006-05-20. 解放日报）

➤ 基本概念

零售（retail）	零售企业（retail enterprise）
先导产业（leading industry）	百货商店（department store）
连锁商店（chain store）	超级市场（supermarket）
折扣商店（discount store）	购物中心（shopping mall）
样本展销零售商店（retail catalog showroom）	

➤ 思考题

1. 何为零售？如何理解零售范围？
2. 简述零售企业的功能。
3. 零售业的三次革命是什么？发生的原因是什么？
4. 超级市场发展的条件是什么？
5. 怎样理解把零售业从末端行业变为先导产业？

第二章

零售组织形式

零售组织形式可以从多方面进行考察，本章将从三个方面，即零售企业的法律形式、所有制形式和经营组织形式进行论述。

第一节　零售企业的法律形式

任何零售企业从事商业活动，必须要以某种法律形式出现，不同法律身份的企业，在企业领导机构、企业内部决策程序、企业清偿债务是否有限方面是不同的，企业受国家法律和社会监督的程序也不一样。

企业的法律形式在市场经济国家有很大的共同性，主要有独资企业、合伙企业、公司三种。

一、独资企业

独资企业（individual proprietorship）是指一个人出资经营、归个人所有的企业。独资企业在有的国家也称为个体企业或个体商人。独资企业在法律上为自然人企业，不具有法人资格。

零售企业的业主也称做"商人"。在西方国家的商法中，一般把商人定义为"是以自己的名义进行商业行为的以商为业者"。在有的国家，法律要求独资企业的业主在登记注册时必须使用自己的名字作为企业字号。除此之外，还可以加上一个表示企业经营内容的附加词。在企业出售时，法律允许买方可以继续使用企业原来的名称。由于大多数零售企业规模不大，独资企业是最主要的法律形式。

独资企业的优点有：①利润归业主所得，无须与别人分摊，只缴纳所得税，不需要像公司那样双重课税；②在经营上制约因素很少，企业处理问题机动敏捷；③企业的经营活动及财务容易保密；④开支节省，营业成本可以降低。

独资企业的缺点为：①业主要为企业的全部债务负无限的责任，即当企业的资产不足以清偿企业的债务时，企业主就要用个人的财产来做清偿，因此风险性较大；②企业规模有限，发展速度不能很快；③企业的寿命有限，如果企业主遇到各种意外或不愿干下去，企业也就死亡了，这使企业的雇员和债权人经受风险；④个人能力与经验有限，经营难免判断错误。

二、合伙企业

合伙企业（partnership）是由两个以上企业主共同出资、共同经营、共同所有的企业。合伙企业也称无限公司（unlimited company），合伙人一般都对公司债权人承担无限的清偿责任。在商业零售企业中，合伙企业占有相当的比重。

合伙企业的合伙人采用书面协议的形式签订合伙经营合同，合同的内容包括：①利润和亏损如何分配；②各企业主的责任（出资额、无限责任或有限责任，以及主要业务分担等）；③老股东的退股和新股东的入股办法；④企业关闭后，如何分配资产；⑤如何解决合同上未规定的争端（如通过仲裁等）。

合伙企业中的股东即合伙人，有各种类型，主要包括：①普通合伙人（general partners）。普通合伙人对企业债务要负责无限责任，并且从事企业的经营业务。②有限合伙人（limited partners）。有限合伙人在合伙企业的责任仅限于他投入的资本，有限合伙人在合伙企业中不起什么作用。③其他合伙人。其他合伙人包括不参加具体管理的合伙人、秘密合伙人、匿名的合伙人和名义合伙人等。

合伙企业比起独资企业来有一定的优越性：①扩大了资金来源与信用能力；②提高了决策能力；③增加了企业扩大和发展的可能性。

但是，合伙企业也有一些缺点：①除了有限合伙人外，普通合伙人对企业所有义务负无限责任（unlimited liability），他们所有的财产都具有风险性，而且普通合伙人之间存在着一种连带责任的关系；②企业的寿命不容易延续很长，合伙人中若有一人出了意外或不愿意干下去，企业就很可能夭折；③在管理上容易出现摩擦，因为所有普通合伙人都参加经营，都有决策权；④企业的规模扩大受到限制，因为各合伙人能筹集到的资金毕竟有限。

三、公司

公司（corporation company）由若干名股东组成，其股本可以分解为若干份额，清偿责任为有限。公司是法人（legal person），和自然人一样可以成为权利的主体，它有权用自己的名义来从事经营、和他人订立合同、向法院提出诉讼等。公司是当今国际上最重要的所有制形式，规模一般都比较大。连锁商店及各种大型的零售企业一般都采取公司的法律形式。

创建公司需要全体股东缔结一份公司章程，并经公证确认。公司的章程至少应包括以下内容：①公司的字号与所在地，字号中必须显示有限责任（proprietary limited）；②企业的经营内容；③股本金额；④每个股东入股金额。

创办公司须向所在地的政府或法院递交申请，得到批准后，当局发给公司执照，公司必须在执照规定的经营范围内从事经营活动。

公司的最高决策机构是股东大会，股东大会一般一年举行一次，其最重要的事情是选举董事会（board of directors），此外还要决定公司执照的修改、决定审计公司财务报表的公共会计事务所，以及通过职工退休金和养老金计划等。

董事会是公司常设的决策机构，在方向性的问题与重大问题上对公司进行领导和指导。它的任务是制定公司的长远规划，批准最高管理层交来的计划，决定主要的经营管理政策，向股东宣告应付股息和股份分红。董事会成员可以是公司的股东和职员，也可以是公司以外的人员。

具体管理公司经营业务的是总经理及其他高级职员，他们是由董事会任命的。

公司的优点在于：①有限责任，股东的责任仅限于他投资的部分；②公司可以通过发行股票和债券来筹资，在发展上很有潜力；③管理效率高，公司的所有者与经营者分离，经营管理职能由专家来承担；④所有权可通过股票形式方便地转移；⑤公司的寿命可以很长。

公司的不利方面在于：①组建困难，组织费用高；②政府对公司限制较多，如公司出售股票、公司的合并等，都必须经政府有关部门批准；③公司的记录要向政府报告，无法保密；④公司的税负较重。

第二节 中国零售企业的所有制结构

所有制的不同，是中国零售业同西方国家零售业的最大区别，所有制结构的变化，也是改革以来中国零售业结构的根本性变化。中国零售业的所有制结构近 60 年来发生的变化基本上可以分为三个阶段：第一阶段是从 1949 到 1978 年，所有制结构从个体私营到全民所有制和集体所有制转变；第二阶段是从 1979 到 1992 年，所有制结构是从单一的公有制转变为多种所有制形式；第三阶段是 1993 年到现在，零售业对外开放，外资零售业比重不断上升，所有制结构进一步多元化。

一、改革开放前零售业所有制结构

所谓零售业的所有制结构，包括两层意思：一层是就宏观和终极财产所有而言，即以全国零售业财产总和为单位主体，在其中国有、集体、私人所占比重结构。由于缺少统计数字，这方面的研究难以得出直接的数字，而只能从间接方面得出结论。另一层意思是指以零售业企业主体而言，即每一个企业内的财产结构形式，可以称之为微观所有制结构。两层所有制结构，有区别又有联系。

从 1949 到 1978 年，由于采取了消灭私人商业的政策，并发展和合并国有零售商业企业，1978 年同 1952 年相比，全国零售商业机构由 420 万个减少到 104.5 万个；从业人员由 703.5 万人减少到 447.4 万人，分别减少 37.5% 和 37%（表 2-1）。在这一期间，零售商业的企业或网点规模扩大了，每一机构平均拥有职工，由 1952 年的 1.7 人，发展到 4.3 人。

在公有制商业中，最初的集体商业和供销社商业，实际上过渡为全民所有制，失去了集体商业的特点。后来为安排城镇待业青年就业，又发展了一批新的集体商业。所以，从统计资料上集体商业比重、数量都很大，但实质上与全民所有制商业无异，零售业的所有制结构到 1978 年实际上单一化了。

表 2-1 1952～1978 年零售业所有制结构

年份	机构/万个			人员/万人		
	国有	集体	个体	国有	集体	个体
1952	2.9	10.1	407.0	43.3	70.7	589.5
1978	4.9	89.1	10.8	97.6	336.2	13.6

注：集体中含供销社。

资料来源：国家统计局贸易物质统计司.中国商业外经统计资料：1952～1988.北京：中国统计出版社，1990

如前所述，改革前中国零售业的所有制结构，在名义上有全民所有制和集体所有制两种经济成分，而在实际上集体所有制零售业企业与全民所有制零售企业已无区别。改革开放以来，政府采取了以公有制为主体，发展多种所有制商业的政策，零售业企业的所有制结构由实质上的单一全民所有，向全民、集体、合作、个体、私营、合资、股份制等多元化所有制结构转变。

二、改革开放前期零售业所有制结构的演变

改革开放以来，政府采取了以公有制为主体，发展多种所有制商业的政策，零售业企业的所有制结构由实质上的单一全民所有，向全民、集体、合作、个体、私营、合资、股份制等多元化所有制结构转变。我们把1979～1992年称为改革开放前期，这段时期零售业没有对外开放，但是零售业所有制结构发生很大变化，表现在以下三个方面：

1. 零售业机构的所有制结构变化

1978～1992年，中国社会零售商业机构由104.8万个增加到1 006.3万个，增长8.6倍，增加901.5万个。其中国有商业机构由4.9万个增加到32.4万个，增加27.5万个，增长5.6倍；集体商业机构由89.1万个增加到122.6万个，增加33.5万个，增长近38%，考虑到1978年的集体商业机构实际上是国有商业机构，则1992年的集体商业机构发展是很快的。各种合营零售商业机构由1980年的300个，增加到1992年的2 000个，增加1 700个，增长近5.7倍；个体机构由1978年的10.8万个，增加到1992年的851.1万个，增加840.3万个，增长近78倍。从不同所有制商业零售机构发展来看，最快的是个体商业，最慢的是国有商业。

社会零售商业机构的所有制结构发生了重大变化。国有商业和集体商业机构由1978年占近90%，下降到1992年的15.4%；而个体商业机构则由1978年占10.3%，上升到1992年的84.6%。说明在网点数量结构上，由改革前以公有制商业为主体，转变为以私有制商业为主体。

2. 零售业从业人员的所有制变化

伴随着改革的深化，商业从业人员的所有制结构也发生了重大变化，由过去的单一全民所有制商业职工，变化成国有、集体、个体私营、合营等多种所有制企业的职工，就职身份呈现多元化结构，尤其是私营个体就业者急速增加（表2-2）。

表2-2　1978～1992年零售业从业人员所有制状况（单位：万人）

年份	1978	1980	1985	1987	1988	1989	1990	1991	1992
国有	97.6	193.7	290.8	323.5	342.3	351.7	370.7	388.3	435.8
集体	336.2	396.4	665.4	667.3	711.7	684.6	668.7	672.3	734.3
合营		0.3	2.9	3.5	4.4	3.4	3.4	3.6	4.3
个体	13.6	47.3	836.9	1 018.2	1 106.2	993.3	1 048.6	1 134.5	1 260.1
合计	447.4	637.4	1 790.0	2 012.5	2 164.6	20 33.0	2 091.5	2 198.7	2 434.5

资料来源：中华人民共和国统计局.1993.中国统计年鉴1993.北京：中国统计出版社

从表2-2中可以看出，1978～1992年的15年间，各种经济成分的零售业从业人员数量都大量增加，但比重结构变化很大（表2-3）。

表 2-3　1978～1992 年零售业从业人员所有制结构（单位：%）

年份	1978	1988	1992
国有占比	21.8	15.8	17.9
集体占比	75.1	32.9	30.2
合营占比		0.2	0.18
个体占比	3.0	51.1	51.8

资料来源：根据《1993 年统计年鉴》数字计算。

从表 2-3 可见，1978～1992 年，公有制零售业从业人员比重由 96.9% 下降到 48.1%；个体、私营人员比重由 3% 上升到 51.8%。

3. 零售商业社会商品零售额的所有制结构变化

与零售业机构和从业人员结构变化相适应，作为经营成果的商品零售额的所有制结构也发生了重大变化，各类不同所有制的零售业销售额状况见表 2-4。

表 2-4　1978～1993 年按所有制分的社会商品零售总额状况（单位：亿元）

年份	1978	1988	1992	1993
社会商品零售总额	1 558.6	1 440.0	10 993.7	13 592.6
国有	851.0	2 935.9	4 539.8	5 398.8
集体	674.4	2 557.9	3 068.2	3 572.9
个体和私营	2.1	1 324.0	2228.0	3 070.2
合营		27.2	80.3	116.4
其他	31.1	595.0	1 077.4	1 434.3

注：表中联营经济包括股份制、外资投资。
资料来源：中华人民共和国统计局. 1994. 中国统计摘要 1994. 北京：中国统计出版社

从表 2-4 可见，各种经济成分的零售业销售额都全面增长，但所占比重结构变化很大。1978～1993 年，公有商业零售额所占比重，由占 97.9% 下降到 66.0%，减少了 30 多个百分点，其中国有比重由 54.6% 下降到 39.7%，集体由 43.3% 下降到 26.3%。相反，个体和其他非公有成分比重上升，其中个体由 0.1% 上升到 22.6%。

三、零售业对外开放后所有制结构的变化

1992 年 5 月 15 日，国务院批复上海市政府，同意兴办中日合资上海第一八佰伴有限公司，正式拉开外资零售商进入中国市场的序幕。

1992 年 7 月，国务院做出《关于在商业零售领域利用外资问题的批复》，允许外商在北京、上海、天津、广州、大连、青岛和五个经济特区试办一至两个外商投资商业企业，但必须以合资或合作方式进行，股份比例中方必须控股 51% 以上，企业不得经营批发业务，其进口商品比例也不得超过 30%。

1996 年 8 月，全球零售业老大沃尔玛进入中国，在深圳开设第一家沃尔玛购物广场和山姆会员商店。

1999 年 6 月，经国务院批准，国家经济贸易委员会、对外贸易经济合作部联合发布《外商投资商业企业试点办法》，将中国商业领域对外开放范围扩大到所有省会城市和计划单列市，同时允许外商经营自进商品的批发业务。

2000 年 10 月，华联超市借壳上市，成为我国第一家上市的连锁超市企业。

2001 年 12 月，中国正式加入世贸组织，承诺零售业开放政策：

（1）市场准入政策。对零售业的市场准入限制将在 2～3 年内逐步放开。

（2）资本运营政策。从合资到独资，从独资到兼并逐步开放政策。

（3）产品准入政策。关系国计民生的关键产品逐步开放。

2002 年 7 月 16 日，联华超市溢价增资 2.1 亿元，入主浙江最大的超市公司——家友超市的母公司杭州华商集团，成功实施国内最大的一桩异地并购重组案。

2003 年 6 月 27 日，联华超市股份有限公司正式在中国香港主板市场挂牌上市，成为中国连锁零售企业海外第一股。

2004 年 12 月 11 日，中国零售业全面开放，即放开外资零售业在股权、地域和门店数量方面的限制。

零售业全面开放后，我国零售业内发生巨大变化，主要表现在：

（1）外资商业企业申报数量明显增加。2005 年商务部共批准设立 1 027 家外商投资商业企业，合同利用外资 18.16 亿美元，开设店铺 1 660 个，营业面积 468.34 万平方米。全年共批准设立零售（含批零兼营）企业 187 个，是 2004 年的 6 倍多。

（2）外商独资企业明显增加。2004 年底取消对外资商业的股权限制后，2005 年共批准设立 625 家外商独资企业，占全部新批外资商业企业的 61%。其中，新批的 187 家外资零售企业中，外商独资企业 124 家，比重为 63%。

（3）外资专业店比重明显增加。随着国内人民生活水平的提高，消费日趋多元化。2005 年新批外资零售企业中，专业店比重高达 57.2%，大型超市 25.5%（其中综合超市和专业超市约各占一半），百货店 13.9%，便利店不到 4%。

（4）外资并购案例明显增加。2005 年商务部共批准外资企业并购项目 24 个。其中，上海永乐电器公司一次就向外商转让 61 个店铺，营业面积 28 万平方米。此外，英国 TESCO 公司从境外收购了国内"乐购"25 个大型超市 50% 的股份，英国 B&Q 公司从境外收购了德国 OBI 公司在国内开设的 13 个大型建材专业店。百思买携手五星电器、沃尔玛收购好又多、百盛回购内地门店、百安居接盘东方家园、家得宝并购家世界家居等。目前全球 50 家最大零售企业中超过 80% 已经进入中国。

表 2-5 是部分外资零售企业在中国门店数（2006 年）。表 2-6 是按登记注册类型分限额以上连锁零售企业所有制基本情况（2005 年）。

表 2-5　部分外资零售企业在中国门店数（2006 年）

企业名称	2006 年开店数	门店总数
欧尚	3	15
家乐福	18	89
麦德龙	6	33
沃尔玛	14	67
易初莲花	9	78

资料来源：名牌时报·超市周刊.2006-12-27

表 2-6 按登记注册类型分限额以上连锁零售企业所有制基本情况（2005 年）

类型	门店数/个	营业面积/万平方米	从业人员/万人	销售额/亿元	零售额/亿元
内资企业	85 223	7 488.9	127.7	9 299.4	6 616.1
国有企业	11 960	1 567.6	12.6	1 434.7	975.1
集体企业	1 070	28.1	1.0	28.8	27.4
股份合作企业	946	104.0	1.9	169.2	149.9
联营企业	307	32.0	1.9	138.0	116.4
国有联营企业	130	1.6	0.1	3.5	2.9
集体联营企业					
国有与集体联营企业	169	27.4	1.7	132.4	111.3
其他联营企业	8	3.0	0.1	2.2	2.2
有限责任公司	31 701	1 334.9	43.2	2 004.2	1 644.3
国有独资公司	1 504	29.7	1.4	61.9	47.2
其他有限责任公司	30 197	1 305.3	41.8	1 942.2	1 597.0
股份有限公司	27 108	3 777.2	44.1	4 623.2	2 874.3
私营企业	11 398	636.9	22.7	893.8	821.7
私营独资企业	745	17.7	0.8	9.3	5.1
私营合伙企业	179	13.2	0.3	12.6	12.6
私营有限责任公司	10 314	584.3	21.0	858.0	790.3
私营股份有限公司	160	21.7	0.6	13.9	13.8
其他企业	733	8.2	0.3	7.6	7.0
港、澳、台商投资企业	1 492	233.1	5.0	310.3	293.0
合资经营企业	1 406	230.6	4.8	289.6	288.7
合作经营企业	26	1.8	0.1	18.9	2.8
独资经营企业	55	0.7	0.1	1.5	1.5
投资股份有限公司	5			0.3	0.1
外商投资企业	3 761	480.7	16.1	1 058.6	901.3
中外合资经营企业	2 399	280.0	9.1	502.2	467.2
中外合作经营企业	1 203	183.2	6.5	525.2	404.5
外资企业	159	17.5	0.5	31.2	29.6
外商投资股份有限公司					
合计	90 476	8 202.7	148.8	10 668.4	7 810.3

资料来源：中华人民共和国统计局.2006.中国统计年鉴2006.北京：中国统计出版社.17～28

上述所有制结构的变化，是中国零售业改革以来结构变化中最具有实质性的变化，其意义和影响均是十分重大的，是由传统的计划经济向市场经济转化的重要标志之一。可以看到，零售业公有制比重有大幅度的降低，一些大型国有零售企业改制为上市公司，国有制的性质体现在上市公司的股权中。但是，随着2006年开始的上市公司股权分置改革，国有股全流通后，零售业国有的性质进一步淡化。目前，在一些大型国有零售集团和连锁企业中，国家还起着控股的作用。

第三节　零售企业的经营组织形式

一、独立商店

独立商店（independent store）是由只拥有一个零售商店的零售商所经营的商店。在大部分国家，零售业主要由大量小型的、业主自营的独立商店组成。由于所需资本不多，申请手续一般比较简单，独立的小零售店易于进入市场，且为数很多。

独立商店通常是一个人或两个人经营，所有者也是经营者，最多雇一两个人作帮手。在独立商店中，有普通商店，也有专业商店。普通商店出售各类小百货、服装等杂货类商品，由于受到大商业企业的排挤，大多数开设在农村地区。专业商店只经营一种品类或与之有关的商品，多集中在城镇。

独立商店这种企业形式具有自己的有利条件和不利条件。有利条件是经营灵活、投资额低、专业化，业主直接控制经营，便于把握。具体来说是：

（1）独立零售商在选择商店位置和制定战略时有很大的灵活性。由于涉及的只是一个商店的位置，业主就可以选择最佳位置，不受什么约束。独立零售店不必像连锁商店那样制订统一的位置标准，也不必刻意地去靠近现有的商店群。

（2）在制定战略上，独立零售店对选择顾客市场有很大的自由。许多独立零售店具有适中的目标，所选择的是整个顾客市场中的某一特定的一小部分，而不是大规模市场。然后按照选定的市场来规划商品的花色品种、价格、营业时间等。

（3）独立零售商只经营一个商店，因而可以缩减对租赁、店内固定装置、职工和商品等的投资费用。此外，店内没有大量的存货和重复的人员配备，内部职责也容易明确的划分。

（4）许多专业化的独立零售商业主是以专家的身份来经营的，在某特定领域具有知识和技能上的专长，这些商店能吸引对该专业有兴趣的顾客。

（5）独立零售商，特别是小型的独立零售商，往往具有大商店难以赢得的某种形象，能形成友好的、有个性的、待人亲切的气氛。很多地区性的小商店还和当地的居民建立起了具有浓郁人情味的人际关系，有很好的形象。

（6）独立零售商只为一个地区性的市场服务，实行一种战略（营业时间、经营商品的花色品种、价格、销售人员、推销宣传等）。因此，能够保持一致性，由于两个分店以不同的价格销售相同的商品而引起的问题就不会发生。

（7）独立零售商的有利条件还表现在具有"独立自主性"上，业主兼经营者，一般能充分地控制商店，不必为股东、董事会会议和劳资纠纷等问题而操心。

独立商店的不利条件是：议价能力有限，不能达到规模经济，劳动力紧张，缺少利用宣传工具的机会，过分依赖老板，缺少进行规划所需的时间和财力、物力。具体说来，其不利条件是：

（1）由于独立零售商通常都是少量进货，所以没有很大的力量同供货商讨价还价。在许多情况下，独立零售商必须付高价去接受标准产品，却不能买到定制的商品。

（2）独立零售商通常不能在进货和保持存货方面建立规模经济。由于需求和财力方面的限制，每年只能分几次购进小批货物，而不是每年大批订货一两次。这意味着运输、订货和进货处理费用很高。

（3）由于电视广告费用昂贵，报刊广告所影响的地区范围对独立零售商来说又太大，这就限制了独立零售商对广告宣传工具的利用。有时他们使用这两种广告宣传工具要比经常使用者支付高昂得多的费用。

（4）独立零售商尤其是家庭经营的小型商店过分依赖于业主。在很多情况下，一切决定都是由业主做出的，当业主生病、休假或退休时，经营的连续性就不能保证。过分依赖业主可能会影响到长期的经营业绩。

二、公司连锁

公司连锁（chain corporation）也称为正规连锁。国际连锁店协会对正规连锁下的定义是："以单一资本直接经营11个以上的零售业或饮食业，也称所有权连锁。"从定义看，与其他形态的连锁店相比，公司连锁是由单一资本构成，所有权属于同一公司或同一资本所有，只有一个总部决策机构，总部决定各家连锁店的经营品种；集中进行商品采购，并分销给各家连锁店；统一制定商品价格；采取一致的促销手段和店堂布置；统一投资，统一财务管理核算。因此，公司连锁在管理上强而有力。公司连锁店也被称作联号商店。欧洲国家也称之为多店铺商店或多分店商店。日本通产省给公司连锁下的定义是："公司连锁店本质上处于同一流通阶段，经营同类商品和服务，并由同一经营资本与同一总部集权性管理机构统一领导，进行共同经营活动，由两个以上分店铺组成的企业集团。"英国规定公司连锁要由10个以上分店组成。

公司连锁店的主要特征就是所有权与经营权统一。所有权与经营权的统一是指所有成员企业必须是同一个所有者，归属同一个公司。各个分店由总公司或总部集中领导，实行统一管理、统一核算制度，各成员商店的经理及员工是雇员而不是所有者；各分店实行标准化经营管理，即外观相仿、品种相同、商品陈列一致。

公司连锁具有若干竞争上的有利条件：

（1）公司连锁特别是大型连锁企业拥有充足的资金对商店进行投资，能负担起昂贵的租金，以占据最好的商业销售地理位置。

（2）大型公司连锁在与制造商打交道时具有很强的讨价还价能力。由于进货量大，连锁企业可以在供应商那里获得低价格和其他各种收益。

（3）公司连锁通过大批进货，可以收到降低成本的效果，从而以低价吸引消费者。连锁商店可以整批地进货、装运、储存和进行其他批发活动，采购和物流成本大大低于独立零售商。连锁商店的商品价格因而比较便宜，对顾客有很大的吸引力。

（4）公司连锁可以集中决策而获得多店经营的效益。连锁商店统一进行管理、职工培训、进货、定价、广告、推销宣传等。集中决策可以省去各个分店经理或更多的专业人员分头进行这些工作的费用，能够达到节约的效果。

（5）公司连锁可以花较多的时间和财力作长期规划，有明确规定的经营宗旨，对整个营销战略有清楚的描述，对职工的职责有明确的规定。企业管理层的更替不影响企业保持经营宗旨的连续性。

公司连锁也有不利方面：

（1）一个连锁商店一旦建立起来，它的灵活性就受到了限制。适宜的、不重叠的商店位置很难找到。所有的分店必须坚持贯彻一致的战略，每个分店的价格、推销宣传和产品的花色品种必须相类似。对于运用集中决策的连锁商店来说，要适应当地的需求可能是困难的，如很难同时照顾到城市、郊区和农村的顾客在需求上的差别，以及不同地区居民在生活方式上的差别。

（2）公司连锁的投资费用很高，投资费用牵涉多家商店的租赁费用、固定装置、商品的花色品种和职工雇用。此外，由于必须为各分店储备存货，库存资金积压也较大。

（3）公司连锁的经营控制可能出现问题，特别是分店所在地分散的那些连锁商店更是如此。最高管理层不能像独立店主控制其商店那样来保持对每个分店的控制。远程控制和延误时间是连锁商店决策方面的两个难题。

三、自由连锁

前面介绍的连锁商店是公司连锁，所有的商店属于一个公司所有，在所有权上是统一的。连锁商店的另一种形式是自由连锁（voluntary chain），自由连锁是由许多独立的零售企业联合而成，参加的企业所有权不变。美国商务部关于自由连锁商店的定义表述是："由批发企业组织的独立零售集团，即所谓批发企业主导型任意连锁店集团。成员零售店铺经营的商品，全部或大部分从该批发企业进货。作为对等条件，该批发企业亦须向零售企业提供规定的服务。"日本经济界对本国自由连锁商店的概念阐述是："所谓自由连锁商店，是许多零售企业自己组织起来的，在保持各自经营独立性的前提下，联合一个或几个批发企业，并以此为主导建立强有力的总部组织，在总部的指导、统治下，实行共同经营，通过集中进行的大量采购，统一经销，获得低成本、合理化经营的利益，不断提高流通效率的零售商业组织。"自由连锁的特征是：①集团成员仍然保持自己的经营自主权和独立性，这是它不同于正规连锁形式的地方；②组织连锁集团的倡导者和主导企业，可以是批发企业，也可以是零售企业，但集团的主体是零售企业；③要有强有力的本部机构，并要求全体成员在本部机构的指导、领导下共同行动，本部负有对成员企业进行业务领导及人员培训的责任；④以共同合作的形式，采取集中采购、统一营业的经营方法。

自由连锁的形式很多，目前，国际上最有影响的两大自由连锁组织分别为：SPAR，全球有 1 500 加超市，总部在荷兰；IGA，有 4 000 余家零售店，总部在芝加哥。无论何种类型的自由连锁集团，在商法上都是一个企业体，因此集团本部职能的发挥对整个集团事业的发展具有决定影响。作为集团本部，必须具有执行下列职能的能力：①组织职能，即本部必须能够及时协调成员关系，重组集团组织，使之适应经营需求；②计划职能，即本部负有编制集团的长期发展战略计划、中短期营运计划、资金调集分配计划、投资计划、人员培训计划和零售经营计划等的责任；③调控与指导职能，即按计划要求，对成员企业的经营活动和行为进行指导、辅助或限制，协调集团长期利益同成员企业短期利益、成员企业同主导企业利益关系的职能；④商品供应职能，包括决定集中进货的商品数量、进货对象和渠道选择的职能以及为成员企业配送、保管商品的职能。

对于众多中小零售企业来说，自由连锁是提高企业竞争力、拓展生存空间的一种新途径。其潜在优势可以归纳为以下六个方面：

1. 自由连锁发展模式充分体现了独立性与合作性的良好结合

这种互利合作关系不同于正规连锁的命令和雇佣关系，也不完全等同于特许连锁①的契约关系，它既有利于联盟与成员间的合作，又能够为联盟中各中小企业提供一个合作、交流、沟通和分享零售经验的平台和纽带，非常适合具有独立产权、分布在不同区域的中小零售企业在创造自身经营特色的同时实现资源共享和优势互补。

2. 通过建立大规模联合采购平台，形成规模化经营优势

大幅度降低采购成本是发展自由连锁的核心部分。大批量订单无疑是价格谈判中最有力的武器，中外自由连锁组织的运作及尝试的实践都表明，成立联合采购平台是大势所趋。例如，加盟 IGA 的企业可以通过其全球采购平台在可口可乐、宝洁、雀巢等国际的商品品牌采购方面享受与沃尔玛、家乐福一样的供应价格。

目前中国 IGA 联盟有十几个品牌的产品实现联合采购，采购成本可以降低 6%～7%。由于成员企业分布在全国各地，企业可以围绕各地的优势产品进行互换。联合采购使中国中小连锁企业与洋超市、国内大型超市部分同类商品的价格处于在同一水平线上。

3. 实行独特的多元业态经营策略

多元业态经营策略有利于自由连锁系统适应和满足不同地区或不同消费群体的特殊需求，更好地实施差异化的营销策略。例如，SPAR 为全世界拟加盟的中小零售商设计了 SPAR EXPRESS 便利店、EUROSPAR 大型超市、SPAR 邻里超市和 INTERSPAR 大卖场等 4 种操作性强的业态经营模式，以供加盟商根据自身情况做出选择。

4. 开发自有品牌

自由连锁组织自行开发多品种、质量优的自有品牌产品，有利于中小零售商降低进货成本，选择更具竞争力的商品。目前 IGA 为零售商提供超过 3 000 种的自有品牌产品，并将其领先的食品安全保证体系作为构建核心竞争力的重要基础，消费者对其产品质量非常认可；SPAR 开发了 300 多种用不同语言包装的产品，其目的就是为了推进自由连锁组织的国际化、本土化战略。

5. 加盟的中小零售商能够得到自由连锁组织系统的业务指导与支持

中小零售商加入自由连锁组织后既可以保持其经营上的独立性和灵活性，又能够得到核心企业强有力的资源支持和实际运作方面的引导，有利于提升企业的经营水平和市场竞争力。

IGA 结合其丰富的国际运营管理经验为零售商提供能体现本地化特征的系统整合方案和货架设计的具体方案，使零售商获得支持与信息，帮助零售商发现问题；SPAR 帮助零售商寻找到最优秀的操作方式，定期举行后勤支援会议、研讨会，介绍后勤支援的最新咨询科技给 SPAR 的成员，提高批发和零售的生产力。

6. 独具特色的人力资源培训体系为提高经销商素质提供了保证

国际知名自由连锁组织非常重视管理人员、经销商和员工业务素质的培养和提高。IGA 根据其成员分布在全世界 45 个国家和地区的实际情况，在培训体系的设计中突出本土化的管理团队建设、在线培训和顾客导向的人力资源训练发展计划；SPAR 在培训中非常注重如何培养员工亲切和友善的服务态度，他们在南非、英国等地设立自己的学院使员工加深对零售内在规律的了解。

---

① 在本节"四"中有详细阐述。

自由连锁是中小零售企业提升市场竞争力的途径之一。进入 21 世纪以来，国内零售企业不断探索自由连锁之路，先后成立了上海家联联营采购有限公司、浙江连锁超市采购联盟、河南的"四方联采"等。但是，国内的自由连锁缺乏经验且受到多种因素制约，发展步履维艰。IGA 和 SPAR 两大国际自由连锁组织进入中国后，一些原先国内自由连锁的成员又加入其中。截至 2006 年底，在中国加盟 IGA 的零售企业有宁波三江、深圳有荣、湖南步步高、黑龙江庆客隆、武汉中百、河南四方联采、河北好日子、福建永辉。加盟 SPAR 的有山东家家悦、湖北雅斯、河南思达、广东东莞的嘉荣超市。

四、特许连锁经营

（一）特许连锁经营概念和特征

特许连锁经营（franchising）是特许经营的一种形式。商业特许经营是指拥有注册商标、企业标志、专利、专有技术等经营资源的企业（以下称特许人），以合同形式将其拥有的经营资源许可其他经营者（以下称被特许人）使用，被特许人按照合同约定在统一的经营模式下开展经营，并向特许人支付特许经营费用的经营活动。

日本特许连锁协会对特许经营的定义为："特许经营是指总部与加盟店之间签订合同，授予加盟店使用自己的商标、服务标记、商号和其他成为象征的标语以及经营技巧，在同一形象下进行商品销售及其他事业的权利。加盟店向总部相应的支付一定的报偿，并对事业投入必要的资金，在总部的指导和援助下开展事业活动。"日本特许连锁协会的概念，更接近连锁经营范畴。

我们这里所说的特许连锁经营，是指商业零售企业之间的特许经营权的转让，它允许被特许人使用特许人的名称并按照一定的营业方式经营业务。通过这种组织形式，被特许人可以获得大型连锁零售企业在经营经验上、进货能力上和商誉上所带来的好处，并且可以利用总部的管理资源、标准化的商品种类和工商联合广告。

特许连锁经营的特征，主要表现为以下 9 个方面：①一个特许连锁企业包含一个总部和多个加盟店；②特许连锁经营的核心是特许权的转让，总部是转让方，加盟店是接受方；③特许连锁经营以经营合同为行为准则，即双方以自愿承认并共同遵守的法定契约规范和约束各自的行为，一方违约，另一方有使用法律手段索赔经济及其他损失的权利；④特许连锁经营的所有权是分散的，经营权是集中的，即加盟店对自己的店铺拥有所有权，经营权则集中于总部；⑤特许连锁经营关系主要是总部与加盟店的纵向联系，加盟店之间没有横向联系；⑥总部在教给加盟店完成开业所必要的所有信息、知识和技术等的同时，还要授予店名、商号、商标、服务标记等，并且在开店后继续进行经营指导；⑦加盟店对于这些权利的授予和服务，以某种形式（如销售额或毛利的一定百分比等）向总部支付报酬；⑧特许连锁经营是特许人经营权与受许人资本相结合扩张经营规模的商业发展模式，它是以经营权为核心的经营方式、企业品牌与形象的扩张，而不是资本的扩张；⑨特许连锁经营的特许者与受许者是利益共同体，双方以经济利益为纽带，通过特许连锁实现比单体运营更多的经济利益。

2006 年中国连锁百强企业中，46％的企业开展特许经营，特许经营的销售规模达1 020 亿元。

（二）特许连锁经营的基本要素

特许经营一般具备以下几个要素：

（1）特许人必须是拥有注册商标、企业标志、专利、专有技术等经营资源的企业。特许人应当具备的条件为：①只有企业可以作为特许人从事特许经营活动，其他单位和个人不得作为特许人从事特许经营活动；②要求特许人从事特许经营活动应当拥有成熟的经营模式，并具备为被特许人持续提供经营指导、技术支持和业务培训等服务的能力；③特许人从事特许经营活动应当拥有至少 2 个直营店，并且经营时间超过 1 年。

（2）特许人和被特许人之间是一种合同关系，双方通过订立特许经营合同，确定各自的权利和义务。

（3）被特许人应当在统一的经营模式下开展经营。而统一的经营模式体现在管理、促销、质量控制店铺的装潢设计、标牌的设置等各个方面。

（4）被特许人应当向特许人支付相应的费用。特许人拥有的经营资源是经过了较长时间的开发、积累，具有较高的商业价值。

特许经营还包括 7 层含义：

（1）特许人与受许人之间是授权与被授权的合作关系；

（2）特许人与受许人之间上述关系通过合同确立，是一种商业契约关系；

（3）特许权内容（franchise right）是特许人与受许人之间关系的基础，没有特许权也就没有双方的关系；

（4）特许权是特许人的财产，特许人对其拥有产权，受许人拥有使用权；

（5）受许人并非可以任意使用授权的内容，而是通过合同，在特许人统一的业务模式（business format）之下使用；

（6）受许人并非免费使用授权的内容，而是按照合同规定，向特许人交纳一定费用；

（7）特许人并非完成授权之后就万事大吉。如何保证一个统一的业务模式，并保证被特许人在统一的业务模式正常经营条件下获利，是特许人必须考虑的问题。

（三）特许经营的类型

1. 按特许权的内容划分

（1）"产品品牌特许经营"。又称"产品分销特许"，是指特许者向被特许者转让某一特定品牌产品的制造权和经销权。特许者向被特许者提供技术、专利和商标等知识产权以及在规定范围内的使用权，对被特许者所从事的生产经营活动并不作严格的规定。这类特许经营形式的典型例子有汽车经销商、加油站以及饮料罐装和销售等。目前在国际上这种模式逐渐向经营模式特许经营演化。

（2）"经营模式特许经营"。被称为第二代特许经营，它不仅要求加盟店经营总店的产品和服务，在质量标准、经营方针等方面都要按照特许者规定的方式进行。被特许者缴纳加盟费和特许权使用费，这些经费使特许者能够为被特许者提供培训、广告、研究开发和后续支持。这种模式目前正在国内外快速发展。

2. 按特许双方的构成划分

（1）制造商和批发商。软饮料制造商建立装瓶厂特许体系属于这种类型。具体方式是，制造商授权被特许者在指定地区使用特许者所提供糖浆并装瓶出售，装瓶厂的工作就是使用制造商的糖浆生产饮料并装瓶，再按照制造商的要求分销产品。可口可乐是最典型的例子。

（2）制造商和零售商。汽车行业首先采用这种特许方式建立了特许经销网。在石油公司和加油站之间有同样的特许加盟关系。它的许多特征同经营模式特许经营有相似之处，并且越来越接近这种方式，汽车制造商指定"分销商"的方式已经成为经营模式特许。

（3）批发商与零售商。这种类型的业务主要包括计算机商店、药店、超级市场和汽车维修业务。

（4）零售商与零售商。这种类型是典型的经营模式特许，在零售商店和快餐店都很普遍。

3. 按特许经营授权划分

（1）单体特许。单体特许是指特许者赋予被特许者在某个地点开设一家加盟店的权利。特许者与加盟者直接签订特许合同，被特许者亲自参与店铺的运营，加盟者的经济实力普遍较弱。目前，在该类被特许者中，相当一部分是在自己原有网点基础上加盟。单体特许适用于在较小的空间区域内发展特许网点。

这种类型的优点是特许者直接控制加盟者，对加盟者的投资能力设有限制，没有区域独占，不会给特许者构成威胁。缺点是网点发展速度慢，总部支持加盟者的投入较大，限制了有实力的被特许者的加盟。

（2）区域开发特许。特许者赋予被特许者在规定区域、规定时间开设规定数量的加盟网点的权利。由区域开发商投资、建立、拥有和经营加盟网点；该加盟者不得再行转让特许权；开发商要为获得区域开发权交纳一笔费用；开发商要遵守开发计划。该种方式运用得最为普遍。适用于在一定的区域（如一个地区、一个省乃至一个国家）发展特许网络。特许者与区域开发商首先签署开发合同，赋予开发商在规定区域、时间的开发权。当每个加盟网点达到特许者要求时，由特许者与开发商分别就每个网点签订特许合同。

这种类型的优点是有助于开发商尽快实现规模效益，发挥开发商的投资开发能力。缺点是在开发合同规定的时间和区域内，特许者无法发展新的加盟者，对开发商的控制力较小。

（3）二级特许。特许者赋予被特许者在指定区域销售特许权的权利。二级特许者扮演着特许者的角色，对特许者有相当的影响力。要支付数目可观的特许费，它是开展跨国特许的主要方式之一。特许者与二级特许者签订授权合同，二级特许者与加盟者签订特许合同。

这种类型的优点是扩张速度快，特许者没有管理每个加盟者的任务和相应的经济负担，二级特许者可根据当地市场特点改进特许体系。缺点是把管理权和特许的支配权交给了二级特许者，过分依赖二级特许者，特许合同的执行没有保证，特许收入分流。

（4）代理特许。特许代理商经特许者授权为特许者招募加盟者。特许代理商作为特许者的一个服务机构，代表特许者招募加盟者，为加盟者提供指导、培训、咨询、监督和支持。它是开展跨国特许的主要方式之一。特许者与特许代理商签订代理合同，特许者与加盟者签订特许合同，合同往往是跨国合同，必须了解和遵守所在国法律，代理商不构成特许合同的主体。

这种类型的优点是：扩张速度快，减少了特许者开发特许网络的费用支出；对特许权的销售有较强的控制力，能够对被特许者实施有效控制而不会过分依赖代理商；能够方便地中止特许合同；可以收取特许费。

这种类型的缺点是：特许者要对代理商的行为负责；要承担被加盟者起诉的风险；要承担汇率等其他风险。

（四）特许连锁总部的体制

特许连锁总部是管理众多加盟店开展经营的组织，因此总部的体制极其重要。总部各部门设定可根据企业的市场定位和发展战略而定，一般可以分为加盟店开发与教育培训部门、市场营销与操作部门。前者包括劳务与训练、新店选址开发、设计与建筑、后勤总务等，后者包括广告宣传、研究开发、店铺营运指导等机构（具体组织结构见图 2-1）。

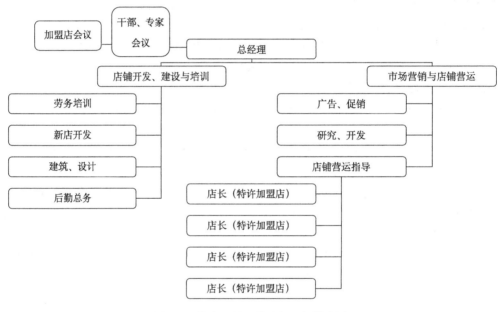

图 2-1 特许连锁经营总部组织模式图

一个良好的特许连锁经营组织体系只有一套完善的机构设置是不够的，要有支持总部各职能部门良性运作的系统。

特许连锁经营总部将多种多样的加盟者或加盟店集聚在一个特许经营组织下并为其获取经营成果而不断展示总部经营能力的具体体现有以下条件：①不断开发有特色的商品和服务；②不断开发能销售有特色的商品和服务的独特的销售技术和经营技巧，并及时提供给各加盟店应用；③对加盟店开展持续性的经营指导，以拥有维持特许经营组织的能力；④总部开展的统一广告、宣传及各种商业的促销活动；⑤总部制定教育计划、编制规范经营的手册并对加盟店进行落实、经营指导；⑥由总部统一购置提供的便宜设备、容器、销售器械、器材、材料以及各种租借等；⑦总部援助或接受加盟店销售活动外的事务处理、店员教育、劳务管理、法律、税务、店铺设计等；⑧总部及时向加盟店提供市场信息、消费动向和业界信息等，加工来自加盟店的销售额等各种数据，并将有价值的销售信息提供给加盟店。

（五）特许连锁经营的利弊

特许经营为什么会有很大的魅力？为什么会被加盟者所接受？这是因为开展特许经营的企业具有"企业特定优势"，它是指企业本身所特有的资本、人才和知识产权优势，知识产权包括技术、管理与组织技能、销售技能等一切无形技能。企业拥有这些技能后，不管在什么地方办厂开店，都具有垄断优势。另外，对其他企业来说，如果自己去研究和掌握这些技能，需要付出很高的代价。经过特许权的转让，被特许者只要付出较小的代价就可以获得先进的技术、管理、组织、销售等方面的技能，这也就是特许经营为什么具有魅力的原因。

对于社会而言，特许连锁经营实现了企业优质无形资产的资源共享，从而在零售业实现资源优化配置，它繁荣了商业，扩大了名牌效应，提高了为消费者服务的水平，标准化的经营使消费者无论何时在哪个加盟店都能受到均质的商品和服务。

对于特许人而言，特许连锁经营是一种不直接投资便能获得效益的连锁经营扩张形式。也就是把公司的牌誉和管理输出以扩大公司经营规模从而获取利润的一种经营方式。这种看似无本经营的扩张与赢利方式其特点反映在：

（1）难度。在发展的难度上特许经营超过直接投资，让别人加盟要有较高的管理水平和实际盈利效果。这是真功夫，这比靠资本扩张更困难。

（2）风险。搞特许经营并非没有风险，特许人如果经营不善可能出现的风险是牌誉被毁，加盟店脱离总部，直营店的经营也会受到连累。

（3）发展速度。特许人虽然不要投资就能发展加盟者，但是发展速度受到自身经营效果的制约。加盟者要考察特许权授予者的经营效果后才能做出加盟的决策，特许权授予者在提升管理水平上需要倾注极大的精力，这需要花费时间；从长期来看，特许经营一旦在管理上成熟，发展速度就会加快，它只需输出管理和技术等，所受到的限制减小，边际成本降低。

（4）代价。特许经营投入的是知识，为了形成这些知识，需要在经营、管理、组织、技术上进行研究，做创造性的工作，前期的投入特别大。但是，知识的特点是一次投入可以长期使用，知识还可以复制，可以转让。

被特许人可从成功的特许人那里得到很多好处：①被特许人可以用比较少的投资获得一个知名的品牌，开业风险小；②被特许人能获得一个产品系列；③能得到经营技能的传授，获得成熟的管理经验；④由于大量进货，进价可以比较便宜。

但是对于被特许人也存在着一些可能发生的问题：①如果一个地区有过多的加盟者，就会发生过于饱和状态，每个特许连锁经营的销售额和利润会受到不利的影响；②如果被特许人未能履行特许经营合同上的任何条款，特许人都有权取消特许经营权；③缺少经营自主权。

特许人通过出售特许权可以得到许多好处：①特许人以较少的投资就可以形成一个很大的零售网络，实现品牌和市场的扩展；②能从被特许人那里收取特许权使用费而获得稳定的收益；③特许人可向被特许人供货，从而使自己在进货上取得规模效益；④向被特许人提供设备等获得差价。

特许人也会面临一些可能发生的问题：①被特许人在经营、服务上不规范，不能坚持一定的管理标准，会损害特许人的整个形象和声誉；②被特许人隐瞒销售额，影响了特许权使用费的收取；③被特许人不按规定从特许人方进货；④特许人对被特许人没有有力的处罚手段。

（六）我国特许经营存在的问题

1. 特许总部面临的问题和难点

（1）企业创建时间普遍较短，实力弱，网络稳定性较差，体系不成熟。

（2）加盟费的收取金额普遍偏低，特许权使用费的收取方式也缺乏科学性。

（3）合作期限短，特许双方缺乏信任，不诚信是导致纠纷发生和合作关系瓦解的主要原因。

（4）特许人利用特许经营追求网点数目的扩张，在收取加盟金后没有给予受许人以足够的指导和监督。最终使受许人无法顺利经营，既损害了特许人自己的声誉，也使受许人遭受损失。

（5）企业营销理念和手段落后，研发能力弱，技术含量低。很多特许企业没有自己的管理标准和手册化的管理工具，提供给加盟商的除了单店经营模式以外，缺乏有效的后续管理和经营指导，项目也很容易被竞争对手模仿。

（6）加盟店欠缴加盟费和特许权使用费的情况比较多见，总部常常处于不断开店、关店或讨债的恶性循环中。

（7）总部的统一配送能力较欠缺，总部对加盟店在产品配送环节上力度不够，控制缺乏。

2. 加盟商存在的问题

（1）受许人一开始就缺乏长期合作的诚意，学到了经营技术就寻求脱离特许人的控制，自立门户；

（2）受许人不按契约规定交纳特许权使用金和促销费，甚至长期拖欠货款；

（3）缺乏对总部企业文化、经营理念的理解；

（4）急功近利，存在浮躁心态；

（5）不履行特许经营协议，违约、违规经营；

（6）改变核心产品配方，自己加工生产；

（7）品牌意识不够，不愿意接受总部的监督。

特许企业发展中频繁遇到的合同执行不到位，商标权、著作权等知识产权遭模仿、抄袭、人才流失等问题，也是困扰企业发展的主要障碍。不同连锁类型总部与店铺关系见表2-7。

表2-7　不同连锁类型总部与店铺关系异同表

连锁类型 总铺与店铺的关系	特许连锁	自由连锁	直营连锁
总部与店铺的资本所属	不同资本构成	不同资本构成	同一资本构成
总部对店铺的人事权和直接营业权	无	无	有

连锁类型 总铺与店铺的关系	特许连锁	自由连锁	直营连锁
总部的资金构成	加盟店持有部分股份	全部由加盟店出资	总部出全资
店铺意见、建议对总部的影响	影响小	影响大	影响较小或无影响
店铺的自主性	较小	大	较小
店铺上交总部的经营指导费	5%以上	5%以下	不收经营指导费
总部与店铺的合同约束力	强硬	松散	依公司规定办
合同规定的加盟时间	一般为5年以上	以1年为单位	无
总部机构人员	专业人员组成	加盟店参与	无店铺参与
企业法人资格	加盟店是独立的 企业法人	加盟店是独立的 企业法人	各连锁店不具独立的 企业法人资格

五、垂直销售系统

垂直销售系统（vertical marketing system）分为部分的垂直结合与完全的垂直结合。部分的垂直结合（partial vertical integration）是两个渠道成员无需第三者的帮助而能执行一切制造和销售职能的结合。这种销售渠道安排的最普遍形式是：一个制造商和一个零售商在没有独立的批发商参与的情况下，能够完成装运、储存以及其他的中间销售活动。

当生产与销售的各阶段都包括在单一所有权下时，则称为完全的垂直结合（total vertical integration）。这种情况是一家公司拥有一切机构，执行一切职能，并直接与消费者打交道。这里要考察的是这一类渠道。

一个垂直结合的公司可以有许多优势：由于不经中间商之手而能降低成本，与消费者直接接触而掌握市场行情；在与外界的供应厂商或零售商打交道时有较大的议价能力；由于能控制产品与劳务的整个制造和销售过程而具有效率，以及在订货和交货方面能提高速度。

除了制造工厂、批发机构和垂直销售机构都为一个渠道成员所有的情况（如完全垂直销售系统中的情况）以外，一个公司还能由于卓越的知识或推销宣传策略而控制一条渠道。如果渠道中的一个成员能将意志强加于渠道中其他的独立成员，就会发生渠道控制的情况。制造商、批发商和零售商都各有一套与其他两类渠道成员不同的可利用的控制策略。

制造商可以通过下列方式控制销售渠道：①利用特许经销使被特许人的销售受其严密检查。②利用其优良的商标牌誉，迫使零售商采购该制造商的产品。③预先在商品上加上标签，标明提出的售价，实行独家经销。在这种情况下，零售商常自愿遵守某些准则以换取在某一地区的独家经销权。

有时，批发商也有能力控制制造商和零售商。如果批发商经营规模巨大，其企业又很有信誉，就能对供货厂商和买主施加压力。批发商可以采用他们自己的私人商标，其信誉度往往胜过制造商。批发商也可以利用特许经销方式或商标信誉来控制销售系统。

零售商在下述情况下能对渠道的其他成员进行控制：一家制造商的大部分产品都售给

一家大型零售商,并使用其私人商标。例如,美国的西尔斯公司向许多独立经营的公司购买的产品均占这些公司产量的50%以上,同时西尔斯公司销售的商品中有90%使用它自己的商标。西尔斯公司因此而处在强有力的地位。除采购量外,使用零售店牌号或私人标记是掌握销售渠道控制权的重要手段。零售商要求制造商按照一定规格制造商品,贴上自己的私人商标出售,使这些商品赢得商标信誉,并使这些商标信誉转变为商店的信誉,从而可以取得超过批发商和制造商的显著优势地位。这时只要不改变产品的规格,零售商便能在不影响顾客对商店信赖的情况下变换卖主(生产者)。变换卖主的威胁,往往迫使制造商同意零售商在价格、交货或付款条件等方面所提出的要求。

对渠道的控制在许多情况下不仅对控制者有好处,而且对被控制的一方也有很大的好处。建立长期的控制关系便于进行有效的调度,并能使卖主获得银行贷款(由于存货可以预先出售)。由于某些活动的省去、简化或重新安排,可以取得一些节约的效果。比如,刊登广告、筹措资金和开发票等工作大大地简化了;有许多职能,如在商品上打印标记之类的工作,可以由制造商去完成。

六、消费合作社

消费合作社(consumer cooperative)是由一群消费者为了减少中间商的剥削,维护自己的利益而共同创办、拥有和经营的零售企业。

消费合作社由一群消费者共同投资,实行民主管理,由社员选出的管理委员会或董事会负责经营管理。消费合作社以低价或正常价格向社员提供商品与服务,对社员股金付一定的股息,每年所得纯利按照每一社员购货额占销售额的比例分红。

消费者根据以下三个基本思想来组织合作社:①消费合作社能比现有的零售机构更好地执行零售职能;②现有的零售企业不能充分满足消费者的需要;③现有的零售商赚取的利润过多。消费合作社在食品业中最为普遍,特别是经营水果、蔬菜等农产品。在美国,通常由15~30个家庭组成食品消费合作社,最大的消费合作社有8 000个家庭成员。大专院校也有消费合作社,主要是向社员出售书籍、衣服等。

许多食品消费合作社是按下述方式进行业务活动的:每星期一由社员把他们要订购的产品的清单汇集起来,送交"整理人",由他把这些清单汇总成一份总的订货单;将总的订货单用电话通知供应商,由进货员在批发市场购进,所购商品都在销售点集中;然后由工作人员把整批进货按清单上的个人订货数量分开,把短缺的数额记录下来,超量的商品则按比例添加到各个社员的订货中去,或作为剩余物资由销售点按先来先买的原则出售;最后由社员付款取得订货。由于消费合作社的工作任务是可以分割的,所以每项工作任务通常就是一项单纯的职务,如进货、簿记、核对订单,这些职务由合作社社员轮流担任。

消费合作社虽然具有显而易见的优点,但它的发展也面临着一些问题:①它需要顾客(社员)有持久的积极性;②消费者对进货、管理和销售商品缺乏经验;③在许多场合,合作社的销售价格并不能达到社员所期望的价格;④有些工作是很费人力的。

➤ 案例

中域连锁:从核心扩张

1994年,22岁的广东人李建明,在东莞虎门镇开了第一家寻呼机店。到2006年,李建明用了 12 年的时间，在手机终端复制出 3 000 多家"中域电讯"；在钻石终端复制出 100 多家"钻石世家"；在服饰终端复制出 300 多家休闲服饰"zhongyu"、顶级商务男装 "OUVANO（欧梵诺）"。34 岁的中域集团董事长李建明，已经三个产业在手。

中域的"核心"是连锁管理能力。

中域一位已有 20 多家加盟店、年利润达 1 000 多万的加盟商笑言："我跟了中域九年。可以肯定地说，在终端连锁的管理上，国内没有人可以比李建明做得更好。"另一位加盟商则这样评价李建明：他是个非常敏锐的生意人，但是让他走得这么远、这么久的，是管理。

一位下属员工这样说：老板不是在巡铺，就是在去巡铺的路上。李建明这样解释他持续巡铺的原因：企业要达到"专精"与"掌控"的关键，在于可重复性。它需要精心的准备以及对细节超乎寻常的关注。对于连锁企业，没有小事，一个铺里的一个小细节再乘以 3 000，危害就是巨大的。

中域在三大板块的构建过程中一直没有出现资金链的断裂，与李建明总是能在一个产业的黄金期积累暴利后，再发现另一个产业的黄金期密切相关。

1994 年，普通消费者对手机还可望而不可及，即便一台中文 BP 机的售价都在 3 000 元左右。投资这样一个全新的行业，风险不可预测。凭着有朋友在邮局工作，可以从邮局批些 BP 机这些微弱的上游优势，凭着自己在小生意中的无数挫折历练出的胆识，李建明决定开家小店。他东拼西凑了 6 万元钱。

1997 年，李建明把手机店开到近 10 家时，夫人陈小凤发现：随着国家富强，人民富足，珠宝市场潜力巨大，而且珠宝的利润不仅比手机高，还很少有售后保养的烦恼。在得到李建明的支持后，陈小凤开了家以销售黄金饰品为主的振金行。然而，暴利持续到三年后，商家大打价格战，购买黄金饰品的主要消费群已骤然演变为外来打工一族，黄金不再是奢侈品，而跌落为"探亲礼品"。

正当李建明与陈小凤为振金行的发展迷惑之际，部分高端人群对钻石的消费越来越有兴趣。陈小凤通过大量的市场调查分析，得出了这样的结论：随着中国人均 GDP 的提高，对钻石等奢侈品的消费需求必然持续加大。

2002 年，中域最终决定与法国钻石世家进行战略合作。陈小凤深信：浪漫的法兰西文化必将给品牌带来更多魅力、给消费者带来更多惊喜。目前，钻石世家已初步完成全国的网络布局，连锁店已达一百余家，正全力推动零售终端平台向二、三级城市延伸。四年来，钻石世家一直是中域高稳定、高利润的业务板块。

到了 2004 年，中域电讯已做到行业国内第一，拥有 3 000 多家店。但盈利却日益成为中域电讯的最大障碍。李建明彻夜难眠地思考：如何整合并转移目前的积累到另一个更高利润的产业区去。

很快，李建明向服装连锁领域砸入 2 亿资金，理由是：虎门是全球服饰之都，有成熟的产业配套，有大量的服饰业人才，制造成本低、效率奇高，利润比珠宝业更高。李建明相信这就是自己的第三个产业黄金机会。

在服饰领域里，李建明的打法变了，他把渠道品牌和产品品牌合二为一。创造出了针对中低消费群体、追求规模的休闲服饰 zhongyu，创造出了针对金字塔尖的消费群体、追求品位的商务男装 OUVANO（欧梵诺）。

按照李建明的预算：第一年亏本，第二年平衡，第三年盈利。到 2006 年的短短 2 年时间，服饰业务已提前给李建明带来了丰厚的利润。

现实永远比想象来得苛刻。12年前李建明开店的最初一个月，只卖出6台手机，不足30部BP机，利润还不足以支付门店的日常开支。

令他苦恼的，是周围的人舍近求远。因为对质量的疑虑，他们宁愿跑到广州去买手机。他明白：时间固然可以证明一切，不过商机稍纵即逝，自己的浪费就是馈赠给竞争对手的礼单。

当困难出现的时候，想办法解决问题远比惊慌失措更有效。李建明及时制订了"如有假货，除退回购机款再加赔一万元"的政策，并请公证处为这项营销政策作了公证。信息一经公布，立即在东莞电讯市场引起轰动，当月中域手机销量暴涨了十几倍！

当时，手机利润比较丰厚，后来甚至有人形容手机经销商们都坐在金山上，大多数老板把所有的心思放到了扩大经营规模上。李建明却深知：质量保障只是销售工作的重要一环，价格和服务同样不能忽略。于是他做出一条让时人不可思议的决定：送店员到专业的服务机构轮流培训，增强他们的服务意识和服务技能。2001年9月3日，中域电讯顺利通过ISO 9001：2000国际质量管理体系认证，成为全国首家通过该认证的电讯连锁企业。

李建明说：在创业伊始，他就想做品牌，在中域，凡可以提升品牌的事，均可以考虑，哪怕是巨额投入，也在所不惜。

然而，通过踏踏实实经营出来的品牌美誉度，并不会使中域在产业黄金期快速积累财富，以实现李建明心中更大的品牌梦想。如何打造知名度被提到日程上。2003年，中域电讯投入数千万元，在央视一、二、五、八等频道播放宣传广告，这是国内第一个手机连锁企业的形象广告。2003年年初，钻石世家聘请国际名模Rosemary为形象代言人。当年，钻石世家连锁店总数增长5倍以上，达到了26家。2004年年初，中域电讯聘请国际巨星、香港影帝任达华出任品牌形象代言人。2005年5月，中域服饰聘请偶像级三栖巨星陈奕迅、杨千桦为品牌形象代言人。2005年7月，中域服饰广告开始在央视一、二、三、五、七、八等频道热播。

不仅如此，中域还建立了一整套品牌指数评估体系，对品牌的发展状态保持跟踪测试，定期收集各项品牌指标的数据，并加以分析，通过品牌指标的变化程度来评估品牌推广的成效。

规模是连锁零售企业取得效益的重要条件。规模能够协助零售商建立强大的购买实力，在与供应商的合作谈判中获得价格优势，而价格优势能够吸引消费者购买，创造更多的销售收入，从而进一步扩大规模。

但是，规模的突破口在哪里？李建明一开始并不知道。直到2000年，中域电讯满广东开花时，有些手机商家看到中域员工的统一着装、统一的门店装修、手机的价格优势后，主动找到李建明要求加盟，他们才认真地思考怎样借助外力扩大规模。

中域第一家加盟店于2002年4月19日在湖北黄石开业。黄石加盟店是中域连锁加盟事业的试金石，这块试验田的成功，使中域下定决心启动"连锁加盟和经营联盟"计划。

中域电讯以连锁直营、连锁加盟、经营联盟为事业的发展基点，从2003年开始，重庆科有、青海陆通等地区强势品牌相继加盟或结盟中域，让李建明萌生了更大胆的战略规划——"收购"成为品牌拓展的又一利器。至此，"三驾马车"正式升级为"四轮驱动"。

企业规模大了，李建明也逐渐认识到：对于连锁加盟，单一地依靠输出人才、管理是不够的，如果没有丰厚的利润空间，合作者是离心式的，会越来越少，对品牌的伤害是巨大的。为此，中域通过定制、买断、直供等一系列创新手法进行上下游资源整合，不仅要使自己始终处于行业的领跑地位，还要为合作伙伴带来丰厚的利润，使加盟队伍越来越大，合作越来越紧密。

规模大了，管理人才的缺口就会大。李建明组建了自己的管理学校，聘请有实际经验的行业精英任教。在管理学校内部，还有一个组织，类似西点军校的门店管理人才培育基地，中域内部称之为"绿色军营"。它直接为中域的门店输送人才，也同时为中域的合作伙伴输出管理人才。

李建明敢于决然进入其他产业，是因为中域还有一个强大的后备力量，那就是2003年中域集团上马了ERP系统。通过ERP系统，中域维护三大业务板块、几千家终端店的，只有三个人。通过这种信息化管理，中域真正做到了细节管理的到位。

李建明以为：在后扁平化时代，考验的是连锁者的整合能力。中域电讯要做行业的整合者，整合厂家的售后服务，除搭建公共的售后服务平台外，还将搭建一个公共的分销平台和体验平台，真正把手机终端做成4S店，在这个4S店里有配件、有体验、有维修、有商务管理。

在渠道的表现形式上，中域将推出复合品牌，比如：中域-诺基亚商务至尊店，在店面里，中域有可能打乱以品牌为区隔的摆放方式，针对不同的消费群体，以差异化的产品组合形态出现，如幸福家庭组合、知心爱人组合、醋溜一族组合、都市丽人……消费者进入手机店，直奔属于你的定位区域就可以了。店中还设有高端体验区、服务专区，可以在店里下载彩铃、图片以及软件升级。

和手机终端白热化竞争不同的是，钻石领域面临另一个整合问题。珠宝造假利润高，靠罚是管不住的。中域目前一直没有放开钻石世家的加盟，同时，还要提高加盟的门槛，中域已开始实行大额保证金制度。而钻石世家的所有货品都有防伪技术和信息管理技术。

李建明认为：在服饰领域里并不求快，因为和珠宝、电讯行业不一样，中域打造的是产品品牌。2005年年底，李建明就有意地控制服饰连锁的加盟速度。他希望服饰板块走稳，在高档商务男装里，他要把品位做足，把文化做足。

找到可重复的模式就等于找到了"扩张机器"。

从中域的三大产业扩张可以看出，中域的扩张模式遵循了以下的路径：产业黄金期进入（终端无强势品牌）—直营（标准化经营）—形象代言人（利用广告效应打造知名度）—加盟、联营（在速度中创造规模、在信息化中实现细节管理）—产业成熟期（终端洗牌、产业链相关利益者的整合者）—上市（中域正在全力以赴做中域电讯上市的准备）。

一条看似简单的路径，是不是意味着谁都可以模仿呢？

（资料来源：邓羊格.2006-09.零售世界）

➤ 基本概念

独资企业（individual proprietorship）	合伙企业（partnership）
公司（corporation company）	零售组织（retail organization）
独立商店（independent store）	特许连锁经营（franchising）
特许人（franchisor）	被特许人（franchisee）
加盟商（franchiser）	自由连锁（voluntary chain store）
公司连锁（chain corporation）	垂直销售系统（vertical marketing system）

消费合作社（consumer cooperative）

> **思考题**

1. 比较公司连锁与自由连锁的区别。
2. 简述特许经营的优点及在我国当前发展中存在的问题。
3. 举一个你所熟悉的特许经营案例并对其进行剖析。

第三章

零售业态及其演变的动因

　　零售业态是指零售企业为满足不同的消费需求而形成的不同的经营形态。零售业态的分类主要依据零售业的选址、规模、目标顾客、商品结构、店堂设施、经营方式、服务功能和有无固定营业场所等因素确定。目前我国规定了食杂店、便利店、折扣店、超市、大型超市、仓储会员店、百货店、专业店、专卖店、家居建材店、购物中心、厂家直销中心、电视购物、邮购、网上商店、自动售货亭、电话购物等17种业态。本章介绍各种主要的零售业态以及零售业态演变的理论。

■ 第一节　零售业态类型与特点

一、便利店

　　便利店（convenience store）起源于美国，在美国称为 convenience food stores，主要经营食品。但英国便利店经营的范围较广，包括许多与居民生活密切相关的方便物品与劳务。便利店是一种采用现代科学经营方式经营的旧式小店铺。经营客体以大众食品为主，同时提供一系列人们日常生活所需的服务项目。如店名的字面意思一样，顾客在这种商店购物消费非常方便。这种舒适方便既表现在所经营的商品上（如各种方便食品、快餐），也表现在购物方式上（如营业时间长、可以使用信用卡付账）。除了餐饮（小吃、咖啡、香槟等）外，还提供诸如冲胶卷、博彩、电话购物并送货上门、邮政代理、复印和传真、上网等服务项目。便利店经营地点主要是机场、火车站、加油站、市中心和其他流动人员较多的地方，以及强调购物环境方便的居民区。据调查，48％的顾客在便利店花时间不到3分钟。便利店营业时间长，每周营业7天，每天至少16小时，有的商店24小时服务。便利店采取自我服务的销售方式。商店的营业面积较小，在美国为100平方米上下，在英国为50～300平方米，在日本为50～500平方米，便利店的商品价格与毛利高于超级市场，为中等以上水平，但能为顾客节省时间（因为来店购物的消费者不必像在超级市场那样排队结账、付款）。便利店销售最高峰是在每天下午7时到关门这段时间以及星期日。美国、日本与中国香港最有影响的便利店为

7-11 商店集团，便利店的连锁化程度很高。

流行的说法是便利店生存条件为人均 GDP 达到 3 000 美元，中国的一些大城市近年来便利店发展很快，上海 2010 年有便利店 4 551 家，中国的便利店面积一般为 80～100 平方米，功能综合化。

国外便利店经过几十年发展，利用其网络优势，服务范围已经有了很大的延伸。采用积极主动的服务和信息交流策略是便利店的突出特点。以日本 7-11 便利店为例，除经营日常必需的商品外，还协助附近社区居民收取电费、煤气费、保险费、水费、有线广播电视费，甚至包括快递费、国际通信费等。它在 2000 年 6 月宣布和 Softbank 以及其他合作伙伴联手，展开网上图书和录像带销售业务，顾客可以选择遍布全日本 8 000 家 7-11 便利店中的任何一家付款取货。伊藤洋华堂计划通过其连锁店和餐馆开办自己的银行，吸收居民存款，处理消费账单，借助便利店使消费者享受到便利的银行服务。

二、专业店

专业店（specialty store）是集中经营某一大类商品的零售业态，经营地点一般选在居民区或城市市区。售货面积大小不等，根据专业店所经营的品种确定。专业店一般经营某一大类商品为主，产品线具有深度。专业店具备丰富专业知识的销售人员和适当的售后服务，其主要特征之一是在商品销售过程中同时提供专业化服务，特别是为顾客提供专业化咨询服务。其特点是：

（1）选址多样化，多数店设在繁华商业区、商店街或百货店、购物中心内；

（2）营业面积根据主营商品特点而定；

（3）商品结构体现专业性、深度性，品种丰富，选择余地大，主营商品占经营商品的 90％；

（4）经营的商品、品牌具有自己的特色；

（5）采取开架销售；

（6）提供较好的服务，如向消费者提供送货上门和其他服务；

（7）从业人员需具备丰富的专业知识。

专业商店专门销售一个商品系列，它能够提供某一系列具有丰富的花色品种的商品，具有专门的经营知识，消费者在那里具有较大的选择余地。此外，专业商店能够制定经营策略去满足特定的市场。这样，专业商店能够按照消费者的愿望为他们提供一个独特的生活方式的形象。专业商店大多数是独立的中小商店，但也有大公司的连锁。专业店种类很多，如食品、服装、医药、书籍、家具、家电、音像等。

我国近年来大型专业店发展势头很好，尤其是家电专业连锁，2009 年中国连锁百强中，家电连锁苏宁、国美居 1、2 位，发展速度惊人。

三、食杂店

食杂店（grocery store）经营花色品种繁多的低价商品，但很少提供服务。食杂店的特点是：经营完全无联系的多种商品，商品一般都属日用生活品和急需购买的商品。

这一零售业态主要存在于居民区和乡村地区。其售货面积在 50～200 平方米，这种商店经营人们日常生活中需要的绝大部分商品，除了小型超市所经营的商品品种外，还经营如园艺器具、工具、建材、小纺织品、玩具等。食杂店的商品品种是大杂烩。食杂店的售货方式既有非自选方式也有自选方式。由于经营品种中某些商品周转率较低，另外，由于商店是所在乡村唯一的零售企业，从而拥有近似垄断的地位，因此，商品价格水平有些偏高。尽管长期以来食杂店的数量一直呈下降趋势，但未来这一零售业态仍将继续存在下去。

四、超市

这里所说的超市（supermarket）是指标准超市，它不同于大卖场和大型综合超市，标准超市面积在 500 平方米左右，主要销售生鲜、食品、日用品、杂货等，花色品种约 6 000 种，经营的商品中生鲜食品占 50％以上。

美国商务部关于超级市场的定义是："采用自我服务销售方式，有杂品、精肉、农产品、奶制品 4 个基本食品部门和其他一些辅助品部门构成，年最低销售额 50 万美元以上，按部门经营管理的食品零售店。"随着经济的发展，超级市场销售额不断上升。现在，美国的超级市场协会把超级市场规定为每年最低销售量为 100 万美元的分部门的食品商店。日本产业结构审议会对超级市场的定义是："经营食品、日用杂品、一般衣料、服装等日常用品，50％以上的营业面积采用自我服务方式，实行低毛利、高周转、廉价销售的经营方针，营业面积较大，多采用连锁经营形式。"

超市的主要特点是：

（1）开设在居民区附近，目标公众以家庭主妇为主；

（2）实行开架自选的方式，尽量利用视听嗅觉来刺激购买，采用让人看得见商品原貌的包装，尽量保持食品的外形和鲜度，在包装上注明商品的质量、重量，明码标价，商品价格比一般食品杂货店低；

（3）实行顾客自我服务和一次集中结算的售货方式；

（4）全周营业，每天营业时间长，往往要到晚上 9 时；

（5）管理和营业设施比较先进，使用 POS 机收款，并备有手推车供顾客使用；

（6）薄利多销。在自助售货节约销售费用的基础上，利润率比其他商店低，净利只占零售额的 1.5％～2％；

（7）采取连锁经营的方式。

五、大型超市

大型超市（hypermarket）首先是在法国兴起的，在中国也称大型综合超市和大卖场，是标准食品超市与大众日用品商店的综合体，衣、食、用等商品齐全，可以全方位地满足消费者基本生活需要的一次性购足。大型超市营业面积比超级市场大，在美国一般为 8 万～22 万平方英尺（1 平方米＝10.764 平方英尺），一个典型的大型超市的营业面积为 10 万平方英尺，经营 4 万多种商品；英国的大型超市营业面积至少为 5 万平方英尺；在法国，售货面积在 2 500 平方米以上的称为大型超市，其中最突出的经营者是法国的家乐福（Carrefour）和欧洲市场（Euro Marche）。

大型超市特点是：

（1）选址在城乡结合部、住宅区、交通要道；

（2）商店营业面积 2 500 平方米以上，超大型综合超市营业面积 5 000～10 000 平方米及以上；

（3）商品构成为衣食用品等，品种齐全，重视本公司的品牌开发；

（4）采取自选销售方式；

（5）设与商店营业面积相适应的停车场，对超大型综合超市来说还需配备与营业面积相适应的停车场，一般的比例为 1∶1。

由于大型综合超市服务半径大，需要有较多人口的支撑，所以其发展空间主要是大中城市，在小城市只适合开设较小型的卖场。在发达地区大中城市，由于城市的扩展以及中心城区地价上升，大型综合超市出现由城市中心向城市边缘地区发展的趋势。

六、仓储会员店

仓储会员店（warehouse club）也称仓储式商场，1968 年起源于荷兰，最具代表性的是 SHV 集团的"万客隆"（Makro）。"万客隆"货仓式批发零售自选商场大多建于城市郊区的城乡结合部，营业面积可达 2 万平方米，并附设大型停车场。商场只做简易装修，开架售货，以经营实用性商品为主。

仓储式商场在日本和中国香港、台湾地区称为量贩店，是实行储销一体、低价销售、提供有限服务并采取自我服务销售方式的零售业态，营业面积一般在 10 000 平方米以上，设有较大规模的停车场。仓储式商场是用零售的方式来完成批发配销业务的商店，它的功能主要是实现对小型零售商业、餐饮业和服务业商品配销业务，对法人和个人会员实行低价销售，降低了个人和法人会员的采购成本。

仓储式商场不设仓库，把销货场地与仓库合在一起，节省仓库费用，以降低成本。商场内部设备装饰极其简陋，货物整齐摆放，对顾客服务很少。国外大多数仓储式超市开设在那些原来不能赢利而废弃的零售场地，或者开设在改建的建筑物里面。

仓储式商场一般采取以固定顾客为服务对象的会员制，在会员制的实行中分成两种：一种是仅吸收企事业单位的法人会员；另一种是法人会员和个人消费者均有。如德国的麦德龙采取的是前一种会员制度，而美国沃尔玛山姆会员制商店采取的是后一种会员制度。在会员的收费上也有两种形式：收费与不收费。麦德龙是不收会费的，而沃尔玛是收会费的。仓储式商场的特点是低价销售，一般以批发价格向会员供货，主要原因是仓储式商场采取了现购自运的销售方式，在国外称之为 cash and carry。仓储式超市低价销售的原因有：

（1）一般选址远离市区，而在交通便利的郊区建店，这样土地成本低或租金低；

（2）货物不需要进行储存，而是直接将货物摆上货架，这样就免去了货物存放和货物的第二次运输，节省了费用；

（3）在商品销售中，鼓励顾客批量购买，对批量购买的顾客实行价格折扣，从而扩大了商品的销售量；

（4）顾客一律自行提货，节约了批发商应支付的向顾客送货时发生的运输费用；

（5）采取的是以零售的模式来做批发业务，所以不必向顾客提供商品账期，一律现金结算，既节约了流动资金投入，又可利用每天的现金流量；

（6）一般采取买断经销式的商品采购，其订货批量要高于其他类型的超市，可争取到最大限度的价格优惠；

（7）采取供应商直接向门店送货的配送体制，节省了占连锁超市企业总部最大运营成本的配送中心的费用支出。

会员费是仓储式商场最主要的利润收入。我国的一些仓储会员店，会员一般一年交会费 20 元，只要每年保证有 10 万名会员，即使商品按进价销售，企业仍可运转。

七、百货商店

百货商店（department store）是一种大型的零售商业单位，经营的商品花色品种繁多，按照推销宣传、服务和管理的目的组成各个部门。商品质量从一般到优等。定价通常是竞争性的或声望性的。百货商店提供的服务是多种多样的，销售服务、赊销服务、送货服务等都有很高的水平。

百货商店的主要特点是：

（1）经营商品的范围广泛，种类繁多。大百货商店经营消费者需要的几乎所有消费品。

（2）设有许多不同的商品部，分别专门经营不同种类的商品。每个商品部都由一位经理主管进销业务。

（3）百货商店大多数设在城市繁华的闹市区和郊区的购物中心内。通过商店内部装饰，橱窗商品陈列，吸引顾客参观选购。

（4）一般采取传统的销售方式，每个商品部、商品柜都有营业员为顾客介绍、取递商品、解答问题和包装商品。

（5）经营的商品档次从一般到优等，大型豪华百货商店经营优质、时髦的高档商品和名牌商品。

（6）一般都为顾客提供一系列服务，如信用卡付款、送货上门等，有些百货商店还设有餐厅、咖啡角、儿童休息室等。

连锁商店和超级市场的出现，对百货商店经营形式的革新产生很大的推动作用。目前，各国的百货商店在经营形式上搞连锁制，在销售形式上采取超级市场自选购物的方式，除了金银首饰、手表以及少数贵重商品外，其他商品都实行开架自选。付款方式则与超级市场略有不同，超级市场是在整个市场购物结束后一次付款，百货商店是各商品部都有自己的付款处，在一个商品部购物结束后即付款。

我国近年来多种业态百花齐放对百货商店产生较大挤压，部分百货商店重新定位，向高档化、大型化、特色化方向发展，在进一步细分市场中发挥本身的专长，有的百货商店转型为特定档次、特定人群服务的专题百货、主题百货商店。在这方面上海一些百货商店做得较好，如上海虹桥友谊专门为中产阶级服务；太平洋百货、百盛专门为少男少女的时尚服务；妇女用品商店专门为准妈妈服务等。这些企业由于定位准确，有明确的目标市场而取得了较好的经济效益。

八、折扣店

折扣店（discount store）有两大类：一类是经营食品为主的折扣店；另一类是经营服装等品牌商品为主的折扣店。这里介绍的是经营食品为主的折扣店。

折扣店是以低价为特征的零售业态，为了达到商品价格低这一目的，必须严格限制经营品种，仅经营那些周转率较高的大路商品。售货面积为 200～600 平方米，一般不超过 1 000 平方米，开设地点一般在居民区。折扣店属于食品零售企业，经营的商品约 80％是食品，经营的其他日常生活用品有日化产品、杂货、卫生用品等。由于光顾的顾客人数较多，现在国外有些折扣店周围已设置一定数量的停车位，以方便开车顾客的购物。另外，这一零售业态还有所谓的"硬"和"软"折扣店之分。硬折扣店属于第一代，当时这类商店几乎不经营鲜货，其经营品种为 600～800 种。现代的软折扣店增加了部分鲜货品种的经营，如水果、蔬菜、奶制品等。近期有些店也开始经营冷冻食品，目前甚至开始探讨增加鲜肉经营，因此，经营品种也上升到 1 200～1 500 种，折扣店有较多自有品牌的商品。为了达到降低商品售价的目的，商店布置一般比较简单，商品全部采用自选销售方式，没有任何服务项目。由于商品购销差价小，传统的独立经营零售企业一般不适合采用这种业态。这种业态只有采用大规模连锁经营方式才能充分发挥其优势。

折扣店商品价格便宜，原因在于：①单件商品的采购量非常大，并且与供应商签订长期采购合同，因此进价很低。②营业费用率较低，300 平方米的折扣店里，通常只见两个营业员，一个收银，一个补货，顾客多时两个人都收银。折扣店不向顾客免费提供购物袋。③建筑、设备、固定装置的花费较少。④低租金的店址。⑤强调顾客自我服务，部分商品实行开箱陈列。⑥不在公开媒体做广告。通常把具体的产品信息贴到店外。⑦开发自有品牌且有较高比重，有些商品上写着是某某企业专门为该折扣店生产的。

折扣商店在 20 世纪 60 年代起有较大的发展。当时，折扣商店是以低于传统商店的价格，通过广告宣传来推销耐用品的。这些较低价格之可行是由于销售量较大，顾客自我服务以及对顾客的服务减少到最低限度。折扣商店采用大量推销的策略，使它们能以较低的毛利经营。

2004 年全球零售 100 强中有 21 家拥有折扣店，其中排名前 20 位的有 10 家拥有折扣店，见表 3-1。

表 3-1　全球零售巨头拥有折扣店情况

企业名称	百强排名	企业名称	百强排名
沃尔玛（美国）	1	阿尔迪（德国）	12
家乐福（法国）	2	英特（法国）	15
克罗格（美国）	4	瑞威（德国）	16
塔吉特（美国）	6	凯马特（美国）	17
阿霍德（荷兰）	7	埃特家（德国）	19

资料来源：2004-04-05.2004 年全球零售 100 强排行榜．名牌时报·超市周刊．第 4 版

九、专卖店

专卖店（exclusive shop）指专门经营或经授权经营制造商品牌，适应消费者对品牌选择需求和中间商品牌的零售业态。专卖店销售单一品种或单一品牌商品，规格齐全、款式多样、货物充足、服务周到，商品质量有保证。其特点是：

（1）选址在繁华商业区、商业街或百货店、购物中心内；

（2）营业面积根据经营商品的特点而定，一般面积不大；

（3）商品结构以著名品牌、知名品牌为主，实行开架销售；

（4）采取定价销售，注重品牌名声，同一品牌商品在所有商店价格统一；

（5）购物环境好，商店讲究商品的陈列、照明等；

（6）高价格、高毛利；

（7）从业人员必须具备丰富的专业知识，商店服务周到。

十、购物中心

购物中心（shopping mall）是一个由零售商店及其相应设施组成的商店群体，作为一个整体进行开发和管理。通常包括一个或多个大的核心商店，并有众多小商店环绕其间；有庞大的停车场设施，其位置靠近马路，顾客购物来去便利。根据购物中心所处位置可分为：中心城区购物中心与郊区购物中心。其特点是：

（1）由发起者有计划地开设，布局统一规划，店铺独立经营；

（2）选址为中心商业区或城乡结合部的交通要道；

（3）内部结构由百货店或超级市场作为核心店，与各类专业店、专卖店、快餐店、娱乐场所等组合构成；

（4）设施豪华、店堂典雅、宽敞明亮，实行卖场租赁制；

（5）核心店的面积一般不超过购物中心面积的 80%；

（6）服务功能齐全，集零售、餐饮、娱乐为一体；

（7）根据销售面积，设相应规模的停车场。

十一、邮购

邮购（mail order）是发达国家较为流行的一种零售方式，邮购公司用印刷资料介绍销售的商品，主要通过邮件或电话接受订货，然后将商品邮寄到顾客家中，完善的商品质量保证体系和商品三包服务是邮购企业的典型服务措施。

作为当今邮购企业的突出特征是与顾客的信息交流方式。按照与顾客的信息交流方式，邮购企业可分为传统邮购企业和电子邮购企业。

1. 传统邮购企业

传统邮购企业与顾客交流信息的最主要手段是文字形式的商品目录。这种文字商品目录的优点是顾客可以静下心来分析邮寄企业的经营品种，并根据目录进行订购。缺点是顾客在采购之前对欲购买商品无法直接查验。对那些在购买之前顾客一般希望先对商品实物进行查看的商品来讲，邮购业态受到一定限制。

在商品目录的有效期内，邮购企业有责任确保所标商品价格的有效性，以及保证不出现缺货现象。为此，邮购企业必须保证每种商品有相当大的储备量，或与供货企业签有长期的供货合同。对于那些价格剧烈波动或采购数量受限制的商品，只能有条件地采用邮购方式。

2. 电子邮购企业

信息技术的飞速发展对邮购经营产生了巨大的影响，某些学者认为运用了电子技术后形成了一种新的商业业态，即所谓电子商务。这种新型业态的特征就是在商业经营中运用电子信息交流手段，因此，我们认为它应算作一种现代化了的邮购业态。

在这种电子化邮购销售中，使用的电子媒体为电视或个人电脑。这里可以将多种媒体组合使用：如通过电视浏览选择商品，然后再通过电话订购商品；也可以通过数字电视直接订购商品。借助于多媒体电脑，可以代替传统文字形式的商品目录，可以用有声动画形式展示商品，利用这种展示方式对商品进行宣传与传统商品目录相比更生动、更逼真。另外，顾客通过互联网还可以在线访问邮购企业。

邮购零售有几个优点：①创办投资和费用低，不需要固定装置或商品陈列，不需要好的地段，不用维持商店营业时间，也不需要个人推销员；②可以对广大的地区营业；③由于能降低费用，邮购商品的价格低，这可以说是邮购的最大优点；④由于购物的舒适性，给消费者以购货的便利，特别是方便了那些行动不便的消费者群体的购物。

邮购销售也有缺点：①消费者购买前无法检查商品；②有些消费者喜欢提问和接受个人服务，邮购无法满足；③通过邮购的商品范围有限；④常常延迟交货。

十二、网上商店

网上商店（shop on network）通常是指建立在第三方提供的电子商务平台上的、由商家自行开展电子商务的一种形式，正如同在大型商场中租用场地开设商家的专卖店一样。

在电子商务发展的早期，一些零售网站也称为网上商店，如当当网上书店、亚马逊网上书店等。随着这些零售网站的快速发展，其经营商品品种越来越多，规模也越来越大，因此这些独立的电子商务网站通常都不再称为网上商店，而改称"网上商城"了。一些大型电子商务网站除了自己销售产品之外，也可能为其他企业提供租用网上商店或者开设网上专卖店的业务。

目前零售业上网的形式主要有以下三种：

（1）纯网上商店或网上商城。直接在网上建立商店实现销售，如亚马逊、易趣、淘宝、网上一号店等，这种网络商店具有 24 小时营业、销售成本低廉的优点。顾客可以直接在网上选购商品、在网上下订单，商店邮寄商品或送货上门，有些音像制品和书籍还可以直接在网上传输给顾客。

（2）传统零售商店上网。构成网上和网下、有形商店和无形商店相结合。其中有两种类型：一种是大型单体商店上网，如新世界、第一百货等，或者以整个商业街的名义上网，如南京路商业街；另一种是以连锁商店的形式上网，如联华超市、农工商超市等。以上商店上网起到宣传企业形象及本企业的商品、公布部分商品价格目录，吸引网上消费者的作用。但是企业不能与顾客在网上对话，购物要通过电话订购。

（3）物流企业向网上销售延伸，如梅林正广和、85818。典型的是梅林正广和，它利用多年来建立的遍布全上海的送水网络，将送货范围扩大到一些基本的生活必需品，形成一个供货网，又进一步将这个供货网在因特网上网，诞生"网上正广和"。在购物方式上，"网上正广和"也是采取电话订货的方式。

网上商店的优势：①不受营业时间的限制；②突破了传统商店商圈的界限，顾客可以遍及全国甚至世界；③具有特殊的交互性能，使个性化营销成为可能；④具有成本和效率的优势，从而具有竞争力；⑤网上商店的商品品种数量不受场地限制。

网上商店存在的问题：①配送系统往往跟不上；②网上支付存在安全问题；③一些商店信誉不够。

与传统商业相比，网上销售是充分利用数字技术、通信技术、视频技术、物流技术等先进科学技术的现代化的产物。十余年来网上销售已逐渐具备整体配套的 5 大技术支撑体系，包括电脑因特网通信技术支撑系统、物流配送支撑系统、货到付款银行电汇等货币支付系统、商品设计采购支撑系统以及具有快速调换商品处理的售后服务支持系统。如麦考林邮购公司，拥有 250 万顾客和 300 万用户，地址遍及全国 31 个省、自治区、直辖市。应用高端信息技术，提供全面、及时、高品质的在线商品销售和服务，建立多元化方便购物的线上百货商店；不仅有一支数十人队伍的产品营销团队，而且投巨资建立了庞大的前台网站应用系统和后台先进电脑管理系统。具备较强数据分析能力，储存库存商品、供应商、客户资料和各类商品信息的数据库，日处理订单能力 4 万多张，用户可轻松浏览商品、网上支付、查询账户。公司还拥有数万平方米的物流配送中心，日发包商品 1 万余件。其结算体系具备适用于国内可使用的各种付款方式诸如信用卡委托支付、银行电汇、现金支付、礼券账户支付等，并且在投诉后最短时间内完成售后服务，使顾客重新获得满意和惊喜。

十三、奥特莱斯

奥特莱斯（OUTLETS）的英文全称是 factory outlet center，最早诞生于美国，迄今已有近百年的历史，它是由生产企业首创并推广的一种零售业态。在一个面积较大的卖场内，很多生产企业以低于商业售价跨行业经营服装为主的各种品牌商品。由于所经营的主要是一些高档名牌产品，对于充分认识品牌价值的消费者有很大的吸引力，所以绝不能把奥特莱斯视为廉价商品零售业态。另外，也不能把它同工业企业设在厂区附近的工厂商店混淆。

奥特莱斯最初是为了销售残次商品和零售企业退回来的商品而创立的，现在是专门销售名牌过季、下架、断码商品的购物中心，绝大多数商品全年价格都不会高于 5 折，是现代欧美商业社会最为流行的一种商业零售业态。现遍布欧美日等发达国家，目前美国已有 400 多家奥特莱斯，欧洲拥有近百家奥特莱斯；韩国、日本等国的奥特莱斯发展也正方兴未艾。奥特莱斯在我国上海、北京等地已出现。奥特莱斯已经越来越多地变成了一种生产企业直销自己的名牌产品的独立零售业态。很多商业企业和服务性企业在获得特许后也进入其中参与经营，在这种情况下，奥特莱斯就变成了一种规划购物中心，即变成了一种零售派生业态。奥特莱斯的经营地点一般选在郊外交通便利的地方，特别是要求靠近高速公路。很多旧军用建筑物和废弃不用的厂房被改造成了奥特莱斯卖场。卖地由上百个独立的商店组成，店内布置较新颖，而且能使顾客产生舒适的感觉。

奥特莱斯的商品能够销售得如此便宜，原因在于：①运营成本低。奥特莱斯购物中心的经营场所一般都远离城市、地价低；商业设施简洁、投入少；销售方式简单、费用低。②过季名品降价销售。一个著名品牌当季价格是 100%（正价）的销售，第二年就会半价出售，第三年则以三折出售。奥特莱斯专门为品牌供应商销售其过季产品，这种方式使同一品牌的销售分开了档次，扩大了销售范围，延长了销售期，而且也提高了品牌的知名度。很多产品生产商开始专门生产奥特莱斯商品。这些新生产的商品使用过时的面料、过时的款式，省去了研发费用、广告费用，销售价格自然相当实惠。

奥特莱斯的另一个优势是购物环境。每一个奥特莱斯中心的购物面积都很大，以美国为例，奥特莱斯中心的面积由几万平方米到几十万平方米都有。而每一个购物中心都有自己的特点和环境，有配套的服务设计和便捷的交通。因此成为人们购物休闲的理想场所。

我国一些主要业态连锁经营的概况见表3-2。

表3-2 按业态分我国限额以上连锁零售企业基本情况

指标	合计		直营店		加盟店	
	2004 年	2005 年	2004 年	2005 年	2004 年	2005 年
门店总数/个	77 631	90 476	54 841	61 087	22 790	29 389
百货商店/个	3 016	3 438	1 057	1 231	1 959	2 207
超级市场/个	12 877	15 421	8 370	9 655	4 507	5 766
专业店/个	47 825	54 241	36 648	40 266	11 177	13 975
加油站/个	20 181	21 411	19 671	20 863	510	548
专卖店/个	4 816	5 718	1 772	1 970	3 044	3 748
便利店/个	8 824	11 218	6 762	7 658	2 062	3 560
仓储会员店/个	82	157	82	105		52
家居建材商店/个	79	94	78	93	1	1
其他/个	112	189	72	109	40	80
营业面积/万平方米	7 202.6	8 202.7	6 623.4	7 494.5	579.2	708.2
百货商店/万平方米	670.2	793.8	619.7	732.2	50.5	61.7
超级市场/万平方米	1 527.4	1 862.1	1 327.5	1 607.8	199.9	254.3
专业店/万平方米	4 700.4	5 186.5	4 407.0	4 845.7	293.4	340.8
加油站/万平方米	3 851.5	4 029.0	3 764.9	3 937.9	86.6	91.1
专卖店/万平方米	34.2	41.4	19.1	20.9	15.1	20.5
便利店/万平方米	129.7	153.6	110.3	123.9	19.4	29.7
仓储会员店/万平方米	22.6	29.6	22.6	29.5		0.1
家居建材商店/万平方米	113.0	130.0	112.3	129.4	0.7	0.7
其他/万平方米	4.9	5.6	4.9	5.0	0.1	0.6
从业人员/万人	128.2	148.8	106.2	122.7	22.0	26.2
百货商店/万人	16.6	18.2	14.2	15.7	2.4	2.4
超级市场/万人	48.0	56.2	39.4	45.9	8.5	10.3
专业店/万人	50.5	59.5	42.2	49.7	8.3	9.8
加油站/万人	17.6	19.0	17.2	18.5	0.5	0.5
专卖店/万人	3.8	4.5	2.2	2.4	1.6	2.1
便利店/万人	7.1	8.0	6.0	6.4	1.1	1.6
仓储会员店/万人	0.7	1.0	0.7	1.0		
家居建材商店/万人	1.4	1.2	1.4	1.2		
其他/万人	0.2	0.2	0.1	0.2		
商品购进总额/亿元	7 130.1	9 044.1	6 314.6	8 127.0	815.4	917.1
百货商店/亿元	912.9	921.7	876.4	859.3	36.5	62.3
超级市场/亿元	1 785.7	2 170.2	1 490.9	1 914.2	294.8	256.0
专业店/亿元	4 018.6	5 441.0	3 587.2	4 908.7	431.5	532.3
加油站/亿元	2 406.8	3 330.0	2 359.9	3 266.0	46.9	64.0
专卖店/亿元	118.6	150.1	84.9	112.2	33.8	37.9
便利店/亿元	145.0	187.8	126.7	159.7	18.3	28.1
仓储会员店/亿元	63.8	78.8	63.8	78.7		0.1
家居建材商店/亿元	79.6	89.1	79.3	88.8	0.4	0.3
其他/亿元	5.6	5.5	5.6	5.4	0.1	0.1

指标	合计		直营店		加盟店	
	2004 年	2005 年	2004 年	2005 年	2004 年	2005 年
统一配送商品购进额/亿元	5 545.6	7 036.8	5 068.7	6 489.9	476.9	546.9
百货商店/亿元	565.5	494.4	541.6	449.0	23.9	45.3
超级市场/亿元	1 476.4	1 721.3	1 243.7	1 548.0	232.7	173.3
专业店/亿元	3 211.9	4 448.3	3 025.0	4 163.8	186.9	284.5
加油站/亿元	2 030.4	2 813.5	1 991.1	2 758.2	39.3	55.3
专卖店/亿元	64.5	78.1	47.7	59.9	16.8	18.2
便利店/亿元	125.6	170.9	109.1	145.3	16.5	25.6
仓储会员店/亿元	62.7	77.1	62.7	77.1		
家居建材商店/亿元	33.5	41.6	33.5	41.6		
其他/亿元	5.5	5.2	5.5	5.1		
自有配送中心配送商品购进额/亿元	4 481.7	5 773.6	4 129.4	5 318.8	352.3	454.8
百货商店/亿元	538.3	453.9	521.3	423.9	17.0	30.1
超级市场/亿元	856.3	1 045.8	724.2	929.8	132.1	116.0
专业店/亿元	2 948.1	4 090.3	2 766.5	3 809.4	181.6	280.9
加油站/亿元	1 915.2	2 662.2	1 875.8	2 606.9	39.3	55.3
专卖店/亿元	57.8	73.0	43.4	57.2	14.5	15.8
便利店/亿元	68.2	94.5	61.0	82.5	7.2	12.0
仓储会员店/亿元	2.7	3.3	2.7	3.3		
家居建材商店/亿元	10.3	12.7	10.3	12.7		
其他/亿元						
非自有配送中心配送商品购进额/亿元	1 063.9	1 263.2	939.4	1 171.1	124.6	92.1
百货商店/亿元	27.2	40.4	20.3	25.2	6.9	15.3
超级市场/亿元	620.1	675.5	519.4	618.2	100.6	57.2
专业店/亿元	263.8	358.0	258.5	354.4	5.3	3.6
加油站/亿元	115.2	151.3	115.2	151.3		
专卖店/亿元	6.7	5.1	4.3	2.7	2.4	2.4
便利店/亿元	57.5	76.4	48.1	62.8	9.3	13.6
仓储会员店/亿元	60.0	73.8	60.0	73.8		
家居建材商店/亿元	23.2	28.9	23.2	28.9		
其他/亿元	5.5	5.2	5.5	5.1		
商品销售额/亿元	8 393.6	10 668.4	7 399.5	9 509.6	994.1	1 158.7
百货商店/亿元	929.8	1 157.2	869.6	1 077.2	60.2	79.9
超级市场/亿元	2 341.6	2 848.8	1 945.2	2 416.7	396.4	432.2
专业店/亿元	4 645.8	6 085.9	4 158.0	5 500.2	487.9	585.8
加油站/亿元	2 923.5	3 802.3	2 869.7	3 734.8	53.8	67.5
专卖店/亿元	130.5	155.4	104.3	127.0	26.3	28.4
便利店/亿元	176.4	226.4	153.6	194.5	22.9	31.9
仓储会员店/亿元	70.7	86.1	70.7	86.1		0.1
家居建材商店/亿元	94.0	102.9	93.6	102.6	0.4	0.3
其他/亿元	4.7	5.6	4.6	5.5	0.1	0.1

指标	合计		直营店		加盟店	
	2004 年	2005 年	2004 年	2005 年	2004 年	2005 年
零售额/亿元	6 163.1	7 810.3	5 285.3	6 816.7	877.8	993.6
百货商店/亿元	799.5	993.1	744.4	920.8	55.1	72.3
超级市场/亿元	1 947.8	2 376.0	1 561.8	1 951.4	386.0	424.6
专业店/亿元	2 998.7	3 964.3	2 607.8	3 524.0	390.8	440.2
加油站/亿元	1 637.2	2 189.5	1 612.7	2 161.5	24.5	27.9
专卖店/亿元	101.7	110.9	78.9	86.3	22.8	24.5
便利店/亿元	152.0	187.2	129.5	155.6	22.5	31.6
仓储会员店/亿元	69.6	84.6	69.6	84.6		
家居建材商店/亿元	89.6	89.0	89.2	88.7	0.4	0.3
其他/亿元	4.1	5.3	4.0	5.2	0.1	0.1

资料来源：中华人民共和国统计局．2006．中国统计年鉴2006．北京：中国统计出版社．17～27

第二节 零售业态发展演变理论

零售组织形式和业态发展的动因是什么？对于零售业的发展与演变问题，国外学者提出了一系列假说来解释零售业态的变革轨迹。零售组织演变的理论可以分成许多种类，但是广义上可以分为四大类：环境理论、周期理论、冲突理论和混合理论。

一、零售轮转理论

零售轮转理论（wheel of retailing）的发明者是哈佛大学的教授麦克奈尔（Malcolm P. McNairy[1],[2]），它是至今为止最为人们所熟知的解释零售业组织结构演变的一种理论。按照这一理论，一种零售组织或零售形式从其诞生到衰落，一般要经过三个阶段：第一是进入阶段。这时一种新的零售形式以低成本、低利润、低价格和简陋的形象进入市场。由于价格优势明显，市场占有率会迅速扩大。随着市场占有率的扩大，他们的地位越来越重要。第二是费用上升阶段。一旦这种零售形式站稳脚跟以后，为了提供新的服务，改善服务设施，于是不得不加大经营费用。随着时间的推移，经营费用越来越高，这种类型零售商的竞争优势渐渐消失。在新的其他成本较小、价格较低的零售商的竞争面前，他们越来越显得脆弱不堪。于是进入第三个阶段——衰落阶段。这种零售组织的衰落，继之以新型零售组织的兴起，由此零售转轮得以继续转动。

零售轮转理论有四个要点：第一，零售业组织结构的演变是基于成本和价格的，成本和价格越低的组织形式越可能兴盛；第二，新型组织形式的成功在于较低的经营费用和较低的价格；第三，新型组织形式一旦在零售系统中站稳脚跟后，就势必增大经营费用；第四，增大经营费用导致另一种新型组织形式的出现。

---

① McNair M P. 1931. Trends in Large Scale Retailing. Harvard Business Review，10：30～39

② McNair M P. 1958. Significant Trends and Developments in Post War Period. in Competitive Distribution in a Free，High-Level Economy，and Its Implications for the Universities. Smith A B ed. Pittsburgh：University of Pittsburgh Press. 18

零售轮转理论提出以后，许多人对其加以验证，发现了许多与此理论相符的实例，如西方的专业店、百货商店和折扣商店的发展历史。这几种零售商最初都是以低价、低利的形式进入市场的，后来为了提供新的服务和改善服务设施都不得不提高价格以弥补经营费用的提高，最后都由于价格的提高而变得竞争力下降。许多人还从多方面对其必然性加以论证。他们认为，零售组织之所以会按照转轮的形式演变，原因是多方面的，其中主要有下述几条：①消费趋势。随着消费水平的提高，零售商势必提高所经营商品和所提供服务的档次，由此经营费用和价格必然上升。②竞争。直接的价格竞争，往往使竞争者两败俱伤，为了避免这种情况出现，站稳脚跟的零售商会自觉不自觉地将竞争的着眼点由价格转向其他方面，这也会使费用和价格上升。③扩大经营范围。零售商总是试图扩大自己的经营范围，随着经营范围的扩大，经营费用必然上升。④管理换代。当老一代管理者被新一代管理者替换以后，整个企业的管理思想和管理方法会随之产生变化。老一代注重成本和价格的习惯会被注重商店外观和企业形象所取代。

零售轮转理论原理可见图 3-1。

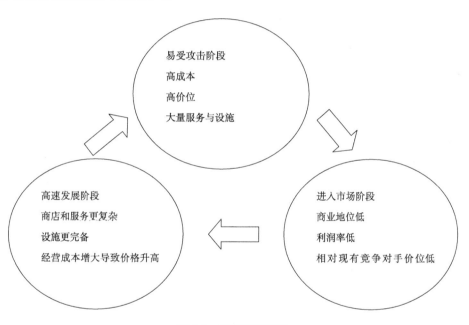

图 3-1　零售轮转理论

也有一些人批评这一理论。他们认为这一理论把成本和价格当作决定零售组织演变的唯一变量，显然是把复杂的经济现象过于简单化了。他们发现许多零售形式的演变并不是按照零售转轮在转动的，如自动售货机、市郊的购物中心等。还有人不反对这一理论，但认为零售组织按照转轮转动的速度正在减慢，因为许多零售商已深谙这一理论，他们试图在转轮中找一个合适的位置，然后长久地待在那里。

二、零售生命周期假说

零售生命周期假说（retail life cycle hypothesis）的概念，直接根源于市场学中产品生命周期的概念。它实际上是把零售组织看作产品，然后仿照产品生命周期而发展出来的一个概念。零售生命周期最先由美国的戴韦森等[①]提出。他们认为，零售组织也像产品一样，有一个创新、成长和衰亡的过程，这个过程在时间上的表现就是零售生命周期。与产品生命周期一样，零售生命周期也可以分成四个阶段：创新期、加速发展期、成熟期和衰退期（图 3-2）。一种零售组织所处生命周期的阶段不同，其市场特点以及属于该种零售组织的企业应该采取的行动策略也不同。

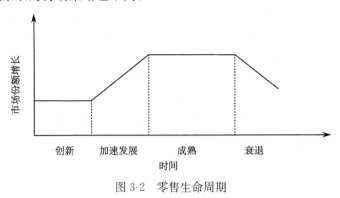

图 3-2　零售生命周期

在创新期，因为与传统零售组织在方法和策略上有较大的区别，所以一般新型零售组织与传统零售组织相比都有较大的竞争优势。这种竞争优势可能来自于较严格的成本和费用控制（如零售转轮理论所揭示的），也可能来自某一种特色，如独特的产品组合、购物环境、地理优势，甚至不同的广告或促销方法。新型零售组织的竞争优势会很快被消费者接受，销售额会因此而迅速上升，但由于经验不足、开办费用较大，企业一般不会得到很多利润。这个阶段一般要持续三至五年时间。

在加速发展期，新型零售组织的销售额和利润额都会经历一个快速增长的阶段。这是因为：第一，新型零售组织已经站稳脚跟，他们会更加积极地拓展空间：一方面增加产品线，另一方面开办更多的分店；第二，创新者的示范效应使得越来越多的传统零售组织竞相模仿，新型零售组织迅速普及。在加速发展期的后期，新型零售组织的市场占有率趋于稳定，获利能力达到最大，这个阶段一般持续五至六年时间。

成熟期是零售组织发展的第三个也是最重要的阶段。在这一阶段，此种零售组织的市场占有率已经稳定，上升的潜力已经不大。在多种因素的共同作用下，企业将面临许多以前不存在的重要的经营问题。首先，管理者会发现控制这样一个越来越大、越来越复杂的企业变得日益困难，尽管他们在第一和第二阶段也许干得非常出色，但却缺乏在稳定的市场上管理大型企业的必要的知识和技巧。结果，经营与管理的质量开始下滑。其次，此种零售组织的零售能力开始过剩。前一阶段的过度膨胀，使此种零售组织积攒了过多的零售能力，如零售网点过多、营业面积过大等，因此必须进行调整。最后，更新型的零售组织开始出现。同类型企业之间、一种类型企业和另一种类型企业之间的市场竞争更趋激烈。这些问题的出现，会严重影响此种零售组织的盈利能力和盈利水平。这一阶段持续的时间较长，不确定性较大。

零售生命周期的最后一个阶段是衰退期。并非所有的零售组织都会经历衰退期。通过战略调整或重新定位，有些零售组织可以避免或延缓衰退期的到来。然而，仍然有相当一

———————————
①　Davidson W R, Bates A D, Bass S. 1976. The retail life cycle. Harvard Business Review，55（6）：89～96

部分零售组织要经历这样一个阶段。衰退一旦发生，此种零售组织就要蒙受市场占有率下降、利润水平下降、竞争力消失的损失。这一阶段持续的时间也不易确定。

J. B. Mason 和 M. L. Mayer 等选择了美国十多种不同的零售组织，对这一理论加以解释和验证。发现不同的零售组织处于生命周期的不同阶段，同时发现从创新期到成熟期的时间间隔正在变短。

零售生命周期理论与零售轮转理论在本质上是相同的，不同之处在于：零售轮转理论把变化的动力归之于费用或价格的变化，而零售生命周期理论则将变化的动力归之于许许多多不同的因素，其中也包括价格。

在过去的几十年里，随着消费者逐渐以寻找价值为目标进行购物，而零售商则通过信息以更快的速度识别消费者需求并做出反应，典型零售概念的寿命也因而被减半。由于生命周期的缩短，企业有必要计划延长自身的成熟期和建立持续更新政策，这种情况要求零售商具备更高水平的灵活性、创造力和反应速度。

三、零售手风琴理论

零售手风琴理论（accordion theory），不满于零售轮转理论以价格和成本的变化解释零售业态的演变，提出影响零售业态演变的决定性因素是零售组织的商品组合。这一理论认为，零售业态的演变是零售网点提供的商品组合由宽变窄，再逐渐由窄变宽，就像拉手风琴一宽一窄交替变化的过程。这一理论的名称即由此而得。有人用西方现代零售业的发展历史解释这一理论，如图 3-3 所示。

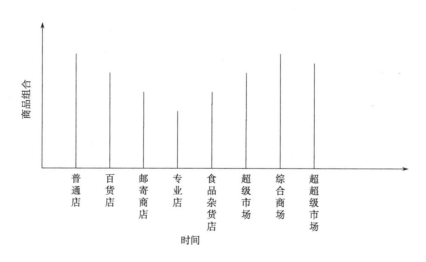

图 3-3 零售手风琴理论

美国现代零售业开始于普通店。普通店的经营范围非常广，从衣物到食品、农具，几乎无所不包。而后随着人口向城市集中，比普通店专业化的百货店出现了。在百货店取代普通店成为主要的零售组织形式的同时，比百货店更专业化的邮寄商店，以及很多单一产品线的专业店，如书店、药店、鞋店等相继涌现。20 世纪 50 年代后期，虽然商品组合由宽变窄的活动并没有停止，一个相反的趋势，即商品组合由窄变宽，已经初露端倪，而后迅速展开。以食品零售业为例，从食品杂货店到超级市场，再由超级市场到综合商店，最后发展到超超级市场，商品组合越变越宽。

零售手风琴理论并没有弥补零售轮转理论过于简单化的缺陷。除此之外，它还有一个致命弱点，它所给出的影响零售业态演变的决定性因素——商品组合的宽窄，只是零售业态演变的一种现象，而不是真正的原因。因此，此理论只适合于描述零售业态的演变，而不适合于解释、更不适合于预测零售业态的演变。而且其描述零售业态演变的适用性也大受怀疑，因为用此理论描述零售业态演变过程的准确性在很大程度上取决于描述者所选择的观察期和观察对象。

四、零售正反合理论

零售正反合理论也称作辩证发展假说（dialectic process），这一理论的大致意思如下：零售业态结构的演变，是不同零售业态与其对立的零售业态间相互适应、兼容的过程。一种现存的零售业态，当面对一种新的拥有不同竞争优势的零售业态的挑战时，为了抵消对方的竞争优势，会吸收对方一部分的优点，采用与对方相似的战略和技巧。因此，他们中的这一部分也会向自己的反面转变。同时，新型零售业态也将保留现有零售业态中的一部分优点，提高或改进企业的经营管理水平。这种相互适应的结果是：两种对立的零售业态中各有一部分倾向于同自己的对立面融合，最终这两种对立的零售业态在商品组合、商场布局、服务和价格等方面趋于一致。当达到这一阶段时，也就意味着一种新型零售业态的诞生（正）。这以后，一个新的对立面（反）又会出现，将整个过程再重复一遍。也就是说，零售业态结构是按照"正—反—合"再"正—反—合"这样一个总的模式演进的。

以美国现代零售业结构演变的一些现象为例对正反合理论做一解释。最初，美国的百货商店提供范围广泛的服务，如分期付款、送货上门和质量保证，并且拥有良好的室内装潢和诱人的购物环境（正）。然后，出现了折扣百货商店和专业店。折扣百货商店的商品组合与百货商店没有什么大的区别，但为了降低经营费用，以低价取胜，他们为消费者提供的服务是能减则减，室内装潢和购物环境也不那么讲究（反）。两种不同的零售业态中各有一部分向对方转变，于是出现了介于两者之间的第三种业态——自选百货商店（合＝正）。专业店是百货商店的另一个对立面，同时也可以看做是自选百货商店的对立面（反）。两种组织中各有一部分向对方融合，展现了一种向自有品牌过渡的趋势（合）。

零售正反合理论的优势在于它在很大程度上可以解释零售业态的多样化——零售业态的多样化是最初几种零售业态之间相互适应、取长补短的结果。它的缺陷主要是：

（1）对于一种业态的"反"的确定是很随意的，一种业态的"反"（即不同的方面）是很多的，任何一种与它不同的业态都可以是它的"反"，也许只是程度上有所不同。那么，有什么理由认为其中之一是它的"反"，而其他的不是呢？也就是说，为什么其中之一会与它融合，而别的不会呢？

（2）零售业态越是多样化，这一理论就越是难以预见零售业态未来的变化。正如第一点所说，一种零售业态的"反"可以是很多的，因为每一种零售业态都有其不同于其他形式的独特之处。那么，这种零售业态会与哪一种对立面取长补短呢？

五、真空地带假说

在麦克奈尔最初的假设提出后，阿里戈德（Agergaard）、奥尔森（Olsen）和阿尔帕斯（Allpass）提出，零售业的演进模型不是周期性的，而是一个螺旋上升的过程。螺旋运动理论认为，由于竞争压力而导致组织成本上升，或者由于竞争压力而强调组织的某种差异，会在两个市场两级之间自动创造一种真空[①]。

真空地带假说（vacuum hypothesis）是由丹麦学者尼尔森（Nielsen）提出，该理论根据消费者对零售商的服务、价格水平的不同偏好，解释新零售业态的产生。真空地带假说认为零售业态只能提供价格和服务水平低低、中中、高高等组合中的某一种，并假定消费者希望的价格和服务水平的分布呈单峰形，现存的零售业态只能满足其中的部分需求，因而在零售市场上存在着一些空缺或真空地带，从两端加入的业态受业态内竞争的压力，被挤向消费者偏好分布的中心，两端部分则形成了"真空地带"。新进入者就以这个真空地带为自己的目标市场而进入零售业，从而产生了新的业态[②]。

真空地带假说是以消费者偏好分布曲线的存在为前提的。而在实际生活中，是否真的存在这样的偏好分布曲线，是很难确定的。运用真空地带理论难以解释日本方便店及日本、美国无店铺零售业的发展。最为重要的是，"真空地带论"着眼点单一且缺乏说服力，不能成为促使零售业发展的动力。

六、调整理论

调整理论（adjustment theory），又称为自然选择理论，是杰斯特（Gist）将达尔文的"生物进化论"移植到流通领域，强调环境变化在零售组织结构演变中所起的作用，提出零售业中的自然选择理论。它是从美国的零售实践中提出的一种假设。调整理论认为，只有最能适应当前环境的零售企业才最有可能避免失败。这是一种经济学上的自然选择过程（图 3-4）[③]。德理斯曼（Dressman）对这种达尔文主义的机构演化理论作了进一步的阐述。他认为，零售业态与生物物种具有相似性：二者都能正确地把握其产生的时间与地点；革新或突然变异的边界很清楚；二者只有适应时代或环境的变化才能生存[④]。

图 3-4　杰斯特的自然选择理论示意图

①　Agergaard E，Olsen P A，Allpass J. 1970. The interaction between retailing and the urban centre structure: a theory of spiral movement. Environment and Planning，2（1）：55～71

②　Nielsen O. 1966. Developments in retailing. In Readings in Danish Theory of Marketing. Kjaer-Hansen M Ed. Amsterdam：North Holland Publishing Company. 101～115

③　Gist R R. 1971. Marketing and Society：A Conceptual Introduction. New York：Holt，Rinehart and Winston

④　Dressman A C R. 1968. Patterns of evolution in retailing. Journal of Retailing，44：64～81

零售自然选择理论比其他理论更多地考虑了影响零售业结构演变的因素，它能够更令人信服地解释为什么不同的环境里会有不同的零售组织和不同的零售组织结构。但是，在相同的环境下，不同的管理者会引进不同的零售业态，采取不同的管理方法。而自然选择理论的缺陷正好在于，它无法解释为什么相同的环境里会有如此不同的零售组织。

七、生态零售理论

马金（Markin）和邓肯（Duncan）提出的生态零售理论（ecological retail theory），主要研究零售业态之间的寄生关系。该理论认为，一种业态的存在要依赖于其他业态。不同零售业态之间既有竞争又相互依赖。它们作为购物中心共同的承租人共同分享同一共生环境，又在从自愿连锁、集中采购等相互的依存关系中获益[①]。

生态零售理论比较注重零售组织的变化，具有广泛的适用性。但是，这一理论并未经过实证检验。目前，零售组织每年在零售环境监测、长短期零售环境预测等方面都花费了很多精力和资源。零售企业常常通过战略调整来适应零售环境的变化（图3-5）。而某个业态的发展是否会影响到环境变化，效果还不太显著。

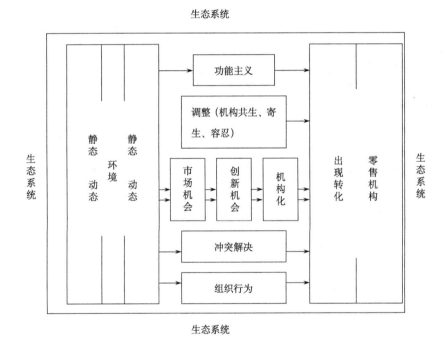

图 3-5　马金-邓肯生态零售理论

八、环境与周期综合理论

环境与周期综合理论（environment and cycle integrated theory）认为，业态的周期变迁是在文化、社会、经济、法律等诸种环境背景下进行的。零售轮转理论认为零售组织

---

①　Duncan D J. 1965. Responses of selected retail institutions to their changing environment. In Marketing and Economic Development. Bennett P D Ed. Chicago：American Marketing Association. 583～602

的演进是在一个不断变化的环境中进行的，根据定义，这个循环不断进行。但是这种演进不会再返回到最初状态。随着环境的变化，新出现的零售组织将不会与从前的零售组织完全相同。因此，可以将周期理论与环境理论相结合，对零售业态的变迁进行较为全面的解释。麦克奈尔（McNair）和库克斯（Cox）于 1957 年最早阐述了这样的观点。自从 20 世纪 50 年代末期以来，又有许多论文也阐述了环境-连带-周期的观点。环境与周期综合理论最著名的是戴德雷克（Deiderick）与道奇（Dodge）的修正零售轮转理论。该理论认为，传统的零售轮转理论只涉及三个独立的周期，即定价、产品线的宽窄和地理范围，如果把这一理论与组织生命周期理论相结合，在不断变化的环境中，就会产生一种动态的零售轮转，新业态的发展在于对物流、信息流、管理等技术的革新，以突破原有的技术边界线。只有新业态的引进产生巨大革新时，才会引起主要业态的变化。由此可见，新业态并不是以低价格把旧业态赶出去，而是因技术边界线的移动而获得竞争上的优势[①]。

九、零售开放系统理论

零售开放系统理论（retail open systems theory）是在零售自然选择理论的基础上，由罗斯和克莱茵[②]提出来的。根据零售开放系统理论，决定零售结构演变的有两个基本要素：零售环境和零售行为。零售环境包括：①人口与人口的地理分布；②消费者偏好；③总收入与收入的地区分布；④技术；⑤政府的政策等。这些因素企业不能控制，只能认识，并在认识的基础上适应。这些因素的总和规定了一个社会或一个地区总需求的大小，因而也就规定了一个社会或一个地区某一种零售组织或零售网点总的可生存数量，即生存的边界（the boundaries of survival）。按照罗斯和克莱茵的说法，零售环境决定零售企业生存的边界，决定零售结构的第二个要素——零售行为，实际上是给定零售环境下各个不同零售企业各自的选择行为，它决定了零售组织的多样性。在相同的环境下，不同企业的管理者会做出不同的选择，会引进不同的零售组织形式，会采用不同的方法进行管理。企业的选择可能是正确的（即与环境相适应），也可能是错误的（即与环境不适应）。选择正确的企业会生存下来，甚至兴旺发达起来；而选择错误的企业会衰落下来，甚至被淘汰。因为可供选择的方面几乎是无法穷尽的，所以成功的企业各有其成功所凭借的优势，这就为零售组织形式的多样性奠定了基础。另外，成功的企业有一种示范效应，它们的成功引来了大批仿效者，这就是一定时期内某一种零售组织形式比较流行的原因。由于一个零售环境容纳某一种零售组织的数量是有限的，所以当这种零售组织达到一定的数量后，再要增加其数量就越来越困难。再加之随着数量的增加，相同的组织之间竞争日趋激烈，它们不能再依靠以前凭借的优势取胜（因为它们的优势是相同的），这就促使它们去寻找新的竞争优势。于是，新一轮结构演变就开始了，零售结构由此不断演变或进化下去。

与上面其他的理论比较起来，零售开放系统理论明显与零售结构的实际演变更相符合。不过，这个理论也比其他的理论复杂得多，对它的验证也更困难。

———————————

① Deiderick T E, Dodge H R. 1983. The wheel of retailing rotate and moves. In: Marketing Theories and Concepts for an Era of Change. Summery J et al Eds. Carbondate: Proceedings Southern Marketing Association. 149～152

② Roth V J, Klein S. 1993. A theory of retail change. The International Review of Retail, Distribution and Consumer Research, 3（2）：167～183

第三节　零售业态演变动因的综合分析

西方的零售业态演变理论从不同角度解释零售业的发展和演变，试图说明为何一种新的零售业态会产生并成为零售业的主流，具有一定的解释力。但是，西方零售理论有一个共同的缺陷，他们都是就零售业本身而探讨零售业的发展，把目光集中在零售成本、价格、利润、经营范围、竞争等，忽视了经济发展、科技进步、收入水平提高与生活方式改变等因素对零售业发展的影响，因此在解释零售业变革的原因时显得不够全面。我们认为，以下因素对零售业态的创新和演变都是至关重要的。

一、零售业态创新与经济的快速发展、生活水平的提高有关

纵观近代两次零售革命即百货商店革命与超级市场革命，其发生首先都与经济的快速发展、生活水平的提高有关。百货商店兴起于19世纪中叶，正值欧美各国发生工业革命的时代。气势磅礴的工业革命创造了前所未有的生产力，使资本主义变成了一个巨大的商品社会。大规模的生产要求有与其相应的大规模的零售方式，大百货商店以宏伟的建筑集成千上万种商品于一店，无疑是工业革命成果的展览馆与大工厂的销售之窗。对零售商来说，经营大百货商店同大工厂中规模经营取得规模经济效益具有同样的原理。同时，工业革命使欧美诸国从农业国变为工业国，整个社会的生活水准跃上一个新台阶，居民的消费水平大大超过了以往自给自足的时代，原先的专业店和杂货店显得空间狭小与品种单调，只有大百货商店才适应这种迅速到来的商品经济时代和新兴的消费浪潮。

超级市场于1930年诞生于美国，但它的最大发展时期则是在第二次世界大战以后，在欧洲与日本的发展则是在20世纪50～60年代，这段时期正是西方资本主义发展的"黄金时代"，是20世纪经济增长最快的时期。从经济发展阶段分析，各国超级市场的发展与罗斯托的"高额群众消费阶段"相吻合，罗斯托认为，美国在20年代已进入"高额群众消费阶段"，后因经济萧条与第二次世界大战而中断，1946年以后又重新开始了这个过程；西欧与日本在50年代先后进入"高额群众消费阶段"。从收入水平分析，大多数国家超级市场兴起都在人均国民收入达到1 000美元时期。在这种背景下，适应于消费者以自选方式大量购物的超级市场兴起有其必然性。

二、零售业态创新与生活方式的改变有关

零售业态创新的另一个原因是与生活方式的改变有关。从19世纪上半叶开始的工业革命使农村人口不断地向城市集中，它意味着以往分散在广阔区域里的购买力集中到了城市的有限范围里，这就为城市建立大规模的零售机构创造了条件，大百货商店也就是在这种背景下应运而生。百货商店以宽敞的营业场所、琳琅满目的商品配之以及商场内的良好购物环境，对顾客产生强烈的刺激与吸引；百货商店与现代都市同时成长，它不仅是购物场所，而且是都市一景，成为人们观光消遣的地方。

超级市场的成长同样与生活方式的改变有关，20世纪50年代起西方发达国家生活质量不断提高，人们追求独立化住宅，人口向郊区移动，出现居住分散化趋势，在购物上不再一味钟情城市中心商业区的大百货商店。同时，生活水平提高与生活节奏加快使居民要

求有迅速方便、能够一次性大量购买的商店，超级市场应运而生，而汽车时代的到来与冰箱的普及则推动了超级市场的发展。

20世纪后期开始流行的购物中心同样是与生活方式的变化有关，人们生活水平的提高不仅对购物场所有了更高的要求，希望各种业态能够聚在一起，而且要求购物同餐饮、休闲、娱乐为一体的活动场所，购物中心满足了这种要求。

三、业态的创新与科学技术的发展有关

新兴业态离不开技术创新和技术支持，信息技术与网络技术的发展以及在零售行业的广泛运用，导致了零售行业出现一个新业态——网上商店。我国2004年的《零售业态分类》将无店铺零售业态中的网络零售统一归类为网上商店，成为一个全新的业态。目前全世界网上零售正在迅速增长，与网络技术的发展一起突飞猛进。我国网上商店的发展也粗具雏形。例如，当当网的网上专业书店、易趣网的C2C网上跳蚤市场、卓越网的百货商店、阿里巴巴的电子商务平台都是非常有潜力的销售方式。他们利用网上的虚拟门店将实际生活中的物品通过四通八达的物流配送体系送到了千家万户，也由于其便利、快捷、低成本等优势逐步在零售市场上站稳了脚跟。

最新的RFID（无线射频识别）技术发展正在酝酿零售业态的又一次创新，2003年麦德龙已经在尝试建立无人值守的零售门店，这种门店与现在的街边自动售货机不同，整个门店通过RFID（无线射频识别）技术将门店商品和信息系统相结合，通过智能货架控制商品的库存和订补货，同时采用无人自动收款机，一切的过程都在商家掌握之中。

以上分析显示，新的零售形式出现不只是如西方学者认为的是零售业本身发展的要求，而且是经济增长、收入提高、科技进步、生活方式改变等所导致的综合结果。

➢ 案例

ALDI 折扣店模式

2006年7月29日，就在全球最大的零售商沃尔玛宣布退出韩国不到两个月内，又宣布退出德国。主要原因不是拥有Real、Metro等大型超市和考夫豪夫老百货的德国本土最大的零售企业麦德龙，而是创立于1913年的老牌家族企业、廉价小型超市连锁店阿迪（ALDI）。阿迪是全球领先的食品和家庭用品折扣零售商之一，也是位于西门子和宝马之后的德国第三大品牌。

ALDI之所以取得了如此的成功，主要在于它建立了以低成本战略为核心的一套简单高效的运营管理体系，通过各种措施降低成本、提高效率，达到利润最大化，从而使其即使面对无论是沃尔玛还是本土麦德龙等大型零售商的竞争仍能保持强大竞争优势。

折扣业态是在欧美已经发展成熟，并具有优异盈利能力的主流零售业态形式。从国际上看，近年来美国商业企业排行榜中，前5位中有3家的主要业态是折扣商店。而在长年占据榜首位置的沃尔玛集团，来自折扣商店的收入占据其年销售额的50%。另外，国内传统杂货店形式的零售企业一直以低质低价模式经营，商品虽然便宜，但质量低劣，随着国内消费者生活水平的提高和自身健康意识的增强，人们在购物时不仅考虑价格，而且开始注重商品的质量。在欧洲，无论是德国的阿迪还是法国的迪亚等都非常重视所开发商品

的质量，将开发商品质量置于效益之上，因此折扣店的引入正迎合了这一国内消费潮流。

分析 ALDI 折扣店的经营模式，可以发现有以下特点：

一、降低成本是核心经营理念

尽管 ALDI 和沃尔玛都是低成本战略实施成功的零售商，但在具体实施策略上，ALDI 却与沃尔玛有明显的不同。

1. 运营管理高效率，低成本的原则

1) 店铺设计策略：以简单实用为主，从而减少开支

相对沃尔玛万平方米的"超级大卖场"，一般每个阿迪店的营业面积只有 750 平方米，大大降低了房租与水电的费用。相对沃尔玛优雅的音乐和柔和灯光下的购物氛围，阿迪则强调简单实用为原则。商品都是放在原来的包装盒里面，它们或靠墙堆积，或放在简易的货架上；价格写在普通纸上，贴在从天花板垂下的贴板上；甚至购物所需的塑料袋也不提供。

2) 商品策略：经营品类固定，品种也较少，降低成本

沃尔玛"超级购物中心"有 15 万种商品，一般超市也有 2 万种，而一家典型的阿迪店只有约 700 种卖品，货物品种虽少，却门类齐全，足以满足生活基本必需。精简的货品结构大大降低了阿迪的物流成本，并让阿迪与供货商就品质控制和价格谈判时处于绝对优势。

3) 人员策略：员工少而精，降低人工成本

阿迪充分挖掘员工的潜能，员工都是一人身兼数职，理货、收银、清洁样样通；而且在没有条码输入设备之前，收银员能对数百种商品的价格倒背如流。

商店有一句著名的口号："从减少人工而不是降低工资中节约费用。"沃尔玛一家店近百名员工，阿迪每个连锁店内一般只有 4～5 名员工，也远远低于普通超市 15 名员工的平均数字。由此阿迪可以支付员工很高的薪水，但是从整体意义上又做到了节约劳动力成本。

4) 促销方式简单

相对于沃尔玛遍布全世界的广告宣传，阿迪从来不做广告。阿迪通常把具体的产品信息贴到店外，但却足以引起关注。

2. 畅通的渠道保证低价优质商品

ALDI 超市的商品始终保持比其他超市、卖场更低的价格，但并不是以牺牲质量为代价，相反它的商品与优质名牌商品质量一样可靠。

1) 坚持自有品牌战略

90％的商品是 ALDI 自己的品牌，包括从饼干到尿布等。选择供应商专门为 ALDI 提供自有品牌商品，严格要求质量，一方面降低了物流的成本，另一方面也为 ALDI 树立了良好的市场形象。

2) 强调与供应商合作，严格控制质量

阿迪在采购商品时，向供货商提出自己的质量标准，除了公司派自己人进行检测外，聘请第三方检验机构对商品品质进行检测。一旦抽样不合格，商品都会从供应单上毫不客气地撤下来，供货商不仅会失去一个大客户，而且还得付出巨额赔款。

二、重视消费者需求，注重培育消费忠诚度

阿迪向消费者提供廉价优质商品，体现出其经营始终以消费者为中心、关注消费者的需求和切身利益。阿迪从不热衷于"搭售"或"批售"等促销活动，诸如买一赠一、多买

多赠、啤酒成箱地促销等。因为这种看似实惠的促销可能恰恰忽视了某些消费群体需求，如众多的老龄人口及单身家庭。另外，为了突出其质量可靠，ALDI 在售后服务上秉承着无条件退货的原则。

三、倡导"良性竞争"，与竞争对手共同进步

阿迪认为，"通过培养竞争对手，可以让我们更融洽，比如当有国外连锁企业涉足德国时，我们一定会携手抵抗；对竞争对手的培养，可能会使他们变得更强大，但也会逼迫阿迪进一步提升自己。如果阿迪与竞争对手同时进步，或者进步的幅度比对手大，那么阿迪就没有什么可怕的了"。

效果与启示：

低成本经营使得阿迪能保持比一般的折扣店低得多的价格。据统计，阿迪的物品单价要比一般超市低 20%～30%。也使其以低成本战略的竞争优势在与沃尔玛较量中最终取胜。

（资料来源：张玲. 2007-08-08. 超市周刊）

> **基本概念**

零售业态（retailing trade model）　　专业店（specialty store）
便利店（convenient store）　　　　　专卖店（exclusive shop）
仓储会员店（warehouse club）　　　　食杂店（grocery store）
厂家直销中心（factory outlet center）　大型超市（hypermarket）
家居建材店（home improvement store）　零售轮转理论（wheel of retailing）
手风琴理论（accordion theory）　　　　辩证发展假说（dialectic process）
真空地带假说（vacuum hypothesis）　　零售生命周期假说（retail life cycle hypothesis）
调整理论（adjustment theory）　　　　生态零售理论（ecological retail theory）
环境与周期综合理论（environment and　零售开放系统理论（retail open systems theory）
　　cycle integrated theory）
网上商店（shop on network）　　　　　邮购（mail order）

> **思考题**

1. 何为零售业态? 我国零售业有哪些代表性的业态?
2. 试述大型综合超市与仓储式商场的区别。
3. 评价网上商店。
4. 举例说明零售轮转理论在零售业中的运用。
5. 用一种零售业态演变理论解释我国零售业的发展。
6. 零售业业态发展的社会经济动因是什么?

第四章

零售环境分析

环境理论（environmental theory）认为，零售组织的演进和变化与经济、人口、社会、文化、法律和技术等环境条件密切相关，零售组织的变化是对环境变化的反映。零售企业的环境包括宏观环境与微观环境：宏观环境是指行业所处的较为广阔或作为背景的环境，一般包括经济、社会、人口、政治、法律和技术影响。微观环境包含了直接影响到企业规划和经营的竞争对手、供应商、顾客、劳动力市场和金融机构。

■ 第一节　人口与社会环境

一、人口环境

零售的对象是顾客，顾客是全部消费者中的一部分，零售企业要把消费者变为自己的顾客，研究顾客就必须从研究全部消费者开始，所以零售学要关注人口环境。

人口环境是零售企业面临的大环境，它的变化对所有的产品、服务、市场和消费者都会产生重大的影响。零售行业中的所有企业都会受到由这些变化带来的机会、威胁与挑战。诸如人口总量、年龄结构、地理分布、家庭组成、性别结构、教育水平、宗教信仰、价值观念、消费习俗、消费潮流、购买习惯等，这些因素的变化趋势正重塑当代人的生活、工作、生产和消费方式，造就一代又一代新的消费者，进而要求有新的产品、新的服务和新的企业经营战略与之适应。

消费者的情况是复杂的，顾客需求是多种多样且不断变化的。但是，每一个消费者都可能是特定零售企业的潜在顾客，零售经营者要研究顾客在面对如此众多的产品和品牌、价格和零售商时如何进行选择、为什么会这样选择，从而找到零售企业怎样适应变化的消费者需求并使消费者满意的途径。

零售市场由具有购买愿望同时又具有购买能力的人所组成。因此，不仅人口的数量直接决定零售市场的潜在容量，而且人口的一系列性质因素如性别、年龄结构、地理分布、人口密度、教育程度、职业、收入、流动性等对零售市场需求的特点也产生深刻的影响。人口的增长意味着零售市场的扩大；居民可支配收入的增加为零售业的发展提供了更多的机遇；人口年龄结构的变化意味着零售商面临更大的差异化市场和商品结构的调整；家庭规模的缩小意味着零售商需要对商品规格、容量进行调整；人口的大量流动对零售商的选址和试点布局提出了新的要求；人口受教育程度的提高意味着消费者在消费购物的时候更加理性；如此等等。以下讨论人口统计方面的这些重大的变化以及对零售的影响。

1. 人口数量

人口数量是形成一个国家、地区或城市消费需求最基本的数量依据，尤其是对基本生活必需品有直接的统计价值。人口规模与消费需求成正比，通常说某地市场的大小是与人口数量直接相关的。零售商在调查市场时首先关注的是人口数量。人口数量不是一个静态的概念，而是一个动态概念，人口在不断增长，人口增长也意味着人类需求的增长和市场的扩大。当一个城市或地区人均营业面积以及每平方米年销售额既定时，人口数量对零售业发展就有直接的意义。从全世界看，人口的增长速度还相当快。我国人口增长的速度虽然不快，但是我国人口迁移频繁，流动人口数量大，这对零售业来说都是有导向作用的。近年来，一些大型跨国零售公司纷纷看好中国的市场，在我国大力发展零售网点，很大程度上是基于中国具有一个庞大的人口基数。

2. 人口年龄结构

人口的年龄结构特点对零售业有直接的导向作用，年轻化结构与老龄化结构对零售业提出不同的要求。零售企业在布点和经营过程中必须关注人口的年龄结构以及变化。我国已经出现人口老龄化的趋势，在城市这种现象尤其明显，但是城市的总体人口（包括常住与流动人口）中，老年人比例并未大幅度上升，原因是农村大量青年进入城市就业，延缓了城市人口年龄结构老化。而留守在农村的人口中，老年人占很大比重。从地区分布看，东部经济发达地区人口呈年轻化。

年轻的消费者在购物上比年老的消费者搜集更多的信息，他们缺乏经验，而且变动不定。年轻的消费者搜集商业的、非商业的和社会的等方面的信息资料，了解商品特性，以确定合适的商品，做出最好的选择。年老的消费者有习惯性，倾向于重复购买，新的信息对他们不太重要，与其他年龄群体相比，老年消费者在购物方面具有更多的时间，他们喜欢比较不同商店的价格，而且有充裕的时间去浏览商店。对年老的消费者来说，除非得到社会的信息资料的推荐，否则他们往往不愿试用新产品。商业的与非商业的资料不能在年老的消费者对待新产品的态度上产生强烈影响。

人口老龄化趋势是当前零售业需要关注的一个主要动向。人口老龄化促进了银发市场的发展，同时也对零售商提出了新的要求。国外一些零售商为老年顾客制定了特定的计划。另外，我国人口出生率降低了，儿童数量开始减少，但是每个家庭在孩子身上的开销却在增加，儿童市场也是一个值得零售商重视的市场。

3. 家庭规模

家庭规模的缩小在中国近几十年里特别明显，其原因既有观念的变化，也有生活水平提高、住房条件改善的作用。传统的家庭一般有三代组成，但是这种传统的家庭模式受到了冲击，现在的家庭基本上只有夫妻加子女，此外还包括独身生活、单亲家庭、丁克家庭、空巢。这些家庭模式较之传统的家庭模式规模明显缩小，加之传统家庭中小孩数量的减少也使传统家庭模式本身的规模减小。这些家庭群体都有自己的需求和购买习惯。例如，独身、分居、丧偶、离婚者群体需要较小的公寓，小型汽车，便宜和小型的器具、家具和设备，小包装食品。消费者家庭规模的缩小意味着消费者购买模式的改变，这就意味着零售商要改变传统的销售方式以适应消费者家庭规模缩小的变化。

4.人口流动

人口流动正在不断改变人口的分布，世界人口流动的趋势是从农村流向城市，而中国近几十年来这种流动的速度相当快（表4-1）。

表4-1　我国和世界部分国家人口城市化水平（单位：%）

年份	1990	1998	1999	2000	2001	2002	2003
世界	43.1	46.0	46.4	46.7	47.2	48.3	48.7
中国	26.4	33.4	34.8	36.2	37.7	39.1	40.5
韩国	73.8	80.4	81.2	81.9	82.4	83.0	83.5
印度	25.5	27.2	27.4	27.7	27.9	28.1	28.3
菲律宾	48..8	56.7	57.6	58.6	59.4	60.2	61.0
波兰	60.7	62.0	62.2	62.3	62.6	62.8	63.0
日本	77.4	78.5	78.6	78.8	78.9	79.1	79.2
加拿大	76.6	78.3	78.5	78.7	78.9	79.1	79.3
美国	75.2	76.8	77.0	77.2	77.4	77.7	77.9
法国	74.0	75.1	75.2	75.4	75.5	75.7	75.9
德国	85.3	87.1	87.3	87.5	87.7	87.9	88.1
意大利	66.7	66.8	66.9	66.9	67.1	67.3	67.4
英国	89.1	89.4	89.4	89.5	89.5	89.7	89.7

资料来源：中华人民共和国统计局.2005.国际统计年鉴2005.北京：中国统计出版社

城市化对零售业的影响是巨大的，一方面，城市化使消费者购买力集中，从而为建立大规模的零售设施创造了条件；另一方面，在城市生活比在农村需要更多的购买，城市化提高了单个消费者的消费支出。中国人口流动的一个特点是许多农村人口并不是举家迁入城市，而是到城市打工，城市是他们的暂住地，他们的家还是在农村。

人口流动的国际化的趋势在我国也已经出现，越来越多的外国人到中国来旅游、经商、学习，导致中国零售业的国际化程度不断提高，国外品牌的商品在国内零售商店随处可见，国外的生活方式也逐渐被中国人所接受和效仿。由于这种人口的大量流动，各地人口长期的共同生活、工作，人口地区之间的差异正在逐步缩小，表现出更多的趋同性，这就为更多的零售企业的跨国、跨地区经营提供了机遇。

5.人口受教育程度

人口的受教育程度与消费有紧密的关系。我国的教育普及以及高等教育的发展成绩显著，九年制义务教育正在普及，随着大学逐步扩大招生范围，更多的人接受了高等教育，受到大学教育、研究生以上教育的人口数量在人口中所占比重不断提高。随着人口受教育程度的提高，消费者购物的层次也在提高，在消费购物的时候会更加理性，并对零售业态与购物形式提出新的要求，比如网上购物就是大学生和白领热衷的一种购物形式。

受过高等教育的消费者会比受教育较少的消费者在购物中更充分地运用决策过程。受过高等教育的消费者看重收集非商业的和社会的信息资料。这类消费者知道各类可用的信息，并利用这些资料。诚实的和提供知识的广告能吸引受过良好教育的消费者，他们在做出决策过程以前会对可供选择的对象及其特征进行全面的研究。通过适当的推销宣传，可能将新产品和劳务卖给受过高等教育的消费者。受教育少的消费者花在搜集或评价信息资料上的时间是很少的，他们利用商业的和社会的信息资料，而不利用非商业的信息资料，这类消费者较少购买新的产品和劳务。

二、社会环境

20 世纪 90 年代以来，世界发达国家的社会发展趋势包括：消费者受教育程度提高，人口老龄化，享乐主义盛行，参加体育健身活动，关心食物安全，对保护自然环境更加重视，更多妇女参加工作，消费者保护运动兴起等。中国目前被视作世界上最大的潜在市场，因为中国人口众多，购买力不断增强。随着中国市场经济的发展，人们收入水平不断增长，生活质量逐步提高，消费范围不断扩大。中国人的生活方式也在发生改变：一方面，中国人的生活节奏在加快；另一方面，中国人开始逐渐重视健康、休闲与享受，随着富裕程度的提高，人们更加重视时间的价值。中国人的价值观和消费观念正在发生变化，这些变化都将给零售业的经营带来巨大的商机和挑战。以上变化使得零售业中提高顾客服务水平、商品或服务的迅速可取得性、产品使用的高度方便性及维护和修理服务都变得更加重要。

1. 社会阶层

社会阶层是按照收入、职业、教育、住所等不同角度来划分的，把社会上具有类似的价值观和生活方式的人归入一类。中国现在较为明显的阶层分类有蓝领、白领、农民、大学生、公务员、农民工、私企老板等。各阶层在购买决策过程是有很大差别的。例如，低收入阶层的消费者常常在当地的大众化商店购物，他们喜欢购买全国性厂牌的产品，而不去查看可供的全部产品，因为全国性厂牌的产品质量稳定和可靠。中等收入的消费者比其他任何收入水平的人更充分地运用购物决策过程。中等收入的消费者是关心价格的，为了对列出可供选择的对象进行评价，他们还采取深入细致的调查方法。中等收入阶层的消费者拥有私家车，利用各种广告宣传的信息并进行广泛的调查。他们愿意到稍远的地方去买东西。高收入阶层的消费者利用广告宣传的信息，在有声誉的商店里购买。具有阶层意识的消费者都关心着商品、劳务和商店的社会层次，于是购买过程包含着社会信息资料的搜集和对商品或劳务的社会利益与物质利益的评价。

群体成员之间在购买决策上会相互影响和效仿。对于引人注目的商品和劳务来说，相关群体在购买决策过程中有重要作用。相关群体可以是志趣相同的群体（联谊会、社交俱乐部、职业俱乐部等）、有成员组成的群体（家庭、同事、同学）或是松散的群体（如邻居）。成员经常相互见面的那种相关群体（如家庭）对购买决策过程影响最大。对相关群体的不同类型和作用都需要了解。例如，一个人的邻居就是一个相关群体的成员。不过零售商必须把作为群体的邻居分清是郊区居民还是城市居民，因为两者的作用是不同的。郊区居民会模仿他们的邻居，而且对邻居比较了解。城市居民比较有主见，而且邻居间彼此很少了解。

白领消费者比蓝领消费者运用决策过程更全面。白领消费者知道可用的信息资料，并比蓝领消费者更多利用这些资料。蓝领消费者是不大注意信息资料和可供选择的产品和劳务的。白领消费者比蓝领消费者在更大程度上依赖于非商业信息，蓝领消费者则常利用商业信息。

同一阶层在居住上一般都较为集中，这对零售业来说是至关重要的，零售业的选址、商店的业态、档次、商品结构、价格水平上都要充分考虑社会阶层的因素。

2. 消费者观念

随着社会环境的变化，再加上其他环境因素作用的结果使消费者的价值取向随之发生变化。现代消费者变得越来越理性，他们在消费购物的同时表现出个性化的消费倾向，消费者的社会意识也不断增强。

消费者由于教育水平与综合素质不断提高，在消费购物的时候显得更加理性。新一代的消费者和传统消费者相比，更有知识，拥有更多信息，他们对全国和世界范围的时尚、口味、风格、商品和服务的走向有了更多的了解，从而也更为精明。自信的购物者很少依靠品牌和标签，更相信自己的经验和判断。当然，理性的消费者也需要得到有关商品和服务的更详尽的信息，在购物时要求商家更多的承诺。

现代的消费者更加关注自身价值的实现以及个性化的消费需求，消费者行为变得更为个性化，因而标新立异的行为将更被广为接受，因为受教育多使人们变得更为自信。购物者减少了对一致性的追求，转为接受各种个性的选择。

现代消费者的社会意识明显加强。他们比传统的消费者更加关注零售商的道德、社会责任感，并且以此作为选择零售商的重要依据。因此，零售商在与各种利益相关者（顾客、普通大众、员工、供应商、竞争者及其他）打交道的时候，零售商的行为应受到道德和社会责任的双重约束。零售商必须在消费者权益保障、食品安全、环保、资源节约等方面具有良好的形象。此外，零售商还要经常参加社会公益活动，为各种慈善事业捐款，帮助弱势群体。在媒体十分发达的社会，零售商的任何社会行为都会引起消费者的注意。

3. 消费者行为模式

消费者购买行为受经济因素、社会因素、心理因素等诸多因素的影响，形成了习惯型购买行为、理智型购买行为、冲动型购买行为、想象型购买行为、不定型购买行为、经济型购买行为等不同的购买行为模式。零售商应分析影响消费者购买行为的因素，根据消费者购买行为模式，制定商品和价格决策，选择合适的销售渠道和促销方式。

消费者购物方式的改变是零售商面临的一个新课题。购物方式的改变主要是指在家中购物。如通过电话、网络、邮购等定购商品。发达国家在这方面发展得比较早，这种新型的购物方式在我国也越来越受到人们的关注。订购方便、不必跑路、节约时间是采取此类购物方式的首要因素。在当前网上购物中，价格便宜，可以集体还价也是消费者乐于投身其中的重要原因。当人们能不出门就能享受送货上门的商品和餐饮服务时，就可以在舒适、安全、温馨的家中度过其珍贵的闲暇时间。许多年轻人将此作为一种新的生活方式，已经成为一种时尚。

4. 传统文化与宗教信仰

传统文化对消费的影响极大，从而也导致了对零售业的影响。中国的传统文化节日如春节、端午、中秋等包含许多消费内容，是消费的巨大动力。传统习俗也为消费增添了色彩。

宗教信仰是零售社会环境的一个组成部分，每一种宗教都会对消费的内容、种类、方式产生影响，这种宗教对消费的影响并不仅限于信教群体，而是在整个地区或国家发生影响，从而波及零售业活动。宗教对零售业的影响通常表现在宗教节日活动和带有宗教色彩的商品销售两个方面。宗教环境会给零售业带来许多商机，比如中国人现在流行过圣诞节，圣诞节的商品和消费习惯在中国成为时尚。

在一个传统文化与宗教信仰氛围十分浓厚的环境中，零售业必然也会显现其色彩。当然，零售业也有一个不断从各方面与之相适应的过程，其中的商机是无限的。

第二节　政治和法律环境

衡量政治影响对商业活动的作用有多种尺度。从最广泛的角度来看，政治体系、机构和操作过程的本质会影响到经营的稳定性和长期性，以及决策和管理责任。具体来说，政府对经济的治理方式、对企业的规划和战略管理都会产生至关重要的作用。考虑到企业的垄断和并购行为，政府可能试图影响市场的结构和行为。此外，政府还在建立和维持有效贸易框架中起到了重要的作用，例如加入世界贸易组织（WTO）与修改其中的条款。

一、国家方针政策

（一）对外资零售业的限制与开放

中国零售业的开放经历了一个渐进的过程，从1992年5月15日国务院批准在上海市兴办第一家中日合资零售公司开始，1992年7月，国务院允许外商在北京、上海、天津、广州、大连、青岛和五个经济特区试办一至两个外商投资商业企业。1997年国务院规定不允许外商独资经营，而且必须由中方控股或占主导地位。1999年国家经济贸易委员会和对外贸易经济合作部把中外合资合作的试点扩大到所有的省会城市、直辖市和计划单列市。

2001年中国加入WTO，根据加入WTO的协议，在2002年起的三年保护期内，拥有三家以上分店的大型超市连锁企业必须由中方控股。中国入世后三年，即2004年底前取消对外资零售业的地域限制、数量限制、股权限制。但事实上这一限制早已突破，有的外资零售企业2004年之前在中国的大型连锁超市已超过30家。

中国政府经过长达数年的艰苦谈判，争取到保护本国零售业的开放时间表，期望在两三年的过渡期内对民族商业流通企业给予保护和扶持。但一些地方政府为了出政绩、为了某些局部利益，将零售业提前对外开放，给外资零售业各种超国民待遇，如税收，有些地方不收外商的3%地方所得税，使不少国外零售企业以惊人的速度抢滩有利的商业位置；而有的地方政府甚至声称要把最好的地段留给外资零售企业。据政府部门统计，入世仅一年，外资零售企业在大型超市的市场占有率已达23%，但有的研究机构认为已达50%。

（二）加强商业网点的规划

规范连锁业发展、预防外资抢占市场的"城市商业网点管理条例"一直在酝酿之中。发达国家大都对大型商业网点建设通过立法进行调控。国内一些城市通过制定商业网点规划，对调控大型店铺起到了有效作用。商务部一直在大力推进城市商业网点规划工作。截至2006年1月，38个省会城市、直辖市、计划单列市中，33个已经完成并经市政府批准实施商业网点规划，4个已经完成规划正在等待批准，1个正在编制规划；241个地级城市中，53个已经完成规划并经市政府批准，134个完成规划（其中57个已经报批），53个正在编制规划，只有1个市尚未启动。商务部已于2004年11月将"城市商业网点管理条例稿"上报国务院。

中国制定"城市商业网点管理条例"的背景是外资零售业在中国的过度扩张，对此，不少业内人士提出要仿照日本出台《大店法》，对零售企业选址设店予以规制。中国要不要制定"大店法"形成了支持与反对的两派观点。

支持者认为：①目前大店过多，恶性竞争，资源浪费；②一些企业钻法律空子，开店后肆意圈钱，随意倒闭；③"大店法"可防止外资企业对中国零售业的控制；④"大店法"可防止垄断，保护中小企业。

反对的观点是：①"大店法"的报批手续烦琐；②若实行"大店法"，会对中小零售商形成另外一种垄断；③"大店法"将导致滥用听证制度；④"大店法"限制了大型店铺，不符合效率原则；⑤"大店法"的倡导者——日本已取消《大店法》。

"城市商业网点管理条例"可以代替"大店法"，以一种更加规范和公平的形式来促进零售业的健康发展。

（三）鼓励农村零售业发展的政策

构建农村现代流通网络，是政府在商务领域推进社会主义新农村建设，构建社会主义和谐社会采取的一项重要措施，已经纳入国家"十一五"规划。2005 年商务部推出"万村千乡市场工程"，对农村流通业的发展予以财政支持。该工程实施以来，为建设新农村现代流通网络创造了良好的发展环境，取得了积极的成果。截至 2006 年底，全国 2287 家流通企业在 1 817 个县市进行试点，累计建设连锁化农家店超过 16 万个，覆盖了全国 63％的县市。中央财政投资 7.5 亿元，带动地方和企业投资约 117 亿元，扩大农村消费近 600 亿元，吸纳富余劳动力约 65 万人，使 1.4 亿农民受益。

为全面推进"万村千乡市场工程"，完善农村现代流通网络，商务部、财政部联合出台了《关于做好 2007 年度"万村千乡市场工程"资金管理工作的通知》，对该年度"万村千乡市场工程"资金管理工作作出规定。2007 年中央财政继续对农家店建设进行直接补贴，对配送中心进行贴息。较 2006 年不同的是，2007 年统一了乡村两级农家店单店补贴标准，对承办企业在东部地区建设的每个农家店补助 4 000 元，中西部地区和东北老工业基地 6 000 元。补助资金主要用于农家店货架、电脑、装修、牌匾及配送车辆等硬件设施建设和农家店店长培训等工作。对承办企业建设或改造配送中心的金融机构中长期固定资产贷款，予以 1 年贷款利息补助。东部地区贴息率不超过 4％，中西部地区和东北老工业基地不超过 5％。

2007 年这项工程在全国所有具备条件的县市全面推进，计划新建 10 万个连锁化农家店，覆盖 75％以上的县市，重点开发日化、食品、家用电器三大类农村销量较大的商品。对在农家店经营电信、报刊发行、文化用品等领域继续进行探索，争取突破。

商务部初步考虑从 2008 年开始，将"万村千乡市场工程"工作的着重点由目前以发展农家店数量为主，逐步转向以扩大农家店的覆盖率和提高连锁化水平为主，重点加强配送中心建设，积极引导第三方物流企业进入。根据《农村市场体系建设"十一五"规划》，到 2010 年，连锁农家店将覆盖 90％的县和 85％的乡镇，形成以城区店为龙头、乡镇店为骨干、村级店为基础的农村现代流通网络。

二、法律法规

各国政府都有一些针对零售业的法律法规，有的是直接为零售业制定的，有的是为整个社会制定的。这些政策和法律对零售商的活动有很大的影响。它们既可以使零售商的经营活动受到保护，也可以使零售商的活动受到制约。

（一）价格上的约束

对于零售企业价格的制定，世界各国都作了一些法律规定，以禁止各种违法行为。具体有以下几条：

1. 反对企业间的价格协议

企业间价格协议包括两种情况：一种是横向价格协议（horizontal price fixing），即几个零售企业对某种商品制定一种共同的固定价格。美国的反托拉斯法（anti-trust law）认为这样做是不合法的。1976 年美国联邦最高陪审团指控萨克斯、I·玛格宁等公司在 1963～1974 年共谋固定妇女服装价格，结果各公司被罚款 5 万美元。企业间的价格协议另一种情况是纵向价格协议（vertical price fixing），即零售商与他的供应商按共同协商的价格零售商品，这在美国也被认为是违反反托拉斯法的。如果供应商采用委托销售的方式让零售商代销商品，零售商也有权独立地自行确定零售价格。

2. 掠夺性定价

企业对国家非管制商品可以自由定价，国家允许某个企业商品定价明显低于竞争对手，但前提是低价必须有利于企业赢利。如果定低价的目的是为了把竞争对手打垮，为自己今后抬高价格扫清道路，就是采用"掠夺性定价"（predatory pricing）的手段。许多国家认为持续以亏损价进行低价抛售是一种违法行为。

3. 反对虚假的价格

不允许零售企业利用虚假的价格诱惑顾客进入商店。虚假的价格手段有：

（1）诱售法（bait-and-switch）。以个别商品做诱饵，以特别低的价格出售，从而带动其他商品的销售。采取这种做法的商店一般对"诱饵商品"限量销售，规定每位顾客一次购买的上限。有的商店"诱饵销售"价格虽较低，但质量较差，并无多大实惠。1976年，美国联邦贸易委员会曾责令美国最大的零售企业西尔斯公司在家用电器销售中停止使用这种策略，指控西尔斯公司用低价商品做广告，引诱消费者购买高价商品。

（2）虚假降价。有的零售企业在标价时不实事求是地用现价与过去价格进行公开对比，如"原价 200 元，现价 100 元，比原价削减 100％"等，给人造成现价比过去便宜很多的印象。如果原价是子虚乌有的，就是采用虚假的价格，它不仅欺骗顾客，而且使竞争对手受到损害。

4. 反对比较价格广告

沃尔玛在德国曾承诺如果顾客发现同种产品在竞争对手的商店内价格更低，公司将向顾客做出赔偿，德国主管商业竞争的政府部门立即对这种行为颁布了禁令。另外，不允许把本企业的商品价格与竞争对手的商品价格放在一起进行比较宣传，即所谓比较价格广告（comparative price advertising）。法国家乐福有一年圣诞节之前在报纸上登出两页广告，大胆地把家乐福的商品价格同其他超级市场作对比，其中有些商品价格低得几乎使其他商场的同类商品找不到一个买主。这种价格对比在法国被宣布违反商业法。

（二）促销上的约束

在美国，联邦贸易委员会的 FTC 法规（1941 年制定），以及 FTC 法规的《惠勒-李修正法规》（1938 年修订），对零售企业在促销方面的行为进行了约束。德国在 1896 年颁布了《反不正当竞争法》，对零售企业的促销活动制定了许多规定，综合美国、德国等在促销方面的规定，主要有以下内容：

1. 禁止以非法手段竞争

零售企业不得利用各种手段对自己的竞争对手进行诋毁，以企图转移竞争对手的顾客。如果这样做，受到损害的商店可得到 FTC 法规的保护。巴西圣保罗曾发生过这样一件事：一家百货商店的生意突然少了 80％。究其原因，是报上曾出现过一则简短的声明，声明的刊登者说，他在这家商店买东西时将一个装有毒蛇的盒子遗忘在店里，若有人发现，请将其归还给本人，并将报以酬金云云。声明登出后，受惊的顾客都不敢进入这家商店，而相邻的另一家百货商店则顾客盈门、生意兴隆。后来查明，刊登声明的人正是相邻百货商店的老板。这种做法明显地属于不正当竞争，这个老板受到受害者的起诉。

2. 对广告内容真实性的规定

各国对广告都有不少规定。广告内容是否真实，事实上很难辨别。零售商在制定广告时，应该不使消费者对广告产生误解，广告要清楚地说明产品质量、安全和专用的商标。1977 年美国联邦委员会对西尔斯以及他们所委托的广告公司提出指控，因为他们对兰迪肯莫尔洗碗设备的使用阐述得不具体，容易使人误解。联邦贸易委员会如果发现某个零售企业在广告中所阐述的广告不真实，可要求该企业重新设计广告。

零售企业与供应商合作的广告（由两者共同承担广告费用）若有欺骗性，零售商也须承担法律责任。

3. 对减价甩卖活动的限制

德国的《反不正当法竞争法》规定，零售企业在正常营业活动之外举办的销售活动，如"大减价销售"、"大甩卖销售"、"贴血本销售"时，容易对顾客产生强烈的心理影响，也容易为不法商人所滥用，应予以制止。但以下几种削价销售例外：①一年两次（1 月份和 7 月份）各持续两周的换季大减价销售活动（主要是服装）；②公司成立 25 周年、50 周年、75 周年的庆典大削价销售；③个别商品特价，但必须无时间或购货数量的限制，与其他种类商品一齐出售。

对于清仓销售，法律也有严格规定。因以下原因才允许清仓销售：①因自然灾害与其他不可抗力遭受损失。②停业。企业进行清仓销售需事先向所在工商销售协会通告清仓销售的原因、开始和中止日期和销售地点、清仓商品的种类和数量，并有义务接受工商协会的检查。清仓销售还有期限的限制，因①、②两种原因的销售期不得超过 12 个工作日；如系停业清仓销售，销售期不得超过 24 个工作日。两次停业清仓销售之间至少间隔 3 年。

（三）产品上的约束

产品的约束，包括产品的安全、商标、专利和包装等方面的约束。

1. 产品安全

产品安全是当前全世界消费者最为关注的问题，也是各国保护消费者法律与规定的主要内容之一，各国都有《消费者保护法》、《食品法》和《药物法》等。美国专门制定了《消费者商品安全法》，日本制定了《消费者生活用品安全法》、《玩具安全法》，英国的《健康与安全法规》规定食品的安全处理和食品行业工作规范，英国政府还颁布政策关注食品链中更基本的动物健康和转基因食品问题。零售商必须检查他们的供应链、采购和产品管理措施，以及产品加盖商标与包装的工作是否准确无误。

零售企业一般不生产与加工产品，但同样要对他们销售的产品安全承担责任。在产品安全方面，零售企业要遵守的主要约束有：

（1）在销售产品时，必须做出名称、生产者或包装者的地址、用料和最低储存期四个方面的说明，不得销售超过商品有效期的食品；

（2）销售的商品一定要与商品说明所介绍的一致，不论是销售者介绍的，还是印在包装上的，均应如此；

（3）供应的产品（旧货商品除外）不准是残次品，商品的功能和性能必须是完全正常的；

（4）销售的商品一定要符合通常使用这种商品的正常要求，或具有产品生产者在产品介绍中所列出的使用效果；

（5）销售药品必须符合有关的条例规定；

（6）严禁销售可能对儿童有害的玩具；

（7）销售的食物中若有添加剂，必须有确定其安全性的资料；

（8）销售的化妆品必须列有采用的化妆品配料的标准名称，要明显地按用量大小次序把化妆品全部成分（芳香剂与香料除外）开列出来。

2. 商标与仿制

零售企业不能出售其他企业已获得专利的产品的仿制品；对未获得专利的产品的仿制品，原则上允许出售，但这些仿制品不能采用原制造厂商或零售商的标记。商标是用来识别产品或服务的文字、符号或有关的设计，或所有这些内容的组合。商标经过向有关部门登记，受到保护。

零售企业对出售的商品，不得在厂牌、商标上作改动，不得盗用名牌商标，欺骗消费者。美国联邦商标法规——兰姆法规（1946年制定）规定，对这种做法将进行制裁。

各国对产品的专利都有严格的保护政策，不允许仿制专利产品。容易引起纠纷的是没有申请专利的产品仿制问题。出售或仿制非专利产品不能出现以下情况：①仿制品与被仿制品易于混淆、难以分别；②用不正当手段获取仿制技术。

3. 包装上的规定

食品大都在超级市场出售，因而食品包装上的标记极为重要。为了使消费者全面了解食品内容，包装出售的食品必须注明：①品名；②生产厂家，欧盟还规定必须注明欧盟境内一家销售商的地址；③配料和添加剂种类和数量清单（按数量大小排序）；④最长保存期，如果是肉、奶、蛋等易腐制品，必须附加注明"保存期在冷藏下亦有限"的字样以及保存温度和条件。

在包装上，不得造成内装商品看起来大的感觉，如搞双层底，厚壁式的盒子、罐子、外加超大型纸箱。这种花招包装往往掩盖过高的价格，也给消费者一种错觉，认为包装内的东西很多很大。

商品包装还要注明商品等级。德国对禽、蛋都划分三个等级，欧盟对蔬菜和水果质量标准划分四个等级。

（四）消费者权益保护法

虽然以上法律法规都有保护消费者权益的作用，但各国大都制定了消费者权益保护的专门法律，中国在 1993 年制定了《中华人民共和国消费者权益保护法》（下称《消法》），这部法律对消费者权益保护进行了全面的规定。

《消法》对零售商所提供的商品的质量及安全、专利和商标使用有明确规定，并予以制约。零售商的主要经营活动就是对最终消费者出售商品。出售商品的状况与消费者的利益密切相关，也与商品的来源、商标的使用有着不可分的联系。法律约束零售商提供的商品必须质量等级明确、质价相符、消费者使用安全可靠。零售商店不得出售"三无"产品、假冒伪劣产品或有质量问题、安全问题的商品。零售商作为经营者，应与生产者一道对商品的质量及安全承担相应责任。零售商应负担对所出售商品质量及安全的监测责任，对质量不合格、不安全的商品不予经营。

《消法》还对顾客在零售商店受到的各种伤害予以保护。例如，零售商怀疑顾客在商店行窃而进行搜身、体罚或经济罚款，即使是对行窃者，这些行为也是触犯法律的；又如，消费者保护法的实施使零售商不得不采取各种保护消费者的措施，如设置明确的程序处理消费者投诉、防止因商店的原因造成消费者在店内意外受伤、审查广告信息的清晰度、培训员工学习正确地与消费者打交道等。零售商为了避免在履行有关法律上出现差错，造成不必要的经济损失，有必要了解有关政策和法律的情况与约束，以便更好地从事经营活动。

（五）其他保护消费者的法规

除在以上几个方面的约束规定外，还有一些与保护消费者权益有关的规定。

1. 赊销上的约束

在国外，赊销（credit sale）是零售企业吸引消费者购买的一种手段，包括分期付款与采用记账卡。由于一些企业常采用不道德的掠夺性赊销手段，对此，美国、英国等国家制定了消费者信用保护的法规，其基本条款主要如下：

（1）实行赊销的零售企业一定要注明用现金购买商品的最低价格，以便赊购者了解他们必须额外多付多少价款。

（2）包含分期付款协议条款的有关单据，一定要交给赊购者。

（3）在商业场所以外签订的赊销协议在一定期限内可以撤销。这是为了保护那些由于推销员的"硬性推销"而勉强签订协议的消费者而制定的。

（4）禁止零售企业主动向消费者发放信用卡。

（5）消费者用记账卡购买时，零售企业不得在商品价格之外索价。

（6）反对以种族、肤色、宗教信仰、民族、性别、婚姻状况、年龄为条件，对信贷（赊购）申请人实行不同待遇，在信贷申请书被拒绝时，零售企业一定要向申请者提出详细的书面说明。

（7）禁止零售企业采用不合理的收款方法，禁止在向客户提出收款账单时，造成一种已对顾客采取法律行动的印象，或使用勒索性的收费方法来收款。比如将顾客欠款之事通知顾客任职单位的雇主。

2. 计量上的约束

零售企业必须确保计量器的准确性，商店出售商品质量或数量不足都属违法，凡需要预先包装好才出售的商品，必须在包装上注明商品的质量和数量；如果包装上没有标明，在消费者购买以前一定要告诉消费者。有的国家规定包装好的商品还要注明单位质量的价格，例如3千克一袋苹果，价格是6美元，要注明重3千克，每千克单价2美元。

3. 禁止使用各种不正当手段迫使或引诱消费者购买

零售企业在推销商品时的不正当手段有：一种是利用强迫、威胁和纠缠手段逼迫顾客购物，对顾客施加心理压力，使之认为不好意思不买。另一种是利用各种与商品价格或品质毫无关系的优惠引诱顾客，利用顾客侥幸获奖的心理，诱使顾客购物，让他们先购买一种商品，然后才能得到或有可能得到某种好处，致使顾客购买一些他们本来根本不需要的商品，或者不去光顾周围其他商店进行比较。还有一种情况是在顾客未定货的情况下，将商品邮寄去并要求"要么付款、要么退货"。

一些国家保护消费者的条例规定，企业未经消费者定购，主动向消费者提供商品，如果消费者并不需要，消费者可免于付款。如果消费者不愿购买主动提供给他的商品，应由企业负责另行处理。6个月以后仍未处理的商品，即被视为免费赠品。

4. 环保责任

几个欧洲国家，特别是北欧地区的国家和德国，一直积极颁布高度限制性的环境法案来使生产商承担更多的责任，从而加强环境保护的力度，这些法案对物流和分销公司以及零售企业都产生了影响。欧盟自1997年已经实行了对产品进行回收利用的法律，用以督促企业重新使用或回收至少一半的包装废料。

总而言之，政府的立法和干预可以影响企业的战略与发展、与顾客和供应商的关系、内部经营程序和活动、市场结构以及竞争行为。中国有关零售经营活动的法规见表4-2。

表4-2　国有关零售经营活动的法规

法规名称	颁发与执行时间	主要内容
《中华人民共和国消费者权益保护法》	1993年10月31日公布 1994年1月1日施行	规定了消费者的权利、经营者的义务；经营者承担法律责任的范围
《中华人民共和国反不正当竞争法》	1993年9月2日公布 1993年12月1日施行	不正当竞争行为的范围；监督检查部门的职权；有不正当竞争行为的经营者应承担的法律责任
《中华人民共和国商标法》	1982年8月23日通过，1983年3月1日施行，1993年2月22日通过修改决定重新公布，1993年7月1日施行	工商企业使用商标申请；注册商标的程序及商标续展、转让和使用许可；商标使用管理；商标专用权保护
《中华人民共和国产品质量法》	1993年2月22日公布 1993年9月1日执行	生产者、消费者质量责任和义务；产品质量的监督和管理，给用户和消费者造成损失；销售者承担损害赔偿，以及违法惩罚范围
《全国人民代表大会常务委员会关于惩治生产、销售伪劣商品犯罪的决定》	1993年7月2日公布 1993年9月1日施行	对伪劣商品的范围和生产、销售伪劣商品犯罪的量刑规定
《零售商与供应商公平交易管理办法》	2006年10月18日公布 2006年11月15日起施行	零售商和供应商不得滥用优势地位从事不公平交易行为和妨碍公平竞争的行为，对零售商向供应商收取费用以及付款期限等做了规定

法规名称	颁发与执行时间	主要内容
《零售商促销行为管理办法》	2006 年 7 月 13 日通过 2006 年 10 月 15 日起施行	对促销原因、促销方式、促销规则、促销期限、促销商品的范围，以及相关限制性条件作出规定；对违反行为做出处罚规定
《商业特许经营管理条例》	2007 年 2 月 6 日发布 2007 年 5 月 1 日实施	对特许经营的条件、合同内容、信息披露、法律责任作出规定

第三节　经济环境

对零售业发展影响最大的莫过于经济环境。经济环境的主要内容有经济增长、人均收入、失业率、通货膨胀率、利息率、汇率等。

一、经济周期

无论是世界经济还是一国经济的发展总是处于不稳定的状态之中，经济周期体现了周而复始的经济活动。经济增长速度可以反映经济周期所处的阶段，国内生产总值（GDP）是衡量经济增长的一个重要指标，它被定义为全国经济活动所生产的产品与服务的总价值。中国 1978～2003 年 GDP 的年增长率一直保持在 10% 左右，同期其他几个主要国家 GDP 年平均增长率为：美国 2.7%，加拿大 2.6%，日本 3.3%，印度 5.2%，法国 2.1%，英国 2.2%。可以看出，中国的国内生产总值增长速度远远高于世界经济发达国家，也高于世界平均水平。虽然中国的经济增长一直呈较高速度，但其中也有周期变化，增速在各年份表现不均衡。零售业对于经济周期的变化是很敏感的。

2009 年，中国国内生产总值达到 4.91 亿美元，居世界第三位。

如果 GDP 的增长显著超过人口的增长，人们就会变得更富；一般情况下，如果经济处于增长趋势，则人们可以据此判断出零售业也必然增长。

2009 年中国财政收入达到 6.848 万亿元，增长 1.71 倍；2010 年外汇储备超过 2.6 万亿美元；2009 年对外贸易规模达到 2.2 万亿美元，出口居世界第一。

二、失业率

失业问题对零售业的影响体现在行业从业人员的供应和市场对零售商产品及服务的需求上。高失业率地区的居民生活水平较差，因此对零售投资不具吸引力；与此同时，这些地区人员的招募工作却要比完全就业的地区容易得多，工资上升压力很小。

2007 年中国城镇登记失业率控制在 4.6%，但实际失业率高于这个数字。中国农村没有统计失业率，但农村有大量的剩余劳动力，他们中的绝大部分在城市寻找就业机会，国家经济的景气程度对他们的就业有很大影响。2003～2007 年全国新增城镇就业 5 100 万人。

三、收入和消费支出

可支配收入是居民个人收入在纳税后可实际用于消费的收入。一个国家或地区的人均可支配收入水平是衡量其富裕程度和实际购买力的重要依据，亦是零售业经营方向的重要指导。从一个国家看问题，可支配收入与人口数量结合起来才更有意义。随着社会经济的发展，居民可支配收入不断提高，拥有更多的货币用于消费，这意味着零售业发展的空间扩大。在关注一个国家或地区可支配收入指标时，要注意收入差距是在扩大还是缩小。大多数国家随着收入水平提高收入差距将会逐步扩大，收入最高的群体人数虽然不多，但是却具有很强的购买力和对高端商品的需求能力；中等收入和低收入群体占人口大多数，其个体购买力虽然有限，但是却能构成比较大的中低消费品市场。可支配收入给零售商带来许多有用的信息，为零售商进入不同市场提供了条件。

中国 2006 年城镇居民人均可支配收入 11 759 元，全年人均消费性支出约 8 697 元；农民人均纯收入[①] 3 587 元，农村居民人均生活消费支出 2 829 元。

消费者的支出是指个人在产品和服务上的花费。对零售商而言，它无疑是一个重要的衡量指标。

如表 4-3 所示，中国城乡居民的收入基数还是很低，但呈现较快的增长速度。城镇居民人均可支配收入，由 2002 年 7 703 元增加到 2007 年 13 786 元；农村居民人均纯收入，由 2 476 元增加到 4 140 元。

表 4-3　1982～2006 年我国城乡收入及恩格尔系数对比

年份	人均收入增长率/%		恩格尔系数/%		城乡收入比	农村与城镇恩格尔系数之比
	农村	城镇	农村	城镇		
1982	—	—	57.8	53.3	1.86	3.11
1990	1.8	8.5	58.8	54.2	1.08	1.23
1995	5.3	4.9	58.6	50.1	20.2	3.23
2000	2.1	6.4	49.1	39.4	1.09	1.23
2001	4.2	8.5	47.7	38.2	2.71	3.21
2002	4.8	13.4	46.2	37.7	1.08	1.25
2003	4.3	9.0	45.6	37.1	2.79	3.22
2004	6.8	7.7	47.2	37.7	1.25	1.24
2005	6.2	9.6	45.5	36.7	2.90	3.28
2006	7.4	10.4	43.0	35.8	1.25	1.20

注：增长率为按可比价格计算的环比增长率，根据历年中国统计年鉴、中华人民共和国国民经济和社会发展统计公报整理计算。

四、通货膨胀率

通货膨胀是在纸币流通条件下，由于货币供应量过多，使有支付能力的货币购买力超

[①] 农民人均纯收入是反映农民生活水平的综合指标。它是农民家庭全年总收入扣除转移性收入和各项经营性费用以及税收等项支出后，可用于生产和生活支出的那部分收入，通常按年度计算：农民人均纯收入＝（家庭全年总收入－转移性收入－变卖财物收入－家庭经营费用支出－生产性固定资产折旧－税收及附加－上交集体承包款）/家庭常住人口。

过商品可供量，从而引起货币不断贬值和一般物价水平持续上涨的经济现象。通货膨胀率可用居民消费价格指数（CPI）来代表。

通货膨胀按表现形式不同可分为开放型通货膨胀和抑制型通货膨胀两大类；按物价上涨的不同速度可分为爬行通货膨胀（温和通货膨胀）、奔腾式通货膨胀和恶性通货膨胀（极度通货膨胀）；按西方通货膨胀学说分为需求拉动型通货膨胀和成本推进型通货膨胀。

国内外学者较普遍把通货紧缩定义为价格水平普遍的、持续的下降。有的学者认为通货紧缩包括价格水平的持续下降和货币供应量的持续下降。通货紧缩按持续时间不同，分为长期性通货紧缩和短期性通货紧缩。

通货膨胀的影响之一就是它对货币和存款价值的侵蚀作用，但是，通货紧缩又会影响零售行业的销售额和利润增长，除非零售企业可以通过其他途径降低成本。

中国在 20 世纪 90 年代中期发生较为严重的通货膨胀，受 1997 年亚洲金融危机影响中国转为通货紧缩，20 世纪初起中国经济转为低通胀、高增长的发展时期，但是 2007 年通胀率明显提高，全年居民消费价格指数上涨了 4.8%。

五、利率和汇率

利率对消费有一定的影响，提高利率会导致储蓄倾向增大，减少消费；反之，降低利率对促进消费有积极的作用。利率直接影响到企业的决策，因为利率过高必将限制企业的扩张计划；同时它还间接影响企业和消费者的信心。商业周期也会对利率造成影响。在经济繁荣期内，随着贷款需求的增加，利率也随之增加，利率也会反作用于贷款需求。较低的利率使企业以低成本贷款进行投资，并增加投资者的利润。

中国自 2006 年以来利率呈上升趋势，政府调控利率的目的是防止流动性过剩，抑制通货膨胀。2008 年后期，政府又根据经济形势实行宽松的货币政策，利率下降。

汇率对进出口有直接影响，因而会影响消费。一国货币升值会导致进口增加，出口减少；一国货币贬值会促进出口，减少进口。目前中国的汇率实行与美元挂钩的方式，人民币自汇改以来升值近 15.6%，进口商品价格呈下降趋势，为零售企业经营进口商品创造了良好条件。

六、社会消费品零售总额

中国近 30 年来经济的快速发展为零售业提供了契机，社会消费品零售总额的增长从一个侧面反映了我国的经济环境（表 4-4、图 4-1）。

表 4-4　我国社会消费品零售总额及批发和零售业销售额（单位：亿元）

年份	社会消费品零售总额	批发和零售业销售额
1978	1 558.6	1 363.7
1980	2 140.0	1 768.0
1985	4 305.0	3 272.2
1989	8 101.4	6 009.5
1990	8 300.1	6 127.4
1991	9 415.6	6 903.9
1992	10 993.7	7 922.2

年份	社会消费品零售总额	批发和零售业销售额
1993	14 270.4	10 892.8
1994	18 622.9	14 903.4
1995	23 613.8	19 454.3
1996	28 360.2	23 747.5
1997	31 252.9	26 169.9
1998	33 378.1	27 859.2
1999	35 647.9	29 708.8
2000	39 105.7	32 697.3
2001	43 055.4	36 014.8
2002	48 135.9	40 926.6
2003	52 516.3	44 659.4
2004	59 501.0	50 256.8
2005	67 176.6	56 589.2

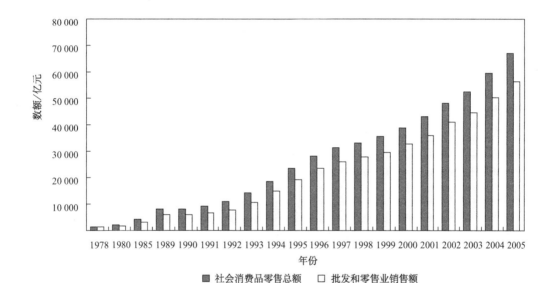

图 4-1　我国社会消费品零售总额及批发和零售业销售额

资料来源：中华人民共和国统计局. 中国统计年鉴 2006. 北京：中国统计出版社，2006

2003 年中国消费品零售额占全球 8％，列第三位。2007 年中国的零售额超过日本居世界第二位。预计 2010 年中国的消费品零售额将占全球 11％。

■ 第四节　行业和竞争环境

一、零售行业竞争特点

零售行业被公认为是一个竞争性的行业，是一个进入和退出壁垒相对较低的行业，同一行业内有较多数量的同一产品的生产者和销售者，进入和退出这个行业比较容易，因此行业内竞争十分激烈。零售商的经营活动不仅受到消费者需求方面的影响，还要受到零售商之间相互竞争的驱动；不仅存在着价格的竞争，也存在着非价格的竞争。由于竞争是以寻求最大经济利益为前提展开的相互斗争，因此充满了排他性、互斥性、不确定性和自发性。竞争者各自使用不同的竞争策略来取得自身的利益。

零售行业作为一个竞争性的行业，长期以来市场集中度是较低的，近20年来，发达国家大型零售企业的快速发展使零售业的市场集中度提高。但是，零售行业还是存在大量中小企业，市场结构呈现寡头垄断和垄断竞争两种特征。中国零售行业市场集中度低于发达国家，但是两极分化趋势明显，竞争的激烈程度也不次于国外。

从市场结构分析，中国大型连锁企业与中小企业的差距正在拉大，零售市场呈现出越来越明显的两极分化趋势（表4-5）。

表 4-5　中国零售企业平均规模（2004 年）

项目	单位数	总销售额/亿元	平均销售额	平均门店数
零售业个体经营户	1 616.2 万	27 438.7	17 万元	
零售企业法人单位	36.3 万	21 110	581 万元	
连锁百强企业	100	7 076	71 亿元	382

注：连锁百强为 2005 年数据。

资料来源：中华人民共和国统计局．2006-03-23．第一次全国经济普查主要数据公报，第三号．中国连锁经营协会网站

从市场行为分析，"做大做强"是中国零售企业追求目标，而实际上零售企业首先考虑"做大"，因为大型零售企业（基本上都是连锁企业）具有压价、收取通道费和占用供应商资金的能力，而且企业越大，这种能力越强，所以近年来大型零售企业发展加速。已经做大的零售企业具有销售网络优势，受到供应商追捧。零售行业强者愈强、弱者愈弱的"马太效应"十分明显。

零售企业"做大"的动力也来自于零售市场供大于求的现象，为了保证利润的实现，零售企业加紧从供应商身上获取更多的通道费和采购数量折扣，但这些都必须以该企业在行业中存在规模优势为前提，只有比同行更大，才能从供应商那里获得更多，才有竞争优势。同时，零售企业"做大"所需的资金很大程度上来自于占用供应商的资金。占用供应商的资金可以快速做大，而做大又可以占用供应商更多的资金。

从市场绩效分析，零售行业的过度膨胀使行业利润率低下，强势零售商以增收通道费等方式不断挤压供应商的利润，以此来弥补零售行业内部过度竞争导致的低利润率。收取返利和通道费已成为国内连锁经营的超市、大卖场、便利店、折扣店等的主要盈利模式。据估计，我国有些大型连锁超市的通道费已经超过了全年利润的总和，甚至是利润的几倍。

由于经济全球化创造了新的竞争形式，零售业本身随着更大规模、更有实力的零售商的出现而变得更具竞争性。以互联网为基础的新竞争者和新跨国竞争企业的出现，以及传统贸易模式日益模糊，都导致了一个更难以预测的竞争环境。在这些趋势的影响下，确定零售竞争者将成为一项重要的任务。该任务的目标应该是通过集中关注竞争者，尽可能地了解对方的意图，从而确定竞争状况。一个公司应该试图预测竞争对手的策略和战术选择，他们对环境变化和对任何竞争性举动的可能反应。竞争者在分析过程中除了对策略和目标进行评价，还需要考虑到竞争者对行业及其能力的设想。然后零售商必须决定他们竞

争策略的关键部分并预测竞争者将如何反应。零售商可以这样定义竞争者：向同样的顾客或市场细分领域进行销售并具有一些相同职能的公司。

二、零售业竞争对手构成

零售业竞争对手构成复杂。零售商需从多方位、多角度、多层次分析、辨别本企业的竞争对手，分析本企业的竞争对手构成。在零售市场上，不仅存在着同一业态零售商之间的竞争，而且存在着不同业态零售商之间的竞争、潜在竞争者的竞争，此外还有零售商和零售顾客之间的竞争、零售商和供应商之间的竞争。另外，随着顾客需求的转移和新的零售形式和技术的出现，以及国际化趋势的逐步加强，零售业竞争已经超越了国界。美国竞争战略学家迈克尔·波特认为，一个行业内存在着五种基本的力量，即行业内现有的竞争者、潜在进入者、替代品的生产者、购买者和供应者。在零售企业中，这五种基本力量在零售企业中表现为同一业态零售商之间的竞争、不同业态零售商之间的竞争、潜在竞争者的威胁、买方讨价还价能力的威胁和供应商讨价还价能力的威胁。

零售商的竞争对手可能由以下几个方面构成：

（1）同一业态零售商之间的竞争。同一地区内与本企业经营相同商品，提供相同服务的零售商在同一区域内，这是威胁最大的竞争。如果零售商面临的目标市场有众多的、强大的或者竞争意识强烈的竞争者，那么在该市场的发展就会很艰难。相同业态对顾客的争夺是最为激烈的，由于消费者随便去哪一家商店都可以买到相似的商品，因此他们对于商店的忠诚度非常低，不会固定在某一家商店购买。这使得商店之间常常会导致价格战、广告战、公关战，使公司参与竞争付出高昂的代价。

（2）不同业态零售商之间的竞争。虽然不同业态零售企业的目标顾客不同，市场定位也有差异，但是不同业态零售企业经营的商品具有很大的相似性，业态之间的互替性程度较高。特别是一些新兴业态把传统业态的顾客作为自己的目标顾客，所以争夺顾客的竞争还是很激烈的。如近年来发展迅速的购物中心、折扣商店对传统业态的冲击很大。

（3）潜在竞争者的威胁。如果零售行业的利润率提高，必然会吸引新的零售商加入。这些新进入市场的竞争者就会与原有企业分享零售顾客，使现有零售商的利润减少，并打破原有的市场竞争格局。有的新零售商一进入就拥有较大的经营规模和良好的购物环境，在很短的时间内，就在零售市场上占有重要位置，成为原有零售商强大的竞争对手。目前国外零售商纷纷看好中国市场，许多国际知名的零售商已经进入了中国市场，随着中国经济的国际化，必然会有更多的国外零售商进驻中国市场，这必然会形成对中国零售企业的巨大威胁。

（4）买方讨价还价能力的威胁。如果零售商所确定的目标市场上的顾客讨价还价的能力很强，该市场上的顾客就会设法压低价格，对产品质量和服务提出更高的要求，并且使竞争者互相斗争，所有这些都会使零售商的利润受到损失。这种情况发生在购买者比较集中的场合，或者是有组织购买者，比如现在的消费者在网上形成购买者同盟；或者该产品在购买者的成本中占较大比重，比如一些团购；或者产品无法实行差异化，顾客的转换成本较低，可随时转向其他零售商；或者由于购买者对价格敏感程度高。

（5）供应商讨价还价能力增强的威胁。如果供应商拥有重要或不可替代的商品或品牌，那么它对那些选择很少，或没有其他选择而只能购买该产品的零售商有更强的力量。如果供应商提价或者降低产品和服务的质量，或减少供应数量，那么零售商就会遭受很大的损失。如果供应商集中或有组织，或替代产品少，或零售商转换成本高，或者供应商可以向前实行一体化，那么供应商的讨价还价能力就会比较大。由此会影响到零售商的利益。

三、零售业竞争的内容

零售竞争，实质上就是零售商能力的较量。谁能更有效地利用、整合各种经营要素满足消费者需求，谁就能在竞争中脱颖而出。对零售商而言，在竞争中要超越竞争对手的某些方面而赢得消费者，主要靠商品、店址、服务、购物环境、成本等方面因素。

1. 商品

商品是零售企业的根本，零售商店是为消费者提供购买商品的场所。商品因素是其他因素的基础，其他各因素只有围绕商品这一核心因素来展开才能发挥效应。如果离开了商品这一关键因素，即使是更优良的服务、更好的店址和购物环境、更低成本的运作也是枉然。任何一项零售经营策略的实施，无非是吸引顾客，使其满意地购买到称心如意的商品。零售商商品竞争优势来自于：①商品范围广、种类多、规格齐全，具有充分选择性，能满足一站式购物需要；②商品质量可靠；③在相近质量基础上，商品的售价更低；④商品更新率高，更具时尚性和新颖性；⑤开发出独特的自有品牌商品。要保证商品经营方面的竞争优势，零售商首先需要在采购、市场信息方面具有优势，需要建立高效的渠道，与供应商建立良好、稳固的关系。

2. 服务

顾客进入商店，除了希望能购买商品外，还希望得到令人满意的服务。尤其在各家商店经营的商品差异性不大的情况下，服务水平和服务项目成了顾客选择商家的一个重要因素。服务因素是现代零售业竞争中的焦点。优质的顾客服务能培养和保持顾客忠诚，这对零售商而言至关重要。商家清醒的认识到：在商品短缺时代结束后，服务已成为赢得消费者、留住顾客的竞争优势所在。零售商较难长期保持商品方面的优势，但是有可能长期保持服务方面的优势。一旦建立服务方面的优势，竞争对手将较难模仿。现代零售企业都将服务作为主要竞争手段之一，在业态和成本可能的情况下大力加强服务。

3. 店址

店址是零售企业成功的一个关键性的因素，好的位置是零售商的一笔无形资产，将为企业带来长远的收益，为其赢得长远的竞争优势。对中心商业区来说，店址的优势在于拥有好的市口，位居人流量最大的地方；对于大卖场、标准超市而言，店址的优势在于便利性，消费者利用各种交通工具能够方便到达。

4. 购物环境

舒适的购物环境是零售企业吸引顾客的一个方面。现代零售企业在这方面很下工夫，提供一系列经营要素激发顾客的购物兴趣，以期比竞争对手更胜一筹。购物环境方面的因素包括商店气氛、商场布局、商品陈列、服务态度、停车场车位、付款时间、安全卫生等，所有这些都会影响顾客的购物情绪。

5. 成本

零售商要能够为消费者提供一切可能提供的最好的商品与服务，但是零售商最终成果表现在利润上，只有控制成本才能保证利润，在同一业态下不同的成本运作意味着零售商经营能力的差别。一个零售商如果能够以更低的成本来提供与其竞争对手同样的商品和服务，那他就能获得比其竞争对手更高的利润。低成本运作可以为零售商带来两方面的竞争优势：一是企业低成本运作可以直接转化为商品价格优势，从而为顾客提供更物有所值的商品；另一是零售商可以通过提供更好的服务、更多的花色品种以及更好的购物环境从竞争对手那里吸引更多的顾客。

第五节 技术环境

零售业的技术环境的变化在最近几十年里是非常显著的，新技术层出不穷。它包括外部的技术环境和零售业内部的技术创新，这些都对零售业发展产生近乎革命性的影响。

一、信息技术和网络环境对零售的影响

信息网络技术的发展和电子商务的广泛运用，使得零售业呈现出许多新的特点。电子商务是指采用数字化电子方式进行商务数据交换和开展商务业务的活动。它是在 Internet 的广阔联系与信息技术系统的丰富资源相互结合的背景下应运而生的一种动态商务活动。电子商务可用于零售企业订货、补货、供应链管理、内部管理等方面。信息网络环境和电子商务对零售业产生了多方面的影响。

1. 技术创造零售新形式

电视购物、自动售货机、邮购、网上销售等都与技术的创新有关。如麦德龙利用无线射频识别技术（RFID）将门店商品与信息系统相结合，通过智能货架控制商品库存和补货，配合无人自动收款机收银，创造了全新的无人售货商店。而目前最值得关注的是网上销售形式，它的增长比任何一种业态都要快。

2. 信息网络环境改变了市场环境

在信息网络环境下，出现了网上零售市场，其消费群体、购买行为、交易方式等和现实生活有很大的差异，造成这种差异的最根本的原因是网络环境极低的通信成本、信息成本以及交易成本。网上市场具有全球化、多样化、及时化、虚拟化、开放性等多种特性，零售企业面对的市场环境发生了很大的变化。

互联网通过影响市场结构和运作，直接作用于构成零售企业战略环境的主要因素：零售商、顾客、批发商、生产厂家以及竞争对手之间的关系，影响着竞争力量的强弱。竞争环境的改变使得零售企业的竞争地位发生相应的改变，企业间的合作加强，出现了合作竞争的新竞争形式。

3. 信息网络环境使渠道成员沟通加强，并出现虚拟过程

信息网络使得零售组织和消费者都表现为网络中的一个节点，各节点间相互融合。他们彼此间通过网络得以交流与交易，这使得消费者可通过网络参与产品的设计、信息沟通、定价及交易过程。

4. 创建了零售企业新的信息管理系统

零售企业不断将新技术引入公司的运营管理和决策中，如运用 POS 系统可以使顾客更快地进行交易结算；电视会议已被像沃尔玛、彭尼等这样的大型零售商所采用，该技术将零售店员工与公司总部连接起来，可以更好地用于培训员工、播发消息、激励员工士气；零售商还使用计算机制定员工工作时间表，保持财务记录，确定打折时间以及在其他方面提高生产率。现在的零售商能够得到更多、更具体的针对零售商的技术，如规划店内装饰的软件、数据库管理系统、准备产品标签的柜台编码器和节能恒温器等。网络信息技

术对现有的企业信息网进行改造，使得网络成为零售企业内部交流和日常工作的主要方式和平台。这样，组织层次减少，信息网络环境改变了零售企业的组织结构。

二、网络零售

网络零售是技术环境变化在零售行业的集中表现，它改变了传统零售形态和零售模式。

1. 网络零售的革命

第一，商业形态的变化。出现了新的商业形态如网络商城、网络商店、网络交易平台等形式。这些新的商业形态不同于以前的商业形态，它们是以一种虚拟的形式存在的。

第二，交易方式的革命。新型的网络零售商主要提供的是服务，为企业、传统零售商和消费者之间的交易提供信息服务。同时出现了许多产销合一、批零合一、按订单采购等交易方式。

第三，突破时空限制。网络商店可以实现24小时不间断服务，而且面对整个全球性市场，不再受传统市场中地理位置和时间限制。

第四，组织结构和管理模式发生变化。网络技术使得传统的金字塔形层次结构趋于扁平化和网络化，管理流程由原有职能条块管理转变为顾客服务导向的价值链式管理。

第五，顾客地位改变。由原来被动接受产品和服务，转变为直接参与生产经营活动，如参加产品设计、参与产品定价。

2. 网络零售的特点

与传统零售交易相比，网络零售具有这样的几个特点：

首先，降低交易中的信息成本。它通过网络让交易双方直接进行信息交流和沟通，使传统交易存在的信息不对称和信息搜寻成本高的问题得以解决。

其次，物流成为交易中的重点。竞争的全球化，使得网络市场的交易可能覆盖全球任何角落，运输距离和费用也同步增加，同时风险也显著增长。因此，交易的难点从传统的信息沟通困难转移到如何在高效的信息流基础上保证高效的物流。

再次，信用成为交易实现的基础。随着市场的全球化，交易实体流和货币流需要在空间上和时间上进行分离，这要求参与交易的双方必须有良好的信用，否则交易风险随着市场全球化增大。

最后，网上交易平均成本很低。由于网络的应用需要有设备等硬件的投入和软件的投入以及人员的配备，因此通过信息技术实现网上交易有一个进入成本门槛。但信息技术对减少交易费用是明显的，所以总的网上交易成本会随着交易数量增大而降低。

3. 网络零售交易模式分类

依据决定交易模式四种要素的不同特点，我们将网络零售业的交易模式划分为以下四种：

（1）网络拓展经营模式（图4-2）。如美国 Barnes and Noble 网上书店、中国联华电子商务公司（超市）、西单商场、燕莎商城的网上商城等。这种经营模式主要是一些传统零售商建立网络零售公司，作为其业务拓展的新渠道。这些传统零售商向网上拓展业务的主要目的是应付竞争和适应发展的需要。

（2）纯网络经营模式（图4-3）。如美国 Amazon 公司、中国卓越公司和当当网上书店，它们没有物理店铺，一般只有几家大的存货中心作为商品基地。纯网络经营型的网络

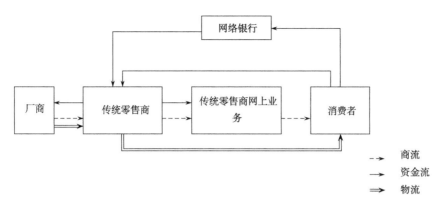

图 4-2　网络拓展经营模式

零售公司越过了中间商，降低了成本，提供的商品种类多，但目前这种经营商一般利润很低，甚至负债经营。这种网络零售公司都投入巨资进行广告宣传，其目的是取得品牌和领先优势。

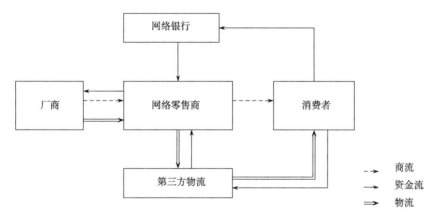

图 4-3　纯网络经营模式

（3）网络门户媒介模式（图 4-4）。如美国 AOL、YAHOO 和中国搜狐、新浪等建立

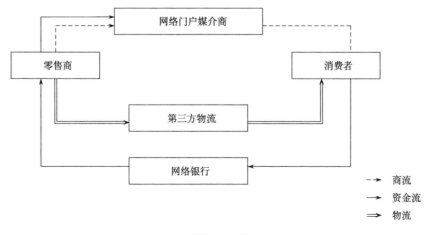

图 4-4　网络门户媒介模式

的虚拟商城。网络门户商与传统零售商之间形成了互补的关系。零售商通过与网络门户商合作能扩大他们的网上零售能力。而网络门户商通过零售商同消费者联系，借以提高知名度、扩大网络服务范围。

（4）中介服务经营模式（图4-5）。这种网络零售商是商业促进者，如美国的eBay、中国的易趣和淘宝。这些经营者建立了一种既不接触实际商品，也不储存货物，或者根本不进行实体商品销售的"低接触"型商业模式。他们只作为买者和卖者之间的一种特殊的中介：运用其有效的双向交流功能，为零售商和消费者提供服务。

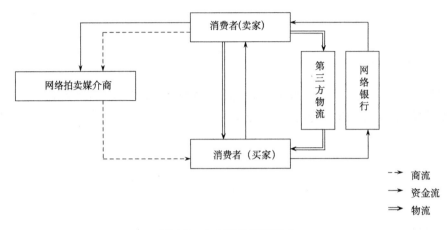

图4-5　中介服务经营模式

▶ **案例**

分析环境、适应环境是关键

上海不少商业企业在本地开设连锁店获得成功，但在向外拓展进程中受到不少挫折，其挫折的关键是缺乏环境分析，没有适应当地的环境。故在开设连锁网点时必须了解、分析当地的营销环境、人文地理、市场容量、消费层次和消费结构，根据顾客的需要正确定位。

一、在外地开设连锁店失败的关键是缺乏环境分析，没有适应环境

上海不少商业企业在上海开设连锁店常常获得成功。连锁公司在上海的规模迅速扩大，成为上海商业的生力军。可是很多连锁公司跨出上海，失败的比例大大上升，以致一些公司领导"谈外地开店色变"。

上海人在外地开分店有两次高潮。第一次高潮是20世纪90年代初、中期，上海百货业的发展，引发了向外地发展的热潮。当时规模大些的百货店如第一百货、华联商厦、友谊商店等都在全国开设分店，第七百货商店甚至到欧洲建立了网点。可是没多少日子，各个分店纷纷因效益不佳而撤退。第二次高潮始于20世纪末和21世纪初，随着连锁超市、大卖场、便利店、专卖店和购物中心的发展，联华、华联等连锁公司向外扩张，到处攻城略地，开设分店。随着时间的推移，失败的案例也越来越多。起初人们把失败的原因归结为非连锁的独立店生存能力差，现在连锁业开分店也常有失败，甚至于世界连锁大师麦当劳也在菲律宾进退维谷，而沃尔玛则在韩国败走麦城。因此，尽管目前连锁业在外地开拓市场的成功率高于独立店，但仍然有相当多数量的失败，这就不能只在经营形态方式上找原因。应该说，在外地开设连锁店失败的关键是缺乏环境分析，没有适应当地环境。

二、在外地开拓市场要从一般、行业两个环境进行分析

任何企业的营销活动都是在一定的动态的环境中进行的，绝不可能脱离环境。在外地开设连锁网点就必须了解、分析外地的营销环境。市场营销环境是指一切影响、制约企业营销活动最普遍的因素，可分为一般营销环境和行业营销环境两部分。

一般营销环境是指间接影响和制约企业营销活动的条件和因素。它是指某一国家、某一地区所有企业都面临的环境因素，包括政治与法律、经济、社会文化、科技。因为相应的英文字母关系，又称为 PEST 分析。后来人们又加上了人口、自然环境两个方面。

分析一般营销环境就是仔细地分析当地一般环境中的六要素与上海本地有哪些不同、为什么会有这些差异、这些差异对企业开拓外地市场有多大影响等。

行业营销环境是指对处于同一产业内的组织都会发生影响的环境因素，是直接影响和制约企业营销活动的条件和因素。因为是著名战略管理专家波特提出的，故称为波特五要素竞争模型。其五要素是指：潜在进入者、竞争对手、供应商、买方和替代品。供应商—企业—买方，这一链条构成了企业的核心营销系统。一个企业要开拓市场，在行业内还受到现实的、潜在的竞争者和替代品的威胁。

分析行业营销环境就要仔细地分析当地行业环境中的五要素与上海本地有哪些不同、为什么会有这些差异、这些差异对企业开拓外地市场有多大影响等。

三、应重点分析的内容

在一般环境中，由于在外地开拓市场同属相同的政治法律制度，因此政治法律因素不作重点研究。由于在外地开店与当地的科学技术关系不大，故科技也不必作重点研究。结合一般环境中的其他因素和行业环境的五要素，企业应该重点研究当地以下一些内容：

1. 市场容量

当地人口总量、经济实力、购买力状况都和市场容量有关。而市场容量与商业网点发达程度高度相关。上海企业向外发展应区分三种情况：

（1）市场容量大，当地商业不发达。上海企业在当地开店的成功率就高。

（2）市场容量大，当地商业较发达。上海附近的长三角地区几乎都是这种状况。上海企业要在当地开店会遭到强有力的竞争。如果企业实力不足，其成功率就不高。

（3）市场容量小。由于市场容量小，大多数上海企业不会去光顾。如果要开拓这些市场，也要在市场容量大的地方站稳了脚跟再去发展。

笔者前年为某企业咨询，发现该企业在苏北某个县级市建造了 58 万多平方米的购物中心，而该市人口连郊区只有 30 万左右。这显然是重大失误，不可能取得成功。

2. 消费层次和消费结构

在外地开店，还要分析消费层次和消费结构。有的地区市场容量总额不大但消费层次分明，已经孕育了一批高档消费阶层。笔者在苏南某地为某企业咨询，发现该商店一个季度内售出几百件价格为 1 500 元的 T 恤衫，超过了同期上海某大商厦。经过调研发现，当地经商者习惯于穿该名牌 T 恤，该名牌 T 恤成为该市经商者的标志服。他们的消费水平大大高于普通工薪阶层。由于这一消费层次的存在，开设该档次的服饰专卖店就容易成功。

分析一个地区的消费结构是很有意义的。恩格尔系数越低，低价生活必需品越好销，

开设大卖场容易成功；反之，恩格尔系数越高，高档生活用品越好销，方便购买越流行，开设专卖店、便利店容易成功。

3. 当地的社会文化

文化主要是指一个国家、地区或民族的文化传统，包括一定的态度和看法、价值观念、宗教信仰、生活方式以及世代相传的风俗习惯等。这些因素也会影响人们的消费观念或购买行为，从而影响企业的市场营销活动。沃尔玛在韩国之所以失败就是因为美国人忘记了韩国人强有力的大韩民族情节。而麦当劳在菲律宾陷于困境是因为投资者忽视了菲律宾人喜欢蜂蜜的饮食文化。同样上海企业投资外地市场，也要分析研究当地的社会文化。例如成都、重庆过去同为四川省两个最大的城市，但前者地处平原，历史上是休闲城市，流行富裕地区的休闲文化；而后者靠山临江，是生产性城市，并且流行典型的码头文化。因此上海人到重庆、成都开店，必须关切当地文化，选择合适的业态，组合适当的商品结构档次，满足两地顾客不同的需求。

4. 当地的竞争特点

每个地方有竞争，但每个地方的竞争各有自己的特点。主要可以分析竞争者数量、竞争者实力、潜在竞争者状况、社会公平竞争程度等。在分析竞争对手时，考虑到当地竞争者的天时地利人和，应把对方实力加上系数再进行研究。最好的办法是与竞争对手结成联盟，变对抗为合作。联华斥巨资与浙江方面合作从而迅速进入浙江市场，就是一种事半功倍的样板。

5. 供应商能力

供应商的能力一般与市场距离成反比。好多供应商在本地供应能力强，保质保量保时间，而到外地则力不从心。因此上海企业开拓外地市场，在自己配送能力不强的情况下，就要充分考虑供应商的供货能力。否则门店开张了，但商品供应不上，就无法正常运行。上海超市在外地开店，日用品一般由上海配送，而鲜活品一般由当地供应，这是非常正确的。

6. 本企业的能力

本企业的能力一般与市场距离成反比。好多企业一到外地经营就心有余而力不足，因此为了解本企业在外地的能力，需要对企业作SWOT分析。SWOT分析是把企业外部环境分析和企业内部分析的内容进行综合，进而分析组织的优势、劣势、面临的机会、威胁的一种分析方法。因为优势、劣势、机会、威胁的英文单词第一个字母分别是S、W、O、T，故叫SWOT分析。

通过分析，企业对自己在外地的优势、劣势、机会、挑战一目了然，有利于企业正视自我，采用切实的战略与策略。

四、企业适应外地环境的要点

分析问题不是目的，适应环境才是更重要的。企业不但要分析环境，而且要适应环境，再加上其他一些因素，才能在市场开拓中不断取得胜利。企业适应外地环境的要点是：

1. 要知己知彼

知彼，就是要分析当地的一般营销环境和行业营销环境，特别是市场容量、消费层次和消费结构、当地的竞争特点、供应商能力，即PEST和波特五要素竞争模型。知己，就是要分析本企业进入外地的能力，即SWOT分析。这三个基本分析做好了，企业就能做出正确的决策。

2. 根据顾客需要正确定位

通过分析企业了解了目标市场的顾客需求，就能按照产品种类、商品档次、服务水平、经营特色、企业形象等方面正确定位。定位正确了，就能抓住目标顾客的心，从而为成功打下扎实的基础。

3. 尽量吸收、聘用当地人才与员工

好多企业对当地人不放心，认为他们不成熟。其实成熟是相对的，在 20 年前，全中国有多少人知道连锁经营、业种业态。现在上海商业企业对连锁、业态已经相当熟悉。因此只要选好苗子，认真培养，用不了多久外地人就会变成熟手，就能挑起担子。当地的人才、员工用得多了，自然有利于融入当地社会，不仅能发挥他们的天时地利人和，而且有利于降低成本。

4. 尽快融入当地社会

在外地经营，融入当地社会很重要。企业不但尽量吸收、聘用当地人才与员工，而且要和当地有关部门，如当地政府有关部门（如工商局、物价局）、社会团体（如消协）、媒体（如报纸、电视台）、社区（如街道、里委）搞好公共关系，从而融入社会，在良好环境中健康成长。

5. 整合配送系统

在外地开店营业，物流配送系统一定要整合，以适应变化发展了的环境。要挑选物流配送能力可达到的区域先开分店，以此为据点向外渗透发展，当形成较多网点群后设立新的配送中心，再进一步向周边地区扩张。周而复始，不断前进。这在军事上称为逐步渗透策略，也称墨迹战术。在外地发展，切忌不顾实际能力，到处建网点，造成物流脱节。从这个角度看问题，百联集团放弃在全国遍地开花的战略，改为重点在长三角地区发展，等阵地巩固了再向外发展，是一种正确的选择。

总之，企业只有分析环境、适应环境，才能在外地正确地开拓市场，才能少失误、不失误，从而取得在外地开店的成功。

（资料来源：孙天福 . 2007-01-12. 上海连锁经营）

➤ 基本概念

环境理论（environmental theory）	大店法（large-store-switch）
诱售法（bait-and-switch）	比较价格广告（comparative price advertising）
赊销（credit sale）	纵向价格协议（vertical price fixing）
通道费（slotting allowance）	横向价格协议（horizontal price fixing）
供应商（supplier）	社会消费品零售总额（retail sales of consumer goods）
网络零售（retail network）	
无线射频识别技术（radio frequency identification）	

➤ 思考题

1. 环境的研究对零售企业的经营活动有什么意义？
2. 零售行业竞争环境的特点有哪些？
3. 分析当今零售商与供应商之间的关系。
4. 试述技术环境对零售业的影响。

第五章

零售企业发展战略

零售战略是指零售企业进行经营活动的总体计划和行动纲领。它将零售企业在战略期间的经营宗旨、目标、重点的具体活动及控制机制扼要地提出来，描绘出一个未来的蓝图。

零售战略意义和作用有：充分反映零售企业所处的经济、法律和竞争环境；反映零售企业与竞争对手相比所具有的竞争优势，对目标消费者具有的吸引力；指出零售企业未来发展道路；能使零售企业全部经营活动协调进行，可以预见并避免风险。

第一节 零售企业的宗旨与目标

一、零售企业的宗旨与任务

（一）零售企业的宗旨

宗旨是零售企业对它在企业系统中所起作用的理解，反映在它对待消费者、内部职工、竞争者、政府及其他方面的一般态度之中。企业的宗旨可以使该企业吸引顾客，并使顾客能把本企业和竞争者相区别。具体地说，零售企业的宗旨就是它对某类业务和在市场上保持某种地位所承担的长期义务，也就是企业的个性。零售企业究竟是围绕某项物质产品或劳务来组织经营，还是按照某一特定的消费者群的需要来组织经营，这是必须做出的一种决策。如果企业的经营宗旨是以出售某种商品与劳务为方向，那么就应把注意力集中在该项商品与劳务上；如果企业的经营宗旨是以满足某类消费者群的需要为方向，企业就应出售为该类消费者群所需要的任何商品。

企业的宗旨可以理解为企业的经营哲学，是零售企业行为的指南。联华超市的宗旨是"顾客第一，唯一的第一"。东昌汽车销售公司的宗旨是"买车到东昌，服务到永远"。有了成功的企业哲学，企业就可以逐步形成自己鲜明的公司个性，这就是人们常说的"corporate identity"。

（二）零售企业的任务

企业的任务由其经营宗旨所产生，任务体现了一个零售企业在经济、心理、社会、哲学和道德等方面的总目标。有些零售企业为经济任务即为多赚钱的目标所驱使，也有些企业为道德任务即以尽量低的价格出售最佳产品所激励。不论企业在确定其任务时采用一个或一套什么标准，任务总是任何所有者的驱动力。零售企业的任务不是随时间或商品的变化而变化的。关于任务的说明应当是一般的、非特殊的，它应当是长期可适用的，而不应当只是销售哪类具体的商品或者是哪种牌子的商品等的权宜之计。可以举几个例子来说明零售企业如何确定自己的任务：①某服装商店把自己的任务定为有助于使普通妇女感到自己美丽动人；②某书店把自己的基本任务定为有助于使成人与儿童获得文化；③某礼品商店把自己的基本任务定为有助于人们更好地表达自己对别人的良好感情。

二、零售企业的目标

企业的目标根据经营宗旨制定出来的，是企业希望达到的长期的和短期的目的。明确目标有助于制定战略，进而去执行企业的任务。零售企业的目标主要可分为以下三个部分：

（1）财务目标。这些目标是与零售的经济效益直接有关的。

（2）社会目标。是帮助社会满足它的某些需要或使企业树立良好的社会形象。

（3）个人目标。是帮助零售企业雇用的人员，满足他们的某些需要。

零售企业追求的目标可以是以上全部，也可以只是其中几项。

（一）经济性目标

经济目标分为以下三个范畴：

1. 利润目标

零售企业的利润目标是零售企业在特定时期（通常为一年）内盈利能力和获得利润的数量。零售企业的利润目标通常表现在以下几个方面：

（1）销售利润率。零售企业的销售利润率为纯利润除以净销售额，这个比率也称为利润率。

（2）净资产收益率。零售企业的净资产收益率是纯利润除以全部净资产，这个比率指的是资产投资所得的利润占净资产投资的比率。净资产收益率也称为投资收益率（ROI）。

（3）总资产收益率。零售企业的总资产收益率为纯利润除以所有资产，包括银行贷款购买的资产。它反映零售企业的实际赢利能力。

（4）每股收益。这个比率为提供给普通股东的全部收益除以普通股的股份，它表示股份制零售企业每股普通股所获的收益。

（5）销售毛利率。销售毛利率是毛利除以销售额，它是零售企业最常用的一个效益指标，反映在不考虑费用的情况下零售企业的赢利水平。

表 5-1 列举了国内几家零售上市公司的部分利润指标。

表 5-1 2005 年八个零售上市公司部分代表性财务指标

公司名称	赢利能力指标			经营效率指标		
	净利润/万元	销售毛利率/%	销售净利率/%	净资产收益率/%	总资产周转率/%	存货周转率/%
上海百联集团股份有限公司	19 940.92	20.13	2.22	5.54	1.15	14.79
大商集团股份有限公司	24 395.01	16.27	2.84	10.30	1.36	9.69
苏宁电器	35 062.99	10.08	2.20	29.990 0	5.00	10.33
北京王府井百货（集团）股份有限公司	2 694.77	15.67	0.54	1.70	1.44	10.30
三联商社股份有限公司	2 370.50	5.36	1.1	6.93	2.12	13.10
武汉武商集团股份有限公司	1 102.05	19.58	0.26	1.24	1.28	16.40
上海友谊集团股份有限公司	13 496.08	17.94	0.75	8.55	2.17	9.53
北京华联综合超市股份有限公司	13 011.06	13.48	2.5	16.67	2.25	13.8

资料来源：各上市公司 2005 年年报公布数据（或由公布数据计算得出）。

2. 经营效果目标

经营效果目标表示零售企业投入商场的每个单位资源获得的效率。零售企业业务经营中的主要资源是售货场所、劳动力和商品。经营效果目标可归纳如下：营业场地效率、劳动生产率和商品周转率。

（1）营业场地效率。也称平效，它是商场的销售额除以全部售货场所面积。营业场地效率表明零售企业在每平方米的售货场所产生的销售额。

（2）劳动生产率。也称劳效，它是销售额除以全工作日的雇佣人数，劳动生产率目标反映了零售企业每个全工作日的雇佣人员产生的销售额。

（3）商品周转率。它是销售额除以存货上的平均投资。这个衡量标准通常也称为存货周转率，它的倒数表明零售企业用于存货的每元钱投资产生的销售额。

我国零售企业经营效果指标可见表 5-2。

表 5-2 限额以上连锁零售企业人均劳效值与地效值

年份	人均劳效值/（万元/人）	地效值（每平方米销售额）/（元/米²）
2002	41.98	15 340
2003	40.33	15 318
2004	52.85	15 867
2005	71.69	13 005

资料来源：根据中国统计年鉴 2003～2006 年相关数据计算。

表 5-3 是中国连锁百强经营绩效分析。

表 5-3 中国连锁百强经营绩效分析

年份	毛利率/%	平方米效益/万元	人均劳效/万元
1999		2.1	34.5
2000		2.2	61.4
2002	12.7	1.7	51.6
2003	12.4	1.8	59

3. 市场地位目标

市场地位目标衡量零售企业在市场上的支配能力的程度。衡量零售企业市场地位最流行的标准是销售份额（零售企业的全部销售额除以整个市场的销售额），或者是零售企业在当地市场上占有的销售比重。

占有适当的市场份额是许多零售企业的一个重要目标。在零售业中，占有整个市场的一定份额通常只是大商店或连锁商店追求的目标，小零售商更为关心的是在一条街道或一个地段上的市场上占有的份额。如果企业确定以某一具体的市场份额为目标，即使销售额下降，但市场份额上升了，这个企业也是成功的。

有些企业把销售额的增长列为最优先的目标。遵循这一目标，企业所关心的是扩大经营、提高销售额，而不大强调短期利润。销售额的增长与利润的增长不见得是同步的。有时销售额增长，但利润额却下降，利润占销售额的百分比也降低。

销售目标可以用金额表示，也可用商品数量表示，这两者有很大差别。例如，有的零售企业在某种产品的销售上，按商品销售量不能获得很大的份额，但是它可以在销售金额上占有很大的份额，这就是通过销售高档产品，实现优质产品的战略。以长远观点看，采用商品销售量作为经营成果指标很重要，由于零售价格变动和通货膨胀因素的影响，在两三年期间很难采用销售额作为指标。计划在一定时期内销售一定的商品数量是很有意义的。

（二）社会性目标

当今世界各国，零售企业对社会目标越来越予以重视。社会目标通常不像利润目标那样具体，那样与数量关系密切，但是它对零售企业来说也很重要，因为它会影响到企业的形象、声誉与地位，最终影响到企业的销售。零售企业的社会性目标主要有：

（1）雇用目标。零售企业要为社会成员提供就业机会，特别是雇用失业者、残疾人、半工半读的学生等。中国在近20多年时间里产业结构发生重大变化，在上海传统产业如纺织业向内地的转移中，大量纺织工人失去工作，而零售业承担了吸纳就业的作用，至20世纪末上海零售业新增就业10万人。中国的零售业虽然有长足的发展，但是在吸纳就业人口方面与发达国家相比还是有很大差距，见表5-4。

表5-4　各国商业从业人员占总人口和就业人口的比重

国别	商业从业人员占总人口比重/%	商业从业人员占就业人口比重/%
加拿大	11.28	23.66
日本	11.7	22.9
美国	10.09	20.66
俄罗斯	6.23	14.2
巴西	5.69	13.46
中国	3.7	6.59

资料来源：根据《中国统计年鉴2001》数字计算。

（2）纳税。纳税是企业应尽的义务，是帮助政府为正当的社会需要提供经费。

（3）资助各种社会活动、慈善事业与福利事业。上海的华联超市曾经设立华联超市慈善基金会，由超市的供应商提供捐助资金，该基金曾为上海的慈善事业作出很大贡献。

（4）与企业职工建立良好的关系，为职工创办福利事业，为职工的业务培训创造条件，这样不仅融洽了劳资关系，而且可提高职工的工作积极性。

（5）满足消费者的选购需要。现今大多数企业在试行一个目标，就是使消费者对全部销售商品都感到满意。

（6）使股东满意。使股东满意是一个极为重要的目标，零售企业有责任确定和达到符合股东愿望的目标。许多企业宁愿采取促使每年的销售额和利润都有小额增长的策略（因为这些目标说明经营管理得好，能够长期维持下去），而不愿采用引入外部观念的策略，因为这种策略可能会引起企业的销售额和利润猛涨猛落（这会被认为经营管理不好）。稳定的收益使股东们获得稳定的股息。

（7）企业形象。企业形象是指消费者对企业的评价：消费者可以把企业看成具有进取性的或保守的；有社会责任或缺乏社会责任的；有职业道德的或缺乏职业道德的；对消费者亲切的或冷落的；售价合理的或有暴利倾向的等。企业领导关心自己的企业在别人心目中的形象，把建立公司形象定为追求的目标之一，这个形象就是希望消费者对自己企业印象良好。构成成功形象的关键在于使消费者能如企业所期望的那样看待自己。

对一些大零售企业来说，争取在本行业的领先地位是一个重要目标。在本行业内属于领先地位对一家公司有两大益处：首先，由于消费者把这家公司放在高于竞争者的地位，这就提高了公司的形象；其次，其他公司会效仿领先者的定价策略和其他策略，这种模仿就是最好的捧场。另外一个附带的好处是，成为领先企业会使内部人员感到满意，从而鼓励大家更加努力工作。

（三）个人目标

个人目标是与零售企业的管理人员及员工有关，它反映了零售企业雇佣人员的要求。一般来说，零售企业的个人目标有以下三种：

（1）收入目标。指的是零售企业的管理人员或一般雇佣人员的工资待遇得到了满足，而且有一个不断的提高。

（2）发展目标。员工感觉到在零售企业内部有发展的机会，只要努力工作，有个人职位升迁的机会，而且随着年资的增长，这种机会是有保证的。

（3）地位和尊重。零售企业的管理人员或一般雇佣人员，在企业内、在朋友圈中需要有一定的地位，受到人们的尊重。比如，零售企业认识到人们的这种需要，就会给成绩卓著的雇佣人员发放年终奖金；或者在业务经营有了明显的进展时会受到表彰；甚至在地方报纸或者商业刊物上进行报道。

（四）确定目标遵循的原则

菲利普·科特勒认为，每个企业的目标应当是切实可行的，有具体的量化要求的，各种目标应当是互相一致的。对此，零售企业的目标应该遵循以下原则：

1. 现实性原则

零售企业确定的目标应当切实可行。不切实际的目标可能会对管理人员和工作人员产生消极的影响。如果零售企业面临的环境条件是自己预期的，那么，就应当有切实可行的时机去实现它的既定目标。

2. 数量化原则

如果确定的目标开始就有数量要求，那么对执行的结果，就能够相当准确地予以衡量。

3. 一致性原则

零售企业的目标不是一个而是许多个。在这些目标中，如果处理得不好，可能造成某些目标互相不一致。因此在开始谋划目标和战略过程中，零售企业一定要确保不出现各个目标互相不一致的现象。

比如，某个零售企业确定它的利润目标是使它的资产利润达到最大限度，而它的社会目标则是使消费者能够对商品有最大限度的选择，这可能会出现不一致。因为，如果零售企业真的要使消费者能够对商品有最大限度的选择，那么它就需要为消费者提供近乎完全的品牌、规格和型号的产品。而要这样做，则是不会产生足够高的利润或存货周转率的，这对零售企业确定的要使它的资产利润达到最大限度的要求是没有帮助的。这两个目标，像许多其他的目标一样，是不能共存的，只能两者择一。

在制定目标过程中，任何公司均会面临目标相悖。以下目标就会相冲突：①短期利润与企业长期的发展；②利润与企业在竞争中的地位；③利润目标与非利润目标（指的是社会责任和个人目标）；④进入现有市场与发展新市场；⑤快速增长与收益稳定；⑥大幅度提高员工工资与提高每股收益。

以上各点在零售企业打算确定战略计划时是需要予以考虑的。对这些互相抵触的目标，在确定计划过程中，要及早权衡，否则在执行过程中就会发生问题。

第二节 零售战略的构成

确定了企业基本目标后，就要进一步制定企业的战略。所谓企业的战略就是企业的长期性经营策略，时间跨度长达很多年。零售企业战略可以分为企业总体战略和功能战略两个层次。

一、零售战略计划的层次

（一）企业总体战略

企业总体战略关系到零售企业的资源配置和发展方向，是企业最为重要的战略举措。一个零售企业的成功与否首先在于它的总体战略是否正确，对于大型零售企业来说尤其如此。当一个公司要进入零售行业的时候或者一个零售企业要进行新的发展的时候，首先面临的是总体战略的制定，进入零售业的哪个业态、采取何种组织形式、在什么城市和地区发展、总体战略关系公司的投资方向和资源配置，关系着公司的组织架构、人力资源，其意义非同一般。

（二）零售企业功能战略

零售企业的功能战略是根据企业总体战略制定的，它包括经营战略、市场战略和竞争战略，是企业必须面对的三项相互关联的战略决策。

1. 经营战略

企业在市场上必须对基本的经营活动有一个设想。这一经营活动将决定企业经营活动的大致范围，采取哪些经营品种，商品线的宽度、深度和关联度，履行哪些服务职能以及建立什么样的企业组织形式，确定经营活动所在的城市、区域分布和具体选址。在经营战略制定中可以考虑以下两种战略：

1）成本领先战略

成本领先的目的在于获得经营上的优势，它是通过如经济规模、技术创新、获取最低的产品进价等途径，成为一个地区成本最低的零售商。零售商若将商品售价维持在行业平均水平或接近于该水平，则成本领先能给企业带来更大的利润。

成本领先战略的运用不能过分强调成本优势而忽视了其他方面，应当以为顾客提供价值为前提。一些企业极易将成本领先看成简单的价格竞争，从而步入低价竞争的风险之中。有时候价格过低带来的并不一定是好处，比如当商品价格与商品质量联系紧密时，消费者以价格来衡量产品质量。此外，企业一味压低经营成本追求成本优势，容易导致降低进货产品质量的要求以及服务水准。只重视消费者对价格的敏感而忽视了对商品质量和服务质量的敏感性，价格过低反而会容易失去顾客。成本领先战略的运用还要防止引起激烈的价格战，要注意不能损害企业的形象。

2）差异化战略

零售企业通过差异化战略表现出独特性。但是额外价格必须超过由此产生的额外成本，必须与竞争者对等为目标。在实际生活中，零售业中的差异化战略反映了零售业动态和竞争性的特征。差异化战略可以从以下五方面着手：

（1）形象差异。商店的形象——店堂设计、商品陈列、环境气氛都显示出与众不同。

（2）商品差异。经营的商品种类、品种、品牌和质量。使消费者在这里可以看到其他商店所没有的商品，给人耳目一新的感觉。

（3）营销差异。在营销手段上别出心裁，通过有特色的营业推广、广告宣传吸引顾客。

（4）选址差异。商店地址的独家享有和使顾客最方便快捷到达，如德国的 Karstadt 百货商店都选址在地铁出口处、麦德龙选址都在高速路的出口不远处。

（5）服务差异。最常见的差异化战略是差异化服务战略，优质服务能给消费者带来持久的愉悦，而劣质服务会给消费者带来无法忍受的烦恼。优质服务还有明显的好处就是可以培养顾客的忠诚，稳定老顾客。顾客忠诚度高可以为企业带来很多好处。针对顾客越来越重视零售企业服务的心理，通过对特定市场细分实行一贯的独特服务标准来实现。服务内容不是任何情况都是整齐划一的，服务不存在一个标准的模式。不同的顾客、不同的消费时间和地点，顾客对服务的要求是不同的。不同的企业经营方式对所提供的服务内容也不相同，这些服务有主次之分。有些服务必不可少，为主要服务，目的在于满足顾客的基本期望；有些服务根据需要灵活设置，为辅助服务，目的在于形成特色，使顾客明显感觉到服务的与众不同并能够在商店购物中获得满足感。服务差异化并不一定是提供更高的服务档次。服务差异还包括对供应商的服务，如对供应商的接待、收货和验货、付款速度、信息反馈等。

3）集聚战略

这种战略要求零售商着眼于本行业中的一个特定市场做出选择。这一战略与其他战略不同，零售商选择行业内的一种或一组细分市场，并使其战略为这一细分市场的顾客服务。通过为其目标市场进行战略优化，集聚战略的零售商致力于寻求其目标市场上的竞争优势，尽管它并不拥有在全面市场上的竞争优势。

集聚战略有两种形式：在成本集聚战略下指导零售商寻求其目标市场上的成本优势；在差异化集聚战略中零售商则追求其目标市场上的差异化优势。

集聚战略的关键是目标市场的选择，该市场应该是具有营利性。市场细分及目标市场的选择作为企业目标集聚战略的核心组成部分为企业寻找市场机会、建立优势创造了条件。

2. 市场战略

零售企业的市场战略可分为竞争真空区战略、市场渗透战略和市场细分战略。

所谓竞争真空区战略，是指将目标市场定位在某个没有竞争对手的市场空间内。这一经营战略主要适用于中小型零售企业，因为中小型企业依靠不大的顾客群体就足以维持生存。竞争真空区可以是地理上的某个区域，也可以是某个顾客群体或某种商品。

所谓市场渗透战略，是指将企业经营的目标市场定位在整个市场或整个市场的某个尽可能大的子市场内。主要是经营周转速度较快的大路商品的企业可以采用该战略。如经营生鲜食品的大型连锁企业就是典型的例子。

所谓市场细分战略，是指将市场划分为多个子市场。在这里市场既可以按空间细分，也可以按顾客或经营客体进行细分。采用这一战略的企业需要成立多个部门，每个部门的经营策略都尽可能按照各自所服务的子市场特点来制定。

如前面的经营战略一样，就市场战略我们也可以得出以下结论：额外增加一种战略有时候就意味着企业多一种业态。在市场细分战略中，企业每增加一个新顾客群体通常也会增加一种新业态。如在纺织品经营中，传统纺织品专业店对年轻顾客吸引力不大，为了招揽年轻顾客，企业可以有针对性地增加时装店这一业态。

3. 竞争战略

就如何与竞争对手展开竞争，可分为三种基本战略：排挤战略、防守战略和避免竞争战略。

所谓排挤战略是指在市场上采取某些进攻性经营手段争夺竞争对手的市场份额，这是处于迅速膨胀期的企业实现扩张目标的途径。在这个战略的运用中，零售企业要特别关注促销、价格、服务策略的使用。

在企业已经具有一定市场影响力并决定不再进一步扩张后，一般就会试图采取这一种防守战略，这时企业主要是防止竞争对手抢走本企业的市场份额。这一战略并非都是企业自愿采取的，往往都是因为企业无力继续采取扩张战略而不得不采取该策略。多年来德国百货企业一直采取该策略。另外，艾迪卡商业合作集团（EDEKA）过去也曾长时间地采取过这一战略。

避免竞争战略是指尽可能地摆脱竞争。这一战略尤其受小型商业企业青睐，多数情况下，采用避免竞争战略就等于采用竞争真空区战略。

上述各种企业战略有非常密切地相互关系。如以低价为特色的广义价格战略几乎总是与排挤战略联系在一起；如上所述，采用竞争真空区战略往往就等于选择了避免竞争战略；企业不可能同时采用防守战略与市场渗透战略。零售企业经营者在选择经营、市场和竞争等战略时要防止出现相互矛盾和冲突。另外，还须注意企业的基本经营理念和企业哲学与所选择的企业战略相互协调。如果企业做到了这一点，就可以很好地进行业态、经营规模和协作力度等基本决策。

二、零售企业发展战略

从零售企业发展战略角度出发，有以下几种战略：

（一）增长战略

零售企业主营业务的增长是企业发展最为主要的方式，增长的直接目标就是市场份额最大化。增长可以通过多种方式实现。市场上总存在着许多机会，零售企业必须找到增长的机会。增长途径包括增加现有门店销售的战略和开设新门店的战略，也包括依靠现有商品品种的战略和增加经营新商品的策略。

1. 增加现有门店的销售

增加现有门店的销售有两个途径：市场渗透和商品多样化。无论哪一种情况，都是企业试图获得其商圈内所有企业销售总额中更大的份额。

1）市场渗透

市场渗透战略是通过增加现有门店现有商品的销售来提高门店在本商圈内的市场份额。它包括促使现有顾客更经常地光顾本店或光顾本店时更多地购买，以及吸引竞争者的顾客来本店购买。

为了增强市场渗透，商店必须比其竞争对手更好地服务于顾客，使顾客更愿意光顾本店而不是竞争者的商店。高质量的商品和服务、低价广告和营业推广都是执行市场渗透的战术。

2）商品多样化

商品多样化是增加现有门店销售的另一个战略。在这种战略下，这些门店出售那些可能与现有商品无关的新商品。许多便利店卖公交卡、体育彩票等就是采取这种战略。由于商品和服务的增加，老顾客来店里的频率增加，很可能会有更多的连带购买，商品和服务的多样化能使顾客"一次购齐"，同时它也能吸引一些新顾客。

2. 开设新门店

一个商圈的大小受很多因素限制，因此，通过市场渗透和商品多样化增加现有门店销售也受到很多限制。为了实现进一步的增长，零售企业必须建立本地网络、进行地域扩张、开设新门店并且使门店多样化。

1）建立本地商店网

通过在同一个城市或市场地域中建立同样的门店，形成一个商店网络，零售企业可以形成更大的覆盖面，赢得新的顾客。连锁经营的超级市场、便利店普遍采用这一战略。例如，上海联华超市和华联超市在20世纪90年代后期迅速在上海布点，几年就形成了全市零售网络。

如果协调得好，扩大市场覆盖面的战略也能为广告、营业推广和分销获得规模经济效益。例如，所有连锁店可以共同分享在本地报纸和电视上的广告费用投入所带来的效果。由于无论区域中门店数量多少，广告的总费用保持不变，因而增加门店的数量就会降低每个门店的平均广告费用。彼此距离较近的门店还能共用仓库和其他支持服务系统，这些更能使每个门店的费用下降。

2）地域扩展

地域扩展能增加市场容量。零售企业除了在同一个城市或市场区域中扩展以外，还可以在新的城市或市场区域中开设新门店，使企业接触更多的顾客。

但是，不是所有的零售企业都有足够的资金用来在其他区域扩展的。而且，地区范围很广的网络也是难以管理的，分销后勤保证更是困难。因此，许多企业只在区域内扩展，而不在其他地区布点。例如，在超级市场行业中，许多连锁组织都将其门店集中于一个地区，这种集中化使得网络管理比较方便。

为了进行地域扩展，许多企业采用特许经营的方法，在不进行大量投资的情况下实现扩展。特许经营也减少了企业对每一个门店直接的日常管理。美国的7-11、我国的华联超市都成功地通过特许经营，在不同地区扩展了自己的网络。

3）门店多样化

门店多样化是开设不同业态的门店。例如，百货商店出身的华联商厦开设超市，联华超市发展便利店。门店多样化要求企业制订一个零售经营组合，其中每一种经营业务都吸引不同的顾客群，服务于不同的顾客需要。通过在不同的业务之间分散使用全部资源，企业能够获得更大的市场接触面，得到更多的机会，也减少了将资源集中于一种业务的风险。门店多样化可以通过直接投资或通过外部收购来实现。

（二）多元化战略

多元化战略将零售商带入一个新市场和新产品开发领域，多元化主要是通过横向或纵向整合，发展现有零售业务之外的新业务。零售企业的多元化战略不受零售业发展的空间局限和市场局限，可以使企业的发展加速。很多零售业上市公司实行多元化战略，以求公司业务和利润的持续快速增长。

零售企业的多元化战略一般是指从事零售业以外的业务，但这种业务往往与零售业有较为密切的关系，如商业房地产、餐饮、旅游等。对于一个原先单一业态的零售企业来说，发展新的业态也可以看成是多元化战略。

纵向一体化是零售企业多元化战略的一种形式。零售企业的纵向一体化是把企业业务扩展到渠道上游的批发业或生产领域。对于一些畅销的产品，一些零售企业愿意自己生产以获取更多的利润，特别是一些自有品牌的商品。开展批发业对有的零售企业来说反而能促进零售业务的扩大。

（三）并购和重组战略

并购是零售企业快速增长的一条捷径，希望快速扩大规模或进入新市场的零售企业愿意采取并购的方式。与其他行业相比，零售企业自己直接开店扩张受到选址的制约因素，要形成商店的网络需要较长时间。中国零售业对外开放后，许多外资零售巨头采取并购的战略进入中国市场，这就大大加速了进入的步伐。2004年，TESCO斥资1.4亿英镑收购乐购50%的股权；两年后，再出资1.8亿英镑增持乐购40%股权。2005年4月，百安居收购欧倍德中国业务。2006年5月29日，百思买以9.45亿元收购江苏五星电器51%的股权。2006年12月，全球建材零售业状元家得宝斥资1亿美元收购天津家世界家居12家店。2007年初，沃尔玛并购了好又多35%的股权。此外，国内家电连锁巨头国美电器收购永乐和大中都是有巨大影响的并购案。

重组是零售业快速扩展的另一战略。中国零售业近年来有影响的重组案有百联集团的成立，其前身是上海商业四大集团即一百集团、华联集团、友谊集团、物资集团，原四大集团有 280 亿资产，年销售额 760 亿元。在全国 20 余省有 400 家网点。大的重组还有 2007 年鄂武商、武汉中百、武汉中商三大公司共同成立武汉商联（集团）股份有限公司。

第三节　零售企业战略制定过程

零售企业战略制定由三个步骤组成：第一，选择公司经营的业态；第二，确定和调查潜在的消费者；第三，制定全面战略。这三个步骤必须依次进行，每一步骤的规划都以前一步骤所做的决定为基础。

一、选择公司经营的业态

准备从事商业经营的企业首先必须决定它所选择的业态，这样才可以确定所要经营的商品的类别和组合，从而拟定意义明确的发展目标。确定业态和经营方向要依据各种具体情况予以考虑，主要有以下四点：

1. 社会的需要

零售企业经营的业态必须与社会的需要相适应，满足当地消费者的需求。业态应该具有良好的发展前景，最好是新兴业态。

2. 商品利润率状况

利润率是企业目标中最重要的目标，在同样可以适应当地需求的业态中，在投资和财力有限的情况下，首先选择经营利润率高的商品。

3. 市场竞争状况

市场竞争状况是一个重要的因素，有的业态虽然有吸引力，但在当地已经饱和；有些商品虽然利润率高，但经营的企业过多，进入市场参与竞争有难度，因此要谨慎选择。

4. 本企业的状况

企业的规模、财力、经营人员的素质、管理水平决定了一个企业应当进入何种业态，从事综合经营还是专业经营，成为高档商店还是普通商店。

根据以上四个方面，零售企业可以确定自己应该选择什么业态、经营什么商品。在确定经营方向时，企业还要确定企业的组织形式，是采取连锁经营还是单店经营。

企业的组织形式关系到长远的发展战略，连锁经营在组织架构、区域选择、市场策略上与单店经营有很大的不同。如果是单店经营，可以考虑是打自己的牌子还是加入到某一个特许经营体系里去，还可以考虑加入自由连锁体系。

二、确定和调查潜在的消费者

在初步做出业态选择决定之后，必须判断消费者的特点和需要。零售企业试图满足其需要的消费者群体称为目标市场（target market）。零售企业可以应用三种选择目标市场的方法。针对各类消费者的是大众市场（mass market）；针对某一特定消费者的是细分市场（market segmentation）；同时占领几个细分市场，在每一细分市场出售不同的商品和劳务的是多片战略（multiple-segment strategies）。关于选择目标市场的战略意义参见表5-5。

表 5-5　选择目标市场的方法

战略意义	大众市场	细分市场	多片市场
位置	接近一个大的人口聚居点	接近一个小的或大的人口聚居点	接近一个大的人口聚居点
商品	品种繁多	品种不多	品种范围适中或繁多，商品有特色
价格	价格分档幅度大	价格分档幅度狭小	商品因质量、形象等差异有不同的价格
推销	大规模的广告	直接邮寄和递送广告	对每个市场用不同推销宣传工具和广告用语
战略侧重点	针对大量的同类消费者群运用一般的"中间道路"的战略	针对特定的、有限的消费者群，运用特定的战略	运用几种特定的战略，每种战略针对不同的消费者群

选择目标市场，能为决定零售业态、商店位置、商品品种、价格和推销活动指明方向，使企业能增强竞争优势，并指出企业的资金需要量。一家公司取得成功的关键在于它有能力确定自己的顾客，并以独特的方式迎合他们的需要。

零售企业可用几种方法来确定目标市场的特点，这里主要介绍两种：一种是根据人口统计因素；另一种是根据生活方式。人口统计因素是容易识别和可以测定的人口统计资料，有年龄、收入、性别、职业、教育程度、地址、住所类型、婚姻状况、子女人数、财产流动性等。零售企业根据其中的一个或将几个特点结合起来据以确定目标市场，采用适当的销售战略。这些人口统计资料用来预测未来的购买行为也很有用处。

青年顾客通常比老年顾客更愿试用新商品和服务项目。因此，以老年顾客为目标市场的商店应该保持有限的较保守的花色品种和全国性的高档名牌商品。低收入的消费者因受预算的限制，只对低廉商品感兴趣。寻求低收入市场的零售商店应提供低价商品和各种折扣。而以比较富裕消费者为目标的零售商就必须全面研究：如何为消费者提供服务、如何适应消费者的身份、如何增加花色品种、如何定价等。男性顾客和女性顾客逛商店了解和购买的商品与劳务有所不同，招徕男性顾客的商店形象与招徕女性顾客的商店形象也大不相同。一个成功的商店要经常了解这些实际情况，采取相应的服务措施。在确定消费者的需要时，职业是另一个具有决定意义的可变因素。脑力劳动者在物质生活和心理状态许多方面都与体力劳动者不同。零售商要注意这些差别，特别是在花色品种和销售服务方面要采取相应的行动。受教育的程度也对消费者有影响，因为教育会形成个人的素质和消费目标。玩具零售商也关心其顾客的教育程度，因为这是购买何种儿童玩具的一个重要因素。

目标市场的地理位置对零售战略具有强烈影响。必须确定目标市场究竟是分散的（一个大区域内）还是集中于一个人口密集区（一个小区域内）。一个分散的市场会比一个人口密集的市场需要长的营业时间，需要更多的送货服务、停放车辆设施、方便选购以及广告宣传。

婚姻状况和子女人数也会影响到购买行为。经营服装、家具、汽车等的零售商可以根据消费者的婚姻状况和子女及子女中儿童的多少来划分市场。了解一个消费者目前已有的东西对于预测其未来的购买行为十分有用，因为消费者重复其购买行为的机会很多。了解谁拥有某些类型的商品、拥有多长时间，这对零售企业很有用处。企业可以把上述情况跟其他的人口统计资料联系起来，从而调整其零售经营。对信用卡销售情况进行分析也可获得这种信息。目标市场的人口流动率对某些零售商很有用处。

生活方式是确定目标市场的另一个重要因素。生活方式包括上面列举的许多人口统计资料，并把这些资料与消费者的态度结合起来。如果企业管理者能够判断和理解其目标市场的各种生活方式，他就掌握了最有效的决策工具。

研究社会阶层是考察消费者生活方式的一种方法。社会阶层是指社会中的比较固定和类似的一部分人。在这部分人或家庭中，有相同的购买力、生活方式、爱好和活动。如美国消费者是由六个社会阶层组成的。美国的社会阶层是根据职业、收入和住房三项标准划分的。六个阶层的每一个阶层都包括了符合上述三项标准的某一层次标准的同一类人。以上三个方面状况相似的人，从单身汉一直到退休的独居老人，可以把他们归入各种类型。消费者在其家庭结构的每一阶段中都有不同的生活方式。人们的生活目标、财力、偿付能力等，随着家庭结构的变化而变化。

分析消费者生活方式的第三种方法是利用 AIO 测量法。这种测量法是按照消费者的活动（activity）、兴趣（interest）和见解（opinion）把他们分为各种类别，根据他们的活动、兴趣和见解来预测他们的购买行为。按照这三项标准将消费者分类，可以在商品用法、选购时间、选购兴趣、商店位置和营业时间等方面揭示出相当大的差别。利用生活方式分类法也被称为心理描述法，这种方法的使用还处在最初阶段。

了解消费市场的人口统计资料和生活方式之后，一个零售企业就有可能做三件事情：第一，可以识别各种潜在市场的特点和要求；第二，可以做出利用大众市场、细分市场或多片市场的决策；第三，可以制定全面的零售战略。

三、制定全面战略

在确定了经营的行为与目标市场后，企业就可以此为中心来制定全面的战略。这种战略包括两个方面：一是企业在经营中可以直接施加影响的方面，如营业时间和销售服务，这称为可控因素；二是企业在经营中必须适应的方面，如法律、经济形势和竞争状况，这称为不可控因素。企业必须考虑这两方面的变化因素来制定战略。

1. 可控因素

这里以零售企业为例来进行分析。零售战略的可控部分分为以下四类决策：商店的位置和业务经营；出售的商品和劳务；商店的形象和推销宣传；定价（表5-6）。

表5-6 零售战略：可控变量

A. 商店的位置和业务经营

（1）区域的选择	（8）商店的组织
（2）地点的选择	（9）营业时间
（3）租赁条件	（10）预算
（4）商店规模	（11）仓库
（5）建筑物和设备	（12）商品的运输和装卸
（6）单店还是多店	（13）设备的维修
（7）人事管理和人事政策	

B. 提供的商品和劳务	
(1) 质量	
(2) 花色品种的广度	(6) 预测和预算
(3) 花色品种的深度	(7) 存货水平
(4) 创新的程度	(8) 购买决策的依据
(5) 零售财务	(9) 调解
C. 商店的形象和推销宣传	
(1) 气氛	(6) 公众关系
(2) 店面	(7) 大规模广告
(3) 商店布局	(8) 个人销售
(4) 陈列	(9) 扩大销售
(5) 顾客服务	(10) 宣传材料
D. 定价	
(1) 定价方法	(4) 心理定价
(2) 价格水平	(5) 支付方法
(3) 价格分档	(6) 付款条件

战略决策的第一个方面是商店的位置和业务方面的决策。零售商要做出几种关于商店的位置和业务方面的决策，必须确定总的区域和具体地点。在挑选商店位置时，对竞争者、交通运输、人口密度、街道类型、供货厂商的远近等等都应当加以考虑。必须估计到租赁条件，如租金、机动性和租赁期长短等，必须做出建造、购买或租用房屋的决定。需要选定商店的规模、房屋的式样和各种设备。

零售企业的业务决策包括人事管理和人事决策（雇佣、训练、报酬、监督等）；商店组织（组织图和指挥系统）；营业时间（天数和时数）；业务预算；仓库（地点以及零售商与制造商之间的控制）；运输和装卸（方法以及零售商与制造商之间的控制）；设备维护。

战略决策的第二个方面是确定提供的商品和劳务。必须确定企业所经营的商品和劳务的一般质量。必须决定花色品种的广度（商店所经营的不同商品类别的数目）和深度（某类既定商品中备货的齐全程度），也就是确定本企业的商品决策。一个企业可以采取不同的商品决策：一种是品种齐全的商品决策，以全取胜，这是一种比较理想的商品决策，但它需要企业有较大的规模与雄厚的实力；另一种是市场细分化的商品决策，这种决策突出本企业经营商品的个性，满足某一类消费者的需要。零售企业应该制定各项方针，概略地提出商店在引进新的商品和劳务方面准备作何革新；必须拟定关于零售财务、预测和预算方面的手续程序，对商店所储存的每一类商品必须确定存货水平（现有的平均存货量）；必须规定进货决策的准则（多少时间进一次货、进货的条件等）；最后，零售商必须制定评价的程序，以便对已供出售的每种商品或劳务的经营成败进行评价。

在提供的商品方面，要确定核心商品与连带商品及其比率。核心商品是指在完成企业商品销售量和销售额中起决定作用的商品，也称"拳头商品"。在美国、日本等国，核心商品的销售量与销售额一般要占 70% 以上。因此，核心商品选择正确与否，是决定企业经营好坏的关键。核心商品一经选定，就要在一个较长时间保持不变。当然，一个企业的核心商品选定后也不是一成不变的，要随着社会消费的变化而变化。

连带商品是指在企业经营的商品中与核心商品关系密切、关联性很强的一部分商品。

连带商品可以使企业的商品显得丰富、种类比较齐全，增加企业的销售额。由于连带商品与核心商品关系密切，有的为互补性商品，因此无须做广告增加推销费用，可以比较容易地与核心商品一起销售出去。

商品经营范围确定以后，并非可以一劳永逸。市场是不断变化的，消费者的偏好在变，生产技术在不断发展，人们收入水平在不断提高，竞争对手的商品策略在变化，企业经营目标在不断变化。要适应这些变化，零售商就必须经常性地对商品种类进行审视，不断调整商品结构，引入新产品，淘汰滞销品。随着商店的经营规模、经营目标、商品生产技术发展、人口数量及消费者收入水平情况的变化，随时优化商品结构，满足消费者的需求。

零售战略决策的第三个主要方面涉及商店形象的建立和推销宣传方法的利用。商店的形象对一个零售商的成功是至关重要的。如果目标市场的消费者并不像商店所指望的那样来看待商店，这商店就办不好。因此必须设法建立一个具有特色的形象（符合目标市场的要求），这种形象可以利用几种方法树立起来，商店的气氛体现着商店所寻求的形象的实际面貌。有声誉的商店往往通过豪华的地毯、宽阔的通道、引人注目的陈列品和隐蔽的价目标签来树立和提高其形象。折扣商店往往通过不铺地毯的地板、花色繁多的陈列品、显眼的价目标签和顾客自我服务来树立和宣传其形象。彩色布置、香气、音乐和销售人员的标志也有助于商店形象的建立。沿街店面的建筑、有形的外观也对商店的形象或环境起作用，商店的布局和陈列、店内商品的排列和定位是对气氛有影响的另一因素。对顾客的良好服务、与当地居民的良好关系，也是用来为商店建立良好形象的手段。对顾客的服务包括停车场地、礼品包装、慷慨的退货办法、在特殊季节延长营业时间、留货待取办法、准许调换、使用信用卡以及电话销售、邮购销售等。

推销方法运用得当可促进销售。推销方法包括供超级市场用的花钱很少的挨户传单广告，以及供特许经营的连锁商店用的花钱很多的全国性广告。零售企业可以采取以下三种支付费用的推销宣传方式：以大规模广告把信息传达给广大的消费者；以个人销售促使零售企业与顾客保持个别服务；以扩大销售包括赠券、购货现场展览、特价商品销售等招徕与说服顾客，起到补充作用。除了这些支付费用的推销方式外，零售企业还可通过为本区居民服务和其他方式进行免费宣传。

零售战略第四个方面是定价决策。零售企业必须从几种定价方法中做出选择，例如，自己领先定价、跟随别人定价、按成本加成定价或按需求定价。必须决定按什么水平要价，是卖低价、平价，还是高价。应考虑哪种价格水平适合于商店的形象和所提供的商品或劳务的质量，要考虑消费者价格心理以及竞争对手的价格策略。

应该确定任何一类商品的价格档数。例如，一家供应衬衫的小服装店应有多少档价格，这叫做价格分档（price lining）。可以运用各种定价技巧，如心理定价。必须规定付款的方法，如现金支付或信用卡。国外有的零售企业允许赊销，还必须决定付款条件：延期付款的时间和因延期付款而产生的利息负担。

零售企业经理必须客观地评价本企业的长处和短处。所谓本身的长处，是指企业能用来实现目标的各种突出的能力。商店如果有强大的财力支持、忠诚的顾客、经验丰富的管理人员等，那么就能较好地实施战略。而所谓本身的短处，则是指企业自身限制目标实现的因素。企业如果管理层缺乏凝聚力，没有固定货源，在消费者心目中形象差，就不可能很好地贯彻实施既定战略。

2. 不可控因素

零售企业必须调整其战略的可控部分，以适应他们无法直接加以控制的环境。零售企业不可控因素很多，需要考虑方方面面，最重要的是要密切关注环境的变化。例如，城市空心化的趋势对商店的潜在市场有很大影响，因而对商店的销售额也有很大影响。同样，人口都市化的趋势也应该重视。另外，经济环境如个人可支配收入、物价水平、利息率也应该是影响其销售预测的因素。企业经理必须准确地预测这些因素以及它们对于战略目标的影响。零售战略的不可控部分见表 5-7。

表 5-7　零售战略：不可控部分

A. 消费者	
（1）人口统计资料	（3）可支配收入
（2）生活方式	（4）决策过程

B. 竞争者	
（1）现有竞争者	（2）新的潜在竞争者

C. 技术	
（1）费用	（2）有效程度

D. 经济情况	
（1）价格水平	（4）利率
（2）失业率	（5）税收
（3）经济的增长	

E. 季节性	
（1）易腐品	（3）天气状况
（2）非易腐品	

F. 法律约束	
（1）国家法律	（3）地方法律
（2）行业法规	

零售企业一旦确定了目标市场，企业所提供的商品与劳务就必须适应这个市场的要求。而不能企图把商品和劳务强加给他的顾客。

虽然经营的行业和商店的位置都可选定，但大多数零售企业对限制竞争者进入市场是无能为力的。事实上，一个现存零售商获得了成功，就会促使一些新的零售商进入市场，或者会促使已站稳脚跟的零售商调整他们经营的商品种类，以适应市场流行的趋向。竞争实力的增长往往迫使一个零售商重新研究他的全面战略。包括确定目标市场和商品——劳务的组合，以求确保竞争优势得以维持下去，必不可少的基本态度是要始终比其他任何零售商更诚心地满足目标市场的需要。

技术在零售行业里进展很快，现在已运用计算机系统和信息技术来控制存货、检查业务，运用电子监视技术来防止偷盗行为。继条形码之后，无线射频识别技术将会彻底改革商品管理和存货控制方法，商品的仓储和运输已经发展得更有效率，网络销售和电子商务比以往任何时候都更普遍。但是这些改进措施中有些是很费钱的，目前只对大企业才适用。

小零售商在管理、控制和销售等方面较难跟上技术的变革，因而必定会使它在价格上高于较大的竞争者。在营业效率越来越不如竞争者的趋势面前，小零售商能继续存在的唯一可行办法是提供个别方式的服务和更多样化的服务。它必须调整自己的可控战略来弥补这一点。

经济状况不是任何零售商所能控制的。经济衰退、通货膨胀、失业、利率、汇率的变化，都是一个零售商必须加以适应而不能加以改变的环境因素。零售商在制定战略可控方面的时候，必须考虑并调整关于国际、国内和当地经济状况的预测。

对某几类零售商的另一种约束是商品或劳务的季节性，以及不可预料的天气变化可能会严重干扰销售预测工作。例如，经营体育设备、服装、新鲜食品等商品的零售商无法控制商品的季节性或恶劣天气。零售商解决战略部署中这种不可控部分的办法就是出售多样化的商品或劳务，努力发展一系列的商品或劳务，其中包括一年四季都很畅销的商品。这样，企业就可以使季节性的影响减小到最低限度。

最后，一切零售企业都应该熟悉国家和地方法律对他们的约束，法律的约束包括四个大的方面：①立法对商店位置和业务的影响；②立法对所提供的商品和劳务的影响；③立法对商店形象和推销宣传的影响；④立法对定价的影响。一个零售企业自觉遵守法律的条文及其精神实质，就会有一批消费者跟随它，也不大会引起政府的不满，零售企业必须采取使各级政府都满意的态度来制定战略。

四、战略分析

战略分析是零售企业战略制定后的一项工作，是指零售管理者采取检查分析等一系列行动，使实际零售活动与原规划尽可能一致，但又要通过不断评审和信息反馈，对战略不断修正。

零售企业的零售战略计划，是企业根据自己的零售战略目标，在特定的环境中，按照总体的策划过程所拟定的行动方案。但是商业环境变化很快，往往会使企业制定的目标、策略、方案失去作用。因此，在零售战略实施过程中必然会出现战略分析问题。战略分析必须根据最新的情况重新评价计划和进展，因而难度也就比较大。战略分析方法采用的是企业全部零售业务进行总的效果评价。战略分析包括如下内容：调查和分析企业是否能按照市场导向确定自己的任务、目标并设计企业形象；是否能选择与企业任务、目标相一致的竞争地位；是否能制定与竞争者战略相适应的零售营销战略；是否能进行科学的市场细分并选择最佳的目标市场；是否能恰当地分配市场营销资源并确定合适的零售组合；企业在市场定位、企业形象、公共关系等方面的战略是否卓有成效。

第四节　零售企业战略投资组合计划

在业务多样化的零售企业中，企业战略的一项重要工作是为所有业务单位制订一个长期发展规划，并且在所有的业务单位之间合理地分配资源。这一步骤叫做业务投资组合计划。企业的各个业务单位在某一时期的吸引力是不同的。有些会迅速增长，有一些保持不变或稳步增长，另一些则下降。每个业务单位的资源需求也有所不同。各个业务单位的目标和总体战略也不尽相同。业务投资组合计划实质上是企业按照统筹安排的原则规划所有的业务。它将企业利益作为一个整体来对资本和资源在每一个业务单位之间进行分配，以实现企业的增长目标。

一、战略业务单位

为了制订包含所有业务单位的企业整体战略，在它们之间进行资源分配，必须先将企业分成若干个战略业务单位。每个战略业务单位都是一个独立的利益实体，他们都有各自的目标顾客、竞争对手、营销战略和管理人员。零售企业可以从下面这些角度来划分战略业务单位：

（一）业态类型

规定战略业务单位的方法之一是按商店的类型，如便利店、标准超市、大型综合超市、百货店、专业店等。他们各有自己的目标顾客，面对各自不同的竞争环境，采用不同的经营策略。

（二）商品类别

有些零售企业出售的商品类别很多，如电器、纺织品、服装、百货、化妆品等，可以考虑将它们分别作为一个战略业务单位，也可以考虑将它们中比较相近的放在一起作为一个战略业务单位。

（三）地区分布

大型零售企业往往在全国许多城市或者一个大区中有若干商店，由于不同城市或不同地区的竞争环境不同，企业可以根据各地的差异情况，来规定战略业务单位。如有的零售集团采取地区总部的办法管理，有的是设立若干分公司。

二、评估投资业务单位

评估投资业务的一个方法是将所有的战略业务单位根据它们的市场吸引力和业务力量的不同进行组合。衡量市场吸引力的因素包括市场规模、市场增长率、竞争强度、收益性；评价业务力量的因素包括核心竞争力、市场份额、管理者的素质和团队、相对经营效率、企业影响力。

企业要根据多种因素对整个投资组合中的各个战略业务单位打分；然后将各分值归入市场吸引力和业务力量这两个指标中；再按照两个指标将每个战略业务单位在方格图中表示出来。这个方格图的二维分别为大、中、小和高、中、低三档。

方格中的战略业务单位的位置反映了它的总体态势，它为企业对该战略业务单位采取什么态度和行动提供了参考。方格大致分为三个区域：优势区、调整区、劣势区（图5-1）。

		业务力量		
		强	中	弱
市场吸引力	大	＋	＋	0
	中	＋	0	－
	小	0	－	－

图5-1　业务单位态势评估

＋优势区　0调整区　－劣势区

（一）优势区

方格中左上方的三个方格组成优势区，这是这个方格中最佳的区域。它或者有强大的市场吸引力，或者有强大的业务力量，而且两者有较好的搭配，市场发展态势良好，是有优势的业务单位。企业应该分配充足的资源给这些业务单位，支持他们进一步成长，变得更强。增强这些业务单位在市场中的地位并获取更多的利润。

（二）调整区

对角线上的三个方格组成了调整区。在这个区域中，战略业务单位是小强、中中、大弱。对它们所采取的战略可视它们所处的方格而定。

（1）市场吸引力大，业务力量弱。这个位置上的业务单位往往是最有发展前途的，首选的发展战略是支持该业务单位的业务力量，使业务单位进入其左边的某一个方格中。但是如果业务力量无法加强，企业只能把这一业务单位卖掉或撤销，这样可以使企业节省一部分资源，而将这部分资源投入其他战略业务单位中。上海第一百货在 20 世纪 90 年代中期曾搞了一段时间的超市，但由于业务力量跟不上，最终不得不撤销该业务单位。

（2）市场吸引力中，业务力量中。企业应该发展和保持战略业务单位在市场中的这种地位。企业要分配给它们相应的资源，使它们跟上竞争对手的步伐，保持它们的业务力量。

（3）市场吸引力小，业务力量强。虽然处在这个小方格中的业务单位相对于竞争对手来说地位较好，但它们只能对企业作很小的贡献，因为它们的市场吸引力很小。在这种情况下，不能将更多的资源投入进去，而是应该采取收缩战略，削减投资。

（三）劣势区

右下方的三个方格中的战略业务单位，是无吸引力的弱势业务单位。收缩战略对于这些业务单位可能是适宜的，或者企业放弃这些业务，用节省下来的资源支持处于成长中的业务单位。

三、协调投资组合

零售企业划定了战略业务单位以后，就必须为每一个战略业务单位制订一个相应的战略，而且还必须将资源在各战略业务单位之间进行分配，以确保所有的战略业务单位都能实现各自的目标。企业应该将它们当作一个整体来管理。虽然每一个战略业务单位都有自己的目标和战略，都设法满足各自的市场需要，但它们都必须共同努力实现企业的总体目标。企业高层领导必须根据市场环境和每个战略业务单位的优劣势决定哪一个业务单位应扩展、哪一个应调整、哪一个应淘汰。为了实现这一目标，管理者必须对所有战略业务单位的优劣势进行评估。

上海华联集团 1996 年根据市场发展需要和零售业业态创新趋势，审时度势，提出发展五大业态。当时集团的主要业态是百货商店、专业商店和标准超市。集团提出在保持现有业态良好发展势头的同时，要做大标准超市、发展大型综合超市和便利店，成为一个业态较为齐全，在上海有很大市场占有率的商业企业集团。经过几年的努力，到 2000 年华联集团基本上实现了这一目标，除了保持原来的业态优势之外，还做强了标超业态的华联超市，新建了大卖场业态的华联吉卖盛、便利店业态的华联罗森。

四、监控业务投资组合

为了保持业务投资组合的协调，企业在任何时候都必须对每个业务单位的经营状况进行监控。监控业务投资组合必须在各业务计划方格中标出每一个战略业务单位的位置，然后监控每个业务单位向其目标运动的过程。

➤案例

华联商厦选择超市发展之路

华联商厦是上海著名的零售企业，其主体位于上海南京路浙江路口的百货大楼，是建于20世纪30年代的永安公司，为旧上海四大百货公司之一。20世纪90年代华联商厦改制为股份制，1992年华联商厦股票上市，一下子从股市募集到几亿元资金，如何使用这些资金、确定投资方向成为公司内部讨论的热点。一部分职工认为，目前百货商店销售形势很好，应该扩大百货商店经营规模，可以学习上海第一百货搞姐妹楼的做法，把华联商厦边上的华侨商店大楼盘下来经营百货业。另一部分职工认为可以购买南京路上的店铺。时任华联商厦董事长的张达夫对国内外零售市场进行了深入考察，经过深思熟虑，决定发展新兴业态——超级市场。1992年成立了华联超市，任命华洲为总经理。张达夫投资3 500万，打算从1993年起每年开出6家连锁店，准备亏损到1996年，1997年起赚钱。1993年1月9日，华联超市6家门店同时开张，到年底，共开出了11家门店。然而年终结账华联超市营业额8 900万，一年亏540万。超市亏损在华联商厦引起轩然大波，各种议论出现，对张达夫的发展超市决策产生怀疑。张达夫经过与华洲交换意见，认为亏损是意料之中的，只要超市形成规模，老百姓能够接受超市业态，就一定会扭亏为盈。张达夫决定1994年再投资3 500万，这年又开出13家店，到1994年8月华联超市的赤字消失了，开始盈利，到年底盈利104万。1995年华联超市的24家门店销售4.5亿元，盈利1 000万元。1995~1997年华联超市在全国超市中销售额和盈利连续名列第一。

（资料来源：作者收集整理）

➤基本概念

零售战略（retail strategy）	零售使命（retail mission）
目标市场（target market）	大众市场（mass market）
细分市场（market segmentation）	多片战略（multiple-segment strategies）
核心竞争力（core competence）	成本领先战略（cost leadership strategy）
差异性战略（differentiation strategy）	集聚战略（focus strategy）
市场渗透（market penetration）	商品周转率（commodities turnover）
零售战略制定过程（strategy retail planning process）	公司个性（corporate identity）
	价格分档（price lining）
劳效（劳动生产率）（labor productivity）	平效（营业场地效率）（business space efficiency）

➢ 思考题

1. 何为零售战略？零售战略对零售企业有什么意义？
2. 零售企业的经济性目标有哪些内容？
3. 零售企业在成长战略上可以采取哪些方式？
4. 如何划分零售企业的业务单位？如何对业务单位进行评估？

第六章

零售企业内部组织结构与信息系统

零售企业为实现其经营目标，需要建立自己的内部组织系统。即把全体工作人员与物质技术设备等经济资源组合成若干子系统，设置职能部门与管理层次，明确划分部门与各层次的责任与权限，使企业能够有效运转。信息化时代的到来使信息系统和组织结构一样重要而成为零售企业的运行支持系统。

■ 第一节　零售企业组织结构设计

零售企业的组织结构类型一方面要与企业的战略相匹配，另一方面要便于控制与管理。随着零售企业规模越来越大，企业的组织结构也趋于复杂，组织机构的建立须要考虑多方面的因素，同时还要能够适应企业业态和经营地域的不断变化。

一、组织结构设计的内容

组织结构是指一个组织内各构成要素以及它们之间的相互关系，主要涉及企业部门构成、部门设置、权责关系、业务流程、管理流程及企业内部协调与控制机制等。组织结构设计不仅仅是描绘一张正式的企业组织结构图表，或者根据企业的人员配备和职能管理需要增设或减少几个职能部门，它的目的是帮助企业围绕其核心业务建立起强有力的组织管理体系。

设计零售业组织结构要确定企业所要承担的任务。这些任务主要分为四大类：战略管理、商品管理、商店管理和行政管理。组织结构设计的内容主要有：

（1）按照企业战略目标要求，建立合理的组织架构，包括各个管理层次和职能部门的建立；

（2）按照业务性质进行分工，确定各个部门的职责范围；

（3）按照所承担的职责赋予各部门、各管理人员相应的权利，决定企业中每名员工应该承担的具体任务，以及应负的责任；

（4）明确上下级之间、个人之间的领导和协作关系，建立畅通的信息沟通渠道；

（5）设计企业的业务流程、管理流程和相应的组织文化，以保证所建立的组织结构有效地运转；

（6）根据企业内外部环境因素的变化，适时地调整组织结构。

不同的组织结构有着不同的功能和效率。一个企业是否高效和可持续地发展，不仅仅取决于企业领导人的能力，还要看企业的组织结构是否合理并具有张力，是否能够把全体员工有效地组织起来并发挥他们的作用，使每件工作都有人来做。

二、组织结构设计的要求

一个零售组织往往同时面临提高内部效率和增强外部适应性的要求，这就要求零售企业组织结构设计必须满足三方面的需要：业务经营的需要、企业管理的需要、企业发展的需要。

（一）业务经营的需要

零售企业是营利性的经营单位，企业的组织结构首先是保障企业业务的顺利开展。机构的设置要根据经营业务的需要而设，能够使企业的各个业务单位有效地开展销售活动，保证企业销售链条的有效运转，保证企业的赢利。处于销售第一线的门店的各种需要能够及时得到满足，顾客遇到的各种问题能够及时得以解决，目标市场的需要能够被及时的发现并有相关部门来处理，及时转化为企业新的业务。

（二）企业管理的需要

机构的设置要便于管理，当一个零售企业规模达到相当大的程度时，管理的难度就会明显表现出来。许多曾经成功的大企业在规模达到巅峰时，往往因企业层次太多而无法开展有效的管理。所以零售企业的机构设置要有利于管理的效率，能够实现上下级之间的高效沟通，能够及时传递和反馈信息，能够迅速做出决策并得到执行；部门之间职责应十分清晰，能够实现部门之间的高效沟通，保证各部门的管理职能正常发挥；各部门能够很好协调，相互配合，不产生不必要的争论和互相推诿，在管理上不漏死角。

（三）企业发展的需要

大多数零售企业都是处于一个不断发展的过程中，这种发展包括业务的发展和规模的发展。一个有效的组织结构要能够适应企业的发展，虽然组织结构可以随业务的发展而调整，但它具有相对稳定性，组织结构要有张力和灵活性，以适应业务拓展和区域扩张的需要。特别是规模扩展中的连锁企业，每个星期都在开新店，经营的地域不断在扩大。企业的组织结构要能够适应这种发展，为新开的门店提供各种支持，使新店能够获得从人员到商品的保障，能够获得业务的指导，这就需要一个高效的组织机构。零售企业的组织结构必须与其发展战略相匹配，一家零售企业确立了一项新战略，需要调整或重新设计组织结构，从而协调组织行为，以实现其战略。

三、组织结构设计程序

（一）明确企业需要从事的业务

零售企业有一些基本的职能是共同的，但是由于业态与企业规模的不同，需要履行的职能也有一些区别。通常零售企业需要履行以下业务：

（1）销售。这是零售企业最基本的职能，是在销售商品中所需完成的一系列相关活动，包括市场调研和营销策划。

（2）采购。这是为实现销售所需进行的前期商业活动，即购进商品所完成的一系列相关活动，其中非常重要的是与供应商谈判。

（3）仓储。商品购进之后，在进入商场销售之前，需要使用自己的仓库，实现储存职能。

（4）配送。连锁零售企业将商品从仓库配送到各店铺，需要有一支配送队伍，履行运输职能。

（5）分拆和加工。从供应商处购进的商品需要分拆，某些商品在流通过程中需要进行一定的加工，如生鲜商品的分类、挑选，改变包装，熟食制品和面包的加工和制作等。

（6）服务。对顾客的服务包括购物时的导购、礼品式包装、接受退换和开具发票、接受投诉、送货上门、安装调试等。

（二）为保证业务开展所需设置的职能

（1）企业发展。基本上所有的零售企业都是处于一个不断发展的过程中，发展是零售企业增加利润重要手段，即使是规模已经很大的企业，面临业务结构的调整也需要发展，发展是提高效益的保证。

（2）人力资源管理。无论是满足现有业务的开展还是企业的发展，人力资源都是主要保证。人力资源管理不仅输送培养新员工，也实现现有员工业务水平的提高。

（3）财务管理。财务管理为企业经营提供资金保证，负责企业全部经营活动的核算和监控。

（4）信息管理。信息管理已是现代化企业所不可缺少的管理系统，它履行信息收集和处理职能，成为业务经营和企业管理的支持系统。

（5）安全保卫。保障商场、仓库的安全以实现销售和其他业务的顺利开展。

（6）行政管理。协调企业内部与外部关系，实现指令的上传下达、后勤保障，监督各部门的职责履行。

以上各职能并不一定全部由零售企业来承担；部分职能，或某些职能中的一部分工作，可以由制造商、批发商、专业公司来执行。例如，可以将配送商品到店铺的部分运输工作交给制造商或物流企业完成；可以将市场调研、销售预测等信息收集处理工作交给专业市场调查公司承担；可以将运输职能和仓储职能外包给第三方物流公司等。将一部分企业职能外包，可以使零售商保持较低的非核心能力之外的营运成本。但是，这种外包一定要考虑可能会失去对某些活动过程的控制力。

（三）零售企业组织机构的分类

根据以上的业务和功能，零售企业的机构一般划分为四大板块。

1. 战略管理部门

战略管理部门是负责企业总体发展方向与投资方向的部门，包括企划部、发展部、市场调研部、董事会秘书室等。零售战略管理主要由高层管理人员来承担，他们包括首席执行官、总裁以及代表股东利益的董事会。

2. 业务经营部门

业务经营部门是从事商品的购、销、运、存业务的部门，是零售企业组织结构的主要部分，它的规模和专业化程度决定着其他部门的建立。业务部门一般按照商品类别实行专业化分工，按商品划分业务经营机构；也有些零售企业的业务经营机构是按业务经营环节或服务对象划分的。业务经营部门有采购部、销售部、商品部、配送中心、门店等。

3. 职能管理部门

职能管理部门是零售企业中从事计划、核算、指导、监督和协调等工作的部门。职能部门的主要职责是搜集整理、分析研究各种资料，提供给企业经理作为指导业务经营时的参考；向经理与业务经营部门就某些问题提出建议；在职责范围内对业务经营部门的人员进行监督、指导和帮助，为提高经营管理水平服务。职能管理部门包括财务部、人事部、培训部、物价部等。

职能部门的划分及专业化分工程度取决于企业的规模。规模小的企业不需要建立专门的职能管理机构，只需要配备若干个职能管理人员，建立一个综合性的职能部门；若企业规模较大，就需要设置分工比较专业化的职能部门。

4. 行政事务部门

行政事务部门也是一种职能部门，但它与商品经营没有直接关系。行政事务部门不直接指导与监督企业业务经营活动，对企业的业务经营只起支援和保障性的作用。零售企业中行政事务部门的职能包括安保部、后勤部、总经理办公室等。

(四) 设立部门的原则和方法

零售企业明确自己需要一些什么部门后，就可以为各项业务和职能设置部门，明确各部门相应的职责，使每一个部门负责包括一组类似的工作任务并确定对应的职责。这些职责在整个组织中应该相对持久和稳定。

出于管理上的考虑，零售企业部门的划分有多种分类方法：

（1）按职能分类，即按照采购、销售、人事、财务等职能范围划分部门。这种划分具有专业化的优点，职能部门地位越高，企业对商品及销售的管理和协调的可能力度越弱。

（2）按商品分类，即根据经营商品的类别来划分部门。如设立多个商品部，有利于突出零售企业商品销售的重点，部门按商品划分也有利于提高商品管理的水平，这种结构分类使职能部门的协调能力减弱。

（3）按地区分类，即按照分店所在经营地区的不同来划分部门。这种方法适用于跨区域发展连锁经营企业，有利于分散在各地的企业提高决策效率，适应市场变化，因地制宜发展，处理好连锁企业管理的集中性与各地区分店经营之间的矛盾。

（4）按职能、商品、地区三项因素中的两项或三项综合分类。这是现实中运用最为广泛的方法，特别是对规模较大的零售企业而言。建立连锁经营公司的组织机构，通常既按职能又按商品还按地区划分职务，这种分类方法能够从多角度对企业实施管理和监督，提高了管理的严密性，但同时这种组织结构分类法也使协调的成本提高。

四、零售企业中集权式和分权式的组织结构

权力的集中与分散是零售企业设置组织结构的一个重要考虑，从这个角度出发，零售企业中存在中央集权式和分权式两种组织结构。

在中央集权式组织结构里，零售决策权由董事会（局）或总公司总经理做出。多数大型连锁店都采用集权式的组织结构，例如，沃尔玛公司所有决策都在公司总部制定，地区和地方连锁店层次不制定任何决策。

采用中央集权式的组织结构有以下优点：第一，由于决策权集中于总公司的管理层，零售企业在制定商品管理、人力资源管理、营销管理和财务管理决策时只需要少数人来完成。所以可以降低经营成本。第二，采用中央集权式组织结构的零售企业，通过协调在地理位置上很分散的商店之间的经营活动，并且进行大批量的商品订货，从而从供应商那里获得更低的商品价格。第三，中央集权式组织使部门与员工更加专业化，能为企业提供更多的专业化优势。例如，在采用中央集权式的组织结构中，熟练掌握管理信息系统、商店设计、市场营销等专业知识的人员可以使所有的商店都能从他们的专业技术中获益。

现在有些中央集权式组织结构的连锁企业实行以采购为中心的管理体制。这种体制增大了采购部门的权力，调动了采购部门的积极性。但是也有缺点：第一，购销衔接容易出问题，采购的商品不一定是市场热销的；第二，采购部与销售部门因为利益的不一致容易产生矛盾；第三，门店因缺乏独立性而导致灵活性较差。

彻底的中央集权式组织结构是很少的，现实中大多数大型零售企业都实行一定的分权。分权式组织结构是指在总公司领导下按地区或市场划分，地区经理分别负责当地商店的营运和商品的管理，形成一种相对独立经营、单独核算的部门化分权结构。如法国的家乐福，门店具有很大的自主权，许多零售决策是由各个连锁店做出的。现实中，大型单体百货商店的组织结构一般采取分散管理型。

采取集权式组织结构的零售企业要注意商品销售部与采购部门的协调，这两个部门分别实现商品毛利和后台毛利。由于双方为了实现本部门的业绩，站在自己立场上进行决策，会产生一些矛盾。销售部门埋怨采购部门所进商品不符合市场需要或价格过高，难以销售；采购部门认为销售部门销售不力，促销不够。当出现这些问题时，就需要高层领导出面进行协调，此外两个部门应该建立协调机制。

分权式的优点在于权力下放，有利于最高管理层减少日常行政事务，集中精力研究企业的大政方针和战略问题。把标准的管理政策应用于商店管理和人事管理中，更加注重经营效率。而各事业部独立核算，给予商店经理更多的决策权，能充分发挥地区管理的积极性、主动性和创造性，提高整个零售企业经营的适应能力。

分权式组织结构的缺点是：第一，采购量不大，不容易获得供应商的优惠；第二，企业对地区主管的控制能力较弱。

五、零售企业的管理层次设计

由于零售企业规模越来越大，组织设计中管理层次过多，在大型连锁企业中这种情形较为突出。比如有的大型连锁企业，从总部到门店管理层次达到了5层：全国总部—地区总部—门店管理部—督导—店长。有的大型门店内部的管理层次也达到三四层。管理层次增多，决策的效率就可能下降，企业内部的沟通困难，产生的协调问题就多，协调成本加大，组织的灵活性减弱。但是另一方面若层次数过少，尽管可以避免上述问题，也不能够避免另一些问题的出现，如果每个部门直接管辖的事务过多，管理面太广，以致无法有效地发挥协调功能。因此，连锁组织的管理层级要适当。

撇开企业的规模和业态特点等因素，影响层级数的因素还有各级管理人员的能力、管理幅度、工作的性质与种类、细分工作的差异性。尽管连锁企业由于业务、规模、连锁形态不一样而采取不同层级的组织结构，但从管理的角度讲，应该由金字塔式的结构尽量向扁平式的组织结构转化。也就是尽量借助现代化的信息沟通手段，减少中间管理层次，扩大管理幅度，提高管理效率。

组织管理层次与管理幅度有密切关系。管理幅度是指每位管理人员直接管辖的下属人数，组织的管理层次多，管理幅度就要窄些（"瘦长"型组织结构）；组织的管理层次少，管理幅度就要宽些（"扁平"型组织结构）。要减少管理层次，就要加大管理幅度，这就对企业管理人员在管理水平和管理艺术上提出更高的要求。

第二节　零售企业组织架构的类型

与其他行业的组织结构设计相类似，零售组织结构的设计有直线职能型组织架构、事业部制组织架构、矩阵式组织架构、多维立体组织结构等形式组织架构。零售企业的组织架构，可以根据企业业务、规模的不同而设置，也可以根据不同的管理理念而设置。零售企业的组织架构具有多种类型。

一、小型独立商店的组织架构

小型的独立商店一般由业主自己管理，外加一两个亲戚或小工，这种商店也叫做"夫妻店"。这种小型商店的组织结构非常简单，由于人员有限，没有严格的专业化分工，业主每天给人员分派任务，并亲自实施监督。

随着销售规模的不断扩大，当店里员工数量增多，业主开始雇用正式员工时，管理分工就形成了。不过，此时仍然是简单的分工，只是将某些经常性工作指派给某个员工专门负责；有时，业主也会雇用一家会计公司来完成财务管理工作。

图 6-1 是一个除店主之外还有几位员工的小商店组织图。该图将每一个员工负责的业务明确列出，店主能明确地知道每一员工的职责而使管理方便。

将各个员工的职责加以明确划分，并不违背员工之间的合作，小商店经常需要大家一起来做某一件工作，如接货时往往需要全体出动。小型零售企业很少实行职能的专业化，因为需要完成的许多任务都与现有的工作人员数有关。因此，每个职工都必须把他的时间分配给若干项业务活动。

二、按照职能设置组织机构——大中型商店的组织架构

大多数大中型商店是按照商业企业的职能，把企业内部分为若干个部门，如财务部门、采购部门、商店管理部门、销售部门等。每个部门设一位部门经理，各部门地位平等，直接向总经理负责，这称为职能型架构。这种职能的范围包括下述业务活动：

（1）商品采购。确定经营商品的品种、谈判、进货、库存计划和控制。

（2）商品销售。售货，橱窗和内部的商品陈列，计划和执行推销活动，广告宣传研究，公共关系。

（3）商店管理。商品管理，顾客服务，购买商店用品和设备，商店维修，商品接收、检验、标码与发运，仓库管理，清洁保安，人事管理（培训、劳动报酬）。

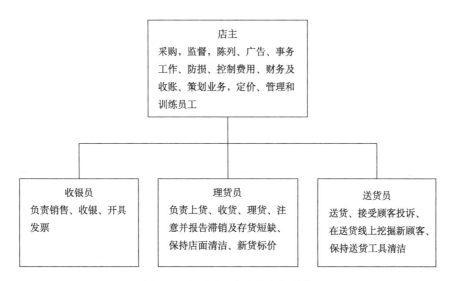

图 6-1　小型独立商店的组织结构

（4）财务与控制。负责商品统计及报表、销售查核、信用审查、发放薪金，信贷与收款，费用的预算和控制，存货计划和控制，记账。

在采用公司法律形式的企业中，总经理不是企业的所有者，企业所有者是股东。股东和总经理之间有一个董事会，总经理和副总经理负责企业的经营管理，他们集中精力于企业战略方针和管理计划的制订与贯彻。参见图 6-2。

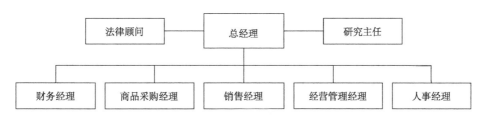

图 6-2　按照职能设置的组织架构

三、按照商品设置组织结构——百货商店的组织架构

商品经营范围较宽的商业企业，可以围绕他们经营的主要商品来设置机构。围绕商品来设置组织机构的商业企业，要求有极好的商品管理技术，这些技术比管理专门职能的技术更加重要。图 6-3 所示的是按商品来划分和设置的百货商店组织机构，直接向商店的所有者或总经理负责的是每个商品部经理。

在百货商店，职能部门的权力较小，而各个商品部是重要的部门，负责商品的采购和销售。商品部下面又可以分成许多商品分部，负责各类商品的采购和销售。商品部经理的责任非常重大，对本部门的开支控制和利润目标负有完全的责任。

对于是否应将商品部的采购职务与销售职务分立，一直引起不断的争论。主张采购与销售职务分立的理由如下：

（1）由于卖场管理是专业化极强的管理，而购销一体的管理、权力与责任高度集中于

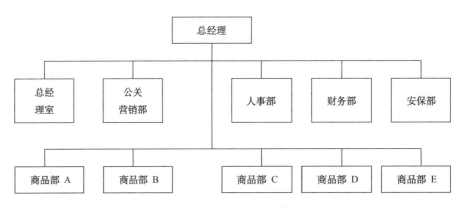

图 6-3　按商品设置的组织架构

商品部经理。品牌引进、商品采购、卖场管理、人员工资管理、部门行政管理等集于一身，使商品部经理无法集中精力从事专业化管理，因此容易出现管理上的不专业、不细化，企业管理水平的提高受到制约。

（2）上级部门无法实现有效的管理控制。购销一体的管理是一种粗放型的管理模式，"采购、销售、结算"一体，没有完善的监督制约机制；缺乏管理的指导与控制，容易造成企业管理中的漏洞。

（3）购销合一无法实现高水平的专业化分工。优秀的采购员与称职的销售经理在技能上的要求大不相同。采购员应具备批发业务、流行趋势及与供应商交易等方面的知识；销售经理则应具备了解消费者行为及消费者个性的能力，具有适应市场应变能力、组织管理能力。但现实中要同时具备上述两种能力的人是较少的。商品采购不仅是企业经营活动的源头，而且是企业提高经济效益、降低进货成本的关键环节。购销分离可实现专业化分工的好处。

（4）无法适应企业的规模发展。经营方式的现代化，企业组织形式的现代化，是企业规模发展的基础。购销分离，将采购集中到总部，有利于扩大对单个供应商采购的规模，有利于增强谈判的能力，从而降低采购成本。

但是，仍有大部分商店喜欢将采购、销售工作归一个部门负责，理由是采购、销售分立增大经营管理上的困难。例如，一个部门同时负责销售、购货两种工作时，可以对该部门盈亏负责；若有两个部门分担，便会产生摩擦、利益冲突或相互推诿责任的情形。

大部分专家主张采购、销售分离，认为这样可建立一套标准制度来测量各部门的工作效率，职责分离可得到专业化分工的利益。

随着百货商店分店的增多，又衍生出三种形式：母子型分店组织、独立型分店组织和平等型分店组织。在母子型分店组织中，总店经理保留了大部分权力，包括商品采购、营销策划和财务控制，将分店的行为标准化，以确保与总公司政策一致。这种组织结构适合于分店较少且顾客的购买偏好与总店类似的情况。在独立型的商店组织中，分店在商品采购和销售及经营决策上拥有自主权，可以较好地满足当地顾客的需要；但这种组织运营成本大，总店与分店重复设置，只适合分店规模很大且地理位置分散的情况。在平等型的商店组织中，采购职能集中管理，销售职能分散管理，分店和总店的待遇是平等的。采购部门独立出来，既不受总店的监督，也不归分店管理，因此，数据收集至关重要，否则很容易造成销售与采购脱节。

四、按照开设地点设置组织机构——连锁商店的组织架构

按照开设地点设置组织机构最普遍的是连锁商店，连锁商店在各地均有分店。按照开设地点来设置组织机构便于管理，这样当地的地区经理可以迅速地做出决策，很快地解决经营中遇到的问题，参见图 6-4。

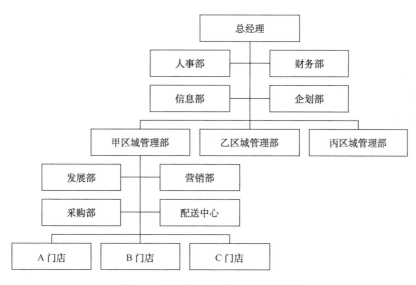

图 6-4　按开设地点设置的组织架构

跨地区连锁企业由于连锁门店分布范围广、数量较多，因此，一般采用三级组织架构，即"总部—地区管理部—门店"（图 6-4）。在三级管理中，连锁总部的部分职能转移到地区管理部的相应部门中去。主要承担对企业政策和发展规划的制定，监督执行、协调各区域管理部的职能活动。地区管理部是适应连锁企业发展、区域扩展的需要而设立的，拥有自己的经营管理组织，在总部的指导下负责本地区的经营发展规划，处理本地区门店日常的经营管理。地区管理部实际上是总部派出的管理机构，不具备法人资格，仅有管理与执行能力，在许多重大问题上的决策仍由总部做出。

如果连锁商店的发展跨出了国界，那么其组织机构也要有相应的变化。一般是在总部设立国际事业部负责海外连锁事业发展，在相应海外发展地区设立合资或独资公司，实现法人当地化来具体执行连锁业务。而当连锁事业进一步扩大，跨国经营逐渐成为企业主要利润来源时，以国际事业部来管理海外连锁业务不利于资源与优势整合。因此，组织结构又会出现新的变化，国内业务和国际业务部不再被严格区分开来，而是并行设立各国或各大洲事业部来管理各大区域的连锁事业。

不同的零售业态其连锁经营形式会有所差异，但是连锁经营具有一些共同的特征，这些特征为其组织结构的设计提供了相互借鉴的内容。

（1）这类组织有很多职能部门，如配送中心、公关营销部、门店管理部、采购部、人事部和发展部等；

（2）权利和责任是集中的，各个分店经理负责管理销售工作；

（3）业务经营标准化，如商店布置、固定设备、商品种类、营销活动以及商店服务等；

（4）具有精心制定的管理制度，使管理层信息灵通。

虽然许多连锁商店仍然是集中管理的，但是有很多零售商，如家乐福、西尔斯公司、培尼公司、大西洋和太平洋茶叶公司、克罗格公司、赛夫威公司等都实行分权管理。分权管理使各个连锁单位能更好地适应本地情况，并增强分店经理的责任心。

五、混合制的组织结构——商业企业集团的组织架构

零售企业不仅可以按照单一的模式来设置组织机构，而且可以根据经营的需要以多种形式建立组织架构。下面两个例子是按职能—开设地点设置组织架构（图6-5），以及按开设地点—商品大类设置组织架构（图6-6），这两种组织架构都属于是混合制的组织结构。混合制的组织结构适应于多业态、跨地区的商业企业集团。

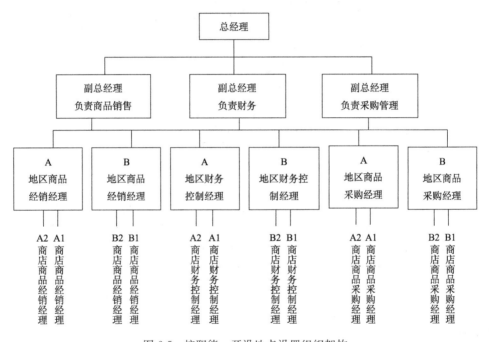

图 6-5　按职能—开设地点设置组织架构

商业企业集团是拥有多种业态的大公司，在跨地区发展方面是和连锁商店相似的。但它把几种不同的零售业务组合在一起，这又是和连锁商店的不同之处。如上海的百联集团拥有多种零售业态，还有批发企业、物流公司等。

商业企业集团由于它所提供的商品和劳务的种类繁多，在组织架构上必须考虑到以下问题：第一，部门之间的协调。各部门之间关于作业程序和统一的目标必须互相沟通，各部门之间的竞争必须取得协调，如百货商店和超级市场经营同类商品时。第二，地区之间的协调。各地区同类商店在形象、价格、服务等方面要保持一致性，防止价格差异过大而产生窜货。第三，管理信息系统必须适合各种截然不同的业务经营。因而，商业企业集团需要建立具有协调众多部门的灵活的组织架构。

许多大型零售集团是多元化发展的企业，即企业拥有多项业务单元并独立发展。通常

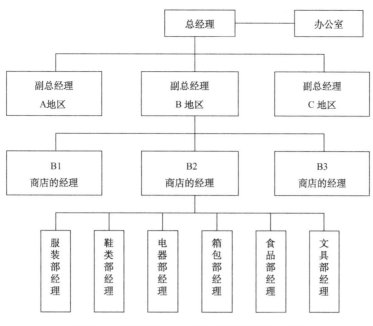

图 6-6　按开设地点—商品大类设置组织架构

多元化经营的连锁企业采取事业部的组织形式。事业部是总部为促成某专项事业的发展而设置的，拥有一定的经营管理权，并独立核算，具有法人地位。见图 6-7。

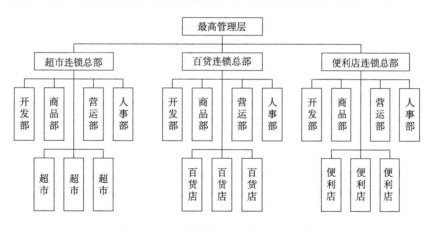

图 6-7　多元化零售企业集团组织架构

多元化经营的零售集团在各事业部发展到一定规模时，在每个事业部下面再设地区管理部来管理门店的运营工作，由此形成四层或五层的管理体制。尽管每个事业部拥有较大权利，集团总部仍要考虑企业的发展战略和投资重点，也需要考虑在不同连锁体系之间进行有效控制以达到发展战略和目标上的一致。

第三节　零售企业信息系统

信息技术（IT）是计算机与网络的结合体，通过计算机来收集、处理、存储、恢复、显示和传递信息或数据，它在战略和经营层次构成了日益重要的零售管理职能。信息技术正在使零售企业从传统的管理向现代化管理方向转变，提升零售企业管理的能级。

零售业利用信息技术的地方很多，而且正在不断扩展。通过投资于信息技术系统零售的功能正发生变化。电子数据交换使整个供应链正处于一体化的进程中。信息技术的运用使得零售店铺可以减少存货，因为信息技术对销售的监控是持续进行的，可以随时根据销售进展进行适时的补货。信息技术使商店能够储备较多的合适商品，能够凭借相应的促销方法聚焦于具体的顾客。取代传统购物的重要方式是电子商务——互联网的使用。

零售信息系统（retail information system, RIS）是信息系统在零售业中的运用，是一种人、机器和方法互动的结构，对于零售商解决问题和进行决策十分重要。由于各个零售企业内部组织结构和业务流程的差异，RIS 必须专门根据个别零售企业的需要而设计，为零售企业提供有计划和连续的信息流。零售信息系统支持四个功能：定位、收集、处理和利用有关的零售信息。另外，它的基本意图是为了零售商的外部和内部环境收集的信息提供框架，这样零售商就能得到最好的以正确决策形式出现的输出结果。

零售企业的整体信息系统是由若干特殊功能的信息系统结合而成，如 MIS 系统、POS 系统、EDI 系统、ECR 系统等，各个企业在系统的运用上程度不同。以下介绍一些在零售业中应用最普遍的信息系统。

一、管理信息系统

管理信息系统（management information system）简称 MIS 系统，是指用于解决企业管理问题的数据库。MIS 涉及为企业经营管理搜集信息、处理信息、存储信息、传递信息。

信息有企业内部与企业外部两个来源。通过建立数据库和方法库，可以用适合的方法对某些与企业经营管理密切相关的数据和信息进行处理。

MIS 分为两种形式：①独立的 MIS；②非独立的 MIS。

所谓独立的管理信息系统是指无须直接与外部其他机构连接，在企业内部独立运行的MIS。所谓非独立的管理信息系统则指企业内、外部信息处理装置联网的 MIS。在非独立的 MIS 中，外部数据库的作用非常重要。当然，并不是说独立的 MIS 就完全不再利用外部的信息处理设备。

零售企业利用企业各部门建立的 MIS 系统指导企业各项经营活动。零售企业可利用MIS 进行引导控制的经营活动包括采购、仓储、运输、销售、融资、投资规划、财务管理等。

零售企业的 MIS 系统必须聘用相关专家来建立。因为几乎任何零售企业的 MIS 不可能只利用那些能从市场上直接买得到的标准应用程序和只处理标准信息，很多企业都有自己特有的信息搜集并输入系统，这就要求必须开发某些能处理本企业特殊信息的程序，以便能得出具体的、实用价值高的分析结果。而所有这些都需要对企业的组织管理进行相应的调整，并且需要投入相当大的精力对员工进行这方面专业知识的培训。

零售企业向连锁化方向的发展使得管理信息系统变得非常重要，连锁经营企业总部通过 MIS 系统实现跨区域控制，各个职能部门（财务部、管理部、采购部、配送中心）通过 MIS 系统实现高效管理和实时监控，各个门店通过该系统点菜和上传经营信息。

在零售信息系统的投资强化了零售巨子沃尔玛核心价值：最早使用计算机跟踪存货

（1969 年），最早使用条形码（1980 年），最早采用 EDI（1985 年），最早使用无线扫描枪（1988 年）以及后来的实时存货和现金流信息的零售连锁系统。这些投资都使得沃尔玛可以显著降低成本，提高销售额，减少缺货损失，大幅度提高资本生产率。零售信息系统能够连续地收集、组织和存储相关数据，并将信息流提供给恰当的决策者。

二、销售点实时系统

销售点实时（point of sale）系统简称 POS 系统，POS 系统由商品条形码、前台电子收银机（ECR）和后台计算机组成。POS 系统能够将代码自动读入到计算机系统中，这是应用一种电脑可读取的产品代码的结果，这些代码之后被传递给相配的光电扫描装置，从而使代码能够传送给销售点电子收银机。

商品条形码是一种商品识别标记，是供光电识读设备向计算机输入数据的代码。其中包含该商品与销售有关的各种信息，条形码是 POS 系统的技术支持。条形码是由入读数字和一系列可以被激光扫描仪读取的条构成，这种编码体系是在国际范围内发展起来的，它使进出口商品的编码能够兼容。入读代码通常由 13 位数字构成，即 EAN-13，还有一种较短的代码 EAN-8，只存在于较小的商品中。EAN-13 条形码前两个阿拉伯数字或者标志字符代表登记产品的编码机构所在的国家，接下来的五个数字是 ANA 分配给分销商的代码（零售商有一个用于自有品牌的代码），第二组五位数字是分销商用于识别产品（通过价格、规格、颜色、气味和包装尺寸）的代码，最后一位数字是确定产品代码的构成是否正确的检验码。EAN 体系也允许为那些在店内称重的商品（如农产品、肉类）使用可变重量代码。

现在大多数零售企业中都配备这样的系统，借助激光扫描仪，这些条形码能够最大限度地加快付账速度。中心计算机能够在一夜间与店内计算机沟通信息以测量总体库存水平并产生需要在第二天送货的个别商店的订货需求。POS 系统的引入为存货低于预先设定水平时的自动重新订购提供了条件。这使总体库存保持在最低水平。

POS 使用的收银机除接有一般收银机所带的条码扫描仪、票据打印机之外，通常还连接磁卡或 IC 卡识别器，具有与计算机通讯的功能；后台电脑除了及时接收与分析 POS 记录的销售信息外，还通过数据调制解调器（MODEM）与总部或配送中心、供应商进行网络信息传递。

已经有各种各样的 POS 系统被开发出来，这些系统利用微处理器孤立地工作或者与一台店内计算机连接。POS 系统有三种基本功能：

（1）是一种商品价格检索及商品名编码工具；

（2）能够记录和储存商品的销售信息；

（3）能够打印出带有商品的简略描述和价格的收款收据。

POS 系统带来了结账效率的提高，减少了结算错误，使零售企业节约了人力，不需要一件件地输入单品的价格，并且改变价格比较容易。

除此之外，POS 系统在管理上的作用有：

（1）掌握销售情况，提供管理方面的信息，掌握每小时客流量，了解品类和即时的产品销售额，支持单品管理；

（2）改进存货控制管理；

（3）实现自动订货；

（4）支持 MIS 系统和 EDI；

（5）识别 IC 卡，与银行联网。

POS 系统的发展使更为详细地瞬间收集销售信息成为可能，扫描系统提供了产品和零售店每天和每小时的详细的销售业绩，因而能够迅速地产生非常详细的市场调查数据，这些数据对于零售商及其供应商具有不可估量的价值。

运用 POS 系统进行信息管理是现代零售业的发展方向，百货店、专业店、专卖店等各种业态都在引入 POS 系统，但由于超级市场普遍采取连锁方式经营和管理，实行网络化组织结构，信息资源的共享性效益大，所以超市公司运用 POS 系统管理的效果相对比较理想。POS 系统的实质是销售信息收集、处理、传递系统。

三、电子数据交换

POS 系统的扩展是电子数据交换（electronic data interchange），使用 EDI 技术，在零售商的付账台对一项商品的扫描不但为零售商提供相关信息，也同时向供应商直接发送信息，引发供应商仓库的补充存货的决策。利用电子数据交换，零售商与其供应商可以通过计算机定期地交换关于具体产品的库存水平、送货时间、单位销量等信息。结果，双方都提高了决策能力、改善了库存控制水平并对顾客需求趋势更加敏感。总体效果是存货水平降低而脱销的现象不易发生。这个系统虽然成本较高，但大多数零售商发现越来越有必要安装这个系统，而且有些供应商也愿意分担部分成本。

电子数据交换系统将获取的店铺数据直接发送给供应商（最初发送给公司的仓库）。这是对价值链的一个重要增值，自从 20 世纪 80 年代订购单和发票等文件的国际标准确立以来，电子数据交换的交易量每年增长 20％～25％。电子数据交换已经成为大多数大型零售企业的一种标准交易方式，它使即时订货成为可能，加速了存货周转。创造了零售商和供应商之间的密切合作关系，因为这些企业为了共同利益分享交易数据。据国外数据显示，食品零售商占销售额 75％的销售成本能够被降低。电子数据交换系统也使企业能够发展有效顾客反应。

上海联华超市集团公司从 1998 年 3 月开始，与高校及高新技术开发公司合作开发自己的 EDI 应用系统。这个 EDI 应用系统包括配送中心和供货厂家之间、总部与配送中心之间、配送中心与门店之间的标准格式的信息传递，信息通过上海商业增值网 EDI 服务中心完成。

采用 EDI 之后，配送中心直接根据各门店的销售情况和要货情况产生订货信息发送给供货厂家。供货厂家供货后，配送中心根据供货厂家的发货通知单直接去维护库存，向门店发布存货信息。这样做的结果，使得信息流在供应商、配送中心、门店之间流动，所有数据只有一个入口，保证了数据传递的及时、准确，降低了订货成本和库存费用。

四、有效顾客反应

有效顾客反应（efficient consumer response，ECR）起始于食品杂货业，是指食品杂货的分销商和供应商以满足顾客要求和最大限度降低物流过程费用为原则，及时做出准确反应而进行密切合作，使物品供应或服务流程最佳化。ECR 以信任和合作为理念，通过引进最新的供应链管理运作和创造消费者价值理念；推广供应链管理新技术与成功的供应链管理经验和零售业的精细化管理技术，协调制定并推广相应的标准，力图在满足消费者需求和优化供应链两个方面同时取得突破。ECR 的最终目标是分销商和供应商组成联盟一起为消费者最大的满意度以及最低成本而努力，建立一个敏捷的消费者驱动的系统，实现精确的信息流和高效的实物流在整个供应链内的有序流动。

ECR 是与供应商共享销售信息，如同 EDI 开始那样。但是 ECR 远远不止这些。它涉及即时交货和合伙契约采购，并非在库存水平降低时向供应商发出订购单，零售商有引发订购单的任务。双方就预测方法达成一致，供应商承担起根据从零售商那里获取的最新销售信息补充存货的任务。ECR 也涉及零售商向供应商传达那些会影响到销售量进而影响订购量的促销信息。这些以信任和机密性为基础的系统可能并非在所有情景下都适用，供应商和零售商必须都能从系统中获取利益，而且可能必须存在一个临界点，在这个点上双方才能得以共享利益。

五、无线射频识别技术

无线射频识别（radio frequency identification，RFID）是一种非接触式的自动识别技术，由电子标签、阅读器和天线三部分组成。电子标签附在产品包装上，进入磁场后，接受阅读器发出的射频信号，凭借感应电流所获得的能量发送出储存在芯片中的产品信息。

RFID 技术与条形码的区别在于：RFID 是非接触式的自动识别技术，它能够识别单品，具有防水、防磁、耐高温、使用寿命长、读取距离远、信息量大的优点。

使用 RFID 技术，顾客可以迅速结账，商店可实时知道商品情况，可实行快速补货，防窃，供应商可以知道自己商品销售情况。有助于使用第三方物流。

RFID 技术存在的问题是：首先是目前成本较高，一个芯片的成本在 10 美分以上，只有价值昂贵的商品才有能力配备；其次是隐私问题，一些人担心自己购买的商品上附有芯片从而有可能暴露个人隐私；最后是安全问题，商家在消费者不知道的情况下在商品中植入芯片，有人担心受到电磁波的冲击。

RFID 技术将引发流通业的革命，沃尔玛从 2004 年就开始 RFID 试验，采用 RFID 技术，2006 年库存下降了 16％，贴有 RFID 标签的商品进货量超过条形码商品进货量的 3倍。2007 年初，沃尔玛有 130 家主要供货商向分销中心发送带有 RFID 标签的产品，取代条形码。2006 年分销中心共收到 540 万件采用 RFID 标签的产品。2007 年 1 月，又有另外 200 家供货商提供 RFID 标签产品，用于沃尔玛的 1 000 家超市和仓库。沃尔玛集团宣称 RFID 帮助其在仓储、物流、货品管理等环节挖掘出新的商业潜能①。

➤ 案例

麦德龙的"未来商店"

在零售业，人人都知道麦德龙有个"未来商店"（future store），凭借无线射频识别技术（RFID），这家商店出尽了风头。

尽管麦德龙的未来商店频繁见诸报端，但人们仍然能体会到新鲜而兴奋的购物体验。

---

① 《超市周刊》2007 年 2 月 14 日第 7 版。

在麦德龙的展台，科幻般的购物流程从装有 RFID 的智能购物车开始，和普通的超市推车不同，未来商店的智能购物车装备了液晶屏和 RFID 读取器，顾客可以事先输入要购买商品的名称，智能购物车会提示摆放商品的货架位置并且设计优化的路线。当商品装入购物车时，价格、产地等详细信息就在液晶屏上显示出来。有了 RFID，商品信息的一次性大批量读取变得切实可行，顾客再也不用排长队，等待收银柜台的扫描器吃力地逐一扫描商品上的条形码。

零售商从麦德龙的未来商店中察觉到了 RFID 的巨大潜力。从仓储、库房管理、上架、补货到盘点等环节，这些日常流程因为 RFID 而变得高效和透明。当产品到保质期或存货不足时，商品的管理系统会及时发出信号。工作人员知道何时再补货，顾客也不至于面对空空如也的货架。通过大范围部署 RFID，他们不仅可以极大地提高管理效率，而且可以提升供货能力，确保供货质量，并降低成本。

麦德龙在 RFID 试验上已经初见成果。在一项麦德龙与 IBM 和宝洁合作完成的研究项目中，RFID 技术以及电子数据交换（EDI）的使用可为麦德龙现购自运商场、Real 大卖场以及集团配送中心仓库每年节省 850 万欧元的费用。而这只是麦德龙整个流程 11 个环节中的 2 个被分析和量化的环节所节省的费用。用 RFID 自动衣服分类机扫描商品的 RFID 标签，然后安排发往特定商店的商品数量，每小时能处理 4 000～8 000 件衣服，手工处理只有 150 件。

从 2003 年开始，麦德龙就开始未来商店的计划。在这里，RFID 得到最大限度的试验和应用。基于 RFID 的智能货架、智能镜子、智能试衣间、智能购物车、智能信息终端、智能电子秤、智能支付构建了一个庞大的明日零售帝国。

试验第一阶段是从 2004 年 11 月开始，将未来商店出炉的 RFID 应用在德国的麦德龙商店进行推广。迄今为止德国有 22 个商店安装了 RFID 读取器，包括麦德龙旗下的百货商场、现购自运商场和 Real 零售超市。RFID 主要应用于这些商场的供应链，包括物流的流程、商场的收货等方面，共有 50 多家供应商安装 RFID 的芯片。他们也从 RFID 中受益，通过一体化的系统，供应商不仅可以提高物流效率，还可以及时得到商店反馈回来的销售情况，并做出及时补货的决定。

第二阶段的亚洲先进物流（ALA）计划，则将麦德龙的 RFID 试验扩展到中国。计划一方面是展示 RFID 的潜力，另一方面是希望通过使用 RFID 让国际货物流动变得更透明高效，并且在运输过程中全程掌握货运情况（端到端的可视性）。目前主要是跟踪商品从泛珠江三角洲和中国香港的供应商出发，运送到德国的过程，其中包括了跨国界可见性等实验性的项目。

2006 年 7 月，麦德龙启动了跨国界可见性项目。中国发记运输有限公司是一家将不同制造商生产的商品拼箱打包以便为麦德龙运输的服务提供商，它和内衣制造商 Chi Tat 公司在出口货箱上都安装了无源 RFID 异频雷达收发机，置于出货口处的读取器可以记录出货信息并且自动核对其完成情况。在此，货物包可以由麦德龙国际采购公司的中国香港分公司通过不同的码头装船出港。在麦德龙德国乌纳市配送中心，货物通过 RFID 进行再次核对。位于进货口的读取器可以在几秒钟内核对是否所有订货已被送达。随后，货物便可被配送到麦德龙旗下的各个商店和超市。

在试验中，麦德龙发现传统的物流流程和基于 RFID 的"未来"流程确实有很大不同。跨界可见性的商业价值主要体现在增加了物流的透明度，提高了装船和卸货的效率，减少了人工错误的发生。

为了确保 RFID 应用的成功，麦德龙和德国 GS1 机构共同成立了 RFID 研究实验室，并且在德国杜塞尔多夫附近的诺伊斯（Neuss）市，设立了 RFID 技术研发中心。后者为 RFID 在贸易零售业的应用提供独特的信息和开发平台，目前来自消费品行业的合作伙伴在 40 多种系统上测试 RFID 技术，测试的重点是订单拣选以及仓储管理。

麦德龙的智能秤、智能支付已经相对成熟，RFID 在仓储的应用已经推广到麦德龙在德国的大多数超市，智能购物车还需要再进一步改进。

尽管麦德龙的 RFID 应用取得了令人称羡的成果，但是无论是在欧美还是在中国，要期盼 RFID 挤掉零售业里无处不在的条形码，还要经历漫长的等待。

业界普遍的顾虑来自于三个方面：成本、标准的不确定和技术的不稳定性。在麦德龙的未来商店，即便 RFID 标签的成本仅仅为 8 欧分，也仅仅只有潘婷，吉列或高端品牌的奶酪，CD、DVD 光盘上贴上了 RFID 标签，其他商品的 RFID 应用仍然停留在大宗货物仓储管理上。

无论是麦德龙还是沃尔玛，在 RFID 的应用中，采用的模式都是商场提供读取设备，供应商承担标签费用。显然，目前 RFID 带来的高效、市场情况反馈及时等优势并没有抵消大部分供应商对成本的犹疑。

九牧王（中国）有限公司 CIO 张铁龙表示："即便每张 RFID 标签只要一元钱，我们每年销售 60 万件衣服，每件衣服贴上一个标签，也得花费 60 万元，这可不是一笔小数目！"

标准的不确定也让零售业者迟疑不定。目前世界通用的 RFID 主流标准来自两个机构——全球产品电子代码管理中心（EPC Global）和日本 UID 中心。即便是麦德龙，在中国开设了 33 家现购自运商场，目前也没有任何一家商场采用 RFID 技术。原因是 EPC 的频段还没有放开。

技术的不稳定性也会增加供应链的操作难度。刘毅介绍，目前的 RFID 信号对金属和液体的穿透力较差，因此遇到这两类物体，RFID 的误读率会增加。

是不是没有好的办法？上海百联集团有限公司物流事业部投资了上百万元，尝试用 RFID 改善供应链速度和管理，该物流事业部承担了给百联集团下属的华联吉买盛、世纪联华等超市配送的任务。"我们在配送中心内部的闭环使用 RFID，这样可以克服现阶段 RFID 存在的诸多问题。"百联集团物流事业部总经理时锦秀介绍道，百联物流在商品的进库、上架、补货、盘点等环节应用了 RFID，已经取得了明显的成效。百联物流采用的 EPC 标准，标签成本在 1 元左右，"由于我们内部使用，不像超市卖出去就收不回来了，因此我们的 RFID 标签是循环使用的。我们也在逐渐探索如何解决技术不稳定的问题"。

RFID 需要的是整个供应链的推动，最重要的是标准确定后，上下游的企业采用同一标准，才能像条形码一样尽快得到普及。

尽管前路坎坷，准备投身到 RFID 阵营的零售企业却比比皆是。上海华联超市表示，他们正准备在仓储环节上马 RFID 项目，而广州屈臣氏个人用品商店有限公司也表示，屈臣氏超市也对 RFID 有浓厚的兴趣。

（资料来源：李黎 . 2007-02-14. 未来商店的现实距离 . 超市周刊 . 第 7 版）

➤ **基本概念**

组织架构（organization framework）　　职能型架构（function structure）

扁平化（flattening）　　　　　　　　　集权化（centralization）

销售点实时系统（point of sale system）　零售信息系统（retail information system）

电子商务（electronic commerce）　　　　条形码（barcode）

条形码扫描器（barcode scanner）　　　　电子订货系统（electronic ordering system）

管理信息系统（management information system）　有效顾客反应（efficient consumer response）

电子数据交换（electronic ordering interchange）

➤ **思考题**

1. 零售企业组织机构分为几大类？可以按照哪些方法来分类？

2. 比较中央集权与分权式组织结构。

3. 请举例说明小零售商店、百货商店和连锁商店的组织架构。

4. 简述零售企业组织设计的类型。

5. 简述 POS 系统的作用。

第七章

零售企业店址选择

零售商业企业店址的选择对企业的经营具有非常重要的意义。店址选择的好坏，不仅影响到企业经营的好坏，甚至影响到企业的生死存亡。

本章以商圈理论为基础，考察店址可供选择的类型，以及零售商店店址的选择。

■ 第一节 零售商店商圈

一、商圈及其意义

（一）零售商圈定义

零售企业的商圈（trading-area，也称贸易区）有不同的描述，有人认为是商店招徕其顾客的地理区域；也有认为商圈是指以零售店所在地为中心，吸引顾客的辐射范围；还有的认为是来店顾客所居住的区域。这些定义都是从企业微观角度出发的，认为商圈一般是指单个零售商业企业吸引顾客所及的空间范围或一定的商业地域，实际上是距离不等的消费者与顾客的一个需求圈。综合以上的定义，可以把商圈理解为零售店销售的区域范围。每家零售店的销售范围通常都有一定的地理界限，即有相对稳定的商圈。不同的零售店由于所在的地区、经营规模、经营方式、经营品种、经营条件的不同，商圈规模、商圈形态存在很大差别。另外，即使同一个零售店在不同的经营时期受到不同因素的影响，其商圈也不是一成不变的。

另一种定义是从城市宏观角度给出的，认为商圈的概念不但可以延伸到地区，甚至延伸到整个城市，与城市的商业辐射力等概念相近。国外早期的研究如雷利和堪维斯就是主要从都市角度进行分析的。

将商圈描述清楚对零售商很重要。一旦确定了某个商圈之后，就可以从人口统计方面和社会经济方面来详细了解消费者的特征。通过对计划中的商圈的研究，可以知道存在的市场销售机会和为获得成功所必须采取的零售策略。

(二) 商圈分析的重要性

商圈与零售店经营活动有着极为密切的关系，无论新开或已设的零售店，都会非常重视商圈及其变化的研究。所谓对商圈的研究，就是对商圈的构成情况、特点、范围以及影响商圈规模、形态变化的因素进行调查、分析，由此为选择店址、制定或调整经营方针和策略提供依据。

商圈分析是指商店对其商圈的构成情况、特点、范围以及影响商圈规模变化趋势的因素进行实地调查和研究分析。商圈分析的重要性主要表现在以下几个方面：

1. 商圈研究是新设零售店进行合理选址的前提

商店的选址必须以选择适当的商圈作为基础。新设零售店在选址时，总是希望获得较大的目标市场，以吸引更多的目标顾客。为此，零售经营者必须明确商圈范围，了解商圈内人口的分布以及市场、非市场因素的相关资料，预测新开商店的经济效益，根据商圈购买力的大小及在本店的购物概率大体测算本店的销售额；通过分析才能明确商圈规模、形态，进行经营效益评估，选定店址、规模、商品方向，使商圈与经营条件协调融合，创造经营优势。商圈研究还可以帮助零售商计算出特定地理区域内的最佳网点数。

2. 商圈是零售店制定竞争策略的依据

商圈研究可以具体了解消费者的构成及其特点，从而确定商店的目标市场和经营方针，并随时根据商圈内消费群的变化灵活调整营销组合策略。在日趋激烈的市场竞争环境中，零售店为取得竞争优势，须完善经营的售前、售中、售后服务，加强与顾客的沟通等。这些都需要经营者通过商圈调查，掌握客流性质，了解顾客需求、顾客嗜好等才能制定出有针对性的经营策略。

3. 商圈研究是零售店制定市场开拓战略的依据

一个零售店经营方针、战略的制定或调整，总要立足于商圈内各种环境因素的现状及其发展规律、趋势。通过商圈的调查分析，可以帮助零售商了解周围环境的其他因素变化，如竞争状况、城市建设、政策法规、经济增长等情况；可以帮助经营者明确哪些是本店的基本顾客群，哪些是潜在顾客群，力求留住基本顾客群的同时，着力吸引潜在顾客群。商圈的研究是零售企业制定积极有效的市场开拓战略的依据。

二、商圈的构成和分类

(一) 商圈的构成

零售企业的商圈由主要区、次要区、边缘区三部分组成。主要商圈是指最接近商店并拥有高密度顾客群的区域，一般包含这一商店顾客总数的 55%～70%，是最靠近商店的区域。每个顾客的平均购货额也最高，很少同其他同类商店的商圈发生重叠。次要商圈一般包含这一商店顾客的 15%～25%，是位于主要区外围的商圈，顾客较为分散。边缘商圈包含其余部分的顾客，这类顾客往往是分散的、次要的，不超过总顾客的 10%。日用品商店吸引不了边缘区的顾客，只有选购品商店才能吸引他们。

图 7-1 是一个商圈的图解说明。商店的商圈不一定都是如图的同心圆模式，可以是各种不同的形状。

以上所述商圈三个区域顾客的分布对地区性的商店来说最为符合，但是居民区的杂货店、便利店就几乎没有边缘商圈的顾客。而位于商业中心、商业街、购物中心的零售店，核心商圈的顾客密度较小，并不是商圈的主要组成部分，次级商圈和边缘商圈的顾客反而密度大，是主要的商圈。

图 7-1 商圈示意图

商圈的规模与形状是由各种因素决定的。其中包括商店的类型、商店的规模、竞争者的坐落地点、顾客往返的时间和交通条件，以及利用交通工具的可能性。两家类似的商店即使设在同一商业区，它们对顾客的吸引力却不会一样。假如一家商店供应商品的花色品种多，推销宣传很广泛，并且建立了良好的商誉，它的商圈就会比另一家大得多。

有一类商店称为"寄生店"（parasite），既没有自己的往来通道，也没有自己的商圈，它依靠的是那些被其他原因吸引到这里来的顾客。如设在旅馆的门廊里的烟摊，设在购货中心的小吃店、快餐柜等。顾客不是因为有了这些小店而被吸引到商圈内来的，而是因为他们恰好在这个商圈内才光顾这些小店。

一家商店出售的商品种类影响到它的商圈。在地区性的购货中心，百货商店的商圈最大，服装商店次之，超级市场及其他当地日用品商店的商圈都较小。

商店商圈的规模也受商店规模的影响，商圈随着商店规模的扩大而增大。商店的规模通常反映出它可为顾客提供的各种商品和服务项目的数量，因此，才有这种相应的关系存在。然而，商圈的规模并不是按比例地随着商店规模的增长而增长的。

竞争者的坐落位置对商店的商圈规模有决定性的影响。如果互为竞争者的两家商店之间距离较紧，就会使每家商店的商圈规模缩小。两家商店彼此距离越远，每家店的商圈就越大，目标市场就不重叠。如果各家商店的位置恰好互相毗邻，商圈就不会因竞争而缩小规模。经营同类商品的各家商店群集在一起，实际上可使每家商店的商圈都增大规模。顾客们会被产品的丰富多彩所吸引。然而，一家商店对市场的渗透能力（它占零售总数的百分比）可能因这种竞争方式而下降。一家新商店的介入，也会改变现有商店商圈的形状。

顾客驱车或步行来购货的时间对商圈的规模具有影响。交通上的各种障碍，如只有单行线的马路、蹩脚的道路、河流、铁路轨道、收通行费的桥梁，通常都会使商圈缩小，并使它们变得奇形怪状。经济上的种种障碍也会影响到商圈的规模与形状，如两个城镇营业税率的差异，就会把消费者引到营业税低的城镇，消费者为了省钱宁可多跑些路。

商圈内预期的营业额计算公式如下：

预期年度营业额＝此商圈内消费者人数×在此区内购货的消费者百分比

×全年每个消费者的预期购货额

（二）商圈的分类

商圈有各种类型，商圈可分为成熟商圈和未成熟商圈。成熟商圈是指早已形成的比较固定的商业区域，一般不受个别商店开设的影响；未成熟商圈是指尚未成型的商圈，某一商店的进入会对其范围大小产生一定影响。

如果从商业区域间相互关系的角度来看，商圈可以分为互补性商圈、竞争性商圈和独立性商圈。

1. 互补性商圈

现代商圈内的商贸服务业组合，具有优化配置、效益叠加的特征，只有这样才能形成商圈和现代商圈层。在商圈与商圈之间，由于地域分布不同和市场特色、市场定位不同，也会产生互补前提下的效益叠加现象。以上海为例，上海市的八大商圈都有各自的集聚能力，地域的独占性和不同的市场特色、市场定位，使它们从总体上产生了互补关系，增强了整个上海商业的辐射功能。南京东路商圈以深厚的百年都市精华为特色；淮海中路商圈、南京西路商圈以时尚化、个性化为特色；四川北路商圈以品牌专卖和大众消费为特色；徐家汇商圈以多层次、多样化为特色；浦东新上海商圈、新客站不夜城商圈以流通要素创新为特色；豫园商圈则以商旅结合为特色。商圈之间的互补性，则主要表现在主要商圈层的地域独占性上。在经济全球化日益发展的今天，资源和生产要素在全球范围内流动，次要商圈层和边缘商圈层都发生了深刻的变化，它们的范围将变得更加不规则和不确定，单纯的内向型的经济循环必然束缚现代商圈的发展。因此加强商圈之间的合作可以为商圈带来互利双赢的机会，扩大整个城市的商业辐射功能。

2. 竞争性商圈

每个商圈都有自己的商圈层，相邻的商圈之间，必然存在着次要商圈层和边缘商圈层之间的交叉重合现象。在信息化时代，还会出现地域上不相邻的两个商圈也会在网上进行商业的竞争和交锋，这些都是竞争性的表现。以长沙市为例，五一路商圈和中山路商圈以及袁家岭商圈长期以来就存在着竞争关系。由于五一路商圈的辐射范围更广一些，导致了在五一路商圈不断发展壮大的同时，其他的受到影响的商圈范围不断萎缩。对于竞争性商圈，政府应该积极引导，支持它们在一个合理的范围内进行竞争，而不是无节制的恶性竞争，导致两败俱伤。

3. 独立性商圈

两个商圈之间可能由于种种原因，导致相互之间没有什么影响关系，这就如同物理学上两个相距很远的星体互相之间引力很小一样的。一种是两个商圈分布的都是某一类特定商品的经营网点，这些不同商品属性并无多少关联，导致商圈彼此互相独立。例如，服装市场形成的商圈与家用电器市场形成的商圈之间影响力就很微弱。除了空间绝对距离外，交通的状况也可能导致商圈之间并无关联，许多自然和人为的地理障碍，如山脉、河流、桥梁、铁路等会截断商圈的界限，使得空间相邻的商圈之间和平共存。如长沙市，仅仅由于湘江的阻隔，五一路商圈和荣湾镇商圈就能相安无事。当然我们认为，商圈之间绝对没有关联是不可能的，只不过这种关联性相对于商圈本身的空间扩散性来讲很微不足道而已。

三、影响商圈形成的因素

影响商圈形成的因素是多方面的，可以归纳为企业外部环境因素和内部因素，主要有以下几方面：

1. 商店规模

商店规模越大，其市场吸引力越强，从而有利于扩大其销售商圈。这是因为商店规模大，可以为顾客提供品种更齐全的选择性商品，服务项目也将随之增多，吸引顾客的范围也就越大。购物中心的商圈远远大于一般的大型商店。当然，商店的规模与其商圈的范围并不一定成比例增长，因为商圈范围的大小还有许多其他影响因素。

2. 业态和经营商品的种类

标准超市、百货商店的商圈有很大差别，特殊品店、选购品店、便利品店三者商圈大小不一样。对于经营居民日常生活所需商品如冷冻食品、蔬菜、洗涤用品等的标准超市，一般商圈较小，只限于附近的几个街区。这些商品购买频率高，顾客为购买此类商品，常力求方便，不愿在此比较价格或在品牌上花费太多时间。具有多样性商品种类的大型综合超市有很大的商圈。而经营选择性强、价格高、需提供售后服务的商品以及满足特殊需要的商品，如服装、珠宝、家具、电器等，由于顾客购买此类商品时需要花费较多时间，精心比较商品的适应性、品质、价格及式样之后才确认购买，因而零售商需要以数公里或更大的半径作为其商圈范围。

3. 商店经营水平及信誉

一个经营水平高、信誉好的商店，由于具有较高的知名度和信誉度，吸引许多慕名而来的顾客，因而可以扩大自己的商圈。即使两家规模相同，又坐落在同一地区、街道的商店，因其经营水平不一样，吸引力也完全不一样。如一家商店经营水平高、商品齐全、服务优良，并在消费者中建立了良好的形象，声誉很好，则其商圈范围可能比另一商店大两三倍。

4. 促销活动和比较价格

零售企业开展的促销活动也会影响其商圈大小。因而，当借助报纸等各种形式的媒体进行广告宣传时，对于媒体能辐射到的地区，零售企业能够很容易地吸引顾客，扩大商圈。大多数消费者对价格是非常看重的。零售企业可通过广告宣传、推销方法、服务方式、公共关系等各种促销手段赢得顾客，如优惠酬宾、有奖销售、礼品券、各种顾客俱乐部等方式都可能扩大商圈的边际范围。一些超市经常大做广告，通过每周推出一批特价商品吸引边缘商圈顾客前来购买。

5. 交通状况

交通地理条件也影响着商圈的大小，交通条件便利，会扩大商圈范围，反之则会缩小商圈范围。很多地理上的障碍，如收费桥梁、隧道、河流、铁路，以及城市交通管理设施等，通常都会影响商圈的规模。现在一些大城市的大卖场开出的免费班车则打乱了原先各卖场的商圈，使商圈形状发生变化。

6. 竞争对手的位置

竞争对手的位置对商圈的大小也有影响。如果两家竞争的商店相距有一段路程，而潜在顾客又居于其间，则两家商店的商圈都会缩小；相反，如果同业商店相邻而设，由于零售业的集聚效应，顾客会因有更多的选择机会而被吸引前来，则商圈可能因竞争而扩大。

7. 家庭与人口因素

商圈所处外部环境的人口密度、收入水平、职业构成、性别、年龄结构、家庭构成、生活习惯、消费水平以及流动人口数量与构成等，对于商店商圈的形成具有决定性意义。

四、商圈形态

商圈形态可区别为以下几种：

1. 商业区

商业区为各种商业行业集中的区域，除了零售商店集聚外，还有餐饮、娱乐等。商业区市口好，流动人口多，人气旺，商圈具有规模大、档次高的特点，商业区的消费具有快速、流行、前沿等特点。

2. 住宅区

住宅区商圈坐落于居民集中的区域，该区居民人口众多，但与中心商业区相距较远，从而形成独立的商业圈。住宅区的商店以中低档为主，业态以超市、菜场为主，消费群稳定，食品和日用消费品购买率最高。

3. 文教区

文教区商圈依靠大、中、小学学校而形成。文教区商圈内的业态主要是超市、便利店、文具用品店、饮食店等，消费者以学生居多。中国的大专院校过去把职工宿舍建在学校边上，老大学的文教区的消费者包括大量的教职工及家属，商圈特点接近于住宅区，菜场也是其中的重要业态。文教区商圈的商店档次不高。但对休闲用品、食品、文教用品的购买率高。

4. 办公区

办公区商圈依托办公楼、写字楼、机关单位，这里工作人员多，生活节奏快。业态以便利店、文印店、快餐店等为主，消费习性为便利性、消费水准不低，白天热闹，晚上萧条。

五、商圈测定方法

商店商圈的划定方法对于已设商店和新开设商店各有不同。对于已设商店，通过信用卡购物记录、邮购地址、抽样调查记录、送货上门登记、有奖销售记录、售后服务登记、顾客意见征询等途径可搜集有关顾客居住地点的资料。从资料分析中即可掌握本企业客流量的大小，其中哪些人是固定消费群体，哪些是流动顾客，根据固定消费者住址，在地图上加以标明，即可分析出商店的主要商圈、次要商圈和边缘商圈。

对于新开设的商店，划定商圈主要根据当地市场的销售潜力。运用趋势分析，包括分析城市规划、人口分布、住宅建设、公路建设、公共交通等方面的资料，预测未来的发展趋势。还可以应用各种调查方法，收集有关顾客为购物所愿花的时间与所行的距离，以及其他吸引人们前往购买的资料。例如，新建商店附近已建有同类型的商店，也可参考该店消费者客流量和购物距离进行统计调查。根据以上资料进行类比分析和综合分析，即可大体测出新建商店的商圈。

新开业的商店在开业期间可能吸引较远距离的顾客，具有较大的商圈，在此之后商圈范围则可能逐渐缩小。其中有两个主要原因：一是一些远处的消费者对商店失去新鲜感而疏于光顾；二是周围又出现一些竞争者而导致商圈缩小。所以，要正确估计商圈的范围，必须经常不断地进行调整。

具体来看，划定商圈主要有以下几种方法。

(一) 零售引力理论

在划定商圈方面，美国学者威廉·赖利[①]提出了"零售引力理论（retail gravity theo-

---

① Reilly W J. 1929. Methods for the Study of Retail Relationships. University of Texas Bulletin，No 2944 ry)"。赖利以牛顿的万有引力定律为核心，提出：一个城市从其周围某个城镇吸引到的零售顾客数量与该城市的人口规模成正比，与两地间的距离平方成反比。公式如下：

$$T_a/T_b = (P_a/P_b) \cdot (D_b/D_a)^2$$

式中，T_a 和 T_b 分别为从一个中间城市被吸引到 a 城和 b 城的贸易额；P_a 和 P_b 分别为 a 城和 b 城的人口；D_a 和 D_b 分别为 a 城和 b 城到中间城市的距离。

该模型证实：城市人口越多，规模越大，它从周围的城镇吸引到的顾客数量就越多；就距离而言，一个城市从附近城镇吸引到的顾客数量比从较远的城镇吸引到的顾客数量多。

（二）康弗斯断裂点模型

美国伊利诺伊大学教授康弗斯发展了赖利的理论，确定了城市交易区域，即在 A、B 城市间顾客可能到达任何一个城市购物的分界点。公式如下：

$$D_A = \frac{D_{AB}}{1 + \sqrt{P_B/P_A}}$$

式中，D_A 为从分界点到 A 城的距离；D_{AB} 为 A 和 B 两个城市间的距离；P_B 为较小城市 B 城的人口；P_A 为较大城市 A 城的人口。

断裂点公式在实际运用中有着相当大的局限性，这种计算方法只有在交通条件和购物环境相同的情况下才能成立。同时，城市人口的规模并不能完全反映城市的实际吸引力。

零售引力法则的成立有三个前提：

（1）两个地区的居民能够从同一条道路向对方行进；

（2）人口较多的城镇吸引力较大；

（3）两个地区的零售商经营能力一样。

顾客之所以被吸引前往人口较多的城镇，主要由于当地的商店设施和商品种类较多，值得多花时间前往。

零售引力法则既可用于不同城市商业区之间的定量分析，也可以用于同一城市内不同商业区之间的定量分析。利用零售引力法则划定商圈的优点是计算简便，特别是在资料不全时尤为适用。但它的使用也有一定的局限性。零售引力法则只考虑到两地的里程距离，而未考虑需要花费的行程距离，如果道路拥挤或缺乏便捷的交通工具、行走困难，即使里程距离较近，也会在顾客心里产生遥远的感觉。且该法则只适用于出售日常用品的商店，而不适用于出售挑选性强的高档消费品的商店。此外，若存在广告的影响，或顾客对某商店忠诚和某些商店有特殊吸引力时，会减弱法则的有效性。

（三）哈夫模型

哈夫模型（Huff model）是美国零售学者戴伟·哈夫（D. L. Huff）于 20 世纪 60 年代提出的在城市区域内商圈规模预测的空间模型[①]。哈夫模型是从不同商业区的商店经营面积、顾客从住所到该商业区或商店所花的时间及不同类型顾客对路途时间不同的重视程度这三个方面出发，来对一个商业区或商店的商圈进行分析。哈夫认为，一个商店的商圈

---

① Huff D L. 1963. A Probabilistic Analysis of Shopping Center Trade Areas. Land Economics，39：81~90

取决于它的相关吸引力。商店在一个地区，以及其他商店在这个地区对顾客的吸引力能够被测量。在数个商业区（或商店）集中于一地时，顾客利用哪一个商业区（或商店）的概率，是由商业区（或商店）的规模和顾客到该区（或商店）的距离决定的，即一个商店对顾客的相关吸引力取决于两个因素：商店的规模和距离。商店的规模可以提供营业面积计算，距离为时间距离和空间距离。大商店比小商店有较大的吸引力，近距离商店比远距离商店更有吸引力。

哈夫模型的公式是

$$P_{ij} = \frac{S_j/T_{ij}^{\lambda}}{\sum_{j=1}^{n} S_j/T_{ij}^{\lambda}}$$

式中，P_{ij} 为 i 地区的消费者在 j 商业区或商店购物的概率；S_j 为 j 商店的规模（营业面积）或 j 商业区内某类商品总营业面积；T_{ij} 为 i 地区的消费者到 j 商业区的时间距离或空间距离；λ 为通过实际调研或根据经验估计的消费者对时间距离或空间距离敏感度的参数；n 为相互竞争的商店数量。

一个地区的消费者在一个商店或商业区购物的概率计算出来以后，将它乘以该地区的消费者人数，就能得到该地区中到该商店或商业区购物的消费者期望数，再把各地区到该商店或商业区购物的期望消费者人数相加，就可得到总的消费者期望数。

哈夫模型是一个很实用的模型，国外在调查大型零售店对周边商圈的影响力时也经常使用这一模型。哈夫模型对预测新设商店的销售非常有意义，零售商在进行新店址策划时，可以借助哈夫模型的数学模型评估新店址的潜在商圈，预测顾客人数。

哈夫模型的缺点是只考虑商业区和商店的规模（营业面积），没有考虑企业的竞争力、声誉、销售能力等，λ 值的确定也较麻烦。

（四）中心地理论

中心地理论（central place theory）由德国地理学家 W. 克里斯泰勒[①]所创立，主要是把城市作为零售中心和服务中心来探讨它们在职能、规模和分布上的规律性。所谓中心地，是指向周围地区居民提供货物和服务的地方。一般来说，中心地的等级越高，它所能提供的货物和服务的种类也越多，即担负的中心地职能越多。由于空间距离衰减法则的作用，周围地区对中心地所提供的货物和服务的需求量随着距离增大而减小。决定各级中心地商品和服务供给范围大小的重要因子是经济距离，由费用、时间、劳动力三个要素决定，但消费者的行为也影响到经济距离的大小。中心地理论揭示的只是区域商业中心空间结构理论模式中基本的和起主导作用的因素的一般规律性。因此，在具体的实际区域中心地研究中，实际的服务范围只是理想范围的变形。

六、商圈调查内容

1. 人口调查
零售店在商圈范围内的人口即顾客，其来源一般可分为三部分：

---

① Christaller W. 1996. The Central Places of Southern Germany (translated by C. W. Baskin). Englewood Cliffs, NJ：Prentice-Hall

（1）居住人口。它是指居住在零售店附近的常住人口，这部分人口购物具有一定的地域性，是商圈内基本顾客的主要来源。对居住人口的调查不只是了解数量，而且要了解家庭规模、收入、职业等。

（2）工作人口。它是指那些并不居住在零售店附近而工作地点在零售店附近的人口，这部分人口中不少利用上下班就近购买商品，他们也属于商圈内的基本顾客。需要了解这部分人的职业、购物内容、购物时间。

（3）流动人口。是指在交通要道，商业繁华地区，公共活动场所过往的人口，如车站、码头、剧院等。对于中心商业区，这些路过人口是零圈内的主要顾客来源。这部分人口是最难调查的，因为不确定性比较大。一个地区流动人口越多，在这一地区经营的零售店可以捕获的潜在顾客就越多。流动人口多少直接影响该店的经营成果，用不同时段的流动人口调查乘以入店率，可以推算出来客数，及估算每日营业额。

2. 消费者习性、生活习惯调查

通过对商圈内人口消费习性及生活习惯的调查，可得知商圈内需要一些什么样的业态、经营什么档次的商品、如何安排营业时间。

3. 单位和基础设施调查

商圈内单位和基础设施的调查包括学校、工厂、公司、机关、车站、公园、娱乐场所、办公大楼等。它们将决定工作人口与流动人口，具有明显的购物特点，对于业态有自己的要求。

4. 竞争者调查

需要详细了解竞争者商店及其产品、价格、经营方向、来客数、客单价、服务等资料。这些资料收集越多、越系统，越有利于分析经营的现状与未来的发展，也就越有利于自己的定位。

5. 城区改造与基础设施建设调查

城区改造与基础设施建设会带来巨大商机，也是促使商圈形成与变化的重要原因。如新兴居住区与商业区建设、地铁车站建造、道路拓宽等。能预先掌握这些信息对经营者是非常有利的。

第二节　零售商店店址选择

一、零售商店选址的重要性

零售商圈的分析目的之一是零售店店址的确定。零售店店址是零售商的一项重要资源，它不仅决定零售商的效益，而且反映零售商店的形象。

零售店店址选择的重要性主要表现为：

（1）零售店店址选择是零售企业一项重大的、长期性的投资。零售店营业场所有两种来源：一是购买；二是租借。无论哪一种形式都需要大量的资金投入。大多数国家通行的做法是：条件较差的零售地点，普通租约为期 5 年；条件好的购货中心或商业区内的地点，通常租约至少以 10 年为期。超级市场通常要租 15 年、20 年，甚至 30 年。位于主要闹市区大街上的百货商店与大型专业商店要签订为期 99 年的租约。租赁店铺还需要对建筑物进行装修和改造，其投入也相当可观。所以对店址的投资具有其长期性、固定性的特点，关系着零售企业的发展前途。著名的零售企业，店址一经确定就不会再变，如坐落于上海南京路上的永安公司、第一百货（原大新公司）等历史都近百年，优越的位置使这些企业经久不衰。

（2）零售店店址是零售企业确定目标顾客和经营策略的重要依据。商店的地址对零售商的整个策略有着重要的影响，与零售企业经营的商品、制定的价格以及采取的促销措施有关。开设地点一经确定，商店的潜在顾客也就大致确定了，它在一定程度上制约零售企业对经营的商品、价格、促销活动的选择。因此，零售商为商店所选的地址必须符合自己的营业宗旨、经营对象和目标市场。店址对零售企业经营的影响是长期的，它会决定一家商店的经营风格，也会左右商店的营销手段和策略。必须制定出适合于选定地址的策略组合（strategy mix），包括商品的花色品种、推销宣传、价格等。

（3）零售店店址选择是影响零售企业经济效益的一个重要因素。零售店的"市口"相当讲究，有些商店规模相当，商品构成、价格、经营服务水平基本相同，就差几十米或一条街，效益就大不相同。店址选择得好就会顾客盈门，带来良好的经营绩效。

（4）零售店店址是零售企业市场形象的体现。不同的零售企业以及不同的市场定位在选址上有很大的差别，因为零售店所在地段反映着一家企业的形象，在城市里地段有三六九等，这些都是被人们所公认的。一个零售企业在什么地段开店，人们就会对它有什么档次的评价。一些商店为了显示其高档次的形象，不惜重金在高档地段开店。零售商所经营商品的品种、制定的价格，提供的服务、商场的环境气氛和所处地段的环境、气氛必须协调。很难设想一家经营高档商品的商店选址在一个低收入阶层居住的地区。

二、零售商店位置的类型

零售企业要根据自身业态和档次定位选择商店位置，从大的方面来看，选址可以坐落在以下不同类型的区域：

1. 孤立商店

孤立商店是单独坐落在路旁或小巷内的零售店。这类商店的临近没有同类的其他零售店。其优点是：无竞争者，租金低，具有灵活性，它在经营上可不遵守行业的规则，商店的位置可自行选择。规模较大的孤立商店如大卖场能安排方便的停车场，有利于开展一站购齐（one-stop shopping），使顾客在此店一次就可买到所需的各种商品。孤立商店的缺点是：难于招徕新顾客；往往不能满足顾客在购货中喜欢品种丰富多样的要求；有些顾客不愿光顾独家商店；平均广告费用较高；室外照明、维修场地和清扫垃圾之类的费用只能独家承担；在多数情况下，不能租用店房而须新建。孤立商店要形成和保持一个目标市场颇不容易，所以通常最适合于开办孤立商店的是大零售商。孤立的小零售店不可能形成一批对它依赖的顾客，因为它没有花色品种齐全的商品，又没有很大的名声，顾客也就不愿去光顾。

2. 城市中央商业区

城市中央商业区是城市最繁华的区域，有多种商店形象，有不同的价格水平。除了云集全市最著名的百货商店、各种专业商店、品牌专卖店之外，还有各种服务性行业，如餐馆、宾馆、影剧院、娱乐场所等。城市中央商业区的租金相对较高，但公共交通方便、商圈大、吸引力强，商店的效益一般较好。大城市有多个中央商业区，如上海就有南京路商业区、淮海路商业区、徐家汇商业区。在一些较小的城镇，中央商业区是城里唯一的购物区，业态中还包括大中型超市。

3. 辅助商业区

辅助商业区是在一个城市内邻近于两条主要街道交叉口的商店区。一个城市一般有几个辅助商业区，每个区内至少有一家较大的百货商店，还有一些其他商店。这种商业区在人口已经增加、地区正在扩大的城市里显得越来越重要。在辅助商业区出售的商品和劳务，类型上是和中央商业区相近似的。不过辅助商业区的商店较小，商品的花色品种较少，它的商圈也较小，住得很远的顾客不会到这里来，这里主要销售大量的日常生活用品。辅助商业区主要优点是：商品花色品种较齐全，接近公共交通站和大马路，位置靠近住宅区。其主要缺点是：各店供应的商品和劳务品类不很齐全，租金较高。

4. 城市居民区的商业街和商业区

城市居民区的商业街和商业区是城市商业最主要的部分，其服务对象主要是附近的居民。在这些地区开设商店是为方便居民就近购买的各种商店，各种业态都有，以销售食品、日用百货、杂品等为主。开店租金相对较低，对业态的限制较小。

5. 购物中心

购物中心分为城市购物中心与郊区购物中心，其特点是由房地产开发商统一开发，对商业布局的计划性很强。位于市区的购物中心档次较高，因此经营费用和商品价格也很高。郊区购物中心虽然较偏远，但一般都交通便利，处于高速公路边上或城市轨道交通的站点。在城市交通日益拥挤、停车困难、环境污染严重、地价上升的情况下，随着私人汽车大量增加，郊区购物中心快速发展起来，其特点是容量大、业态全、设施现代化、购物环境好，能满足消费者一站购齐的要求。郊区购物中心能容纳的业态较多。

有计划的购物中心优点是：由于认真规划，使供应的商品和服务都能安排得十分周密；能够建立一个具有特色的购物中心的形象。其局限性表现为：经营灵活性不够，例如，营业时间不灵活；租金比孤立商店高，经营的商品有一定的限制；处于竞争的环境中；一般的小店会受到大骨干商店的控制。

6. 城市交通要道和交通枢纽的商业街

城市交通要道和交通枢纽的商业区包括城市的重要街道、火车站、长途汽车站、地铁车站以及大的中转站等。这些地点人流特别大，交通便利，商业服务业都很发达，适应于各种业态，店址选择在这些地点有很好的商机。

三、零售商店选址的需求分析

零售商对地区的分析，要从需求和供给两个方面入手，对下列项目进行分析。

1. 总体需求测量

零售商对需求测量通常要搜集人口统计资料，如性别、年龄、收入、职业、家庭规模等等，以便得到确定目标市场需求的准确依据。零售商通过对一个地区上述情况的分析，可以大致地判断出这一地区潜在购买力水平，从而估计出这一地区的大致需求。但是如果商店的目标顾客不是所有消费者，而只是高收入的消费者群。零售商还必须根据本店的目标市场的要求，注意调查高收入家庭的数量及相关需求特性。

2. 零售商店饱和指数

对于商店选址而言，除了考虑一个地区的需求水平外，也要同时考虑该地区的竞争水平。较高的需求水平可能伴随较高的竞争水平，而较低的需求可能同时竞争水平也是很低的。一个新建商店要确定一个地区的潜力，零售商需要测量一定需求水平下的供给饱和程度。通常用饱和指数来完成这一任务。

饱和指数可以测量在特定地区同一业态零售店每平方米的潜在需求。饱和指数是通过需求和供给的对比，测量这一地区零售商店的饱和程度。

计算公式如下：

$$IRS = C \times RE/RF$$

式中，IRS 为某地区某类商品零售饱和指数；C 为某地区购买某类商品的潜在顾客数量；RE 为某地区每一顾客该类商品平均购买额；RF 为某地区经营同类商品商店营业总面积。

零售饱和指数越小，饱和度越高。例如，为一家标准超市测定快速消费品市场饱和指数，根据调查资料分析得知，该地区购买快速消费品的潜在顾客人数是 3 000 人，每人每月平均在超市购买快速消费品 220 元，该地区现有标准超市 2 家，营业总面积 1 000 平方米，则根据上述公式，该地区零售商业中超市行业的市场饱和指数可计算为

$$IRS = 3\ 000 \times 220/1\ 000$$

$$= 660(元)$$

3. 市场实际购买力测算

零售饱和指数的前提是当地顾客的购买力全部在该地区零售店实现。如果当地零售商不能满足本地区消费者的需求，消费者就会转移到能够提供较好商品、价格、服务或更方便的其他地区的零售商那里购物，这就会降低当地的客流量，减少零售店的获利，而其他地区的零售商则因此而扩大了市场范围。

顾客到其他地区的商店购物的现象，使零售饱和指数不能完全反映本地区的购买力。为了确切地掌握零售市场实际购买力，需要对市场进行另外一些测算：一是测量当地消费者到其他地区或较远距离的商店购物的比例。这种方法可以以一个地区的常住人口花费在其他地区的货币量计算，随着本地消费者到其他地区的购物量增加，本地区的市场范围就会缩小，而其他地区零售商的市场范围就由此扩大。二是运用质量指数测量。质量指数表示一个市场质量的程度是高于平均购买力水平还是低于平均购买力水平。低于平均购买力水平，意味着大量消费者到其他地区购物，本地区的市场质量降低；高于平均购买力水平，意味着其他地区消费者到本地区购物，本地区的市场质量提高。

4. 新店营业额测算

通过对零售饱和指数和市场实际购买力测算，可以预测新店营业潜力，也就是新开商店的营业额。这种预测可以根据已知的商圈内消费者的户数、离店的远近、月商品购买支出比重及新商店在该区域内的市场占有率四个因素来估算。现举例说明商店营业额估计值的计算。

假设新开超级市场的商圈有三个层次：第一层次的主要商圈内居民户数为 3 000 户；第二层次的次要商圈内居民户数为 5 000 户；第三层次的边缘商圈内居民户数为 7 000 户。若平均每户居民每月去商店购买食品和日用品为 600 元，则：

主要商圈居民支出总额 600×3 000＝180（万元）

次要商圈居民支出总额 600×5 000＝300（万元）

边缘商圈居民支出总额 600×7 000＝420（万元）

据调查得知，新开设超级市场的市场占有率在主要商圈为 40％，在次要商圈为 15％，

在边际商圈为 5%，则：

主要商圈购买力 $180×40\%=72$（万元）

次要商圈购买力 $300×15\%=45$（万元）

边缘商圈购买力 $420×5\%=21$（万元）

新开超市月营业额估计为 $72+45+21=138$（万元）

四、开店盈亏分析

在选址中，该新店是否值得经营，还必须把测算出来的营业额与投资额相比较，评估出损益状况。投资包括开店前期投资和开店后经营费用。

开店前期投资主要有：

（1）设备。如冷冻冷藏设备、空调设备、收银系统、水电设备、车辆、后场办公设备、内仓设备、卖场陈列设备等。

（2）工程。如内外招牌、空调工程、水电工程、冷冻冷藏工程、保安工程等。

（3）商业建筑和停车场费用。如果开店的物业是自己投资建造的，这笔建筑费用也要考虑在前期总投入中。

开店后经营费用有：

经营费用可分为固定费用和变动费用两类。固定费用是指与销售额的变动没有直接关系的费用支出，如固定人员工资、利息、福利费、折旧费、水电费、管理费等；变动费用是指随商品销售额的变化而变化的费用，如临时工、钟点工的工资、运杂费、保管费、包装费、商品损耗、借款利息、保险费、营业税等。上述各项费用要控制在多少以内无一定标准，但最基本的前提是毛利率要大于费用率。

知道了开店投资额，就可以进行盈亏平衡分析。

盈亏平衡点是指商店收益与支出相等时的营业额，新店预期营业额若超过平衡点营业额即有盈利，若低于平衡点营业额即会亏损。

盈亏平衡点的计算方法如下：

企业盈利＝销售毛利－变动费用－固定费用

销售毛利＝营业收入－销售成本

如果销售毛利＞（变动费用＋固定费用），企业则盈利。

如果销售毛利＜（变动费用＋固定费用），企业则亏损。

如果销售毛利＞变动费用，但小于总费用，企业虽亏损，但还可营业。因为可以收回部分固定费用。

如果销售毛利≤变动费用，企业则停止营业。

五、零售店店址的确定

选择店址和选择零售商业区同样重要，特别是对于那些营业受顾客交通方式影响的商店来说更是如此。在任何地区内对一个特定商店最合适的店址，称为百分之百的位置。由于不同业态的商店需要不同形式的位置，某一位置对某一零售商来说，可能评为100%，但对其他零售商来说可能并非如此。

（一）选址的基本准则

零售商店选址中重要的一项工作，就是对卖场周围的商圈的考察。零售巨头们充分理解选址的重要性,更明白基本商圈的关键所在。因此,选址所选择的不仅仅是店址,而且还有商圈的确定,因为它表明了未来超市所进行销售的空间范围,以及该超市吸引顾客的区域范围。

1. 前瞻性

零售商店选址是一项长期投资,关系着零售商店经营发展的前途。因此选择时要考虑未来环境的变化,特别是要对竞争的态势,也就是要对所在地发展的前景做出评估,因为店址一旦选定一般就不会再改变。对于经营者来说,所选的地址应具有一定的商业发展潜力,这样才能在该地区具有竞争优势,保证在以后一定时期内有利可图。所以不仅要研究所在区域的现状,还要能正确地预测未来。

2. 便利性

优良店址的一个必备条件就是进出畅通。交通的便利性主要体现在两个方面:一是该地交通网络是否通达,商品从运输地运至零售商店是否方便。道路是否畅通不仅影响商品的质量和安全性,而且影响商品的运达时间和运输费用。二是该地是否具有较密集、发达的公交汽车路线,各公交路线的停靠点能否均匀、全面地覆盖整个市区。当前在我国私家车没有普及的情况下,这点尤为重要,它直接关系到消费者购物的便利程度。

3. 适用性

零售商店的建设要与周围的建筑环境相融合,不同的环境要求不同的建筑风格。这会影响零售商店的开设成本并带来其他一系列问题,如仓储式商场货架通常比标准超市的货架高、相应的要求建筑物的层高也比较高等。同时,零售商店投资者还要了解有关城市建设发展的相关要求,该地区的交通、市政、公共设施、住宅建设或改造项目的近期、远期规划,这些都应在选址考虑的范围内。

4. 购买力

一家具备优良店址的零售商店必然拥有一批稳定的目标顾客,这就要求在其商圈范围内拥有足够多的户数和人口数。对商圈内人口的消费能力进行调查,对这些区域进行进一步的细化。展示这片区域内各个居住小区的详尽人口规模和特征的调查;计算不同区域内人口的数量和密度、年龄分布、文化水平、职业分布、人均可支配收入等许多指标;了解其商圈范围内的核心商圈、次级商圈和边缘商圈内各自居民或特定目标顾客的数量和收入程度、消费特点与偏好。

5. 交叉性

由于有的大型零售商店定位的商圈很大,有的甚至会覆盖整个城市,而在同一个城市往往会有相当数量的大中型零售店,这些零售店的商圈会发生交叉甚至重叠,由此引发竞争。因此,在传统的商圈分析中,需要计算所有竞争对手的销售情况、产品线组成和单位面积销售额等情况,然后将这些估计的数字从总的区域潜力中减去,得出未来的销售潜力。

6. 复合性

大型连锁零售商店的目标顾客往往有多种类型,因此它的商圈分布出现很大的复合性和不确定性。这就要求除了要按销售比重划分为核心商圈、次级商圈和边缘商圈外,还要按到达顾客所采用的交通工具做出以下划分:

(1)徒步圈,指步行可忍受的商圈半径,单程以 15 分钟为限。

(2)自行车圈,指自行车方便可及的范围,单程不超过 5 公里。

（3）机动车圈，指开车或乘车能及的范围，单程为30分钟左右。

（4）铁路圈、高速公路圈，指利用铁路、高速公路来购物的顾客范围，属于商店的边缘商圈部分。

（二）选址的分析要点

零售商在确定商店位置的类型以后，并对这个地段的商圈需求做了测算，接下来的任务就是具体选择一个商店的坐落场所。这时候，可能有好几个可供选择的场所，零售商要对每一个店址进行评价。对商店位置评价可按以下标准来进行。

1. 往来行人

一个地点的过往人数和类型是衡量一个商店位置和店址时最重要的因素。当各个位置的其他条件相同时，往来行人最密集的位置是最佳的。但是并不是每个走过店址的人都可能成为顾客，所以很多零售商使用有选择的计数方法，比如只对手提购货袋的行人计数。一种适当的行人往来计数应当包含以下四个要素：①按年龄、性别分开计数（一定年龄以下的儿童不应计入）。②按时间分别计数。可以研究最高点、最低点以及在不同时间中不同性别的往来行人人数的变动。③行人访问。通过行人访问可以使研究者核实潜在购买者的比例。④对购物旅行的地点分析。这些调查可以查明顾客所光顾的或打算光顾的商店。

零售店的顾客可以分为三类：

（1）自身客流。是指那些有目的而来店购买商品的顾客形成的客流，这是商店客流的基础，是商店销售收入的主要来源。

（2）分享客流。指从邻近商店处的客流中获得的客流，这种客流往往产生于经营相互补充类商品的商店之间，或大商店与小商店之间。

（3）派生客流。是那些顺路进店购物的顾客形成的客流，这些顾客并非专门来店购物。在一些旅游点、交通枢纽、公共场所附近设立的商店主要利用的就是派生客流。

不同地区的客流规模虽有可能相同，但其目的、流速、滞留时间会有所不同，要做具体分析，再做出最近选择。如在一些公共场所、车辆通行干道，虽然客流规模很大，也会顺便或临时购买一些商品，但客流的主要目的不是为了购物，同时客流速度快，滞留时间短。

2. 车辆交通

如同分析行人往来情况一样，应当把车辆交通的粗略计数作某些调整。有些零售商只统计开回本地的车辆，有的零售商把分道公路（中间分开的双向公路）的另一边过往的车辆除外，有很多零售商把挂着外地牌照的汽车略而不计。除往来车辆的统计之外，零售商还应当研究交通拥挤的程度和时间。驱车的顾客往往避开交通拥挤的地区，而到驱车时间较少和驱车较方便的地方购货。要分析交通管理状况引起的有利与不利条件，如单行道、禁止车辆通行的街道，以及与人行横道距离较远都会造成客流量在一定程度的减少。

同样一条街道，两侧的客流规模在很多的情况下，由于交通条件、日照条件、公共场所设施的影响，存在很大差异，开设地点应尽可能选择在客流较多的街道一侧。

3. 停车设施

停车设施既包括设在开设地点的，也包括设在开设地点附近的。停车设施一般是指汽车停车场，但在一些以自行车为主要交通工具的发展中国家，也包括自行车的停车场。每一个良好的商店都应该具备不占街道的停车场。在中心商业区，有的停车场由个别商店提供，有的由几家商店合作兴建，有的由市政府兴建。各种场所对停车场的需要时间各不相同。购物中心通常每3~5平方米的营业面积需要1平方米的停车场。其他类型的商场的停车场的需要有所不同，须依购货旅程的平均距离，在一天或一个季节内顾客的变动而定。超级市场每千平方米约需停车场10~15平方米，而家具店每千平方米仅需3~4平方米的停车场。

一般来说，到一个地区购物中心的顾客不喜欢从停车处步行到购物中心的距离超过200米。停车设施太大也会产生问题，如果停车场停不满，会使人产生一种空洞的感觉从而引起顾客的怀疑，认为这家商店不受人欢迎。确定一个规模合适的停车场可根据以下各种因素来研究确定：商店的商圈大小、商店的类型、驱车购货的顾客所占的比例、同一地区是否有其他的停车设施、非购买者停车的多少，以及停车需求的波动等。

4. 运输条件

在评价商店位置和具体的店址时必须研究分析交通的利用率、是否接近主要公路、交货是否方便等情况。在闹市区，靠近公共交通线是很重要的，特别是对于那些没有小汽车的顾客，或是那些不愿意驱车进入交通拥挤而停车设施不足的地区的顾客。必须查明可以利用的公共汽车、出租汽车、地下铁道、火车和其他各类公共交通工具的情况。依赖于车辆交通的商店，其位置应当根据是否接近重要的大街来评定。对许多顾客来说，驱车时间是需要考虑的重要因素，而且驱车的顾客在公路上的一个方向行驶时往往不愿意掉过头来到反方向的路旁商店去购物。零售商还应该考虑商品运至商店是否方便，调查交通网络对商店来回的重型运货车的负载能力，有许多大街是禁止货运车往来的。

5. 邻近商店的类型

开设地点周围商店的多少和规模的大小，应当与选定位置的类型相适应。例如，一个对孤立商店有兴趣的零售商就希望附近没有其他商店；一个对街道商业区有兴趣的零售商就希望店址坐落在有10家以下小商店的商业区内；而对地区商业中心有兴趣的零售商就想选择一个有50家以上商店的商业区。

零售企业选址要考虑商品性质。经营日用品必需品的零售企业一般都希望经营地点周围最好没有竞争对手。对于经营这类商品的企业，周围每多一个竞争对手都会对经营产生很大影响，因为消费者在日用品必需品上的消费开支是固定的，一个地区消费者在日用品必需品上的消费总金额由所有竞争企业分享。

相反，经营非日用消费品的零售企业一般希望周围有竞争对手，因为顾客在购买诸如家具、首饰、纺织品、鞋、裘皮等非周期性消费品时，总希望能货比三家，所以，经营此类商品的多家商店集中一地经营可以增加对顾客的吸引力。这种同行业多家零售企业集中一地经营称为竞争集聚，这种竞争集聚现象可以自然形成，也可以通过系统规划的零售购物中心人为形成。经营非日用商品的商店，理想的经营地点是市中心或市区各繁华地段。零售商还应考虑到拟开设的店和周围商店之间的亲和力（affinity）。亲和力是一家商店对一个地区的吸引力，这种吸引力是由该店与本区其他商店相配合协调的能力所产生的。因为它们共同坐落在一个特定地区内，所以各店的销售额比这些店在互相分散的情况下的销售额要大。类似的或相互补充的商店位置彼此靠近的惯例以两个重要前提为依据：一是顾客喜欢在几家类似商店之间从商品的价格、式样、品牌和服务等方面进行比较；二是顾客喜欢"一揽子选购"。亲和力既可存在于相互补充的商店之间，也可存在于相互竞争的商店之间。

衡量商店间相容性的尺度之一是各店顾客的互换程度。假如一个零售商计划开设一家妇女用品商店，有两个可供选择的开设地点，一个是与床上用品商店及礼品商店为邻，另一个是与书店及五金店为邻居。显然，选择前者是有利的，因为前者的顾客与妇女用品商店顾客有较高的互换性。一个地段的零售业平衡问题是应当考虑的。零售业平衡（retail balance）是指一个商业区或购货中心之内各类商店的最优组合。真正的平衡出现于以下各种情况下：各类商品或各种服务业和商店数目与本地段的市场潜力相适应；提供各类广泛的商品或服务能满足顾客"一揽子选购"的需要；任何种类的商品或服务都有足够的花色品种；各种类型的商店有恰当的组合。

6. 具体的店址

具体店址应当按可见度、位置的布局、场地的大小与形状、建筑物的大小以及房屋与场地的环境和使用年限等项进行评价。

可见度是指一个店址能被往来行人和乘车所能看到的程度。良好的可见度能使过路人知道这家商店存在和营业着。有些顾客是不愿意到小巷或商业街的尽头去的。

位置的布局是指商店在商业区或购物中心内的相对位置。拐角的位置往往是很理想的，它位于两条街道的交叉处，可以产生"拐角效应"。拐角位置的优点是：可以增加橱窗陈列的面积；两条街道上的往来人流汇集于此，有较多的过路行人光顾；可以通过两个以上的入口以缓和人流的拥挤。在布局方面，对超级市场来说应重视以下各项决策：坐落在街旁；相对于其他商店来说位置适当；停车场有足够的可容量；坐落在公共汽车站附近；与住宅区的距离适当。对于百货商店的重要决策事项有：靠近大量客运和车辆交通地点；相对于其他商店来说位置适当；停车场有足够的容量等。

还应当评价场地大小和形状。例如，一家百货商店比妇女用品商店需要有大得多的场地。一家百货商店要一个方形店址，而妇女用品店可以是一块长方形店址。任何一个店址应当按以下需要来确定总面积：停车场、人行通道、营业场所和非营业场所等。当买来或租入一所现成房屋时，对它的规模和形状应当调查清楚，房屋和场地的周围环境和使用年限也应加以调查。然后，要对照零售商的需要来衡量店址的这些特征。

7. 占用房产的条件

占用房产的条件包括置备或租用房产的费用、管理和维修费、税金、城市规划的限制等。

资金充裕的零售商可以自己购买房产，也可租用房产，在价格比较便宜的地点，大多数是自己置备房产的。自己置备房产最大的优点是可以避免房产租赁期满后，房主可能不再出租，或者要索取更高的租金。自有房产还使经营上具有充分的灵活性，因为零售商租用房产时租约中往往规定店主必须限制自己经营商品的品种，还规定不可拆掉墙壁或改变固定装置等。

租赁房产也有它的好处，租赁可以减少资本投资而且比自己有房产在财务上风险小。零售商往往没有资金买进房产，或者认为有资金还不如花在其他方面。而且短期租赁可以使零售商随时重新评价市场情况，必要时可以迁移到新的场所而不遭受经济损失。

有一种做法是大零售商兴建商用房后卖给房地产投资者，再由他们长期返租给零售商。这种业务方式称为返回租赁（sale-lease-back）。零售商利用租赁方式，可建造符合自己所定规格的商用房，而且对租赁条件有讨价还价的能力，并可减少资本支出。另外一种方式是由零售商买进现成房产。这样做可以节省时间并获得好的商店位置，其缺点是成本高。

懂得国际通行的租赁条件是很重要的，因为租赁期往往长达 10 年、15 年、25 年甚至 99 年。房产所有人不再信任固定租金额，部分原因是受通货膨胀的影响，因而租赁条件变得很复杂。租赁方式主要有五种：

（1）直接租约（straight lease）。采用这种租约时，零售商在租赁有效期内每月付给固定的租金额。

（2）百分率租约（percentage lease agreement）。这种租约规定租金和承租人的销售额或利润相关联。这种协定可使房产所有人避免通货膨胀和支付维修费用造成的损失。租户把所付租金作为可变成本，当新店销售额不大时只需付较低的租金。

（3）分级租约（graduated lease）。这种租约要求在超过规定的年限以后增加租金。例如，第一个五年每月付 2 000 元；第二个五年每月付 2 500 元；第三个五年每月付 3 000 元。这种租金额由承担人和财产所有人事先共同商定，它是根据对今后销售额和成本增长变化的预测来确定的。采用分级租约不必像百分率租约那样审核销售额。分级租约常常为小零售商采用，他们的财务报表和财务管理都是不健全的。

（4）补偿维修费增长的租约（maintenance increase recoupment）。它规定，财产所有人在税金、取暖费、保险金等支出超过一定程度时可以增加租金。这种规定往往是和直接租赁相联系的。

（5）净额租赁（net lease）。它规定全部维修费用（如取暖费、保险费、内部修理等）都由承租人支付。承租人应负责保证这些项目的良好质量。净额租约允许财产所有人不必管理房产设备，而使零售商可以有效地管理对商店有影响的维修项目。

零售商在估计了自己置备房产或租赁房产的机会以后，必须确定施工和维修的费用。抵押款或租金的支出仅仅是店址费用的一部分。即使抵押款或租金很低，但由于房产设备的使用年限和质量状况，可能使零售商每月支付很高的费用。此外，还应计算大规模的整修翻新费用。

应当考虑到区域规划的限制，这些限制是关于店址、商店规模、建筑物高度、经营商品的类别等方面的法规禁令。自愿约束也应当注意到，商业方面有各种自愿约束。特别是在有计划的购物中心，如统一营业时间等。

根据以上七个方面进行总评分和综合考虑，零售商可以选定最好的位置，并从这个位置中选出一个最优的店址。在选定了建店地点后，可以参考城市建筑规划、建筑法规和其他有关规定申请批准立项。最后进行项目建设。

> **案例**

7-11 的店址选择

7-11 是世界最大的便利连锁店，在全球有 27 900 家连锁店，每年卖出的软饮料超过 1.25 亿升，可以装满 75 个奥运会游泳池，每年销售的热狗超过 1 亿只。仅在美国国内，每天早上就有数百万人到 7-11 便利店买咖啡和油炸圈饼。如此良好的业绩，这家以小本生意起家的公司是怎样做到的？7-11 的店址选择会给人们一些启示。

7-11 开店时强调以规模取胜，没有采取零散设店的方式，而是运用地毯式轰炸的集中开店策略。在某个地区内以密集开店的方式，形成压倒性的优势，以达到规模效益。

对于店址的选择，"便捷"是7-11奉行的最高原则。7-11通常选择在消费者日常生活的范围内开设店铺，如居民区、商务区、学校附近或停车场等，一般情况，步行5～10分钟即可到达。

但是，任何位置都有优劣之分，如何发现一个区域的最优地点呢？7-11常常会在一个商圈内寻找细微的差异。例如，在有红绿灯的地方，越过红绿灯的位置最佳，因为它便于顾客进入，又不会造成店铺门口的拥堵；在有车站的地方，车站下方的位置就要比车站对面的位置好，因为省去了过马路的麻烦，顾客购物比较方便；在有斜坡的地方，坡上要比坡下好，因为坡下行人经过时速度较快，不易引起顾客的注意。此外，7-11还尽量避免在道路狭窄、人口稀少以及狭长的地带开店。

选择店址时，气候等其他因素也要考虑进去。在北方城市，如果店门对着风口，冬季寒风不断侵袭，顾客自然不愿意待在这儿，因此风口位置的选择要慎重。而有的门店前有树木、建筑物等，这些障碍物会影响店铺的能见度，从而减小客流量。

就是这样，7-11通过细微的对比，获得了位置上的最大优势。

店址初步选定之后，7-11会派专业人员开始调查商圈。调查采用网格人口调查的方式，以加盟店为中心，以半径几十米以内较宽的公路、铁路和河流等天然障碍物为边界确定商圈。然后，以若干平方米为单位将商圈划分为许多细小的方格，统计每一小格内的居民人数，通过一定的计算机程序处理后，推算出加盟店将来的营业额和发展方向。

（资料来源：2006.7-11：细节为王．零售世界，(10)：52）

➤ 基本概念

商圈（trading area）	核心商圈（primary trading area）
次级商圈（secondary trading area）	边缘商圈（fringe trading area）
中心商业区（central business district）	次级中心商业区（main street）
市场饱和度（market saturation）	寄生店（parasite）
中心地理论（central place theory）	零售引力理论（retail gravity theory）
哈夫模型（Huff model）	零售业平衡（retail balance）

➤ 思考题

1. 什么是零售企业的商圈？商圈的形成受哪些因素的影响？
2. 为什么选址决策对于零售商来说越来越重要？
3. 如何进行零售商店的选址？
4. 某地区在当地标准超市购买商品的潜在顾客人数为3 400人，每人每周在超市平均购买65元，该地区现有标准超市2家，营业总面积800平方米。根据上述情况，该地区超市行业的市场饱和系数为多少？

第八章

零售企业商品管理

零售企业经营的是商品，对商品的管理可以说是零售企业最为复杂、耗费精力最大的一项工作。商品管理水平的高低在很大程度上决定零售企业的经营绩效。商品管理内容丰富，包括商品分类、单品管理、品类管理、自有品牌开发、零售商品组合等。

第一节　商品的分类

一、主要零售业态的商品定位

零售企业在确定了自己的目标顾客后，就要考虑用什么样的商品去满足这些顾客的需求。这种从目标顾客需求出发来确定商品经营结构的过程就是商品定位。

商品定位与业态有着密切的关系。由于业态是以经营商品重点的不同而划分的营业形态，所以业态决定商品结构和商品定位。业态的不同，实质上就是商品定位的不同。下面介绍几种重要零售业态的商品定位。

（一）百货商店的商品定位

百货商店是经营范围最广的业态，商品定位以服装、鞋类、箱包、化妆品、首饰、文体用品、玩具、家电、小百货为主。商品大类有十几种，中国的百货商店现在一般不再经营食品，而国外的一些百货商店里仍然有一个层面经营食品，有的是在地下室开设超市。百货商店也有让顾客一次购齐的功能。美、日、法等国的大型百货公司，销售的商品多在25万种以上，最高的达到50万种。南京新百经营品种达到近30万种。百货商店的商品档次一般在中档以上，经营各种知名品牌商品。突出商品的品牌效应是百货商店的一个特征。

（二）标准超市的商品定位

标准超市是以经营食品与日用杂品为主的，食品占全部商品构成的70％左右。它的业态特征以生鲜食品（生肉、鲜鱼、蔬菜、水果等）作为它经营的重点商品，生鲜食品占全部食品构成的 50％以上。但是中国的标准超市在实际经营中往往达不到这个比例，原因是生鲜经营难度大、易亏损，许多标准超市降低生鲜经营的比重。

（三）大型综合超市的商品定位

大型综合超市除了经营生鲜食品和一般食品、日用品之外，还增加百货类商品（如服装、鞋帽、文体用品、家电等），食品类与非食品类各占商品构成的 50％左右。大型综合超市经营品种繁多，可达两三万种，商品组合广度宽，目标顾客层广泛。大型综合超市能体现最大限度满足消费者对吃、穿、用等日常生活用品一次购足需要的经营宗旨和商品结构，这是其商品定位的显著特征。

（四）仓储式商场的商品定位

仓储式商场也是自我服务式、满足消费者对基本生活用品一次性购足需要的大型零售业态。与大型综合超市相比，其经营方式多采取批发配售方式，目标顾客多为小杂货店主、小饭店老板、集团采购等，顾客多实行会员制。从业态类型和商品定位来看，我国的仓储式商场大体有两种类型：一种以麦德龙为代表，主要经营商品为食品；另一种以山姆价格俱乐部为代表，主要经营商品为非食品。但这两类商场的经营商品都主要集中于消费者购买频率高、价格优惠且品质优良的品牌商品，商品组合的广度和深度低于大型综合超市。

（五）便利店的商品定位

便利店的商品结构也体现便利的特征，主要经营即食、即饮、即用商品，如快餐食品、休闲食品、饮料、香烟、电池、报纸杂志和便利性服务项目等，基本经营宗旨是为消费者创造并提供便利，商品采取小包装，便于一次消费完，经营的对象主要是学生、职员等年轻人、上班族、过路人等，它是一种商品定位很有特色的业态。

总之，各种零售业态之间在商品定位上有着明显的差异，这种定位的差异导致经营的特色，零售经营者一定要在业态定位准确的基础上，在各个环节落实商品定位，强化自身的主力商品经营。

二、商品分类

零售商店对品种繁多的商品进行分类，是商店科学化、规范化管理的需要，它有利于将商品分门别类进行采购、配送、销售、库存、核算，提高管理效率和经济效益。零售企业可以在商品分类基础上，根据目标顾客的需要，选择并形成有特色的商品组合，体现自身的个性化经营特色，取得商店经营的成功。

商品分类可以根据不同的目的，按不同的分类标准来进行。美国全国零售联合会（NRF）制定了一份标准的商品层级分类方案。在超级市场的商品管理中，商品分类一般采用综合分类标准，将所有商品划分成大分类、中分类、小分类和单品四个层次。虽然零售业各种业态经营品种存在较大差异，如小的便利店经营品种不到 3 000 个，而超大型综合超市有 30 000 多种，但商品分类都包括上述四个层次，且每个层次的分类标准也基本相同。只不过便利店各层次类别相对较少，而大型综合超市各层次类别相对较多而已。

（一）美国全国零售联合会的商品层次划分

NRF 制定了一份标准的商品层级分类方案，该方案详细界定了各层商品的范围以及它们的组合方式。目前，美国许多大型百货商店和低价位竞争的折扣商店都采用了这一分类方法，其分类是：

（1）商品组。在 NRF 的商品分类方案中，最高级别的商品分类是商品组（merchandise group），商品组是指经营商品的大类，类似国内的商品大分类。如一个百货商店可能会经营服装、家电、食品、日用品、体育用品、文具用品、化妆品等。一个商品组管理下面的几个商品部。通常在国外的零售商中，商品组管理职位被称为商品副总裁或商品副总经理。

（2）商品部。商品分类的第二级是商品部。商品部一般是将某一大类商品按细分的消费市场进行再一次分类，如服装类商品可分成女装、男装、童装等。

（3）商品类别（品类）。商品分类的第三级是商品类别（品类）。这是根据商品用途或细分市场顾客群而进一步划分的商品分类，如男装里面的西装、夹克、休闲装等。在大型零售企业里，一般每一类商品由一位采购员负责管理。

（4）同类商品。同类商品（classification）是商品分类中商品类别的下一级。一般来说，同类商品是指顾客认为可以相互替代的一组商品。

（5）存货单位（单品）。存货单位（stock keeping unit，SKU）是存货控制的最小单位。当指出某个存货单位时，营业员和管理者不会将其与任何其他商品相混淆，它是根据商品的尺寸、颜色、规格、价格、式样等来区分的，也称之为单品。

（二）超级市场的商品细分层次

1. 大分类

大分类是超级市场最粗线条的分类。大分类的主要标准是商品特征，如蔬菜水果、冷冻食品、加工食品、一般食品、畜产、水产、日用杂货、日用百货、家用电器等。为了便于管理，超级市场的大分类一般以不超过 10 个为宜。

2. 中分类

中分类是大分类中细分出来的类别。其分类标准主要有：

（1）按商品功能与用途划分。如糖果饼干这个大分类下，可分出炒货类、糖果类、饼干类、蜜饯类等中分类。

（2）按商品制造方法划分。如畜产品这个大分类下，可细分出肉制品的中分类，包括咸肉、熏肉、火腿、香肠等。

（3）按商品产地划分。如水果蔬菜这个大分类下，可细分出国产水果与进口水果的中分类。

3. 小分类

小分类是中分类中进一步细分出来的类别。主要分类标准有：

（1）按功能用途划分。如"一般食品"大分类中、"调味品"中分类下，可进一步细分出"酱油"、"醋"、"盐"、"味精"等小分类。

（2）按规格包装划分。如"一般食品"大分类中、"饮料"中分类下，可进一步细分出"听装饮料"、"瓶装饮料"、"盒装饮料"等小分类。

（3）按商品成分划分。如"一般食品"大分类中、"食用油"中分类下，可进一步细分出"大豆油"、"菜油"、"橄榄油"、"芝麻油"等小分类。

（4）按商品口味划分。如"糖果类"中分类下，可进一步细分出"口香糖"、"奶糖"、"润喉糖"、"水果糖"等小分类。

4. 单品

单品是商品分类中不能进一步细分的、完整独立的商品品项，如"中华多效 155 克装牙膏"、"绿茶含氟 120 克装牙膏"、"美加净复合中药 100 克装牙膏"、"高露洁超强 140 克装牙膏"就属于四个不同单品。

（三）商品的其他各种分类

1. 按顾客群划分

可以根据顾客的性别、年龄、职业、个性等标准将顾客所需要的商品进行分类。如根据顾客的性别可以将商品分为男士用品和女士用品；根据顾客年龄可以将商品分为老年用品、中年用品、青年用品和儿童用品；根据顾客的职业可以分为白领用品、蓝领用品、学生用品。

2. 按商品特点划分

根据商品本身的特征，可以根据商品的用途等情况将商品进行分类，也可以按商品的生产等情况进行分类。例如，根据商品的用途可以分为吃的、穿的、用的商品；根据商品使用的季节性可分为夏季商品、冬季商品、春秋季商品；根据商品的使用目的可以分为礼品、自用品、集团消费品；根据商品的品质和价格档次可以分为高档商品、中档商品和低档商品。

3. 按顾客对商品的选择程度划分

按消费者对商品的选择程度来划分，零售商品可分为便利品、选购品、特殊品和未寻求品。

1）便利品

便利品是指消费者经常购买、比较熟悉且不必花过多时间进行选择的商品。便利品主要有日常生活消费品、易耗品、应急品等。

便利品一般价值较低、消费者经常使用和购买，如饮料、面包、面巾纸、香烟、电池以及娱乐性杂志等。消费者购买便利品的突出要求是随时可以买到，并且常常选择自己熟悉的牌子。

2）选购品

选购品是指消费者在购买过程中愿意花费较多的时间观察、询问、比较选择的商品。这类商品的特点是：价格较高，使用期长，多数属中高档商品，如家具、家电、服装等。消费者一般愿意到专业零售商店或大型商场去购买选购品。

3）特殊品

特殊品是指具有特定性能、特殊用途的商品，它有专门的消费对象，如字画、古董、集邮品等。特殊品有特定的消费对象，销售特殊品宜开设专卖店或专柜，并适宜集中经营。

4）未寻求品

未寻求品是指消费者尚不知道或者尚未有兴趣购买的商品，如某些刚上市的新商品。

现在科技发展迅速，像电子产品层出不穷，消费者未知商品越来越多。未寻求品的特质决定了零售企业必须加强广告宣传和推销工作，使消费者对这些商品有所了解，并进而产生兴趣，前来购买。

4. 按商品的耐久性划分

按商品的耐久性来划分，零售商品可分为快速消费品和耐用消费品。

1) 快速消费品

快速消费品是指在正常情况下一次或多次使用就被消费掉的物品，包括食品和日用消费品，如冷冻食品、方便食品、调味品、日化产品等。快速消费品一般易消耗、价格较低，消费者购买频繁。快速消费品必须品种丰富，便利消费者的挑选购买。

2) 耐用消费品

耐用消费品是指在正常情况下能长期使用的物品，如家具、家用电器、大衣等。耐用消费品一般使用周期长、价格较高，消费者购买慎重。经营耐用消费品需要更多的销售保证和售后服务，如送货、保修、退换等。

5. 按消费者的购买习惯划分

根据商品生命周期的销售变化，商品可划分为时尚商品、大众化商品和季节性商品。

1) 时尚商品

时尚商品代表一个时期的风尚和消费潮流，是追求时尚者尤其是年轻人喜爱的商品。时尚商品销售旺盛，但时尚商品的销售会随着潮流而变化，如女装、男士衬衫、手机、皮包等。时尚商品的生命周期较短，但时尚商品变化的大都是款式而不是商品本身。

2) 大众化商品

大众化商品是指始终保持连续不断需求的商品。大众化商品涵盖了几乎一切生活用品，大众化商品的款式变化较慢，一般不是高端品牌或名牌。大众化商品的销售比较稳定。

3) 季节性商品

季节性商品是指随着季节的转换使其销售额产生剧烈变化的商品，如夏令商品和冬令商品。时尚商品和大众商品也有季节性。季节性商品的储备量很有讲究，少了可能供不应求，失去赚钱机会，多了可能销售不完造成积压。季节性商品过季后价格下跌很大，这就要求零售商注意应市和存货量。

第二节　单品管理

一、单品管理定义

单品是对所经营的商品进行划细分类的最小单位，单品管理是与品类管理相对应的概念。品类管理是指在商品分类基础上，按一定的商品组合对某一类别商品群进行整体的综合管理，并实行统一的营销组合策略；而单品管理是指以每一个商品品项为单位进行的管理，强调的是每一个单品的成本管理、销售业绩管理。零售商根据企业的营销目标，对单品的配置、采购、销售、物流管理、财务管理、信息管理等活动实施统一管理。既管理单品的数量，又管理单品的金额；既管理单品的进销价格，又管理单品的流通成本。

在过去，零售企业实行的是品类管理。以百货商店为主流业态的零售企业经营品种达几千种甚至上万种，商店对所有商品统一按单品进行管理存在技术上的困难，整个商店只能对商品实行柜组管理和大中小类管理。

单品管理是相对于传统的品类管理而言的，品类管理尽管也是企业现代化商品管理的一个重要工具，但它毕竟着眼于营销的角度，而信息时代要求的是全方位管理。随着消费者需求的个性化，管理者决策对信息要求的不断深入，商品管理仅仅细到大中小类管理还不够，管理者必须掌握每一个具体商品品项的全程流动状况，于是产生单品管理。只有在计算机技术广泛应用于现代商业的条件下，零售企业才可能对所有成千上万的商品品项统一实行单独管理。

应当指出，单品管理与品类管理都是现代零售业的重要商品管理方法，都有各自的优势领域。单品管理的强化，并不意味它能完全替代品类管理，可以放松和削弱品类管理。单品管理与品类管理应相互促进、相互补充，提高零售企业商品管理的总体效益。

二、单品管理的作用与意义

单品管理是连锁企业商品现代化管理的核心，在连锁企业商品管理中发挥重要作用。

（1）单品管理是商品群管理的基础。单品是零售企业商品经营管理的最基本单位，各商品群是由一个个单品组合而成的商品集合体。所以，各商品群的管理（如20商品[①]的选择与保证、滞销商品的选择与淘汰），要是离开单品管理，是根本无法进行的。

（2）单品管理是商品流通顺畅的保证。单品管理的强化使得每一种商品的采购、销售、库存环节有机结合，商品购销存的数量得以准确掌握与控制，为商流的顺畅提供了保证，也为商品的物流、资金流、信息流的有序运行创造了良好的条件。单品管理的优点是信息完整，使得商店能够有效控制存货、指导采购、提高效率，减少差错。

（3）单品管理是零售商店提升管理水平的要求。零售商店所面临的市场竞争日趋激烈，消费需求日新月异，现代电子信息技术全面向零售领域渗透，零售商店为了适应外部环境的这种巨大变化必须从内部管理入手，向管理要效益，而商品管理是零售商经营管理的重点。优化商品管理，实施单品管理有助于零售商管理能级的提升。从零售企业规模化经营趋势看，现代零售商规模越大，越是多元化经营，管理就越要精细，实施单品管理是适应这种变化要求的。

（4）单品管理是零售企业提高经营绩效的手段。零售商实施单品管理，可以使管理人员准确、全面、适时地把握每一单品卖场销售业绩的细节，为科学决策提供支持；可以根据适时、准确的卖场销售信息调整单品结构和商品配置表；对销售业绩排名位于前列的单品实施重点管理；预测商品销售变化趋势，及早组织货源，开发和采购对顾客有价值的商品，同时降低商品脱销风险；并根据单品物流成本信息，优化物流作业，降低单品的物流成本。

在我国连锁企业经营管理实践中，有些公司仅将经销商品和由配送中心统一配送的商品进行单品管理，而未将部分代销商品和供应商直送门店的商品纳入单品管理系统，造成整体商品管理的混乱与低效，也使商品采购、货款支付环节产生大量不规范行为，这种不彻底的单品管理做法需要改正。

---

① 20商品是指在超市、大卖场等业态中销售量大、周转快的20％的商品品种，它的销售额通常则占到卖场的80％。

三、实施单品管理的程序

1. 确定单品目录

以一定的标准确定单品分类及目录，商品的一些信息如品牌、型号、规格、容量、生产日期、购进日期、保质期、产地等是区分各单品项目的依据，这些项目内容自商品采购时就能准确地确定，是不变或变化很少的信息，管理这些信息的关键是要将这些信息项目准确地分类，确保一致性和可比性。还有一类信息是可变的，这就是成本信息，包括单品自购进所花费的运输成本、仓储成本、装卸成本、包装成本、加工成本、残损退货成本等。这些成本信息必须准确地分摊给各个相关单品，这是单品管理中不可忽视的。

2. 编制单品代码

编制单品代码是根据一个单品一个编码的原则给单品编码，确保以单品代码的唯一性实现单品的唯一性。

3. 建立商品数据库

建立商品数据库包括顾客交款时前台 POS 系统扫描录入的单品数据的原始数据库，以及用来核算所有单品成本的单品成本数据库。前台销售数据库的更新由每日进行交易时收银员通过条码扫描仪将交易信息即单品数据录入到 POS 系统数据库中，将这些数据进行统计、汇总，经瞬时处理后，生成所需的各种报表等。单品成本数据库的更新要求将每批商品的每种活动成本都分摊到每个单品中。这里成本的分摊是根据实际发生的成本进行分摊，而不是平均分摊。每日用分摊的成本数据更新成本数据库，就可以为决策提供非常有用的数据。

4. 单品销售业绩分析

单品销售业绩分析主要有单品获利大小排队和销售量排队。单品销售量排队很简单，这是目前大多数企业正在进行的工作，即统计每日每单品的销售量。销售量的大小是非常重要的信息，进行单品管理不能缺少这一指标。但只衡量这一指标显然缺乏全面性，因为某个单品卖得好，并不一定获利高，也可能成本较大。因此，还必须对单品按获利大小排队，即比较每个单品的销售额扣除物流成本和进价后的余额。对上述两个排队进行比较，可以分析出各个单品的实际贡献。

5. 进行及时控制和重点管理

单品管理的好处是对各种单品的进销存情况了如指掌，可以进行及时控制，大幅度提高单品管理的准确性和高效性。单品管理的好处还在于能够发现获利大且销售量大的单品，对其进行重点管理，对这些单品实施重点采购、重点销售、重点控制其物流成本。当然，有些单品获利小但销售量大，有发展潜力也应作为管理的重点，对销售慢获利又少的单品，应及时调整。

■ 第三节　品类管理

品类（category）是指消费者认为相关且可相互替代的一组特殊商品或服务。依据 FBI（best practices definition）的定义，品类管理（category management，CM）是"分销商和供应商合作，将品类视为策略性事业单位来经营的过程，通过创造商品中消费者价值来创造更佳的经营绩效"。品类管理是把所经营的商品分为不同的类别，并把每一类商品作为企业经营战略的基本活动单位进行管理的一系列相关活动。

一、品类管理的步骤

(一) 品类定义

品类的定义是指品类的结构，包括次品类、大分类、中分类、小分类，或者是按照20商品和80商品进行分类。品类的定义不能与信息系统脱节。不少零售商都清楚品类的结构，但信息系统中没有相应做维护。当需要知道中分类、小分类的销售情况时，系统只能打出品类所有单品的信息，员工需手工计算某中分类或小分类的销售数据。这极大地制约了品类管理的实施。另外，品类定义会随购物者购物习惯的变化而改变。

(二) 品类角色

定义品类角色时，需考虑品类对商店的重要性，对目标购物群的重要性以及对品类发展的重要性。跨品类分析工具（SFR model）帮助我们确定品类对目标购物群的重要性。它汇总了不同购物群在不同品类的购物频率、消费金额等数据。不同的品类因为其品类角色的不同，应采取不同的品类战术。

品类所扮演的角色可以从各个角度去区分，如20商品与80商品、主力商品、辅助性商品、关联性商品和刺激性商品等。

(三) 品类评估

品类管理实施之前，需要对商店和品类现状进行评估。品类管理实施后，需要对效果进行评估。评估不能只局限于销量、利润等财务指标，还需考虑库存、脱销、单位产出、人力投入等。因为品类管理涉及滞销单品的淘汰、货架的重新分配等，这些操作很大程度地优化了上述指标。评估还必须有深度，需进行跨门店评估、跨年度评估。

透过市场调查或POS系统的数据搜集及分析，来判断某品类在消费者行为中所占的比率，以消费者导向为主来改进卖场商品陈列方式，进而提升整体销售能力。因此研究消费者行为也是品类管理中很重要的一环。

以往产品销售情况都是借由销售数量与销货毛利的方式来判断，而在导入品类管理之后，品类管理更提供了ABC成本分析、库存天数、缺货率、库存周转率及消费者满意度等几个方面进行评价，丰富了评价内容。

(四) 品类策略

透过上述步骤，可以明确找出哪些品类最受消费者喜爱，进一步可接着决定要采用何种策略来提升该品类竞争力。此外，若供货商及零售商能依消费者行为共同拟定品类策略，更可增进品类管理效果。

品类策略包括高效的产品组合、高效的货架管理、高效的定价与促销、高效的补货、高效的新品引进等。

高效产品组合的目的是增加产品的多样性，降低产品的重复性。所以在确定销售产品品种时，除了按销量、销售额和利润的综合指数进行20/80分类外，还需考虑产品细分的完整性（如产品功能、成人/儿童、价格带）、产品在整个市场的表现、是否新品等。市场调查公司或行业领先的供应商都可以提供市场份额数据，据此，零售商还可以引进市场上热销但本商店没有销售的产品，以补充产品的多样性。

货架是零售商的重要资源。除了储存商品，它还是零售商与顾客沟通的主要手段。它向顾客传递零售商的价值取向，展示零售商的销售策略，指引品类的发展趋势，引导顾客的购买行为。所以陈列商品时需要考虑：①品类角色；②品类相邻性；③购买者的购买决策过程（买产品时考虑品牌、功能、价格等的先后次序）；④公平货架原则（根据产品表现确定陈列面积）；⑤品类的发展趋势。

通道费在中国普遍存在，确定陈列时，可适当考虑，综合计算其投入产出。但如果像某些零售商那样，按厘米售卖货架，就本末倒置了。

零售商的价格在购物者心中的形象不单单是由价格这个数值决定的，而是价格优势、价格透明度和性能价格比综合作用的结果。

定价方面提倡：①用价格敏感的产品吸引客流，用价格不敏感的产品获取利润；②系统定价，根据品牌角色确定毛利率，而非一个品类一个毛利率。

高效的促销可以理解为：在正确的时间，选择正确的单品，以正确的促销形式，配以适当的宣传，陈列在正确的地方。从促销单品的选择到促销单品在店内的陈列都应考虑品类的目标购物者及品类的策略。如果想吸引中高收入的购物群，就不能长期促销低档产品；如果想提高客单价，就不能总促销小包装的产品。

（1）高效的补货是对品类管理工作的有效保障，主要目标是控制店内的缺货率和库存天数。

（2）高效的新品引进是维持高效品种组合的要素之一，某些零售商优化完商品组合后又持续地大量引进新品，致使品种组合重新趋于混乱。

（五）品类计划实施

因品类管理涉及层面十分复杂，故执行上仍可能有许多问题需要各层级共同克服，因此公司高层主管的支持及参与尤为重要。公司导入品类管理可先从单一品类开始着手品类管理，一方面可先行发现有哪些问题亟待解决；另一方面可以更熟悉品类管理的经营模式，积累解决经验。

品类管理主要目的在为消费者创造优质购物环境、提供消费者更多样化的产品选择，并能够在有效管理下增加销售业绩，维持零缺货，创造供货商、零售商与消费者三赢的局面。

二、20 商品的管理

品类管理是把所经营的商品分为不同的类别，并把每一类商品作为企业经营战略的基本活动单位进行管理的一系列相关活动。现代零售企业中的 20 商品是品类管理的一个极为主要的内容。

（一）20～80 原则

统计资料表明，在零售商店经营的全部商品品项中，销售额最好的 20％品项的销售额可实现全部销售额的 80％左右，而剩下 80％商品品项的销售额实现总销售额的 20％左右。这种现象在超市显得最为明显。人们把超市经营中，商品品项百分比与相对的销售额百分比之间存在的 20%：80% 关系的规律性现象称为 20～80 原则。其中占销售额最大份额的 20% 的商品，称为 20 商品。20 商品实际上就是超市公司经营的主力商品群。

需要说明的是：20～80 原则仅仅是根据数据统计而概括出的关于品项百分比与相应销售额百分比之间的近似比例值，实际上这一比值会随着单品管理效率的高低和超市业态类型的不同而变动。如某超市公司单品管理效率高，销售最好的 20% 商品品项能实现 80% 的销售额；若单品管理效率低，则只能实现 60%～70% 的销售额。又如，经营品种较少、营业面积较小的便利店，20 商品通常能达到甚至超过 80% 的销售额；而经营品种较多、营业面积较大的大型综合超市，20 商品通常达不到 80% 的销售额。这个现象同时说明这样一个事实：对经营品种多、营业面积大的超市公司而言，单品管理的要求较高、难度较大。

（二）20 商品的管理

商品管理的思路应该是：先以单品管理为基础，然后从单品中强化 20 商品（主力商品群）的管理，再从 20 商品中强化出商品群战略经营单位，最后总结以上三种商品管理方法，统一实施整体组合的品类管理。从商品管理操作实践看，单品管理是超市商品管理的基础，20 商品管理的强化应建立在单品管理效率提高的基础之上。

20 商品管理的强化对单品管理提出的基本要求有以下几个方面：

1. 减少同类商品品种，降低商品组合深度

在经营品项总数和卖场空间一定的条件下，商品组合的深度大，组合的广度就相对小，有限卖场空间的效率发挥就难以理想。超市经营宗旨是满足消费者对基本生活用品一次性购足的需要，商品品种齐全是超市公司经营管理的基本要求。但是从单品管理的要求看，品种齐全强调的是不同用途、功能的商品种类应尽可能齐全，商品组合的广度要适当宽，综合化程度可以高一些，以满足消费者多样化需求和一次性购足的需要；商品组合的深度不宜太深，专业化程度不宜太强，即不能过分强调同类商品中不同品牌、品种、规格的齐全。如果销售额在品牌上过于分散，导致零售商做不大供应商品牌产品销量，使超市对供应商缺乏控制力。另外，消费者面对货架上相同用途的众多不同品牌、规格的商品也会难以选择，增加消费者的购物时间。

2. 利润向少数品种集中

20 商品管理的基本思路是强调销售额的集中，而单品管理的基本思路是强调突出品牌、增加利润。如果没有单品管理利润向少数品种集中的指导思想，20 商品管理即使实现了销售额向少数商品集中，也不一定能实现公司的利润目标。

以单品管理为基础的 20 商品管理，通过做大少数供应商品牌产品销量，提高对供应商的控制力，提高知名品牌商品的市场占有率，能共享供应商节省的促销费用、大批量采购的价格折扣和年终返利，实现利润最大化。

3. 降低管理成本

由于品项和供应商减少，超市采购部采购谈判的交易成本可大幅度下降，运输费用、库存费用等物流成本也可大幅度降低，促销人员能集中精力做好主力商品的销售促进工作，使经营费用、管理费用有所降低。

（三）20 商品的选择方法

1. 数据统计法

数据统计法是指管理人员根据本企业 POS 系统汇集历史同期的销售信息来选择 20 商品的方法。这些信息资料主要是销售额排行榜、销售比重排行榜、周转率排行榜、配送频率排行榜。这四个指标之间存在密切正相关性，核心指标是销售额排行榜。根据销售额（或销售比重、周转率、毛利额）排行榜，挑选出排行靠前的 20％的商品作为 20 商品。如零售商经营的商品品项总数为 6 000 种，则销售额排名第 1 至第 1 200 的商品就构成 20 商品目录。采用数据统计法，信息完整、准确、迅速，是零售商尤其是规模较大零售商选择 20 商品的首要方法。在数据统计时要注意的是销售额排前 20 名的商品毛利额不一定是前 20 名，这时就要综合考虑各个指标的排名。

2. 经验法

对于 POS 系统尚未建立、规模较小的超市公司，可以参照企业历史同期的销售统计资料，在总的商品品种中选择出销售额排名靠前的 20％的品项作为 20 商品。经验法依靠人工统计，工作量大。按经验法来选择 20 商品一定要注意统计资料时间上的一致性，严格按季节进行。

（四）20 商品目录的调整

由于主力商品群具有鲜明的季节性特点，加上消费需求和供货因素的不确定性，连锁零售商经营的重点商品是不断变化的，所以 20 商品目录也应随之不断调整。

1. 按季节变化调整

随着季节的变化，零售商 20 商品目录在一年的春、夏、秋、冬至少要做四次重大调整，每次调整的 20 商品视零售业态的不同而有所差别。经营时装、鞋类的专业商店调整会超过前一个目录总数的 50％以上，而经营食品为主的超市调整面较小。即使在某一个季节内，不同的月份由于气候、节庆假日等影响，主力商品也会存在一定差异，每个月 20 商品的调整幅度一般会超过 10％。

2. 按商品因素变化调整

许多商品具有生命周期，当某种商品的生命周期由导入期进入成长期、成熟期时，它可能会被引入 20 商品目录；而当它由成熟期转入衰退期时，它必然会在 20 商品目录中被删除。又如，当某种新商品被成功开发引入超市卖场时，或当某种商品即将组织一次大规模促销活动时，它们应进入新的 20 商品目录。

3. 按消费需求变化调整

当社会上兴起一种新的时尚产品或新的流行消费方式时，某类商品的消费成为热点，这种商品就可进入新的 20 商品目录。新的时尚产品或新的流行消费方式发生的原因来自于多方面，如重大活动、科学发现、文化影响、经济周期等。

上述三种变化调整中，从变化的规律性和预测的准确性角度看，季节变化的规律性最强，调整的准确性最高；其次是按商品因素变化；而消费需求变化的规律性最不易掌握，调整的难度最大。

20 商品目录是为超市商品采购计划和商品营销管理服务的，所以其目录调整是事先进行的，它与根据企业 POS 系统实际销售信息统计出来的主力商品目录存在一定的差异。

它们之间的差异性越小，说明零售企业单品管理效率越高。

（五）20 商品的落实

20 商品在零售商销售中具有关键性的作用，因此是经营管理的重点。如何把 20 商品的销售真正落实到实处，使 20 商品发挥作用就成为零售企业商品管理的重点。为了使 20 商品真正得到保证，必须在制定采购计划和促销计划、履行采购合同及日常经营管理中，做到对 20 商品的优先落实。

1. 采购优先落实

在制订采购计划时，将 20 商品采购数量指标的制订和落实作为首要任务，要保证 20 商品供货的稳定足量，保证 20 商品在所有门店和各个时间都不断档缺货，这是 20 商品得以保证的前提条件。

为保证 20 商品供应商足量准时供货，零售商要向 20 商品供应商承担按时付款的义务。只有足额按时付款，才能与提供 20 商品的品牌供应商建立良好的合作伙伴关系，才能保证充足的畅销货源，才能与供应商分享市场占有率提高的利益，才能有效地做大供应商品牌产品销量和增强对供应商的控制力。因此，要在品牌供应商前树立良好的商业信用，做到 20 商品付款上的优先。

2. 储存和配送优先落实

在配送中心，要将最佳库存位置留给 20 商品。要尽可能使 20 商品在储存环节中物流线路最短，这不仅是零售商降低物流成本的需要，也是在储存环节上保证 20 商品的体现。

在 20 商品由配送中心到门店的运输过程中，零售商应要求配送中心优先充足地安排运力，根据门店订货、送货的要求，保证 20 商品准时、准量、高频率配送。

3. 陈列和上架优先落实

在做采购计划时，货架管理员就应该在商品配置图中，将卖场最好的区域、最吸引顾客的货架，指定留给 20 商品，并保证 20 商品在卖场货架上有足够大的陈列量。20 商品一般应配置在卖场中的展示区、端头、主通道两侧货架的磁石点上，并根据其销售额目标确定排面数。在每天上下午销售高潮过后，理货员要优先对 20 商品进行上架补货。

4. 促销优先落实

促销部门在制订促销计划时要首先落实 20 商品的促销，寻求与 20 商品供应商的各种合作促销活动，充分利用供应商的资源加大 20 商品促销的力度。同时制订商场独立的 20 商品促销，总之促销都应围绕 20 商品。20 商品的促销应成为超市卖场促销活动的主要内容，各种商品群的组合促销也应突出其中的 20 商品。

三、商品群管理

商品群管理是品类管理的一种特殊方式，它不同于商品结构中的大分类、中分类、小分类的管理，而是一种跨分类的新的商品组合管理。

（一）商品群概念

商品群是商品经营分类上的一个概念。它是卖场中按一定关系集合多个商品品项而形成的战略经营单位。商品群还与商品定位存在密切的关联性，从某种意义上说，商品定位（商品结构）就是由各种商品群组成的。

零售商店经营的众多商品，可以从不同角度加以组合，形成不同类别的商品群。其中，较为常用的划分办法是根据各种商品群在卖场销售业绩中所引起的不同作用将商品结构分为主力商品群、辅助性商品群、关联性商品群和刺激性商品群。

1. 主力商品群

主力商品群是在零售商店经营中无论是销售量还是销售金额都占主要部分的商品。主力商品品种在商品结构中占 20%～30%的比例，但创造整个卖场 80%左右的销售业绩。一个商场的主力商品群是在市场上具有竞争力的商品，畅销商品。主力商品通常是能体现本企业经营特色和个性化的商品，与竞争店同类商品相比，比较容易被顾客选择购买，这种差异性一般是由不同品牌形成的。主力商品也可能由于成本和价格上的优势而形成。主力商品往往具有季节性，某些商品在不同季节存在巨大的销售额差异，是零售业普遍存在的现象。由于主力商品群有着明显的季节性特征，所以主力商品群能形成旺销的效果，这也反映主力商品群不是一成不变的。

2. 辅助性商品群

辅助性商品群是主力商品群的补充商品群，常与主力商品群有较强的关联性，多为常备日用品。它可以衬托主力商品的销售，同时，辅助性商品群的存在可以使卖场商品显得丰富。许多经验丰富的商家在经营中为了衬托主力商品群，同时引进一些价格低廉的低端品牌，以显示主力商品的优良品质，它也可以满足一些追求廉价商品顾客的需要。对于辅助性商品群要注意流行性与季节性，不要把过时商品作为辅助性商品引进，要勤进、少进、快销，防止资金积压。

3. 关联性商品群

关联性商品群是与主力商品有密切联系的商品群，如西装与领带、电子表与纽扣电池、打印机与墨盒等。配备关联商品可以方便顾客购买，也可以促进主力商品的销售，增加商店的销售额。

4. 刺激性商品群

刺激性商品群是一些品项不多，但对推动卖场整体销售效果意义重要的商品群。它们主要是具有题材的热门商品，新开发商品，零售商开发的价廉物美自有品牌商品；也包括零售商精心挑选用于短期促销、容易引起顾客冲动性购买的商品。它们通常以主题促销方式陈列在卖场进口端头货架，带动整个卖场销售。

（二）商品群的组合方式

商品群是根据商店经营理念，用一定方式集合若干特定商品组成的一个战略经营单位。这种经营单位，可以是商品结构中的大分类、中分类、小分类，更多情况下是一种跨分类的新的商品组合。因为顾客对某一家商店的偏好，通常不是来自所有商品，而是来自于某个商品群。正是由于特色商品群对顾客偏好产生最直接的影响，所以，零售商应高度重视商品群管理，不断推出和强化有创意的商品群组合，吸引更多的顾客来卖场消费购物。

一般来说，打破原有商品分类，将若干商品组合成新的商品群的方法主要有以下几种：

1. 按消费季节组合

如在夏季可将凉席、灭蚊剂、电风扇、清凉饮料等组合成一个夏令商品群；在冬季可将羽绒衣、围巾、手套等组合成一个冬令商品群。

2. 按节庆假日组合

如在圣诞节前夕，可将圣诞树、圣诞卡、圣诞玩具等组合成一个"圣诞系列"商品群；如在情人节前夕，可将玫瑰花、巧克力、对表、"心"型工艺品等组合成一个"情人节系列"商品群。

3. 按主题组合

如将与奥运会有关的福娃、奥运纪念邮票、奥运纪念币、奥运画册等组合成一个"奥运商品"系列商品群。

4. 按商品用途组合

如将游泳衣、游泳裤、游泳帽、游泳镜、救生圈、防晒剂等组合成一个夏季游泳商品群；又如将浴巾、拖鞋、肥皂、洗发膏、香水、剃须刀等组合成"常用沐浴用品"商品群。

5. 按价格组合

按照"三元店"、"五元店"的经营方式，在日用品区域开设一个由小五金、小百货等组成的"均价"商品群；又如将若干淘汰品、滞销处理品组合成一个"特价"商品群。

6. 按品牌组合

如将"青岛海尔"生产的不同电器产品如冰箱、空调、洗衣机、电视机，以及不同规格、尺寸、容量的电器组合成一个"青岛海尔产品"商品群。

不断创新商品群的组合方式是吸引消费者眼球，促进销售的一个手段。现代社会中消费需求存在多样性和多变性，零售经营者应及时发现顾客消费行为的变化特征，不断适时推出符合消费者需求变化的新组合商品群。因此，采购部的促销人员要将日常工作的大部分精力放在寻找多种新的商品组合上，并将这些组合作为卖场促销活动的基本内容。

四、新产品引进管理

零售企业经营的商品需要与时俱进，不断给消费者新鲜的感觉。新产品好比是零售企业的新鲜血液，引进新产品是零售企业保持经营活力的需要，是体现公司经营特色的重要手段，也是零售商创造和引导消费需求的重要保证。

（一）新产品概念

市场营销理论认为，产品是一个整体概念。包括三个层次：一是"核心产品"，即顾客所追求的基本效用和利益；二是实体产品，如品质、款式、品牌、包装等；三是附加产品，如售后的运送、安装、维修保证等服务。只要是产品整体概念中任何一部分的创新、变革与调整，都可称之为新产品。不仅新发明创造的产品是新产品，像改进型产品、新品牌产品、新包装产品都可称之为新产品。当然，新产品的核心就是整体产品概念中的"核心产品"，即能给消费者带来新的效用和利益的那部分内容，它也是零售商引进新产品首要考虑因素。但是零售企业在理解新品时并不完全按照市场营销的新产品概念，凡是本企业以前没有卖过的商品都可以认作是新品，原有产品包装的变化、款式的改变也都算到新产品范围。

（二）新产品引入程序

在零售企业中，新产品引进的决策工作由公司商品采购部做出，是零售商商品采购管理的重要内容，具体引进的程序化操作由相关商品部负责。新产品引进大致需要以下几个步骤：

1. 编制新产品引进计划

商店必须对每一年度的新产品的开发做出系统的规划，内容包括引进新品的比重、增加新分类、增加新项数、增加商品组合群数量、确立每一分类的利润标准、制定季节性重点商品计划、制定自行开发商品计划等。

2. 新产品评估

引进新品时需参考以下因素：

（1）新品的角色。目标性的品类需确保其多样性，但便利性品类只需销售主要品种。

（2）产品特点。产品表现及新功能、性能价格比、消费者测试、盈利能力、销量潜力。

（3）市场支持。媒体投入、样品派发、消费者试用活动、消费者教育、公关活动、专业协会认可。

不论是厂商主动报价或基于市场需求而由零售商店主动询价，商店有关人员都应就新品的进价、毛利率、进退货条件、广告宣传、赞助条件等项目予以初评。确定该新引进商品能给公司带来的收益，这一收益可参照目前公司从经营同一类畅销商品所获得收益或新品所替代商品获得的收益。如规定新引进商品在进场试销的 3 个月内，销售额必须达到目前同类畅销商品销售额的 80％或至少不低于替代淘汰商品销售额。初评之后，还需经过具有商品专业知识的人员所组成的采购委员会进行复评，对拟引进的商品进行筛选。复评的项目除初评项目外，还需对产品的口味、包装、售价及市场接受程度等项目进行具体的评价，方可列入采购计划的商品目录之中。

3. 新产品试销

对连锁商店而言，贸然将新品引入所有门店销售风险很大，所以，通常是选择部分门店先进行试销，再就试销结果做出是否推广到所有门店的决策。负责该新产品引进的采购业务人员，应根据新产品在引入卖场试销期间的实际销售业绩（销售额、毛利率、价格竞争力、配送服务水平、送货保证、促销配合等）对其进行评估，评估结果优良的新产品可正式进入销售系统，否则中断试销，不予引进。

4. 正式引入的准备工作

采购人员准备进货，在与供应商进行某种新产品采购业务谈判过程中，要求供应商提供该商品详细、准确、真实的各种资料，提供该商品进入商场销售系统后的促销配合计划，制作新的商品陈列配置表。引入一项新产品需要做好许多准备工作，如条码输入、定价、陈列、促销、库存定位、商品知识培训等。在新品全面引进门店之前，连锁总部还须事先以书面或其他方式告知门店，并给予调整时间，要求门店限期做好新品引进的各项工作。

5. 新产品引入后的跟踪管理

新产品导入卖场后要专门对其销售状况进行跟踪观察、记录与分析，不能以为新产品导入卖场就万事大吉。新产品销售额必须达到同类商品的平均额，方可列入企业的采购计划商品目录中，成为正常经营商品。引入失败的新产品，要分析原因，防止日后出现同样的失误。

中国统一开放的市场体系正在逐步形成，与之相适应，打破地区界线，对全国各地的"名、特、优"新品实行跨地区采购，已成为国内大型零售商采购的常态。另外，随着人民币的不断升值，我国消费品进口的数量越来越大。这些都将推动零售商商品结构的不断更新，更好地凸现零售商的经营特色，更大程度地满足消费者需要。目前我国绝大多数商场尤其是超级市场在商品的经营上缺乏特色，这与新产品的引进与开发力度不大、缺乏体现超市业态的新品采购标准有关。但从根本上说，对消费需求的动态变化缺乏研究是根本原因。另外，零售商过高的进场费也阻挡了一大批具有市场潜力的新产品的进入，需要引起高度重视。没有新的商品，零售企业就没有活力和新鲜感，就没有经营特色和对顾客足够的吸引力。

五、滞销商品淘汰管理

由于零售商场空间和经营品种的有限，所以每导入一批新产品，就相应要淘汰一批滞销商品。滞销商品不能给企业带来应有的收益，甚至直接侵蚀企业的利润。选择和淘汰滞销商品，成为零售企业商品管理的一项重要内容。

（一）滞销品形成的原因

零售企业一般每年要淘汰相当数量的滞销品，如日本连锁便利店每年更新 1/2～3/4 的品项。作为商店管理者，应尽可能避免滞销商品的产生，如加强促销管理、进行限量采购、压低库存、调整商品结构等。但有时滞销商品的出现是不可避免的。滞销商品的形成主要有以下几种原因：

1. 市场需求的变化

消费者的消费习惯发生变化，或者是由于新的替代产品或新款式大量出现。消费者不再喜欢原来的某些产品，原产品在市场上步入衰退期，以前的畅销品逐渐成为滞销品。

2. 供求关系的变化

同类商品大量生产并进入零售领域，供大于求导致商品滞销。

3. 商品进货上的原因

没有把好进货质量检验关，商品质量差，市场反映不好，甚至有顾客退货，造成商品积压而成滞销品；供货商供货不及时，延误了销售时机，使季节性商品成为过季商品；未掌握商品的销售状况，商场盲目进货而导致积压；进价及采购成本过高，导致商品定价过高，从而影响商品畅销度；贪图厂商搭赠或数量折扣，贸然大量进货。

4. 商店管理上的原因

商店管理上的原因主要是商品库存分类不清，造成商品没有及时补货而积压，或是因为商店陈列方式不佳、促销方式不力等，都有可能造成商品滞销。

5. 商品存在质量问题

对被技术监督部门或卫生部门宣布为不合格商品、消费者对质量问题反映强烈的商品，会产生严重的滞销。

（二）滞销商品的选择标准

零售商店在淘汰滞销品时一定要认真分析滞销的原因。其选择标准主要有以下几个方面：

1. 销售额排行榜

即根据本公司 POS 系统提供的销售信息资料，挑选若干排名最后的商品作为淘汰对象，如以标准销售额为衡量标准，连续 2 个月低于正常销售的 70％为淘汰品项。淘汰商品数大体上与引入新产品数相当。以销售排行榜为淘汰标准，在执行时要考虑三个因素：一是排行靠后的商品是否是为了保证商品的齐全性才采购进场的，如果此类商品的上柜是为了拉动商店的主力商品的销售为目的，则不能淘汰；二是排行靠后的商品是否是由于季节性因素才销售欠佳，如果是这个因素造成的滞销，对其淘汰应持慎重态度；三是对于新上柜的商品，因其有一定的熟悉期和成长期，短期销售不理想不能就认为是滞销产品。

2. 利润贡献率

单从商品排行榜来挑选商品是不够的，还应看到商品的利润贡献率。销售额高、周转率快的商品，不一定毛利高，而周转率低的商品未必毛利就低。如果某种商品毛利始终上不去，即使销售额高也用处不大。没有利润的商品短期内可以存在，但是不应长期占据货架。

3. 损耗排行榜

有些商品能够贡献毛利，但是经营中损耗太大。例如，超市经营的新鲜蔬菜等日配商品，经营中损耗很难控制，当天卖不掉就要扔掉，而此类商品的销售偶然性较大，往往是虽然赚了一些毛利，但可能不够弥补亏损。诸如此类的商品如果不是非经营不可，就要考虑淘汰。

4. 最低销售量或最低销售额

对于那些单价低、体积大的商品，可规定一个最低销售量或最低销售额，达不到这一标准的，列入淘汰商品。否则会占用大量宝贵货架空间，影响整个卖场销售。实施这一标准时，应注意这些商品销售不佳是否与其布局与陈列位置不当有关。

为了保证零售企业经营高效率，必须严格执行标准，将滞销商品淘汰出商场。对于零售企业来说，引进新产品容易，而淘汰滞销商品却有阻力。新品引进率与滞销品淘汰率应当大体相当，零售企业一方面要淘汰滞销商品，另外也要防止有销售潜力的商品被忽略掉。

（三）滞销品淘汰程序

1. 列出滞销品清单

商店依据制定的淘汰标准，列出淘汰品清单，并进行数据分析。例如，以销售额排行榜最后的 3％为淘汰基准、以每月销售额排在最后 50 位为基准、以商品品质为基准等，找出销售不佳、周转慢或品质有问题的商品作为淘汰品。上海华联超市曾经采取让店长投票的办法淘汰滞销商品。

2. 查明滞销原因

有关人员应进一步分析滞销商品的真正滞销原因，究竟是商品不佳还是人员作业疏忽，如缺货未补、订货不准确、陈列定位错误等，然后再确认是否淘汰。确认淘汰的商品应填写商品淘汰申请单。

3. 制定淘汰策略

淘汰策略有两种：一种是立即淘汰，对于具有明显的质量问题产品，对于产品生命周期进入衰退的产品，销售业绩很差的产品，应该采取立即淘汰的策略；另一种是逐步淘汰策略，对于市场供大于求的产品，对于销售业绩不理想的产品，可以采取逐步淘汰的策略。逐步淘汰是防止立即淘汰引起的经济损失，避免在消费者中产生突然断货的印象。做法是制定一个日程表，逐渐减少该产品的进货和货架空间，同时不断扩大替代产品的供应。

4. 确定淘汰方式

商品淘汰方式主要有两种：一种是退回厂家；另一种是自行处理。采购合约上注明可以退换货的商品，应在规定时期（如食品保质期前半年）将商品及时退回供应商；如果属于商店买断的商品，不允许退换货，或无法退回给供应商的商品（如进口商品、远距离采购的商品等），可自行处理，采取一次性削价处理的方法，或者作为促销的奖品送给顾客。

5. 统一淘汰作业

如果是连锁企业，淘汰滞销品之前，总部应提前向商店告知滞销品的项目及退换货作业程序。滞销品如退给厂商，应及时通知厂商取回退货；如要各门店自行处理，总部应将处理方式及时告知各门店。总部最好确定统一的淘汰日期，淘汰商品最好每个月固定集中处理，不要零零散散地处理。例如，可以规定每月的某一天为淘汰日，所有柜台或店铺便在这一天把淘汰商品下架清理。

6. 做好淘汰记录

淘汰作业结束后应做好淘汰商品的记录工作，每月汇编成总表，整理成档案，以避免重新将滞销品引进。

7. 退货的处理方式

退货的处理方式是滞销商品淘汰的核心问题之一。

传统的退货处理方式主要有以下两种：一是连锁企业总部集中退货方式，即将各门店所有库存的淘汰商品，集中于配送中心，连同配送中心库存淘汰商品一并退送给供应商；二是门店分散退货方式，即各门店和配送中心各自将自己的库存淘汰商品统计、撤架、集中，在总部统一安排下，由供应商直接到各门店和配送中心取回退货。传统退货处理方式是一种实际退货方式，其主要缺陷是花费连锁商和供应商大量的物流成本。

为了降低退货过程中的无效物流成本，目前连锁超市公司通常采取的做法是在淘汰商品确定后，立即与供应商进行谈判，商谈2个月或3个月后的退货处理方法，争取达成一份退货处理协议。按两种方式处理退货：一种是将该商品作一次性削价处理；第二种是将该商品作为特别促销商品。

这种现代退货处理方式为非实际退货方式（即并没有实际将货退还给供应商），选择非实际退货方式还是实际退货方式，取决于削价处理或特别促销的损失是否小于实际退货的物流成本。非实际退货除了具有能大幅度降低退货的物流成本之外，还为连锁超市公司促销活动增添了更丰富的内容。

对那些保质期是消费者选择购买重要因素的商品，零售企业与供货商之间也可参照淘汰商品（虽然该商品本身不属于淘汰商品）的非实际退货处理方式，签订一份长期"退货处理协议"。把即将到达或超过保质期的库存商品的削价处理或特别促销处理办法纳入程序化管理轨道。采取非实际退货方式，在签订的"退货处理协议"中，要合理确定零售商和供应商对价格损失的分摊比例。

第四节 零售企业自有品牌的开发

一、零售企业开发自有品牌的意义

自有品牌（private brand，PB）是指由零售商自己拥有并在自家商店内使用的品牌。与自有品牌相对应的是面向全国市场销售的制造商品牌或称 NB（national brand）。自有品牌开发是零售商的一种产品品牌战略，是零售商通过收集、整理、分析消费者对某类商品的需求特性的信息，开发出使用零售商自己的商标并在本企业销售的商品品牌。

零售企业开发自有品牌的意义：

（1）增强零售商在流通中的主导和控制作用。零售企业自有品牌的开发经营，是由零售企业依据顾客需求信息，提出商品的设计、品质要求，因而它更贴近消费需要。零售企业自有品牌具有信息优势与品种选择上的优势，其开发经营是零售业对工业企业如何更贴近市场的一种"设计"与导向，体现了流通的主导作用。在拥有自有品牌条件下，零售商在与供应商谈判中具有更大的主动权，有利于零售商提高与供应商博弈能力，取得市场经营的主动权和制定价格的主动权。零售企业的渠道权力优势使零售企业由被动的制造商产品接受者变为市场经营活动的积极参与者，增强了企业抗击市场风险的能力。

（2）有利于零售企业降低商品价格，提高对价格的控制力，增强产品竞争力。自有品牌商品是零售企业直接向生产厂家定牌生产的，广告、包装费用少，减少了诸多中间环节，交易费用与流通成本大大降低；同时，由于自有品牌商品全部在自家连锁店销售，无须像一般供应商进入连锁销售系统时要支付巨额通道费、市场推广费。所以，自有品牌商品价格通常可比同类商品价格低 10%～25%，个别产品可以低出很多，如沃尔玛开发的美国可乐售价只有 20 美分，而可口可乐为 50 美分。

（3）有利于增加利润。在自有品牌开发、经营过程中，零售企业除了获得正常的销售利润之外，还会获得部分生产制造利润和物流利润。自有品牌商品的毛利率要大大高于生产商品牌商品。

（4）由于自有品牌商品的品质标准由零售企业制定，因而自有品牌开发有利于保证零售企业控制商品的质量，保证商品货源供应的稳定性。

（5）自有品牌商品有利于零售企业知名度和顾客信任度的提高，有利于零售企业经营规模的扩大和自身实力的增强，有利于零售企业抵抗经营风险能力的增强。零售商自有品牌商品使企业能够创建具有自己商店特色的丰富产品类别，自有品牌的开发是零售企业突出经营特色、进行差异化竞争的重要内容。自有品牌在零售商店里面还有终端陈列优势。自有品牌是零售企业的无形资产。

（6）差异化竞争优势。在市场竞争日益激烈的今天，消费者的市场需求日益复杂和多样化。零售终端要抢占更多的市场份额，必须与众不同，在销售、服务方面凸现自己的特色。零售企业直接面对消费者，能够迅速了解市场需求动态，并及时做出反应，零售企业准确把握市场需求的优势明显。零售企业可以根据目标消费群体的不同开发自有品牌产品，使企业的产品构成和经营富有特色，更注重市场细分，从而能与其他零售企业形成差异化竞争优势。

二、自有品牌的发展

自有品牌出现较早，但直到 20 世纪 60 年代后期才获得大发展。1980 年，英国零售商自有品牌销售额占总销售额的 17.1%。到了 90 年代，这一比例已经达到 27% 以上。英国零售企业的自有品牌已经为自身确立了极为重要的地位。在欧洲，瑞士的零售自有品牌商品所占比例超过 40%，德国、比利时、法国都在 10% 以上。在美国零售业中，自有品牌在超市占销售量的 20%，在药店杂货店占销售量的 12%，在大型零售店占销售量的 11%。在药品杂货店内，1/4 的文具和学生用品的销售额来自自有品牌。自有品牌表明了零售商能力素质的提高和市场势力增强。许多零售商选择自有品牌战略已成功地打开了一个丰厚的利润之源。例如，美国著名的西尔斯公司就创立了若干自有品牌，在消费者中享有盛誉，自有品牌都深得用户的偏爱。目前，该公司销售的商品一半以上都是使用自己的品牌。沃尔玛是 20%～25% 的自有品牌，西尔斯是 90% 的自有品牌，而马狮是 100% 的自有品牌（马狮所有商品都用自有品牌"圣米高"）。世界百货联合会有 20%～40% 的成员拥有自有品牌商品。有研究指出，拥有自有品牌商品是西方业绩较好的零售商的普遍特征之一。

零售品牌发展分为 5 个阶段：

第一阶段，未注册商品具备基本的功能。价格低，在产品和包装方面几乎没有任何资金要求。

第二阶段，低价零售品牌商品与贴有商标的封装产品有相似性。但价格相对低，在产品方面投资极少。

第三阶段，通过高水平的管理和投资进行重新设计的产品显示出与众不同的风格。

这一阶段的零售商以欧洲专业折扣店为代表，如 Aldi 和 Netto，它们从三流的品牌或是有剩余生产能力的供应商那里采购原料，进行新产品开发，并在微薄盈利的基础上销售。例如，与 Sainsbury 或 Tesco 6%～7% 的经营利润相比，Netto 准备在 1% 的盈利水平上经营。采购队伍的任务是与供应商进行谈判，用低廉的成本获得市场上最低价位而又有高品质的产品。折扣食品店商品数量只有 800～1 000 种，打交道供应商数量少，它容易从中扶植大量自有品牌。

第四阶段，同等质量商品通常比品牌商品价格低 10%～25%，但商品的质量相同。

第五阶段，强势领导品牌使零售商能够通过产品革新和重新定位提高商品价格。例如，Marks&Spencer 在 St Michael 公司下面从事贸易活动，Marks&Spencer 打造的品牌已经建立起十分强大的、与众不同的市场地位。该公司食品系列的原材料和预制品的质量，以及对冷藏冷冻食品种类的创新，为其在行业内赢得了极为突出的高利润回报。

中国零售企业对自有品牌的开发主要是在超市业态，自有品牌的商品会比同类型的制造商品牌便宜 20% 以上，且快速消费品的自有品牌的平均毛利率为 40%，而代销品牌的毛利率为 20%。因此自有品牌发展能力的强弱是超市类业态公司能否取胜的关键之一。许多企业已经把发展自有品牌作为企业的发展战略予以规划，联华超市公司在自有品牌开发方面走在其他超市之前。至 2005 年末，联华开发自有品牌商品 2 500 种，居中国领先地位（家乐福中国 1 000 多种，沃尔玛中国 1 000 种）。自有品牌和业态组合优势有望为联华盈利能力的提升起到良好的助推作用。

三、自有品牌商品的开发

（一）零售商开发自有品牌产品应具备的条件

零售商开发自有品牌产品应具备下列条件：

（1）规模、资金条件。自有品牌产品是在零售业日益集团化、连锁化和国际化的大趋势下产生的，开发自有品牌产品的成功离不开规模经济优势的发挥。零售商必须规模大、网点多、市场份额高、忠诚顾客稳步增长。同时，自有品牌产品的开发以零售企业为主导，零售商应该具有相应的资金准备和较高的持续盈利能力。

（2）商誉条件。自有品牌产品的形象建立在零售企业本身商誉的基础上，较高的商誉是实施自有品牌战略成功的前提。

（3）信息条件。自有品牌产品的开发必须面向市场，满足消费者的需求。企业必须能了解顾客的需求及其变化，及时搜集信息、分析信息、利用信息。

（4）市场营销能力。开发自有品牌产品，企业要承担较大的风险，企业必须具备很强的管理能力、公关能力和市场营销能力。

（5）商标条件。零售企业应该在开发自有品牌产品的初创期，就进行品牌的申请注册工作，以免在日后被他人抢注、冒用时，得不到法律的保护而蒙受损失。

（二）自有品牌商品的选择

自有品牌是零售商自己拥有并在自家商店内使用的品牌，尽管零售商的自有品牌可用于各种定牌商品，但实践中，零售企业根据其开发的目标，对自有品牌商品的选择主要可考虑在以下四个商品群：

1. 消费者品牌意识不强、生产商未建立强势品牌的商品

对某些商品而言，消费者的品牌意识非常强，如牛奶，只认几大著名品牌；又如运动鞋、化妆品等。消费者对这些商品的品牌意识较强，趋于购买指定商品。因此，零售商店开发自有品牌的难度就很大，即使开发出来也很难得到消费者认可。而另一些商品，消费者的品牌意识较弱，如酱油、洗衣皂、卷纸等日常用品或食品，商场采用一些促销手段很容易影响消费者的购买行为，因而这些商品可以作为自有品牌商品考虑。

2. 销售量大和购买频率高的商品

只有销售量大的商品，企业才可以实行大量开发订货，从而降低开发生产成本，保证自有品牌商品低价格的实现。购买频率高的商品使得商店和消费者接触频繁，商品的品牌忠诚度较低，顾客很有可能在其他条件的影响下改变购买品牌，这有利于商场开发新顾客，使他们购买新品牌的商品。

3. 单价较低和技术含量低的商品

对于单价较低的商品，消费者可在第一次购买后通过使用决定是否再次购买。其风险性较小，特别是对一些价格敏感度较高的日用品，在同等质量的条件下，消费者更容易接受价格较低的自有品牌商品。而对于单价高的商品，消费者的购买决策是比较谨慎的。另外，技术含量高的商品不宜作为自有品牌商品的开发对象。一则大多数零售企业不具备这些商品的开发实力；二则这类商品的品牌忠诚度一般较高，不宜改变消费者的购买态度；三则这类商品往往需要强大的售后服务力量，这是零售企业力所不能及的弱项。

4. 普通供应商无法生产加工的商品

普通供应商无法生产加工的商品，如保鲜、保质要求高的商品。部分生鲜食品的加工包装，只能在卖场内的加工场进行。零售商可以以良好的商誉作保证，利用渠道短的优势及时地把货真价实的商品提供给广大的消费者，因此，这类商品也宜作为自有品牌商品的开发对象。

（三）开发自有品牌需注意的事项

对零售企业来说，开发自有品牌需注意的事项有：

（1）先做响企业品牌，再做自有商品品牌。零售企业不要急于开发自有品牌，只有当企业有了较高知名度，消费者已经接受该企业时，再着手开发自有品牌，这时消费者容易接受自有品牌。开发自有品牌商品成功的关键在于商场本身的商誉。商誉是零售商的一笔巨大的资产，信誉好的企业无疑对消费者具有很大的吸引力，信誉几乎成为质量的保证。消费者能否买得放心，已成为促使他们在不同零售商、不同品牌之间进行选择的重要因素。消费者一般不能有效识别假货，他们就把这一重要责任留给中间商承担，他们总是喜欢到信得过的商店购物。由于有良好的信誉作保证，再加上价格低廉的诱惑，零售商开发自有品牌，才能充分激发消费者的欲望。因此，每一个零售商在开发自有品牌之前，首先要做的事情就是如何提升自己在消费者心中的知名度和美誉度。

（2）自有品牌名称不宜过多。自有品牌不像生产商品牌那样在公开媒体大做广告，消费者对自有品牌的印象不会像制造商品牌产品那样深刻，所以自有品牌的名称不宜过多，以至于消费者记不住。可以对一个大类商品统一命名，采取一个自有品牌的名称。另外，自有品牌要与企业文化内涵相一致，使消费者易于接受。

（3）自有品牌商品的开发一般不宜零售商自己投资生产或收购厂家来生产自有品牌商品，委托制造商生产是零售商可以采取的主要途径。

一些中小型制造商，无力开展耗资巨大的创品牌活动，但具有较强的生产制造能力和水平。大型零售商与这类企业联合，可以开发出需要的自有品牌商品，获得双赢的结果。还有一种情况是零售商委托知名品牌的生产商生产定牌产品，作为从生产商进制造商品牌产品的条件，一些大的生产制造企业为了保证开工率以及与零售企业保持长期战略合作关系，愿意接受这种模式，也加入到为零售商生产自有品牌产品的行列。这种合作生产的自有品牌产品质量较高。

零售商自己投资办厂或控股生产企业来生产自有品牌商品是自有品牌生产的另一种形式。这种形式使产品的稳定性较强，生产成本可能更低，但也有较大风险，需要零售商有相当的规模与一定的经济实力。

发展自有品牌商品需要专门的技巧来和制造商谈判。采购人员的角色将发生变化，要求他们与产品开发、质量管理和服务人员保持密切工作关系和长期接触，需要懂得贯穿生产过程的产品创新、技术进步、抽样和质量管理。自有品牌商品的开发，需要成立专门的市场研究部门或产品设计开发部门，并要注意这方面的人才配备。

第五节　零售商品组合

一、零售商品组合结构

（一）商品线概念

商品线：一条商品线包括一组密切相关的商品，亦可以视为一个商品系列，如彩电商品线包括各种屏幕、尺寸、品牌的彩色电视机。

（1）商品线的深度是指一条商品线内拥有商品品种的数量多少，如彩电商品线拥有的各种规格、尺寸、品牌的彩色电视机。

（2）商品线的宽度是指一家商店拥有商品线数量多少。数量越多商品线越宽，如百货商店商品线的宽度很宽；反之，便利店商品线的宽度很窄。

（3）商品线的关联度是指不同商品线之间的关联程度。如彩电商品线与DVD商品线的关联度就很强，而彩电商品线与西装商品线的关联度就很弱。

一家零售商店的商品结构实际上就是由不同的商品线组成。商品线广度和深度的不同组合，形成了商店商品结构的不同配置（图8-1），这些配置形成商店的经营特点，甚至决定了商店的业态。

商品线深度

		深	浅
商品线宽度	宽	商品种类多 商品品种多	商品种类多 商品品种少
	窄	商品种类少 商品品种多	商品种类少 商品品种少

图 8-1　商品深度与宽度的组合

（二）商品结构类型

1. 既有宽度又有深度的商品结构

这种结构是商店选择经营的商品线多，而且每条商品线包括的品种也多，为大型的综合超市和大型百货商店所采用。由于大型综合商场的目标市场是多元化的，常需要向消费者提供一揽子购物，因而必须备齐广泛的商品类别和品种。

这种结构的优点是：目标市场广阔，商品种类繁多、选择性强；商圈范围大，能吸引较远的顾客专程前来购买，顾客流量大；基本上满足顾客一次进店购齐一切的愿望，能培养顾客对商店的忠诚感，易于稳定老顾客。

这种结构的缺点是：商品占用资金较多，而且很多商品周转率较低，导致资金利用率较低；此外，这种商品结构广泛而分散，试图无所不包，但也因主力商品过多而无法突出特色；同时，企业必须耗费大量的人力用于商品采购上，为保持一定的新品比率，企业必须花大量精力用于新商品的开发和采购。

2. 有宽度而无深度的商品结构

这种结构是商店选择经营的商品线多，但在每一条商品线中花色品种选择性少。在这种结构中，商店提供广泛的商品种类供消费者购买，但对每类商品的品牌、规格、式样等给予限制。这种结构通常被廉价商店、杂货店、折扣店、中小百货商店等业态所采用。

这种结构的优点是：目标市场比较广泛，经营面较广，能形成较大商圈，便于顾客购齐基本所需商品；便于商品管理，资金周转较快。

这种结构的缺点是：由于每条商品线包含的花色品种相对较少，顾客的选择余地有限，满足顾客需要的能力差；一些顾客可能在这些商店买不到自己需要的商品，只能满足大众化需求，不适应多样化、个性化需求趋势。

3. 无宽度但有深度的商品结构

这种结构是指商店选择较少的商品线，而在每一条商品线中经营的商品花色品种很丰富。这种结构体现了商店专业化经营，主要为专业商店、专卖店所采用。一些专业商店通过提供精心选择的几条商品线，在每条商品线中配有大量的品牌、花色品种和规格，吸引偏好选择的消费群。这种模式为很多业态所采用，如家电专业店、家具专业店等，消费者很愿意光临这种商品结构的商店。

这种结构的优点是：专业商品种类充分，品种齐全，能满足顾客较强的选购愿望，不会因花色品种不齐全而丢失商机；能稳定顾客，增加重复购买的可能性；易形成商店经营特色，突出商店形象；便于商店专业化管理，树立专业形象。

这种结构的缺点是：过分强调某一大类，不能一站式购物，不利于满足消费者的多种需要；很少经营相关商品，风险较大。

4. 无宽度又缺乏深度的商品结构

这种结构是指商店选择较少的商品线和在每一条商品线中选择较少的商品品种。这种结构主要被一些小型商店如廉价商店、折扣店、均价店、便利店、烟杂店所采用。这种结构的商店适宜于经营一些价格低廉的日常生活用品，消费者无须挑选，商店地处居民区，居民购物方便。

这种结构的优点是：投资少，成本低，见效快；商品占用资金不大，经营的商品大多为周转迅速的日常用品，便于顾客就近购买。

这种结构的缺点是：种类有限，花色品种少，挑选性不强，难以满足个性化、多样化需要；商圈较小，吸引力不大，难以形成商店经营特色。

二、商品组合的类型

零售企业在经营中，可以专门经营一个商品大类，也可以经营几种不同大类的商品。由于商品组合方式不同，会形成零售企业经营的不同特点。零售商品组合大致上有多系列全面型、市场专业型、商品系列专业型、有限商品系列专业型、特殊商品专业型、特殊专业型等多种类型。

1. 多系列全面型

多系列全面型着眼于向任何消费者提供他们所需要的一切商品。采取这种商品组合策略的条件就是企业有能力照顾整个市场的需要。多系列全面型可以从广义和狭义两方面理解。广义的多系列全面型商品组合尽可能增加商品系列的广度和深度，不受商品系列之间关联性的约束，如一些大型综合超市和大型百货商店就是采取这种组合类型。狭义的多系列全面型商品组合力争提供在一个行业内所有的全部商品，商品系列之间具有密切关联性，如大型家电专业商场。

2. 市场专业型

市场专业型是向某个专业市场、某类消费者提供所需要的各种商品。例如，体育用品商店向运动员和体育爱好者提供球类、田径、游泳、登山等各种体育器材以及运动服装、运动鞋等。市场专业型商品组合不考虑各商品系列之间的关联程度。

3. 商品系列专业型

商品系列专业型零售企业专注于某一类商品的销售，将其商品推销给各类消费者。例如，家具专业商店提供卧室家具、客厅家具、办公家具等，满足居家和单位的各种需要。

4. 有限商品系列专业型

采取有限商品系列专业型商品组合的零售企业根据自己的专长，集中经营有限的，甚至单一的商品系列以适应有限的或单一的市场需要。例如，照相器材商店专门经营照相机和少数配套产品。

5. 特殊商品专业型

特殊商品专业型零售企业根据自己的专长经营某些具有销路较好的特殊商品项目。特殊商品专业型商品组合策略由于商品的特殊性，所能开拓的市场是有限的，但是具有一定的市场垄断性，面临的竞争威胁较小，如经营邮票的公司、经营一些特殊手工艺品的商店等。

三、确定商品范围的考虑因素

零售企业可以选择各种类型的商品结构与组合。如果是一家已经开业的老企业，商品经营范围可以在过去销售实绩的基础上，根据市场预测得出的消费需求及其变化趋势的有关资料，进行调整和不断优化。如果是规划一家新店，商店在确定商品经营范围时需考虑以下几方面：

1. 商店业态特征及其规模

确定商品经营范围，首先取决于商店的业态。业态对经营范围有一个基本的规定，不同业态的商店，其商品经营范围有着不同分工，一个商店的业态确定下来，就已经框定了其大致的经营范围。在既定的业态下，零售商对商品线选择的自由度是有限的，不可能任意发挥，随意设置。与现有业态完全背离的商品设置得不到消费者的认可，将失去顾客。

2. 商店的目标市场

商店的地址和商圈范围确定以后，其顾客来源的基本特征也就随之确定下来。商店目标顾客的职业构成、收入状况、消费特点、购买习惯都影响着商店商品经营范围的选择。处在城市中心的商店，由于商圈大、目标顾客的流动性强、消费层次复杂，因而经营品种、花色花样应比较齐全；处在居民区附近的商店，消费对象比较稳定，主要经营人们日常生活必需品，种类比较单纯；处在办公区、文教区、工矿区、郊区、农业区的商店，由于这些地区消费者的特殊职业形成了其特殊需要，在确定商品经营范围时，也要充分考虑这些地区消费者需求的特点。

3. 竞争对手情况

邻近的同行竞争对手的状况也影响着商店商品经营范围的确定。在同一地段内，相同业态商店之间，经营特点不宜完全一致，应有所差别，实现错位经营，其差别主要体现在商店主力商品的种类上。每家商店为突出自己的特色都会选择一个最适合自己形象的主营商品大类。因此，商店只有弄清楚周围竞争对手的经营对策、商品齐全程度及价格和服务等状况，才能更好地确定自己的商品经营范围。

4. 商品策略

在策略上，零售商可以选择齐全的商品策略或市场细分化的商品策略，这两种不同的商品策略影响经营商品的范围。

齐全的商品策略是指商店经营的商品种类齐全，无所不包，基本上满足消费者进入商店后可以一站购齐的愿望。大型综合超市、大型百货商店、购物中心一般采用这一商品策略。采用这一策略的商店，其经营范围包括食品、日用品、纺织品、服装、鞋帽、皮革制品、电器、钟表、家具等若干项目，并且不同类型商品分成许多商品柜或商品区。当然，任何一个规模庞大的商店要做到经营商品非常齐全是不可能的。对于大型综合超市和百货商店来说，齐全的商品策略只能是在自己业态范围内的齐全。齐全的商品策略的完美程度取决于商场的面积，但面积总是有限的，因此该策略在商品线具有足够宽度的前提下可能会牺牲商品线的深度，也就是每一类商品的花色品种不可能太多。

市场细分化就是把消费市场按各种分类标准进行细分，以确定商店的目标市场。按消费者的性别、年龄、收入、职业等标准进行划分，各类顾客群的购买习惯、特点以及对各类商品的购买量是不同的，商店可以根据不同细分市场的特点来确定适合某一类消费者的商品策略。例如，百货商店经营的服装以中青年顾客为主，因为这部分顾客对时新服装的需求非常强烈，借此形成自己独特的个性化的商品系列。细分化的商品策略看起来面对的顾客范围缩小，但实际上加强了商品线的深度，极大丰富了花色品种。对目标市场产生很大的吸引力，可能取得非常好的销售效果。但是对同一种类的商品也不是引入品牌越多越好，商店应处理好如何为消费者提供足够的选择机会又不至于浪费太多的卖场和营业空间。

5. 商品的相关性

顾客在购买商品时往往是有备而来，一次购物计划会购买许多相关性的商品。作为零售企业在商品的选择上考虑这种相关性，可以促进销售的增长。许多商品的销售是相关的，而且这里面大有学问，美国零售商发现年轻的爸爸在超市购物时会同时购买啤酒和尿布，就把这两种商品放在一起，结果取得很好的效果。在确定一个商场商品种类时，考虑商品的相关性非常重要，根据商品消费连带性的要求，把不同种类但在消费上有互补性，或在购买习惯上有连带性的商品一起纳入经营范围，既方便顾客挑选购买，也利于增加销售额。因此，在确定了主力商品类别经营范围之后，还要考虑辅助商品和连带商品的范围，这就要充分分析商品的相关性，不能只考虑高利润的商品，以至于把毫无关联的商品放在一个商场，违反顾客购物规律。良好的搭配可以相得益彰、互相促进。对于大型商场来说，由于商品品种齐全，重要问题只是商品的摆放上的搭配问题；而对于商品种类有限的中小型商场来说，品种的选择就非常关键。零售企业应该通过对市场和消费者的深入研究来决定商品范围以及具体种类。

四、零售商品组合的优化

商品组合确定后并非一劳永逸，由于市场环境和竞争形势的不断变化，商品组合中的商品种类和每一个具体商品项目也必然会在变化的市场环境下发生分化。一部分商品获得较好的销售业绩，利润也持续增长；而另一部分商品则可能利润微薄甚至趋于亏损。

因此，零售商就必须经常性地对商品规划进行审视，需要不断根据形势变化调整商品组合。引入新产品，淘汰滞销品，寻求和保持商品组合最佳化。如果不重视对商品组合的经常调整，不重视新商品开发和过时商品的淘汰，则原有的良好的商品组合必将逐渐地出现销售不佳的现象。

每一个零售企业都应该经常分析自己商品组合的状况和结构，判断各商品种类和项目在市场上的表现，评价其发展潜力和趋势，不断地对现有的商品组合进行调整，优化商品组合。对于经营商品项目众多的零售企业来说，优化商品组合尤其重要。

商品组合优化有各种方法，主要有波士顿矩阵法。波士顿矩阵法是根据商品市场占有率和销售增长率两个指标来对商品进行评价的方法。

市场占有率和销售增长率这两个指标可以形成四种组合方式，由此形成四类商品。用图形表示，就构成四象限图（图8-2）。

销售增长率

市 场 占 有 率	第Ⅰ象限 市场占有率高 销售增长率高	第Ⅱ象限 市场占有率高 销售增长率低
	第Ⅲ象限 市场占有率低 销售增长率高	第Ⅳ象限 市场占有率低 销售增长率低

图 8-2　四象限图

（1）第Ⅰ类商品，是市场占有率高、销售增长率也高的商品。这是企业利润的源泉，是零售企业的主力商品。对这类商品，零售企业要努力增加商品线的深度，向消费者提供更多的花色配置。在采购、配送、陈列方面予以保证，使其继续增长并扩大市场份额。

（2）第Ⅱ类商品，是市场占有率高、销售增长率低的商品。这类商品能带来很大的利润，是零售企业重要收入来源。这类商品过去曾经非常辉煌，现在处在生命周期的成熟期阶段。对这类商品，应努力维持现状，抓住客户，保持良好的销售业绩。

（3）第Ⅲ类商品，是市场占有率低、销售增长率高的商品。这类商品在市场中处在成长期阶段，很有发展前途，但本零售企业尚未形成优势。对这类商品，应该加大商品线的深度，扩充品项，努力进行促销和广告、制定竞争性的价格政策；要设法提高市场占有率，为企业带来更多的利润。

（4）第Ⅳ类商品，是市场占有率和销售增长率都低的商品。这类商品利润不多，前景不乐观，本企业在经营中缺乏优势。是属于陪衬性商品，可以缩小经营范围，有计划地淘汰一些品种，也可完全放弃。

➤ 案例

屈臣氏如何打造自有品牌

走进屈臣氏个人护理用品商店，顾客总会有惊喜发现，非常多的个性商品，非常多充满趣味性的护理用品，还有家庭用品如纸巾、香薰座等，而这些产品在其他的零售连锁机构的店铺中却无法购买到，这些让消费者充满购物乐趣的商品就是屈臣氏经营成功的利器——自有产品。

在屈臣氏个人护理用品商店，屈臣氏自有产品包括有大众非常熟悉的屈臣氏饮用水、新奇士果汁、沙士饮料、果汁先生系列以及标有 Watsons 商标的各类个人护理用品，屈臣氏品牌个人护理用品主要在护肤品方面有杰出的表现，如面膜系列、润肤系列、沐浴洗发系列。还有另外两个品牌的产品虽然一直非常受消费者所青睐，然而大家并不知道这也是出自屈臣氏自有品牌大家庭，这就是 MIINE 以及 ORITA，MIINE 主要是在护理工具、饰品以及玩具公仔方面有杰出表现，如非常方便实用的化妆小工具套装、可爱的薰衣草系列公仔、漂亮的发饰等，而 ORITA 屈臣氏开发的在家庭日常用品方面的品牌（全球品牌网），如非常实用沐浴工具、衣服柔顺剂、衣柜香薰袋、空气清新产品、干燥剂系列、干电池等等，这些产品是屈臣氏在多年经营中自己研发的自有产品。这些商品的数量从 2001 年的 200 多个增加到目前的 1 200 多个，共 20 多个品类，产品的创新开发能力非常强。

如何推销和包装一件商品以切合大众口味当然重要，但是产品的定位得宜才是成功的第一步，屈臣氏自有品牌，看准中国年轻新一代的女性消费市场，所以产品的定位、包装以至价格策略，都是以 18～35 岁的消费群体为本，相对市场上其他品牌，屈臣氏以低于二至四成的价钱和新潮时尚的包装，吸引这群高素质的目标顾客。

屈臣氏的自有品牌研发人员都牢记自有品牌成功的金句：要品牌成功，有两项关键因素，一是产品质素，二是同事对产品质素的认同。

产品要在市场上取得成功，由开发至面市的每一个步骤都非常重要，屈臣氏在产品开发的时候最首要的工作就是进行完善的市场调研，屈臣氏特别建立了"模拟店铺"，用于了解各分店的销售趋势和顾客需求，然后根据产品的销售情况，顾客反应和市场分析等各项数据，确定发展的产品种类，制订品牌未来一两年的发展蓝图。

有了这个蓝图后，屈臣氏要对产品的利润进行计算，边际利润是指导产品开发的一个非常重要的指标，只有边际利润合乎利益，屈臣氏便会按照一套严格的内部产品质量指标，从众多的生产商中作出筛选，除了专门的产品种类如护肤、染发用品需要作出进一步测试及注册外，一般生产过程需要 2 个月至 6 个月不等，产品即可上市。在这里必须特别说明，屈臣氏的产品除了饮用水、饮料是自己的工厂外，其他如护肤品等都是委托经筛选的生产企业生产。

最后，制成品将会由总部分发到各分店铺的"屈臣氏品牌"专属货架做陈列。期间店铺员工会获得足够的产品咨询及培训，公司也会分发试用装新产品让所有员工感受，以确保员工熟悉产品。另外，屈臣氏的产品宣传手册亦会进行大规模的介绍，如推出《屈臣氏自由品牌特刊》、《屈臣氏优质生活手册》、《屈臣氏护肤易》等。同时在店铺内举行定期的产品试用和推广亦是屈臣氏拓展自有品牌的主要活动，让顾客能亲身体验产品的质素和优点，这类产品宣传及推广活动，对屈臣氏产品系列在国内大受欢迎起着关键作用，屈臣氏认为"当顾客试过我们的产品而又感觉到满意，他们自然会再次光临"。屈臣氏就是这样慢慢地引导着顾客消费。

屈臣氏的自有产品同样遵循着产品周期的规律，当产品得到升级换代后，同样会淘汰一些已经不受欢迎的系列。值得一提的是屈臣氏会综合考虑全球市场需求趋势，给予有些目前不太畅销的商品更多的机会。如沐足系列的商品，在中国内地曾经由于消费习惯因素，一直处于不受欢迎状态，产品开发部门根据全球市场趋势分析认为，必须加大推介力度，目前已经成为畅销系列之一。

屈臣氏的自有品牌开发队伍中包括市场及产品开发经理、产品开发主任、产品开发助理等岗位，他们专门负责构思和推行所有自有品牌产品市场推广和促销计划，与营运部门紧密合作，以确保各种促销计划的切实执行，并有人专门负责行政工作，如订单统筹、库存管理、销售分析和质量检定等。

这支屈臣氏自由品牌开发的精英队伍绝不会就此满足，他们正为业务发展而努力不懈，他们表示："我们会精益求精，绝不容许将货就价，降低产品质素，我们相信这份承诺是令顾客和员工对屈臣氏品牌的质素，以至市场定位的信心所在，毕竟，员工对公司品牌的认同，是我们成功的基本因素。"

（资料来源：袁耿胜. 2007-12-07. 价值中国网 http：//www. chinavalue. net/Article/Archive/2007/12/7/90810. html)

➤ 基本概念

产品生命周期（product life cycle）　　　制造商品牌（national brand）

商品组（merchandise group）　　　同类商品（classification）

存货单位（stock keeping unit）　　　单品管理（stock units management）

品类（category）　　　品类管理（category management）

20～80 原则（principle of 20 to 80）　　　自有品牌（private brand）

商品群（commodity group）　　　商品线（merchandise line）

➤ 思考题

1. 商品分类有哪几种?

2. 什么是单品管理? 单品管理的作用与意义是什么?

3. 什么是 20～80 原则? 如何进行 20 商品的管理?

4. 零售企业怎样淘汰滞销品?

5. 零售企业为什么要开发自有品牌商品? 如何开发自有品牌商品?

第九章

零售店铺设计

零售店铺设计主要是卖场布局与陈列，是指企业为了最大限度地便利顾客购买，运用一定的方法陈列商品、展示商品，利用有限的资源规划和实施场地总体布局，创造理想购物空间的工作。合理的商品陈列可以起到刺激销售、方便购买、节约场地、美化环境、提升形象等方面的作用。

■ 第一节　商店布局

商店布局应当引导顾客走过商店大部分的地方，并引发额外的购买，以增加购买量。使顾客置身于便利的商品布局中，由商店将多方位、更直观的产品展示给顾客，以缩短挑选时间，加速交易过程。此外，商店布局应在给予顾客足够的空间购物与运用有限珍贵的空间放置更多的商品之间取得平衡。

一个良好的商店应该满足以下四个方面的基本要求：

（1）安全性。商店门前的人行道与车行道是否隔开；顾客在商店门前观看橱窗是否危险；店内通道是否宽敞；地板是否太滑；陈列的商品是否会倒下来等。

（2）方便性。是否面临大街；是否靠近公共汽车站；店前有无存放车辆的地方；店内有无公共卫生设施与公用电话；顾客是否可在店内一次买完所需商品。

（3）舒适性。店内是否有冷热空调；有没有自动扶梯；店内的空气是否保持流通和新鲜；店铺前是否有拱廊，能在雨天和夏日供行人边走边观赏橱窗；店内是否有椅子供顾客憩息；有没有冷饮和咖啡供应。

（4）愉快性。商店橱窗是否引人入胜，内部装修是否富丽堂皇，色彩是否鲜艳；店内灯光是否柔和明亮，广播是否悦耳；店铺内外是否有花坛、喷水池点缀，有没有供儿童玩乐的玩具等。另外，气味也是影响顾客情绪的重要因素，如化妆品柜台的浓郁香味能给顾客留下好感。

一、场地面积的分配

场地面积是按销售活动、储存商品、营业人员和顾客活动的需要来分配的。每个商店都有一整块面积可用，必须按这部分加以划分。销售场地是供陈列商品、营业人员与顾客彼此应答、演示商品等活动的地方。超级市场与其他自我服务商店这类零售企业的销售场地通常都占有总面积的很大比例。

商品储存场地是存放非陈列用的商品的地方。零售商存放商品的面积在全店总面积中占有很大比例的一个例子就是鞋店。

商店营业人员需要更换衣服、吃午餐和短暂休息用的场地，由于场地面积非常宝贵，零售商总是尽量缩减营业人员生活用的面积，所以分给营业人员用的面积总是受到严格限制。

顾客也需要活动场地，这个活动场地对商店形象起着很大的作用。顾客用的面积包括休息处、安放长凳和椅子的地方、洗手间、吸烟处、哺乳室、停车场，以及宽敞的通道。形象不好的零售商店克扣或忽视这些用地，而具有面向消费者的形象的零售商店则向顾客提供上述全部或大部分要素所需的足够面积。

零售商只有先将场地面积恰当地分配给销售活动、商品储存、营业人员与顾客活动之用，然后才能进一步安排商店的布局。否则，零售商对陈列商品、通道、休息室等可用地面积就不好把握。

二、店内商品的分类编组

商店可以采用的商品编组与组合形式有四种：

（1）按商品功能分类编组。即将商店内商品按照普通的最终用途分为几组。例如，男子服装商店可编为：衬衫、领带组；汗衫、短裤、袜子组；配套服装组；运动衣与便裤组等。

（2）按购货动机分类编组。购货动机实质是消费者买一件商品的愿望及其在选购中愿意花费的时间量。有充裕时间的顾客，会到楼上几层去寻访要买的商品；时间不多只想随便浏览一下的顾客则倾向于看看一楼出口处附近陈列的商品。零售商根据这种情况，可按购货动机将商品分类编组。

（3）按市场分片的情况进行分类编组。即将吸引某一特定消费者群的全部商品都组合在一起。例如，服装店将商品分为少男服装、少女服装、成年女子服装等类别；玩具店则将商品分成截然不同的儿童玩具与成人玩具两大类陈列。

（4）按商品的耐储性分类编组。对于需要特殊处理的商品，可按耐储程度进行分类编组。如超级市场分设冷藏库、电冰箱、室内温度等存放商品小组，面包店、水果店也是如此。

三、店内交通方式的确定

零售店必须确定店内的交通方式。这里有两种基本方式可供选择，即直线式和曲线式（自由流动式）。直线式交通方式就是按长方形来陈列商品、安排通道；曲线交通方式就是按照顾客自由流动的方式来陈列商品、安排通道。

（一）直线交通方式

超级市场、折扣商店、仓储式商场和便利店最常用的是直线交通方式（直线式布局）。见图9-1。

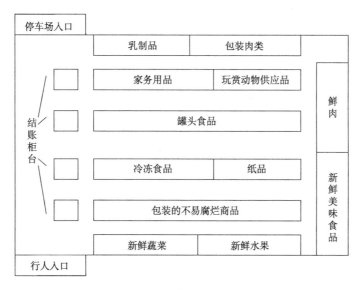

图 9-1 直线式通道

直线式的通道划分为主通道与副通道。主通道是引导顾客行动的主线，而副通道是指顾客在店内移动的支流。零售店内主副通道的设置不是根据顾客随意走动来设计的，而是根据零售店内商品的配置位置与陈列来设计的。良好的通道设置，就是引导顾客按设计的自然走向，走向卖场的每一个角落，接触所有的商品，使得卖场空间得到最有效的利用。以下是设置零售店内通道时所需要遵循的原则。

1. 足够的宽

所谓足够的宽，即要保证顾客提着购物筐或推着购物车能与同行的顾客并肩而行或顺利地擦肩而过。不同规模超市通道宽度的基本设定值如表９１所示。

表 9-1　超市通道宽度的基本设定值

单层卖场面积/平方米	主通道宽度/米	副通道宽度/米
300	1.8	1.3
1 000	2.1	1.4
1 500	2.7	1.5
2 000	3.0	1.6

而对大型综合超市和仓储式商场来说，为了保证更大顾客容量的流动，其主通道和副通道的宽度可以基本保持一致。同时，也应当适当放宽收银台周围通道的宽度，以保证最易形成顾客排队的收银处的通畅性。

2. 笔直

通道要尽可能避免迷宫式的，要尽可能地进行笔直的单向道设计。在顾客购物过程中，尽可能依货架排列方式，将商品以不重复、顾客不回头走的设计方式布局。

3. 平坦

通道地面应保持平坦，处于同一层面上。有些门店由两个建筑物改造连接起来，通道途中要上或下几个楼梯，有"中二层"、"加三层"之类的情况，令顾客眼花缭乱，不知何去何从，显然不利于门店的商品销售。

4．少拐角

一侧直线进入，沿同一直线从另一侧出来的店铺并不多见。这里的少拐角，是指拐角尽可能少，即通道途中可拐弯的地方和拐的方向要少，有时需要借助于连续展开不间断的商品陈列线来调节。如20世纪80年代美国连锁经营中形成标准长度为18～24米的商品陈列线，日本超市的商品陈列线相对较短，一般为12～13米。这种陈列线长短的差异，反映了不同规模面积的零售店在布局上的要求。

5．通道上的照明要比卖场亮

通常通道上的照明度起码要达到500勒克斯，卖场里要比外部照明度增强5％。尤其是主通道，相对空间比较大，是客流量最大、利用率最高的地方。

6．没有障碍物

通道是用来引导顾客多走、多看、多买商品的，通道应避免死角。在通道内不能陈设、摆放一些与陈列商品或特别促销无关的器具或设备，以免阻断卖场的通道，损害购物环境的形象。要充分考虑到顾客通道的舒适性和非拥挤感。

直线式通道有几个优点：①营造简朴稳重、效率又高的气氛。②顾客可以快速选购。老主顾尤其希望有标志清晰的明显通道，并习惯于利用穿行全店的常规路线。③将一切可用的场地面积都利用起来。④可以简化存货管理与保安工作。⑤可以实行自我服务，从而降低人工成本。

直线式的缺点是气氛冷漠，浏览受到限制。

（二）曲线交通方式

妇女时装用品商店、百货商店、服装商店及其他选购商店最常用的是曲线交通方式。曲线交通方式也称自由流动式布局。见图9-2。

曲线交通方式有以下好处：①形成友好的气氛；②选购者不会感到匆促，并会在店内各处浏览；③促使顾客按他们自己喜欢的方向和路线穿行全店；④可以增加即兴购货或无计划购货。

自由流动方式的缺点是促使顾客闲逛，引起顾客混乱；浪费场地面积，存货管理和保安工作困难。此外，自由流动方式的商品陈列花钱较多，而标准化的直线式商品陈列费用较低。

四、各类商品面积分配

商场要将每类商品所需的面积确定下来。计算面积时必须将销售活动与非销售活动所需的面积都考虑进去。有两种计算方法：

（1）标准库存量计算法。零售商应将销售适当的花色品种的各类商品所需的场地面积数列成表格。零售商利用标准库存计算法的例子是鞋店和服装商店。

（2）营业面积生产率计算法。零售商应根据每平方米面积的销售额或利润来分配场地面积。可以获得高额利润的各类商品就获得相对大的面积；勉强有利可图的各类商品就获得有限的面积。零售商利用面积生产率计算法来规划面积的例子是食品店和书店。

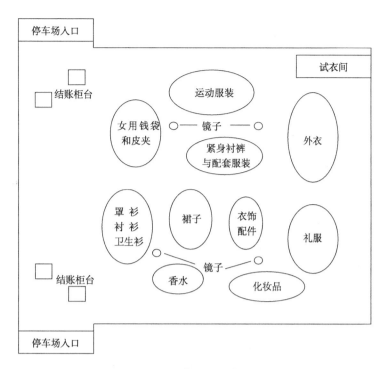

图 9-2 曲线交通方式

五、安排商品位置

1. 安排商品须考虑的因素

零售店卖场布局设计与零售店经营商品品种紧密相关。一个良好的布局设计是零售店经营者思想的最终体现。因此，在功能性布局完成的同时，应不断考虑到商品价值实现，即设定卖场中每一个区位应达到的销售值，甚至于可将经营指标落实到每一个单品。

对多层楼面的商店来说，这个程序包括将各商品部分配到各层楼面，并将每层楼面的布局安排好。每层楼面应当配置哪几类商品、每一层的布局应当怎样，单层商店只关心第二个问题。一般来说，必须考虑下列几个因素：

（1）哪些商品应放在底层，哪些应放在一楼、二楼；

（2）在既定的楼面上，应当如何相对于门户、垂直运输工具等来布置各类商品；

（3）即兴购买计划与计划外购买的各类商品应该布置在哪里，才与消费者预先计划要买的各类商品相协调；

（4）方便商品应当布置在哪里；

（5）彼此有联系的各类商品应当如何排列；

（6）时令商品与淡季商品应当如何配置；

（7）占用面积多的家具之类的商品应当布置在哪里；

（8）商品陈列处与储存处应该彼此靠得多近；

（9）消费者一踏进商店之后，应按什么路线格式走；

（10）如何避免在现金出纳附近排队，如何防止店内到处出现拥挤现象。

2. 不同业态商品摆放的要点

商品摆放是具有技巧的，在商场中最能吸引顾客注意力的地方配置合适的商品以促进销售，并且使这种配置能引导顾客逛完整个商场，达到增加顾客冲动性购买率的目的。

安排每件商品的位置可以采用许多标准。把有利可图的商品放在消费者必经之路。商品还可以按照其包装规格、价格、色彩、商标和需要个人服务的程度来安排陈列。

由于面积与经营内容的不同，各种业态在布局上是存在差异的。百货商店一般都是多层经营，一楼的价值最大，要经营化妆品、黄金首饰、箱包等高毛利商品；二楼大多是经营女装；三楼以上是男装等其他商品。

传统食品超市一般不设特别展示区，吸引力强的冷冻品和冷藏品都布局在卖场的最里面，端架上一般只配置向导性商品（表明其后的陈列架上陈列的是什么商品）。

标准超市因其主力商品是生鲜食品，所以把果菜、冷冻品和冷藏品布局在进口处，并把生鲜品集中配置在一起，以达到吸引顾客并方便其一次性购买的效果。大型综合超市和仓储式商场的卖场面积大，在布局上一般采取五种方法：

第一，食品与非食品区域分开，甚至实行不同楼层和不同通道；

第二，副通道配置一般商品；

第三，主通道两侧只配置促销商品；

第四，用较大面积的特别展示区来配合其频率很高的促销活动；

第五，生鲜食品区布局在主通道末端，以保证生鲜食品与收银区的最短距离。

便利店由于卖场面积很小。其布局的特点是，进口处和收银台合设在一起，以节约卖场面积和增强顾客的通过速率。货架和陈列道具采取由低到高的层次展开，使顾客对卖场陈列的商品一览无余，很快辨明自己所需商品的位置。附壁区布局的透视性主要在靠卖场里的墙壁区配置冷藏、冷冻柜，并且在靠进口处的壁区配置矮型书报杂志架，以此增强卖场外面对里面的透视度。

大型综合超市位于主通道的两侧是顾客必经之地，也是商品销售最主要的地方。此处配置的商品主要是：①主力商品；②购买频率高的商品；③采购力强的商品。

这类商品大多是消费者随时需要，又时常要购买的。如蔬菜、肉类、日配品（牛奶、面包、豆制品等），可以增加销售量。

在主通道中间，可以设一些堆头，一段一段地引导顾客向前走，主要配置是：①流行商品；②色泽鲜艳、引人注目的商品；③季节性强的商品。

堆头处需要超乎一般的照明度和陈列装饰，以最显眼的方式突出表现，让顾客一眼就能辨别出与众不同的特点。同时，堆头上的商品应根据需要隔一定时间便进行调整，保持其基本特征。

超市中央陈列货架两头的端架位置是卖场中顾客接触频率最高的地方。其中一头的端架又对着入口，因此配置在端头的商品要刺激顾客、留住顾客，可配置下列商品：①特价商品；②高利润商品；③季节性商品；④厂家促销商品。

卖场中副通道的两侧，是充实卖场各个有效空间的摆设。这是个要让顾客在长长的陈列线中引起注意的位置，因此在商品的配置上必须以单项商品来规划，即以商品的单个类别来配置。为了使这些单项商品引起顾客的注意，应在商品的陈列方法和促销方法对顾客作刻意表达诉求。主要有：①热门商品；②有意大量陈列的商品；③广告宣传的商品等。

位于收银处前的中间卖场。可根据各种节日组织大型展销、特卖活动的非固定卖场。其目的在于通过采取单独一处多种品种大量陈列的方式。造成一定程度的顾客集中，从而烘托门店气氛。同时展销主题的不断变化，也能给消费者带来新鲜感，从而达到促进销售的目的。

六、卖场营业设施的确定

在卖场布局确定以后，在商品能进入卖场之前，必须先确定货架，冷柜等营业设施在卖场中的位置、式样、数量、要求等。这些营业设施的确定必须要与企业的商圈调查、目标顾客的确定以及设计目标相一致。

超级连锁店开店前的设备制定是超市开设前期较为重要的一项基础工作，特别是对连锁超市来说，该工作不只是设备部门的事。设备的制定必须体现超市经营者整个开店的思路，必须体现设备为商品服务的宗旨。

货架及其他卖场道具是为陈列商品而设置的，是为了体现商品的作业功能而设置的。但初涉超市的经营者，往往是根据场地面积情况先定货架的位置，再随机地陈列商品。还有一些较大规模的连锁超市虽然已有数年的开店经验，但在开店前还是拿不出一套以商圈调查为前提的商品布局和配置设计，以此指导配合开店前所有设备的制定和对店内其他装修设备提出功能性的要求。因此，必须在陈列商品之前，根据已确定的商品主线和商品的卖场布局来确定所有的营业设施（货架、冷柜、收银台等）在卖场上的具体位置、式样、数量和要求。

七、卖场入口的布置

首先，应该在店铺门前装饰聚光灯等，尽量使门前变得明亮。其次，为了使顾客能够放心愉快地享受购物乐趣，店家必须在入口附近准备一些必备物品，必须通过商品以外的其他东西向顾客传达一种心意。在下雨天，商家可以在入口处为顾客准备放雨伞的篮筐，或者套雨伞的塑料袋。另外，门口放置的踏垫也是一个值得注意的细节。

商店入口处最重要的一点是需要在入口处向顾客传递各种有关商店、商品的信息。店内介绍图（也就是每一楼层布局的略图）就是其中之一，对于那些多层、多间或者一层但很宽阔的商店而言，这样的介绍图就显得十分必要。为了顾客方便顺利地找到自己需要的商品，店家一定要在入口处比较醒目的地方张贴一张店内介绍图。

还有一个重要的信息一定要向顾客传达清楚，那就是付款方式。是用信用卡结账还是用现金结账。现在，持卡的消费者越来越多，如果商店的入口处标有可以用信用卡结算的字样，那么即使顾客随身带的现金不够，也可以凭信用卡放心地进来购物。

第二节　商品陈列的原则和方法

一、商品陈列方式

店内的商品陈列能向消费者提供商品信息，增添商店气氛，并发挥很大的推销宣传作用。合理的商店空间配置、独到的商品货位布局可以创造舒适的购物环境，能够诱导顾客增加购买数量，提高顾客对于商店的认同感。本节论述各种不同的商品陈列方法。不同的零售业态根据自身特点利用这些陈列方法，有的全部采用，有的采用其中部分方法。

1. **分类陈列法**

分类陈列，根据商品质量、性能、档次、特点或消费对象分门别类地展示陈列，也称花色品种陈列法。例如，电器商品按电冰箱、洗衣机、彩电、电脑等大件商品以及电饭锅、微波炉、DVD机等小型电器分类展示；化妆品按价格档次从低到高分类排列；食品按糕点、饼干、面包等分类排列；水果按品种排列展示等。分类陈列利于消费者在不同的花色、质量、价格之间比较挑选。分类陈列最适合周转快的商品，是超市中陈列最常用和使用范围最广的方法。

分类陈列方法又分为两类：一类是敞开的花色品种；另一类是封闭的花色品种。零售商如采用敞开陈列花色品种的方法，就鼓励顾客对一些商品摸一摸和试一试，如对皮夹、贺片、杂志等商品就采用这种陈列方法。如采用封闭式陈列方法，只鼓励顾客看各种商品，但是不许碰它、不许试它。衬衫、游戏器具等，都是预先包装好的商品，购买之前不许顾客拆开。

2. **主题或背景陈列法**

主题或背景陈列法是将待售商品布置在主题环境或者背景之中。一个主题能使零售商营造一种独特的气氛或情绪。有的百货商店每年都在店内重新布置一次外国风光。有些商店让雇员们穿上适应特定场合的服装。可让商店的全部或部分陈列来适应一个主题，如春节、情人节、圣诞节等，集中陈列适销各种连带性商品，或者在一个特定的场地陈列展示某些系列商品。例如，开学时陈列学生学习用品；中秋节即将来临之时，辟出专门场地集中陈列水果、月饼、节日礼品等；精品时装店集中陈列新潮应市时装；奥运会、亚运会期间集中陈列有运动会标志的产品等。规定每个主题，都是为了吸引顾客的注意力，使选购活动变成轻松愉快的事，而不是日常琐事。

3. **整体陈列法**

这种方法不是将全部商品分门别类地进行编组和陈列（如鞋子部、袜子部、裤子部、衬衫部、运动衣服部等），而是将它们完整地按套陈列出来。一个时装模特儿穿上了配合得十分协调的袜子、鞋子、裤子、衬衫和运动衣，而且这些商品都在一个商品部内容易买到。把使用上有连带作用的商品尽可能靠近陈列，这样既能方便顾客配套购买，也能增加商品的销售量。

4. **挂物架陈列法**

挂物架陈列法为服装商店、家居用品商店及其他商店所大量采用。这些挂物架都有一个基本用途，就是将商品整齐地悬挂或展示出来。零售商能采用可滑动、可拆开、可收缩、很美观的挂物架来陈列商品。体积较大、比较沉重、非挂物架所能支撑的商品，则用框架陈列。目前工厂生产的许多商品采用这种悬挂式陈列的有孔型包装，如糖果、剃须刀、铅笔、玩具、小五金工具、头饰、袜子、电池等，使得商品产生很好的立体感。

5. **开箱陈列法**

开箱陈列法是一种节省费用的陈列方法。即将商品留在原来的纸板箱内陈列，超级市场和折扣商店经常开箱陈列商品。利用开箱陈列法不会形成热烈的气氛；商店把廉价服装、打折鞋子等放在堆存箱内陈列出来，也不会形成热烈的气氛。堆存箱里装的商品都是未包装的商品。开箱陈列与利用堆存箱的优点是能降低陈列费用，树立低价的形象。开箱陈列法可把非透明包装商品（如整箱的饮料、啤酒等）的包装箱的上部切除（可用斜切式），将包装箱的底部切下来作为商品陈列的托盘，以显示商品包装的促销效果。

6. 按季节商品陈列

按季节陈列，根据气候、季节的变化，把应季商品集中在一起进行陈列。例如，春末夏初，将游泳用品集中陈列；初冬时节将冰上滑雪用品集中陈列。这种陈列形式适应消费者对季节商品的应季购买的习惯，有利于扩大销售。

7. 按品牌陈列

按品牌陈列，根据商品不同的品牌予以陈列展示，如饮料、小食品、服装、旅游鞋、箱包等；按不同品牌排列以突出品牌特点，尤其是名优品牌、老字号品牌，可吸引顾客注意。

8. 岛式陈列法

在商场的进口处，中部或者底部不设置中央陈列架，而配置特殊陈列用的展台，这样的陈列方法叫做岛式陈列法。岛式陈列很容易吸引顾客。

9. 端头陈列法

端头陈列法是超级市场采用的陈列方法。端头一般用来陈列特价品，或要推荐给顾客的新商品，以及利润高的商品。端头陈列有很好的销售效果。

各种各样的陈列法，包括开箱陈列法与堆存箱陈列，都可利用招贴画、指示牌和卡片装饰。这些工具将店内商品位置的有关信息提供给顾客，刺激顾客选购。墙壁装饰也能增进商店的气氛，给陈列品增色。墙壁装饰对主题陈列法与整体陈列法特别有用处。

二、商品陈列的基本原则

商品陈列的目标是吸引顾客，使其成为实际的购买者。销售现场的商品陈列，应满足消费者全方位的心理要求，才能取得陈列展示的心理效应和经济效益。商品陈列有几项基本要求，也被称为商品陈列的原则。其原则如下：

1. 容易判别原则

大型商场中有几千种商品，使顾客能很容易地判别出什么商品在什么地方，这是任何一个商场按商品的部门、类别而实施的商品配置工作中要解决的问题。使顾客容易判别陈列商品的所在地，商场必须公布商品配置的分布图和商品指标牌。同时，所有的通道、陈列品和商品都必须有明确的标记，以便让顾客准确地找到商品陈列的位置。对各个指标牌的制作可以采取不同的颜色，这将会让顾客产生强烈的感官印象。

2. 醒目的原则

商品陈列的目的在于吸引顾客观看，因此商品陈列要尽可能做到醒目，容易被顾客看见。商品摆放位置应恰当、色彩对比鲜明、新颖奇特、错落有致，显示特色，给人以美感。如用模型或装饰物加以陪衬和烘托，更能引起顾客的注意。

商品在货架上的醒目，是销售达成的首要条件。商品陈列醒目的原则要达到两个目的：一是在让卖场内所有的商品都让顾客看清楚的同时，还必须让顾客对所有看清楚的商品作出购买与否的判断；二是要让顾客感到所需要购买某些预定购买计划之外的商品，即激发其冲动性购物的心理。

要做到商品陈列使顾客醒目，须做到三条：第一，贴有价格标签的商品正面要面向顾客。在使用了 POS 系统的超级市场中，一般都不直接在商品上打贴各种标签，所以必须要做好该商品价格牌的准确制作和位置的摆放。第二，每一种商品不能被其他商品挡住视线。第三，货架下层不易看清的陈列商品，可以倾斜式陈列。

3. 伸手可取的原则

商品陈列还必须能使顾客自由方便地拿到手。放在高处的商品即使顾客费了很大的劲拿了下来，如不满意，很难再放回原处，影响顾客的购物兴致。通常将儿童用品摆在最下层，妇女用品摆在中间层，而男子用品可陈列的略高些。体积大、分量重的商品一般放于货架下部；而体积小、分量轻的商品放在上部，既方便取放，又避免头重脚轻造成顾客视觉上的不舒服。在超级市场陈列的商品，不能将带有盖子的箱子陈列在货架上（仓储式销售货架除外），因为顾客要打开盖子才能拿到放在箱子里的商品，这样对顾客十分不方便。另外，对一些挑选性强、又易脏手的商品如分割的鲜肉、鲜鱼等，应该有一个简单的前包装或配有简单的拿取工具，方便顾客挑选。要使得顾客伸手可取到商品，最重要的是要注意商品陈列的高度。另外，要符合伸手可取原则，还要做到陈列的商品与上隔板保持一定的间距。货架上商品的陈列要放满，但不是说不留一点空隙，如不留一点空隙，消费者在挑选商品时就会感到不方便。应该在陈列商品时，与上隔板之间留有 3～5 厘米的空隙，让顾客的手容易进入。

4. 满陈列的原则

合理的利用货架空间资源，提高资源配置效率，丰富的商品陈列能刺激顾客的购买欲望。如果货架上的商品少，很容易被顾客感觉是别人挑剩的，从而失去挑选兴趣。陈列的商品摆放整齐有序，色彩搭配协调和谐，能使顾客感到商品丰富、品种齐全、数量充足、挑选方便。在商品的货架、货柜背面装有镜面玻璃，能使人感到商品更丰富。

5. 先进先出原则

当商品第一次在货架上陈列后，随着商品不断地被销售出去，就要进行商品的补充陈列，补充陈列的商品就要依照先进先出的原则来进行。其陈列方法就是先把原有的商品取出来，然后放入补充的新商品，再在该商品前面陈列原有的商品。

6. 关联性的原则

许多关联性商品往往是按照商品的类别来进行陈列的，也就是在一个中央双面陈列货架的两侧来陈列相关联的商品，但这种陈列法往往是错误的。因为顾客常常是依货架的陈列方向行走并挑选商品的，很少回头再选购商品。所以关联性商品，应陈列在通道的两侧，或陈列在同一通道、同一方向、同一侧的不同组货架上，而不应陈列在同一组双面货架的两侧。

7. 同类商品垂直陈列的原则

有两个好处：第一，使得同类商品呈一个直线式的系列，体现商品的丰富感，会起到很强的促销效果，可以避免横向陈列带来的顾客在挑选同类商品的不同品种时的不方便的缺陷；第二，同类商品垂直陈列会使得同类商品平均享受到货架上各个不同段位（上段、黄金段、中段、下段）的销售利益，而不至于产生由于横向陈列带来的要么销售很好，要么很差的现象。

三、商品陈列的优化措施

商品所选择的陈列方式是以可利用的空间、可选择的陈列道具和经营者所要强调的商品特征为根据的。对厂商和零售商来说，销售终端的陈列空间都是用金钱换来的，都希望以有限的陈列空间售出更多的商品。如何优化陈列空间自然成为商家最为关注的问题之一。

商品陈列的优化主要考虑以下四个方面：

1. 陈列布局的合理性

简单地说就是在恰当的位置陈列适宜的商品，如将能代表商店特色和形象、销售业绩较好的商品陈列在占据最佳空间、最高客流量且显而易见的地方；将一般性商品的陈列在空间一般、客流量一般的地方；将季节性商品陈列在空间较大、客流量较大的地方。这样将重要的品类摆放在显眼的位置，可吸引消费者的注意，刺激其购买欲望，增加购物的概率。

2. 陈列方式的合理性

考虑货架的视觉效果，将高贡献度的商品陈列在与顾客视线相平、直视可见位置，其销售效果较好，在此范围内的商品，其销货率为50%。

产品陈列的高度对于销售有决定性的影响。以180厘米货架为例，货架上好的陈列位置是"上段"，高度在130～180厘米，主要陈列一些有意培育的商品；较好的陈列位置是"黄金段"，高度在80～130厘米，往往陈列高利润、自有品牌的商品；次好的陈列位置是"中段"，高度在50～80厘米，可以陈列一些由于顾客需要不得不经营的补缺商品；最不好的陈列位置在"下段"，是货架上80厘米以下的位置，往往陈列体积大、重量重、低毛利、周转快的商品，也可以陈列具有较高品牌忠诚度、单位价值较低的商品。

3. 陈列空间的合理性

主要是指每个商品占有多少货架空间，衡量货架空间的方法有平面空间、立体空间、面积空间3种。一般货架每一棚板至少陈列3个品种以保证品种数量，畅销商品的陈列可少于3个品种，以保证其量感。同一品牌垂直陈列可使每一品牌都能分享与视线水平位置；同一包装水平陈列，以节约空间而使产品更醒目。对于销售较好的畅销商品、主力商品应当给予足够大的陈列空间，对于销量一般的商品应当适当减少其空间。据相关调查可知商品陈列空间的变化可以直接影响商品的销售。如某洗发水的陈列面为2个单位的时候日均销售为100元，当陈列面扩大（扩大平面空间）到4个单位的时候日均销售可达140元，增长幅度达到40%。如果在此基础上进行丰满陈列（扩大立体面积）的话，销售还能再次得到提升，日均销售达173.6元，增幅24%。

4. 陈列造型的艺术性

陈列商品时应采用多种艺术造型，运用多种装饰衬托及陈列器具，使陈列美观大方，产生极大的视觉冲击力，激发顾客对商品的注意与兴趣。新颖、别致、独具匠心的商品陈列，使顾客感受到较强烈的艺术氛围，得到美的艺术享受。可采用的艺术造型陈列有许多种，如图案式、立体式、单双层式、形象式、艺术字体式、对称式、折叠式、多层式、均衡式、斜坡式、直线式、环绕式等。商品的装饰和衬托、色彩选择根据商品的特征，如金银首饰，其特征就在于它的华贵性，用红丝绒做装饰和衬托，就会给人一种高贵富丽的感觉，显示出商品的价值。商品的消费对象不同，装饰和衬托也不相同。装饰和衬托要形成一种气氛，促进购买。比如，儿童玩具商品，消费对象是天真活泼的儿童，将儿童玩具的陈列处用五彩缤纷的纸带铺垫，彩色灯泡环绕，置放上儿童喜欢的吉祥物，使玩具的陈列生动活泼，就会形成强有力的吸引力。高档女士服装店，要以高档的格调来烘托商品，可采用紫罗兰、白色、银灰色等色彩色调。男士服装店要粗犷奔放；儿童服装店要轻松活泼、色彩艳丽；青年休闲服装店要热烈有朝气，色彩明快。

第三节　橱窗陈列和气氛营造

商店的氛围设计可分为外部氛围设计和内部氛围设计，外部主要是橱窗，内部除了商场布局和商品陈列外，还包括色彩、灯光、气味、音乐、温度、绿化等，它们都是营造商店氛围的重要方面。

一、橱窗

（一）橱窗展示的效果

橱窗陈列是零售商店气氛营造的重要方面之一，对吸引消费者有很大的作用。消费者到哪个商店购买往往在事先是不确定的，商店的橱窗就成为"拉客"的首要手段。商店的经营者必须在顾客经过本门店前短短的几秒钟时间里，使自己的店铺对顾客产生吸引力，商店的橱窗要按照消费者的心理变化过程，引起他们的注意，提高他们的兴趣，激起他们的联想，满足他们的欲望，使他们能够在几秒钟内决定进入该店。橱窗陈列为两大目标服务：一为识别商店及其货色；二为吸引顾客进店。橱窗显示出商店的多种多样的信息。首先，橱窗陈列漂亮常常会给消费者留下良好印象。其次，橱窗内的商品陈列要有季节感与时代感，给人以亲切的感觉。再次，要有一些特别吸引人的商品，如特价商品、新产品等。橱窗陈列的讲究很多，要根据具体情况而设计。

为了开辟精彩的橱窗，有必要进行周密的设计。越来越多的大商店都聘用专家来适当地设置陈列橱窗。关于橱窗的决策包括数目、规模、形状、色彩、主题和每年的变化。

商店橱窗展示是以商店为主体，通过布景、道具和装饰画面的背景衬托，并配合灯光、色彩和文字说明，进行商品介绍和商品的综合形式。橱窗既是一种重要的广告形式，也是装饰商品店面的重要手段。它是商店的窗口，是商店的眼睛，也是无声的售货员。一个构想新颖、主题鲜明、风格独特、手法脱俗、装饰美观、色调和谐的商店橱窗，不仅起到美化商店和市容的作用，还能向消费者推荐、介绍店内商品。

橱窗是商店的眼睛，是商店向顾客展示所经营商品的窗口，体现商店的风格。精心设计的橱窗能给马路上的行人以极大的视觉冲击，使顾客被吸引进入商店。橱窗作为商店外观的组成部分，对消费者获得商店的印象、增强对商品的信心、决定购买行为起着很大的影响作用。商店橱窗的设计应根据消费者的各种心理要求，以赢得消费者的喜爱，激发购买欲望，促进购买信心为设计的最大目标。在深入研究商品特征、市场动态、消费习惯和审美趋势的基础上，进行橱窗各方面的设计构思和布置，使橱窗整体中每一部分的实际效果都能给消费者形成影响。

（二）橱窗设计的构思

1. 主题型构思

突出一个明确的耐人寻味的陈列主题。如果将一个富有时代感和生活气息浓厚并广为消费者喜爱的主题寓于橱窗内展示的商品中，则能使消费者在观赏之余联想到美妙愉快的意境，从而满足精神上的需要，并留下深刻的印象，迅速接受和认同它。

2. 现代派构思

通过抽象的图形、线条等各种信号的刺激把消费者带入一个新奇神秘的店堂，不仅能引起他们对本商店的仰慕追求，而且还能体现本店卓越追求、清新脱俗的风格。

3. 寓意型构思

寓意型构思给顾客的第一印象与橱窗无关，甚至往往给人以莫名其妙的感觉，但只要细加品位、推敲便会发现橱窗主题巧妙地寓意于形象设计之中，使人恍然大悟。从而内心中产生与商店的共鸣，当然会更加关注该商店的商品。

4. 情节型构思

把商品放在一个有简单情节的故事场景中进行展示。其特点是带给顾客一种家的温馨、舒适，这无疑会吸引大都市中忙于奔波的上班族和远离亲朋的在外工作、学习的消费者。

5. 意境型构思

以景抒情，激发消费者联想。橱窗设计要强烈地吸引消费者，帮助消费者对橱窗主体的感受留下较深的印象，可用以景抒情的艺术手法去体现主题，对陈列内容进行间接的描绘和渲染，使橱窗陈列具有耐人寻味的形象，能使观赏者从寓意含蓄的艺术构思中，联想到美好愉快的意境。

（三）橱窗设计的要求

1. 突出经营重点，展示主营商品及特色

橱窗设计目标是向目标顾客传递商店经营特色、经营范围，让消费者一目了然，易于识别商店，达到招徕生意、吸引目标顾客入店购物的目的。因此，选择的商品应是商店的主营商品，并将商品的主要特征清晰地展示给消费者，使消费者自如地观察商品的外观，了解商品的性能、用途、使用方法。一般橱窗选择的商品通常是流行性的商品、新上市的商品、反映经营特色的商品、适时应季的商品、新颖美观的商品、构造独特的商品、连锁性的商品和试销商品。其中最富有魅力的是新商品，能够引起消费者注意与观赏，并能启发和引导消费者的消费兴趣。

2. 充分显示商品的美，满足消费者的观赏需要

橱窗是一种天天与消费者见面的街头艺术，消费者观看商店橱窗的目的，大多数是为了欣赏、了解和评价橱窗的商品。所以，橱窗设计应以最佳的形式和角度来充分展示商品的美，使消费者在观赏中感到商品美的魅力，形成深刻的记忆，产生购买欲望。从便于消费者观赏的角度考虑，橱窗的设计有如下几个方面需要注意：

（1）光线、照明、色泽设计。橱窗的灯光照射，既要有足够的亮度，又不能刺眼，应当把灯光照在橱窗的主要部分或重点商品上，造成一种特别的气氛。还要注意灯光与商品颜色、橱窗背景色调的和谐，避免消费者对商品色泽的错视。

（2）商品的展示形式和摆放部位。例如，对纺织品和服装这类商品，可运用不同姿态的人体模型进行展示，巧妙地把商品的全貌，包括质地、式样、花色和色彩以及穿戴或使用舒适美观的实际效果，通过不同的角度与侧面展示出来。

（3）消费者观看商品的视线角度。商品要摆放在适应消费者视线的部位上。一般置于消费者的视平线最好，不宜放在离视平线较上或较下的部位。否则，过度的仰视或俯视，都会造成消费者观察商品的不清楚。

（4）商品的摆放位置。商品应置于橱窗中最中心的位置，使商品最易于被消费者发现和注意。

3. 全方位展现商品，使消费者了解商品性能

陈列商品还能让消费者了解商品的功能。使消费者不仅看到造型，还在浏览观赏中掌握商品用途和使用功能。譬如让电视机直接播放，使消费者了解这种电视机的画面效果。还可以利用电子灯光技术不断变换文字或商品造型，借助道具、背景装饰、色彩灯光等进行艺术处理，制造视觉上的动感。动态的橱窗布置能收到良好的效果。

4. 紧跟潮流，橱窗展示要经常更新

橱窗展示要随季节、重大节日而经常更新。如果一家商店的橱窗陈列长期不变，顾客就会熟视无睹。久而久之会觉得这家商店没有新意，没有新商品，是一家落伍的商店，会影响顾客光顾该店的动力。相反，经常变换橱窗展示，给顾客一种常来常新的感觉。顾客会认为这个店总有新的东西，有一种愿意进入光顾的冲动。这样就提高了商店对顾客的吸引力，即使没有新产品的出售，因橱窗展示的变化，顾客也会有耳目一新的感觉。

二、零售商店的气氛营造

商店氛围对顾客来说就是指对商店的感觉如何，消费者对购物体验的期望会对购物心情的愉悦程度产生影响。商店气氛所产生的心理影响会在购物者心中建立起某种零售店形象。商店氛围借助于三种方式影响消费行为，即引起注意、通过信息、通过某种情感上和精神上的反应。这一观点利用了环境心理学，按照该原理，个体的感知和行为是受环境的刺激而产生的。愉快和刺激的感情反映会导致顾客对商店氛围的认同或回避。零售店设计中不同感觉的运用会产生不同的销售环境。

1. 色彩

消费者进入商场的第一感觉就是色彩。精神上感到舒畅还是沉闷，都与色彩视觉有关。不同的色彩会在人的心理上引起不同的反应。如果在零售店环境中恰当地组合和选用色彩的各种机能，调整好人们与环境色彩的关系，就会对形成特定的氛围空间起到积极的作用。不同的店铺空间布局都赋予自己的空间色彩以个性。相同的色调，在不同的空间所取得的效果是不一样的。因为色彩不仅有审美的意义，它还包含着感性的创造内容，不同的色调可以在人的心理上造成不同的空间感。空间感是指人们受色彩的影响而产生的大与小，或远与近的感觉。

大型零售场所，如百货商店、购物中心的一个特点就是将视觉宣传作为关键感觉。颜色用以刺激这种感觉，并改变顾客的情感状态。暖色，如红色、橘色可以促使人兴奋；而浅色调则有使人平静的作用。照明程度也对个体行为具有影响，与明亮的光线相比较，柔和的光线会产生更加放松、愉悦的心情。人们眼中所看到的图像形式多样，如海报的形式，以销售点宣传资料的形式，作为产品陈列品的形式、产品包装及指示牌等。由此产生的后果之一是消费者有可能脱离真实事物的实际情况。空间与场地也都可以利用它们各自所具备的特性，而不是只作为一种产品本身的背景衬托。那些一开始被设计为具有永久品质的商店日益证明了永久品质的作用。视觉环境代替了物质存在，产品物理领域的卓越性得到信息的补充和代替。

2. 气味

气味也能够起到很重要的作用，宜人的气味通常对人体有积极的影响。空气污浊有异味的商店顾客不会久留，无味的商店顾客情绪疲软。而在清新如野、令人心旷神怡的环境购物，则使顾客得到美的享受。商店内部如能根据所经营的商品特征适宜地散发一些宜人

的气味，能使顾客在购买活动中精神爽快、心情舒畅。因此，气味也是店内刺激中不可缺少的一味"添加剂"。

人们曾经对纽约的两家超市进行过一个试验，一家超市空气中弥漫着柠檬与薄荷的芳香，而另一家没有。得到的顾客反映是：第一家商店比第二家更友好、更高级、管理也更好。法国著名香水零售商 Sephora 曾意识到从不同层次上提供感官体验的必要性，他在自己位于巴黎的 Champs Elyss 商店成立"香水场"。这家商店事实上是要设计产生一种朦胧如梦般的氛围。美国国际香料公司将各种人工香料装在精美的罐子里用来销售。根据定时设置，香料罐子每隔一段时间会将香味喷在零售店内，以引诱顾客上门，实验结果表明这种方法效果奇佳。因此，这种喷香味的罐子在美国的销路非常好，许多零售店经营者用它们来吸引顾客、留住顾客。

商店中的气味大多与商品相关，特别是在专业店中更为突出。良好的气味，会引起顾客购买这些商品的欲望。有些商店现场制作食品能收到很好的销售效果，如烤新鲜面包、烤鸡等，这些气味对增进人们的愉快心情是有帮助的。花店中的花香气味、皮革店中的皮革气味、茶叶店中的清香气味等，均是与这些商品协调的，对促进顾客的购买有帮助。在现实生活中，许多顾客是从商店中散发的气味来判断其商品的质量状况。比如在水果店中，水果的清香气味，可使顾客认定水果是新鲜的；如果散发出"霉味"，就说明水果不新鲜或已开始霉烂变质。

在商店中，化妆品的香味，蛋糕食品的香味，糖果、巧克力的诱人味道都能对顾客产生积极的影响。商品与其气味的协调，对刺激顾客购买有积极的作用。气味有正面影响也有负面影响。不良气味会使人反感，有驱逐顾客的副作用。令人不快的气味，包括有霉味的地毯、抽烟散发的烟味、染料味、油漆的气味、洗手间的气味等，这些味道不仅刺鼻而且刺眼，使顾客感到极不舒服。

3. 音乐

音乐的确可以起到促销、减轻销售人员的疲劳、调节工作节奏以及缓解噪声的作用，利用背景音乐营造出令人愉快的氛围。在零售店的空间中，可采用"背景音乐"，用舒适的音乐和频率冲淡些噪声。同时，根据音乐的音响、和声、旋律作为一种信号，能刺激大脑的神经细胞，使人随之或兴奋，或抑制，或激昂的特点。音乐可以以更为直接的方式控制顾客行为。与节奏快的音乐相比，舒缓的音乐可以使顾客移动得更加缓慢，从而促使顾客浏览商品；而节奏快的音乐则可以用来加快这一过程。在购买高峰时，播放一些奔放的音乐，以加速顾客流动；在购买低峰时，播放一些舒缓的轻音乐，以留住顾客的脚步；晚上当商店快关门时，就播放快节奏的摇滚乐，催使顾客早点离开；如果一家零售店在入口处经常有悦耳的音乐，门外的顾客会鱼贯地进入店内。

对不同的零售空间，应该选播不同情绪色彩的音乐，以助于表现其特性，如书店宜高雅、服装店宜轻松、儿童用品店宜活泼、家具店宜温馨、工艺商品店宜典雅等。

4. 灯光

灯光照明是对商场的"软包装"，商场内明亮柔和的照明，可以准确地传达商品信息，消除陈列商品的阴影，展现商品魅力，美化环境。同时，还可为顾客创造舒适的购物环境，便于顾客选购商品。所以，照明是营造商场气氛的一种有效的手段。商店照明一般有以下类型：

（1）基本照明。这是为了使整个商店各个部分能获得基本的亮度而进行的照明，也是商场最重要的照明。由于许多商场是向消费者提供家居日常用品，且采用消费者自选方式，为了使消费者能看清商品的外观及标价，商店的基本照明的要求就是明亮。只有灯光够亮，才能吸引顾客。

（2）特殊照明。这是为了突出某一特定商品而设置的照明，多采用聚光灯、探照灯等照明设备。特殊照明是为了突出显示商品，因而要考虑如何吸引顾客注意力，与商品色彩协调烘托。灯光的近效果，使顾客观看清晰，易展示商品的品质；灯光的远效果，易于引起视觉注意，渲染商品外形美。在百货商店或专卖店，以聚光光束强调珠宝玉器、金银首饰、美术工艺品、手表等贵重精密商品的耀眼，不仅有助于消费者观看欣赏、选择比较，还可以显示出商品的珠光宝气，给消费者以强烈的高贵稀有的感觉。而在超级市场，特殊照明主要用于生鲜食品，尤其是瓜果蔬菜和鲜花等，在柔和的有色灯光照明下，能更有光泽、显得新鲜。

（3）装饰照明。装饰照明主要是为了美化环境、渲染购物气氛而设置的，多采用彩灯、壁灯、吊灯、落地灯和霓虹灯等照明设备。一般大型百货商店多使用装饰照明来显示其富丽堂皇，而专业商店可用各种霓虹灯。

5. 温度

适宜的温度，已成为现代商店吸引顾客不可缺少的条件。冬天走进商店温暖如春，夏天进店清凉舒爽，就能使顾客在商店里从容购物。但是有些商店为了吸引顾客，夏天把温度调的过低，冬天把温度维持过高，这样做既不符合节约型社会的原则，也会起到相反作用。因为室内外温差过大，时间一长就会不舒服，或冷得哆嗦，或汗流浃背，顾客反而会加速离开。

6. 绿化

在零售布局中能够点缀一些绿色植物，会显得生机盎然。植物绿化带来舒适的美感，给人带来生机勃勃的情趣。零售布局的设计，要尽量与大自然保持接近，消除内部空间的沉闷，以维持人与大自然生态系统的平衡。当然，绿化不仅仅是为了生态学意义上的目的，它还可以起到划分、沟通、填充空间的作用。它以自身充满生命活力的形象唤起消费者对美的追求。植物绿化的意义还在于它与布局中其他元素构成对比关系：自然生命美与人工环境的凝固形成对比。由于植物绿化的存在使人工环境有了生命，体现了人工环境与自然环境的和谐，增强了空间的感染力。从视觉上看，各具姿态的绿化与其他构成元素的形态形成对比，同时也构成一种质地的反差，从而丰富了布局中不同层次的变化。

在气氛营造方面，除了上述内容外，商店还应该创造一种顾客与商品之间的零距离，使顾客能够体验。例如，在自选购物环境中，触摸并品尝食品；在音响商店中进行试听；在服装店试穿服装。人们利用感官对商品触摸、试穿或品尝，这种行为成为人们理解商店环境的一个重要组成部分，它能够促进购物。因此商店应该创造一种使顾客与商品亲近的氛围，让顾客与商品之间没有距离。

▷ 案例

7-11 的店内布局

世界著名的便利连锁店 7-11 的门店一般只有百来个平方米，要在这有限的空间里摆放 3 000 多种商品，再加上一日三次的更新，对店内布局就提出了很高的要求。

1. 门店出入口设计

由于卖场面积较小，7-11一般只设置一到两个出入口。这样，既便于人员管理和防窃，又不会占用太多的营业面积。出入口一般在店铺门面的左侧，宽度为3～6米，根据行人靠右走的习惯，不会在出入口处产生堵塞。同时，出入口的设计要保证店外行人的视线不受到任何阻碍而能够直接看到店内。

2. 门店装潢

为了最有效地突出商品的特色，7-11店内使用得最多的是反光性和衬托性强的纯白色，纯白色给人的感觉就是整洁、干净，能给人造成较大空间感的视觉偏差。

3. 收银台的设置

7-11的收银台设在出入口处。出口通道可根据商店规模的大小设置1～2条，然后分别设置1～4台收银机。出口通道的宽度一般为1～2米，这是两位顾客可正常通过的最佳尺寸；长度一般为6米，即扣除了收银台本身约2米的长度之外，收银台与最近的货架之间的距离至少应该有4米以上，以保证有足够的空间让顾客排队等候。

4. 购物通道的设置

购物通道一般由货架分隔而成，货架的高度在1.8～2米，这样货架最上层的商品正好或略高于顾客的自然视线，不会产生视觉疲劳。通道的宽度一般为1.4～1.8米，能让两个人及其购物车并行通过，并能随意转身。通道不能太宽，若通道宽度超出顾客手臂或视力所及范围，那么顾客就只会选择单侧货架上的商品；而通道太窄，则会使空间显得压抑，产生拥挤感，影响到顾客购物的舒适性。

5. 商品的陈列

7-11规定，像糖果这类有褶皱的产品一般放在货架底部的两端，其他商品按其性质和重要程度放在货架底部的中间或货架的中端部位，食品放在货架的上部。相类似的商品不能摆在一起，因为这样在取货时容易产生差错。为了从根本上杜绝差错现象，有些门店在各类商品中竖着摆放一个样品，这样顾客在取货时就能一目了然，也有的在两类商品间摆放一片生菜或绿叶，以示区别。

6. 堆头的设置

收银台与货架之间的空间，以及商店入口通道的中间一般设计为堆头位。堆头位处于商店的出入口通道上，是顾客逗留时间最长的地方，一般用来作为新商品、标志性商品、品牌商品的促销区。由于位置特殊，堆头位的长宽一般不超过1米，高不超过1.2米，以免造成对顾客视线的阻隔和通道的堵塞。

7. 灯光照明设计

7-11店内采用纯白双管日光灯，因为日光灯的照明度最为均衡，而且纯白的灯光能够毫无保留地反射出商品的原始色彩，同时双管日光灯还能够弥补单管日光灯的直射死角。日光灯安装在购物通道的上方，距离货架的高度约等于购物通道宽度的一半，灯管的排列走向与货架的排列一致，保证能够从正面直接照射到商品。

在营业场所最里面或边角的地方，照明度要求略高，一般要求1 200～1 500勒克斯，用灯光效果来弥补顾客对边角的模糊视觉。商店的出入口处以及玻璃窗位置，要求照度在1 500勒克斯以上，以保证店内的光线始终高于室外光线，使商店对行人有足够的吸引力。

8. 追求变化的卖场布置

由于顾客重复光顾的比例很高，为了不断带给他们新鲜感，7-11会经常调整卖场的布局。7-11认为，如果顾客光顾的购物环境总是没有变化，他们就会产生厌倦感。通过卖场的不断变化，7-11的卖场始终充满着可以让顾客感受到的生机和活力，这对于保持顾客的购物热情无疑是十分重要的。

（资料来源：水一方.2006.7-11：细节为王.商界，（9））

➤ 基本概念

店面布局（store layout）

直线式布局（rectilinear layout）

自由流动式布局（flowing layout）

商品陈列（goods display）

商店氛围（shopping atmosphere）

外部氛围设计（external atmosphere designment）

内部氛围设计（internal atmosphere designment）

➤ 思考题

1. 大型百货商场和大型超市在布局上有哪些不同之处？

2. 如何通过商品陈列吸引顾客？

3. 商店内外气氛营造对商店销售有哪些作用？

第十章

零售企业商品采购管理

商品采购是零售企业经营活动的起点，采购价格和质量关系到零售企业的经营效果，作用非常关键。每个零售企业都极其重视采购。库存与采购有密切的关系，合理的库存是企业效益的体现，需要科学地制定采购计划予以保证。

第一节　零售企业商品采购方式

一、零售采购功能

采购的功能依赖于采购组织及其经营领域的发展规模和阶段。随着零售组织的日益复杂化，单个零售店经过扩张成为零售连锁企业，并且产品范围得到延伸，采购活动也变得更加复杂。零售企业要求成立专门的采购部门和建立专职采购队伍从事采购工作，对产品市场发展状况和供应商的情况进行详细考察。

采购的功能有：

（1）零售商通过在总部创建集中采购制度，实行批量采购获得优惠的价格和条件，降低企业的商品进价，从而降低经营成本。

（2）引进新商品，开发新供应商。零售企业商品采购的重要功能是开发新商品，淘汰滞销商品。随着社会经济发展和人们收入水平的提高，消费者需求呈多样化趋势，消费者对商品要求越来越高。在买方市场条件下，作为流通业主导者的连锁企业，应主动承担起引导消费、引导生产的重任，积极开发新的供应商，引进新的产品，不断适应消费者需求的变化，满足消费者的需求。

（3）淘汰滞销商品，淘汰不良供应商。为了更好地适应消费需求的变化，也为了更有效地利用有限的卖场空间，提高销售业绩，企业采购部门在开发新商品同时，必须认真做好滞销商品的淘汰工作。一是要及时发现那些销路不佳的代销商品、处于衰退期商品或虽是经销但销售业绩不佳的商品，尽快与供应商联系，及时退货，及时中断继续订货；二是对那些存在质量问题（如卫生、安全、包装等不合格）的商品要尽早停止订货与供货；三是对违反采购合同的信誉不良的供应商要予以淘汰。

（4）控制采购付款。虽然支付货款最终由企业财务部门实施，但货款支付的时间、数量等其他交易条件应根据采购合同的条款，在采购部门控制下执行。

二、零售采购的形式分类

零售采购形式多种多样，可以从不同的角度进行分类。

（一）按采购方式不同分类

按采购实施的方式不同，零售企业采购的形式有直接采购、间接采购、外部采购、合作采购。

1. 直接采购

直接采购是指不经过任何中间商，零售企业的采购部门直接向制造商进行采购的一种方式。这是零售企业最主要的采购方式。

这种采购形式的优点是：①成本低。它直接从制造商处采购，可以免去中间商的加价。②安全性好。购买的商品是直接从制造商处运到零售企业的仓库或卖场，减少破损和由于中间环节过多而出现的意外质量问题。③交货期确定。供应商是制造商，它通常都有生产日程，所以交货的日期比较确定，一般不会发生延迟交货的现象。④售后服务好。制造商为了维护自己产品的信誉，扩大产品的市场，一般对用户的售后服务也比较好。⑤可建立长期合作关系。制造商因投资规模庞大，不会因业绩下降或无利可图而停业，与其来往可建立长期的供需关系。

不过这种采购形式也有一定的局限性。制造商通常只接受数额可观的大额订单，直接采购者如果采购的数量有限则无法进行采购；而且由于直接采购的量值很大，有时制造商会要求预付定金或担保人担保等手续，交易过程复杂。

2. 间接采购

间接采购是指零售企业不直接向制造商采购，而是通过中间商（批发商、代理商、进口商以及经纪人等）采购商品。零售企业间接采购在很多情况下是必须的，因为许多中小制造商大多会选择一个总代理商销售其产品，而且许多国外产品进入他国市场也大多靠代理商进行推销。

3. 外部采购

外部采购是指由零售企业支付一笔费用委托外部的公司或人员进行采购的一种方式。这种采购形式的优点是：可以更经济和更有效率，因为执行采购操作的机构，都具有很专业的水平，并且由于同时替若干家零售企业完成采购，因而采购量可以集中起来形成采购的优势。因此，对中小型零售企业而言，采用外部采购组织来完成零售企业的采购功能不失为一种可行的好方法。

4. 合作采购

合作采购是指中小零售企业为了取得规模采购优势而汇聚在一起向供应商大批量采购的一种方式。合作采购在国外非常盛行，前几年在国内开始流行，主要是自由连锁组织在采取这种方式。

这种采购形式的优点是：①可获得采购资格和价格折扣。对于小型零售企业来说，大多数生产商不对他们开放平台，因而中小零售企业既不能获得采购资格，更无法获得折扣，而联合若干家企业共同采购，可扩大采购数量，是一种既能获得货源又可获得折扣的好形式。②可提高采购绩效。各零售企业也因为与同业联合采购，建立了合作的基础，有助于平时交换情报，提高采购绩效。

这种采购形式的缺点是：①容易产生争端，合作采购由于参与的商家太多，作业手续复杂，通常会因数量分配及到货时间产生许多争端。②联合垄断，同业者可能利用合作采购，进行"联合垄断"，操纵供应数量及市场价格。

（二）按制定采购决策的组织分类

按制定采购决策的组织不同，零售企业采购的形式有集中采购和分散采购。

1. 集中采购

集中采购是指所有购买决策、采购任务都由企业的一个部门负责。这种采购形式的优点是：可以集中资金、严格控制、形象一致，能接近供应商的高层管理人员，得到供应商的重视，可争取大批量购买的高折扣。其缺点是过度的一致性导致缺乏弹性、时间拖延、各门店缺乏积极性。

2. 分散采购

分散采购是指各部门或独立单位自行满足其采购需求，购买决策是地方性或区域性决策机构做出。这种采购形式的优点是：可以使各个零售店适应地方市场环境，订购过程迅速，且由于分部拥有自主权，可以提高经营的积极性。其缺点是与总部的计划不连贯、各零售店形象不统一；管理控制有限、各连锁店可能各行其是、对采购人员的支持少；单店销售数量有限，在采购时没有数量折扣。

（三）按确定采购价格的方式分类

按确定采购价格方式的不同，采购形式有招标采购、询价现购、比价采购、议价采购和公开采购。

1. 招标采购

招标采购是指通过公开招标的方式进行商品采购的一种方式。具体做法为零售企业将商品采购的所有条件（如商品名称、规格、品质要求、数量、交货期、付款条件、处罚规则、投标押金、投标资格等）详细列明，刊登公告。投标供应商按公告所要求的条件，在规定时间内交纳投标押金，参与投标。有关招标采购的开标，按规定必须至少三家以上供应商从事报价投标方可开标，开标后原则上以报价最低的供应商中标。但如果中标的报价仍高过标底，采购人员有权宣布废标，或征得监办人员的同意后，以议价方式办理。

这种采购形式的优点是：①有利于做到采购工作的"公开、公平、公正"；②有利于形成符合市场的真实价格；③有利于提高采购物品的质量；④有利于采购方建立供应商的信息资源库，增大选择范围；⑤有利于降低采购成本。

其不足之处主要表现在：①采购费用较高；②容易出现供应商合谋或者"抢标"——过度压低价格而中标，出现偷工减料，以次充好，影响产品质量；③采购程序复杂，应变性差；④如果底价被泄密易带来巨大风险。

2. 询价现购

零售企业采购人员选取信用可靠的供应商，向其讲明采购条件，并询问价格或寄以询价单，促请对方报价，比较后现价采购。询价单上应注明货物的种类、数量以及要求的交货时间和地点。报价可以采用电传或传真的形式提交。对报价的评审应按照一贯的良好做法来进行。已接受的报价条件应包括在订单之中。这种方式适合用于采购小金额的货架交货的现货或标准规格的商品。

3. 比价采购

比价采购是指零售企业采购人员请多家供应商提供价格，对其加以比较后，选择报价最低的供应商进行交易的一种采购方式。比价采购实质上是一种供应商有限条件下的招标采购。

这种采购形式的优点是：①节省采购的时间和费用；②公开性和透明度较高，能够防止采购时发生舞弊事件；③采购过程有规范的制度。

其不足之处主要表现在：在供应商数量有限的情况下，可能出现轮流坐庄的情况，或是出现恶性抢标的情况，使供应品种规格出现差异；也可能影响生产效率，并加大消耗。

4. 议价采购

议价采购是指零售企业采购人员与供应商经过洽谈后，议定价格进行采购。是一种由买卖双方直接讨价还价实现交易的采购行为。一般来说，询价、比价和议价是结合使用的，很少单独进行。议价采购主要适用于需要量大、质量稳定、定期供应的大宗物资的采购。

这种采购形式的优点是：①节省采购费用；②节省采购时间；③可减少失误，增加弹性；④有利于和供应商建立互惠关系，稳定供需关系。

其不足之处主要表现在：①往往价格较高；②缺乏公开性，信息不对称，而且无法取得最新资讯；③容易形成不公平竞争；④技术难以改进。

5. 公开采购

零售企业采购人员在公开交易或拍卖时，随机地进行采购。需大宗进货或价格变动频繁的商品常用此种采购形式。

（四）按与供应商交易的方式分类

按供应商交易的方式不同，零售企业采购的形式有购销（买断）采购、代销采购和联营采购。

1. 买断采购

买断采购是指零售企业在计算机系统中记录详细的供应商及商品信息，结账时，在双方认可的购销合同中规定的账期（付款天数）到期后最近的一个"付款日"，准时按当初双方进货时所认可的商品进价及收货数量付款给供应商。通常情况下，零售企业的绝大部分商品均以买断方式进货，原则上不允许换货退货。但零售企业的采购人员也会有因判断错误或由于供应商业务人员的误导、形势估计过于乐观等因素，造成买进的商品库存量过大或商品滞销的情况。

2. 代销采购

代销采购是指零售企业在计算机系统中记录详细的供应商及商品信息，在每月的付款日准时按"当期"的销售数量及当初双方进货时所认可的商品进价付款给供应商。零售企业中有极少部分商品是通过此种方式进行采购的，卖不完的货可以退货或换货。代销商品的库存清点差异通常是由供应商来承担的。

3. 联营采购

联营采购是指零售企业在计算机系统中记录详细的供应商信息，但不记录详细的商品进货信息。在结账时，零售企业财务部在双方认可的购销合同中规定的付款日，在"当期"商品销售总金额中扣除当初双方认可的"提成比例"金额后，准时付款给供应商。零售企业中也有少部分商品是通过此种方式进行采购的，如服装、鞋帽、散装糖果、炒货等。在这种方式下联营商品的"换退货"及"库存清点"的差异都是由供应商来承担的。

（五）按签订采购合约方式分类

按签订采购合约方式不同，零售企业采购的形式有订约采购、口头电话采购、书信电报采购和试探性订单采购。

1. 订约采购

买卖双方以订立合约的方式进行的采购。

2. 口头电话采购

买卖双方不经过订约方式而是以口头或电话洽谈方式进行的采购。

3. 书信电报采购

买卖双方借助书信或电报的方式进行的采购。

4. 试探性订单采购

零售企业在进行采购时，因某原因不敢下大量订单，而先以试探方式下少量订单，销售顺利时才下大量订单。

三、集中采购和分散采购的比较

集中采购和分散采购是零售企业两种不同的采购决策，也可以说是两种采购制度。集中采购是指企业设专门的采购机构和专职采购人员统一负责企业的商品采购工作，企业所属各门店只负责销售；分散采购是指由企业各门店在核定的商品资金定额范围内，直接向供应商采购商品。

（一）集中采购制度

在集中采购制度下，采购权限高度集中于商店总部或连锁总部，由零售商设置专门的采购机构和人员统一采购商店的商品，商品分部或门店则专门负责销售，与采购脱离。这是一种购销分离的采购制度。在这种制度下，商品的引入与淘汰、价格制定及促销计划等，完全由公司总部统一规划实施，分部或门店负责商品陈列、小仓的商品管理和销售等工作，各分部或门店对商品采购无决定权，但有建议权。

集中统一的商品采购是零售企业实现规模化经营的前提和关键，只有实行统一采购，才能真正做到统一陈列、统一配送、统一促销策划、统一核算，才能真正发挥连锁经营的优势。

1. 集中采购制的优点

1）有利于提高零售企业在与供应商采购合同谈判中的议价能力

集中采购是实施规模化经营的基本保证。零售企业由于实行集中采购制度，大批量进货，能充分享有采购商品数量折扣（包括一次性数量折扣和累计数量折扣）的价格优惠，保证零售企业在价格竞争中的优势地位，同时也较好地满足和适应消费者同质求廉的需求。

2) 有利于降低商品采购成本

大批量集中进货的实行，使零售企业的进货费用（如采购人员差旅费、采购谈判的交易成本等）大幅度减少；同时与统一采购相配套的统一配送制度的建立，有效地控制了零售企业库存费用和运输费用，降低了企业的采购总成本。

3) 有利于规范企业的采购行为

在分散采购制度中，由于商品采购的决定权下放到各门店，对采购行为很难实施有效的约束，所以采购员向供应商索取回扣等不规范行为屡禁不止。当前困扰零售商的一个很大的问题是商业贿赂。通过集中采购，建立一套行之有效的规章制度及制衡机制，企业采购行为得以规范，为零售企业和供应商的交易提供了良好的秩序和条件，可以规范采购行为。

4) 有利于提高零售企业的商品竞争能力

集中采购制度将采购职能集中于训练有素的采购人员手中，有利于保证采购商品的质量和品种，提高采购效率；零售企业能采购到价格优惠、质量可靠、品种齐全、服务保证的商品，在激烈的市场竞争中处于相对有利的地位。

2. 集中采购制的缺陷

（1）购销容易脱节。集中采购制度在享有专业化分工效率的同时，也增加了专业化分工协调的困难。尤其是连锁企业，由于门店数量众多，地理分布又较分散，各门店所面对的消费和需求偏好都存在一定程度的差异。集中采购制度很难满足各门店的地方特色，总部配送商品也难以适应各门店的地方特点。

（2）采购人员与销售人员合作困难，销售人员的积极性难以充分发挥，维持销售组织的活力也比较困难。

（3）责任容易模糊，不利于考核。

（二）分散采购制度

分散采购是指采购权分散到各个部门或各个门店，由零售商的各商品部门或门店自行组织采购。这些部门或门店不仅负责本身的商品采购，还直接负责商品的销售，其特征是采购与销售合一。例如，家乐福长期以来实行分散采购的制度，该公司的许多零售决策是由地区连锁店做出的，包括采购决策。

1. 分散采购的优点

（1）能适应不同地区市场环境的变化，商品采购具有相当的弹性；

（2）对市场反应灵敏，补货及时，购销迅速；

（3）由于分部拥有采购权，可以提高一线部门经营的积极性；

（4）由于采购权和销售权合一，分部拥有较大权力，因而便于分部考核，要求其对整个经营业绩负责。

2. 分散采购的缺点

（1）部门各自为政，容易出现交叉采购、人员费用较大；

（2）由于采购权力下放，使采购控制较难，采购过程中容易出现舞弊现象；

（3）计划不连贯、形象不统一，难以实施统一促销活动，商店整体利益控制较难；

（4）由于各部门或门店的采购数量有限，难以获得大量采购的价格优惠。

由于分散采购制度存在许多弊病，这种方式正逐渐被集中采购所取代。只有在地区之间消费需求存在较大差异时，分散采购才适用于跨地区的连锁公司。

过去，我国大部分百货商店采用这种方式。在我国经济体制改革的初期，微观改革的主要任务是激发人们的积极性，在当时普遍推行承包制的情况下，分散采购由于便于考核而被广泛采纳。目前，我国仍有不少百货商店采用购销合一的分散采购制度，其原因是：

(1) 这些商店长期以来习惯于这种方式；

(2) 专业采购人才不足；

(3) 经营方式多为代销；

(4) 单店居多，未形成连锁经营。

（三）分散与集中相结合的采购制度

分散与集中相结合的采购制度是将一部分商品的采购权集中，由专门的采购部门或人员负责；另一部分商品的采购权交由各经营部门或各地的门店自己负责。这是一种连锁企业总部有限授权的采购制度。这种采购制度的优点是：灵活性较强，商店可以根据所处地区和自己的实际情况，有针对性地采购部分商品。缺点是：如管理不当，容易形成各自为政。

目前，国内一些连锁企业采取一定程度的分权以弥补集中采购制度的缺陷。比如，将全部门店按地理位置分区，每区拥有一定数量的门店，以区为单位设地区总店，实行连锁企业总部集中采购与地区总店采购相结合的采购制度。企业称之为"划片"管理。

另一常采用的方法是直接赋予门店一定程度的采购权。这可以按销售额的一定比例（比如10%）下放。各门店可用来采购本店的特色商品；也可以将某些商品类别、品种（比如地产地销的商品）交给门店自行采购。这种分权形式很受商店欢迎。原先分散采购的家乐福由于出现采购腐败问题，正在逐步集中采购权，目前实行的实际上就是分散与集中相结合的采购制度。

第二节　零售企业商品采购组织

一、零售企业采购组织概述

采购组织是零售企业具体负责商品采购决策的部门，这一组织的任务、决策的权威及商品计划与整个零售企业的关系十分密切，否则零售企业的运营及销售计划无法正常实施。采购组织机构是零售企业商品供应链的起点，随着零售业的不断发展，采购组织应用了多种先进、前沿的信息技术，这些信息技术主要包括销售点实时系统（POS）、电子订货系统（EOS）、计算机辅助订货系统（CAO）、管理信息系统（MIS）等。同时，采购组织又是一个快速反应的职能部门，面对市场日益变化的需求要做出积极、有效的响应。

二、零售企业采购组织机构的基本类型

零售企业组织机构的定型与完善是一个渐进的过程。当公司刚刚成立，或企业规模较小时，组织结构相对简单；组织管理职能会出现某些空白点和交叉点，这些缺陷应随着企业规模的不断扩大和企业管理的不断规范加以克服。从我国零售企业经营管理运作的实践发展来看，零售企业商品采购部组织机构大致有以下两种较为成熟的类型。

（一）日常采购业务的组织机构

日常采购业务由采购部决策并完成，具体结构如图10-1所示。

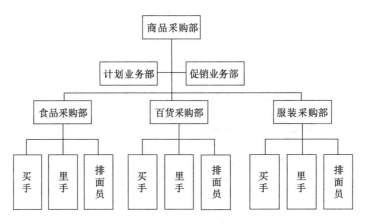

图 10-1　日常采购业务的组织机构

其中计划业务部负责实现销售计划和商品采购计划的制订工作，促销业务部负责与供应商促销配合的计划与执行以及总部对各门店促销活动的安排。

一般大型连锁商店的采购组织设计是：总部设立负责采购的总监，采购总监下设几个采购部（按照商品大类划分，如食品采购部、服装采购部等）。每一采购部又按照商品类别进一步细化为若干小组（如生鲜采购部可分为鱼类、肉类、蔬果类、熟食类、面包类）。每一小组包括买手、里手、排面员。买手是指与供应商进行业务谈判、签订采购合同的谈判员；里手是指根据采购合同以及门店销售、库存情况向供应商发出订单的下单员；排面员主要根据公司的商品经营计划、策略以及门店卖场布局和销售实际情况，制定、调整商品陈列配置表。如果该连锁企业总部对各门店的商品陈列没有硬性规定，只是一种原则上的指导，则采购组不设排面员，一般只包括采购主管和采购助理两个职位。

跨区域的大型连锁商店，一般采购组织设置两个层次：一是连锁总部采购部；二是地区采购部。采购总部的采购部门的职责主要是：商品采购制度的制定；商品结构的制定；采购作业规范手册的编制；全国品牌采购条件的年度谈判与全国性促销计划的制订；地区采购人员的培训和考核；地区采购工作的指导和供应商关系的协调；新入市地区的商店采购工作的协助等。地区采购部的主要职责包括：制定并执行商品采购计划和采购预算；筛选合格的供应商并进行管理；选择适合公司目前市场定位的商品，不断开发新商品，淘汰滞销品；与供应商谈判获取最有利的供货条件；开发或协助开发公司自有品牌商品；制定有竞争力又能保持合理利润的商品价格；制定或协助营销部门制定有吸引力的商品促销方案，并推动实施及效果评价；与卖场销售人员沟通，确保商品畅销；收集市场信息，掌握市场的需要及未来的趋势。

（二）新商品采购业务的组织机构

新商品开发是零售企业商品采购的中心功能之一，而新商品开发存在较大的经营风险。为了降低风险、提高新商品采购决策的科学性，许多零售企业都成立了商品采购委员会，对商品采购尤其是新商品采购实行一种新型的决策模式。该机构由采购人员、销售人员及财务人员等组成。该机构定期召开会议，对引进新供应商、新商品做出决策，采购人员根据采购委员会的决策具体与供应商进行谈判。其基本组织结构如图10-2所示。

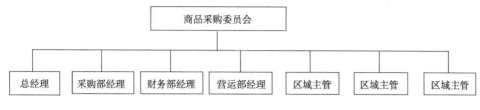

图10-2 新商品采购业务的组织机构

商品采购委员会组织结构与日常商品采购部组织结构相比，有以下三个明显的特点：

（1）商品采购委员会只对确定采购商品的品种、选择供应商等重大采购决策作出决定，而签订采购合同、确定采购商品的数量、供应商管理等日常工作则由商品采购部决定。

（2）商品采购委员会主要负责对新商品引入进行审核决策，而不过问日常商品采购工作。

（3）商品采购委员会的人员组成除了公司总经理、总部采购部经理、总部采购人员代表和财务部经理之外，大多数是有代表性的门店店长。总部采购人员侧重提供市场供求等总体信息和供应商情况，店长侧重提供门店销售分析资料和顾客需求情况。总部与门店多方人员参与新商品采购审核，综合考虑多方面情况，有利于提高采购决策的科学性。

零售商店的上述采购组织均是将采购业务放在企业内部，由内部员工组织完成。其实，在费用更低或效率更高的情况下，零售商店也可以选择将采购业务转向外部，即依靠外部采购组织。在外部采购组织中，通常由零售商店支付一笔费用雇用外部的公司或人员，这笔费用比零售商店自建采购组织相对要低，且效率较高。外部采购组织通常被中小型零售商店或远离货源的零售商店所采用，它具有与供应商谈判的优势，通常服务于若干无竞争关系的零售商店，有时还提供营销咨询及自有品牌商品。

还有一种采购组织目前在国外中小型独立零售商中比较流行，这就是联合采购组织。联合采购组织是若干中小零售商通过签订一个有利于各方的协约进行联合采购而设立的组织，这种采购方式主要是为了对付日益成长的大型连锁企业的威胁。以便在采购业务上拥有更多的与供应商讨价还价的能力。联合采购一般是在中小型零售商中自愿组成的，有的也是由一家批发商发起，联合零售商以谋求一种规模效益的采购方式。

三、建立零售企业采购组织的方法

采购组织的建立，也称为采购内部组织的部门化，是指将采购部门应负责的各项功能整合起来，并以分工方式建立不同的部门来加以执行。这种采购部门的建立方法，可使采购人员对其经办的项目非常精通，这对于商品种类繁多的零售业态最为合适。采购组织建立的主要方法有如下几种：

（一）按采购过程建立采购部门

采购过程主要包括询价、比价、议价、决定等工作，按采购过程分类就是指把这些工作分开来分别交由不同的人员办理，产生内部牵制作用。内购科分别设置访价员负责招标，议价员负责订约，结报员负责付款；外购科的访价与议价功能委托驻外采购单位负责，其只负责订约、履约及综合业务（包括外购法令的修订、申诉处理、进度管制等）。这种按采购过程进行分工并建立部门的方式，适合采购价值巨大、作业过程复杂、交货期较长，以及采购人员众多的企业和机构。

（二）按采购价值大小建立采购部门

这是把要采购的商品按价值分为两类，即采购次数少但价值比较高的商品，以及采购次数频繁但价值不高的商品。这种分类方法是指把前者交给采购部门主管处理；反之，把后者交由基层采购人员处理。按照物品价值建立部门的方式，主要是保障主管对重大的采购项目能够集中精力加以处理，达到降低成本以及确保来源的目的。此外，让主管有更多的时间，对采购部门的人员与工作绩效加以管理。

（三）按采购地区不同建立采购部门

有时零售企业既有国内供应商，又有国外供应商，而基于国内、国外采购的手续及交易对象有显著的差异，所以对采购人员的工作有着不同的要求。在这种情况下，根据商品采购的地域不同，要分别设立部门，如国内采购部门和国外采购部门。

（四）按商品大类建立采购部门

零售企业可以把经营的商品分为几大类，如生鲜食品、小百货、服装、电器产品等。不同种类商品的采购方式、程序都有所差异，可以把不同种类商品的采购交给不同的专门人员办理，分别设立不同的采购部门。

四、零售企业采购组织建立的原则

零售企业经营的商品种类繁多、数量大，尤其在市场需求不确定的情况下，对于采购人员来说采购工作更加复杂，往往不能由一个人来承担，而要依靠由若干人组成的采购队伍才能完成。要使采购工作高效而顺利地开展，保证商品供应不间断，使零售企业经营业务正常运转，必须建立一整套强有力的采购组织。在建立零售企业采购组织时要遵循以下原则：

（一）简化原则

要想高效率地开展采购工作，就要尽量缩短采购组织工作流程和减少经手的人员。这就要求零售企业在建立采购组织时要遵循简化原则。这其中包括两层含义：一是指机构简化，人员缩减。另一层是指选择精干的人员。否则过分强调简化机构，而人员素质差，就会导致工作难以完成。

（二）责、权、利相结合的原则

只有责、权、利相结合，才能充分调动采购队伍的积极性，发挥他们的聪明才智。如果有权无责，必然会出现瞎指挥、盲目决策甚至损公肥私的现象；如果有责无权，什么事情都要请示汇报才能决策，也难以履行职责，而且还会贻误时机、影响效率。同时，如果没有相应的利益刺激，也难以保证采购工作的高效、准确。只有责、权、利有机地结合起来，发挥各自的职能，才能保证采购组织工作的有效性。

（三）一致性原则

任何一家零售企业的采购组织要顺利地完成采购任务，都必须上下一心、齐心协力，遵循一致性原则。这一原则主要包括目标一致、命令一致以及规章制度一致三个方面的内容。

1. 目标一致

通常零售企业采购的总目标都是为了完成采购任务，实现企业经营目标。总的目标定下来，再将总目标分解到各个部门、各分支机构的岗位和个人，形成子目标。当子目标与总目标出现矛盾或不协调时，局部应服从总体。

2. 命令一致

在采购工作进行中，采购部门会制定多种决策、指令和命令，这些命令要及时传达下去执行。一方面要杜绝多方面下达命令、下级无法执行、无所适从的现象；另一方面也要杜绝上有政策、下有对策的散乱现象。

3. 规章制度一致

各种规章制度是员工行为的准则，采购部门有总体规章制度，各分支机构也应有自己的规章制度。但二者之间不能自相矛盾，应形成一个相配套的体系，并且要求在制度面前人人平等。

（四）效率性的原则

要使采购工作高效开展，必须建立一个高效运转的组织机构，这种高效的组织机构内部应确定合理的管理幅度与层次。管理幅度是指横向方面，各部门、各层次、各岗位应加强沟通、各负其责、相互支持、相互配合；管理层次是指纵向方面，上级的指令下达要迅速及时，同时上级领导不应专断，要善于听取下级的合理化建议，调解下级之间出现的矛盾与不协调。

五、建立零售企业采购组织应考虑的因素

零售企业采购组织必须具有适应外部环境与零售企业内部条件的能力，能够随着外部环境的变化与零售企业内部条件的改变进行相应调整，这样的组织机构才会充满活力。因此，研究影响建立采购组织的各种因素是非常必要的。概括来讲，影响建立采购组织的因素有以下几个方面：

（一）采购业务量及经营品种范围

建立采购组织，首先要考虑这一组织要完成的业务量的大小和经营品种范围的大小，以此来确定采购组织的大小。一般来说，零售企业采购的业务量和经营范围大小与零售企业规模成正比。经营品种繁多的综合性零售企业，规模大、销售的商品数量多，而且货源来源广泛，此时要保证零售企业的销售需要，就必然要完成大批量的采购任务，因而也就需要较为庞大的采购队伍，此时采购组织机构应该大些；反之，经营品种较为单一的小规模零售企业，销售的商品数量少、业务量就小，而且进货点较为集中，所需要的采购人员

的数量也就少，此时采购组织机构可小些。

（二）外部环境

在建立零售企业采购组织时还应考虑外部市场环境的状况，因为毕竟零售企业采购工作是在一定的外部市场上进行的，即前面所提到的资源市场。因此，零售企业所建立的采购组织要适应市场环境变化。一般来说，主要是考虑两个方面的情况：

1. 供求关系

如果市场上的商品供不应求，采购较为困难，要四处求购，则需要的采购人员数量较多，此时采购组织机构应该大些；反之，如果市场上的商品供过于求，货源充足，购买方便，需要的采购人员就少，此时采购组织机构可小些。

2. 采购范围

这一点主要是指供应商在地域上的分散程度，如果某些产品的产地分散，供应点的分布面广，那么对这些产品的采购就需要一个庞大的采购队伍；反之，对于供应商相对集中的产品进行采购，采购人员可少些。

（三）采购人员素质

零售企业采购人员素质的高低不仅决定了采购工作的质量，也影响着采购组织机构的大小。一般来说，采购人员素质高、业务熟练、合作能力强、效率高，采购组织机构可小些；反之，如果采购人员素质差、业务生疏、工作责任心差、效率低下，要完成相应的采购工作就需要使用更多的采购人员，采购组织机构可能较为庞大。

（四）信息技术支持

零售企业的任何采购业务都要依据市场需求信息来进行，因此，要求零售企业应有一整套灵敏的信息传输系统，能够及时把握市场行情的变化。信息传输速度越快，采购决策越及时，效率越高，采购工作的准确性越高，无效劳动越少，采购人员数量也就相应越少；反之，如果企业没有灵敏的信息传输系统，所有的需求信息都需要零售企业采购人员到市场中去获得，这样不仅效率低下，而且需要大量的采购人员到各地去获取信息，采购队伍就会庞大。

（五）内部合作程度

采购工作是由一系列相互配合的业务环节组成的，包括选货、面谈、签订合同、运输、验收、入库、结算付款等。因此，要提高采购工作效率，采购部门就必须加强与零售企业内部其他部门（如运输、仓库、财务部门等）的配合，使采购人员能够集中精力搞好采购工作；相反，如果采购员将大量精力放在发运、验收、付款上，其工作效率就会非常低下，要完成相应的采购任务，就必然要增加采购人员的数量，从而使采购组织机构较为庞大。

（六）其他因素

影响采购组织机构建立的其他因素也很多，如国家相关政策、交通运输条件、通信现代化水平、自然条件等，都从不同的方面影响着零售企业采购组织机构的建立。

六、零售企业采购组织的特征

零售企业采购组织大体上可以被概括为两大类：一类是连贯作业的组织机构形式，即采购人员承担整个采购过程中的所有业务；另一类是分段作业的组织机构形式，即一个采购人员只承担采购过程中的某项业务。这两种组织机构形式各具特色，其特点如下：

（一）连贯作业的组织特点

（1）权责明确。采用连贯作业的组织形式，可以使采购人员的业绩和责任明确。如采购工作做得出色，是采购人员的功劳和业绩；若做得不好，则是采购人员的责任，不存在互相推脱责任的现象。这种情况迫使采购人员要有很强的责任心，做好采购工作。

（2）与供应商联系紧密。在这种组织形式下，整个采购过程由一人负责，由固定的人与供应商打交道．可以与供应商建立良好的关系，便于日后更好地合作。

（3）需要良好的监督系统。全部采购过程由一人负责，若没有良好的监督系统，会使采购人员权力过大。在与供应商的合作中，相互利用，损害零售企业的利益，如一些素质不高的采购人员会为私利收取供应商的贿赂，从供应商那里拿取回扣，采购一些质量差、价格高的商品或过多采购商品，加大库存，给零售企业带来损失。

（二）分段作业的组织机构形式的特点

（1）分工更细，便于提高工作效率，减少失误。

（2）几个人共同完成一项采购任务，彼此之间互相监督、互相牵制，可以使采购工作更加合理，使采购的价格、质量等都有保证。

（3）分工太细，对内部人员的配合度要求很高，同时还会造成人员之间相互扯皮，影响采购工作效率。

总之，不同的零售企业要根据采购组织建立的原则，充分考虑自身的内、外部影响因素，建立适合自己的采购组织机构。同时，值得注意的是，采购组织机构建立后不是一成不变的，零售企业要根据内、外部环境的变化，不断调整自身的采购组织机构，以便于更好地适应环境、完成采购任务，但就短期而言，采购组织机构是相对稳定的。

第三节　采购业务流程

采购业务流程是零售商从制定采购计划到商品入库并进行结案的一系列整合而系统的步骤。了解采购流程，有利于掌握零售商采购的每一个环节的工作，这些工作对零售商的采购控制而言是非常重要的。图10-3显示了零售商的商品采购流程。

一、制定采购计划

零售商在商品采购上需要对采购什么、采购多少、从哪里采购、什么时候采购等一系列问题进行抉择，并以此制定采购计划，以便加强采购管理。采购计划是企业经营计划中的重要组成部分，一般包括年度采购计划和月度采购计划，采购员在掌握年度采购计划的基础上根据月度计划执行采购任务。

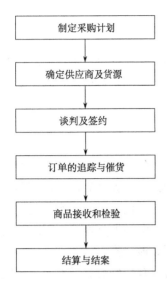

制定采购计划

↓

确定供应商及货源

↓

谈判及签约

↓

订单的追踪与催货

↓

商品接收和检验

↓

结算与结案

图 10-3　商品采购流程

采购计划的制订要细分到商品的小分类，对一些特别重要的商品甚至要落实到品牌商品的计划采购量。采购计划要细分到小分类，其意图就是控制好商品的结构，使之更符合目标顾客的需求。同时，采购计划的小分类细分也是对采购业务人员的业务活动给出了一个范围和制约。另外，如果把促销计划作为采购计划的一部分，那么，就要在与供应商签订年度采购合同之前，要求供应商提供下一年度的产品促销计划与方案，便于在制订促销计划时参考。在制定采购计划时也应要求供应商提供下一个年度新产品上市计划和上市促销方案，作为制定新产品开发计划的一部分。

在制定商品采购计划的过程中，关键是采购员要通过各种渠道收集顾客需求信息，以便采购适销对路的商品。通过研究目标市场的人口统计数据、生活方式和潜在购物计划，零售商就可以直接研究消费需求。如果零售商无法直接得到消费者数据，也可以通过其他途径。例如，向供应商征询有关资料，有些供应商会做出有关自己产品行业的消费需求预测和营销研究；零售商也可以通过人员销售直接与顾客打交道，了解顾客的需求动态；零售商还可以通过对竞争对手的调查研究、政府公布的行业经济发展数据、新闻机构的消费者调查，或者向有关商业咨询机构购买商业数据等方式收集和分析消费者需求信息，使采购计划建立在科学的、充分的市场调查的基础上。

二、确定供应商及货源

零售企业受卖场面积和经营品种的限制，必须对希望进入连锁系统的众多供应商进行选择。设立供应商准入制度，目的是从一开始就淘汰和筛选不合格供应商，节约谈判时间。供应商准入制度一般由采购业务部制定，商品采购委员会审核，总经理签发后实施。

（一）零售商的进货来源

零售商的进货来源包括：①制造商；②当地批发商；③外地批发商；④代理商和经纪人；⑤批发交易市场；⑥附属加工企业。

由于零售商的类型和规模不同，进货渠道也会有所不同。为确保进货及时畅通和商品品种、花色、式样的丰富多彩，零售商必须广开货源渠道。零售商最好建立固定的进货渠道和固定的购销业务关系，这样做，有利于互相信赖和支持。由于彼此了解情况，易于符合进货要求；可以减少人员采购，节约费用。在保持固定进货渠道的同时，零售商还要注意开辟新的进货渠道，以保持商品品种的多样化。

选择供应商是一个非常复杂的工作，美国西尔斯百货公司的全部供应商超过 10 000 家，还有更多的供应商纷纷要求进入，这给选择工作带来了一定的难度。为了从一开始就淘汰和筛选出不合格供应商，节约谈判时间、提高采购效率，零售商必须先建立一个供应商准入制度，设立一个选择标准，以对供应商进行资格审查。

（二）选择供应商的标准

选择供应商是采购流程中的重要环节，也是关键环节。因为供应商是企业外部影响企业运作最直接的因素，也是保证企业产品质量、价格和服务的关键因素。企业可以根据需求描述在原有供应商中选择成绩良好的厂商，通知其报价，或以登报公告、招标等方式公开征求。决定和某个供应商进行大量业务往来需要一系列合理的标准。采购方对供应商能否满足自己的质量、数量、交付、价格、服务目标等的观察将支配决策结果。一般选择供应商应考虑以下几点：

1. 供应商的资信

首先是供应商的法人资格和法人能力审查，如果没有疑义，再调查供应商的信用情况，了解其资信和履约能力。零售商必须了解供应商以前是否准时收款发货、遵守交货期限以及履行采购合同的情况，以便同诚实、信用好的单位建立长期合作关系，稳定货源。

对供应商资格的要求包括供应商的资金实力、技术条件、生产能力等。这些条件是供应商供货能力的基础，也是将来履行供货合同的前提保证。这些基本的背景资料要求供应商提供，并可通过银行、咨询公司等中介机构加以核实。采购员应主动开发收集具有合作潜力的供应商的相关资料，并记录在供应商资料卡上。然后，根据资料卡内容及选择标准评定该供应商是否列为开发对象或合作对象。

2. 供应商的素质

（1）供应商企业的设备与技术力量、生产流程、组织与管理、员工的工作态度、企业的凝聚力等。

（2）供应商的历史记录、声誉等，是否给有知名度的零售企业供过货。

（3）供应商企业是否通过了国际质量体系认证、国际环境管理体系认证，或者是否达到了行业内的质量标准等。管理制度是否系统化、科学化，工作指导规范是否完备，执行的状况是否严格。

3. 供应商的服务

服务分为售前服务、售中服务和售后服务三种。售前服务是指为了宣传产品、推广业务进行的一些活动，包括向可能的采购企业定期发放宣传资料，介绍产品的品质、制造流程、价格、售后服务等，这是采购方了解供应商情况的渠道之一。售中服务是指直接发生在交货过程中的服务活动，包括向采购方快速、准确地提供所购商品的库存信息，预计的运送日期，订货周期稳定，可向采购方提供特殊货运等。售后服务是指在双方达成合作意向之后，供应商向采购方提供免费的安装调试、操作培训、维护修理、退货换货、更新换代等，有的也包括产品的运送等物流服务、技术难题的咨询服务等。服务越是细致周到，说明供应商企业越正规，对于采购方来说，也更方便、更放心。

4. 商品价格

供应商价格也是选择供应商的一个重要的指标。一般零售商在审核供应商价格前就应该对价格有一个预算，在审核时以此价格为依据。对于具体供应商，在选择时还要依据成本结构和当时的市场情况。成本结构是影响价格的内在因素，包括生产流程、原材料价格、劳动力价格、技术水平、设备折旧程度等。市场情况是指所采购货物的供求关系。采购人员要弄清供应商的定价方法，据此判断供应商定价的主要依据，然后对这个依据进行分析，借此评定供应商所提供的价格是否合理。

5. 其他因素

（1）供应商所处的位置是否交通便利，对于送货时间、运输成本、紧急订货反应速度等都有影响。比较不同供应商、不同地区的进货费用和进货成本，进行选择。

（2）供应商的生产规模及生产能力决定了他能否按时按量提供采购方所需的货物。尤其是在大型项目采购中，供应商的生产能力是一个需要准确了解的信息，这将决定采购方应该与几家供应商合作。

（3）供应商的订单反应系统、供应商的存货管理体制等决定了供应商对于采购方紧急需求及突发状况的反应能力。如一些大型零售企业，面对瞬息万变的市场，商品的供应很容易出现预料之外的情况，这就要求它的供应商们具有相应的应急能力。如果供应商建立了完善的订单反应系统，而且在存货管理中保持相应的存货，那么面对突如其来的订单变化就不会束手无策，从而保证企业的正常运转。

越来越多的跨国公司进入中国市场寻找供应商，他们的一些做法值得借鉴。跨国公司对供应商的选择原则是：具有高度专业技术核心能力的、长期的、少而精的、有足够合作精神的、互惠互利的并且是最好的供应商。大多数跨国公司选择供应商的基本标准是"QCDS"标准，也就是质量、成本、交货和服务。

（1）要确认供应商是否建立了稳定有效的质量保证体系和持续可靠的测试系统，这是保证产品质量的关键。

（2）运用价值工程的方法对商品的成本进行分析，并通过双赢的价格谈判实现成本节约。

（3）确定供应商是否有足够的生产能力、生产设备、人力资源，有没有扩大生产能力的潜力。

（4）供应商的售前、售后服务记录是否良好。

（三）确定商品要求

在供应商资格达到基本要求后，零售企业采购人员应将本方对具体供货要求的要点向供应商提出，初步询问供应商是否能够接受。若对方能够接受，方可准入，并且将这些要点作为双方进一步谈判的基础。这些要点主要包括：商品的质量和包装要求；商品的送货、配货和退货要求；商品的付款要求等。

无论选择什么样的货源，零售商在考虑采购的时候都需要有一套评估商品的程序。有三种可能的评估方式：检查、抽查和描述。具体选择哪种方法取决于商品的成本、特征和购买的规律。检查即在购买之前检测每一个商品单位。对于那些昂贵、购买相对特殊的商品，零售商必须认真检查每一件商品；当零售商采购大量易碎、易腐或昂贵商品时，可采用抽查的办法。在这种情况下，检查每一件商品是没有必要的。当零售商购买标准化的、不易碎且不易腐烂的商品时，就采用描述的方法，零售商既不检查也不抽查，而是通过口头、书面或图片描述的方式大量订购这类商品。

近年来，跨国公司的采购标准日益提高，新增加了环保认证考核、电子商务应用程度和安全品质考核三大考核指标。一些公司甚至将企业的社会责任情况也列为选择的标准之一。沃尔玛的整个采购系统都是实实在在地以顾客需求为中心，每种产品的采购是否合乎要求，沃尔玛有四个检验标准：产品会不会提高沃尔玛的质量；会不会使沃尔玛的价格得以改善；会不会增加沃尔玛的价值；会不会丰富沃尔玛的种类。

三、谈判及签约

当货源已经确定、购买前评估也已完成时，零售商开始就采购的相关条款进行谈判。一次新的或特定的采购订货通常要求签订一份经过谈判的合同，在这种情况下，零售商和供应商将讨论商品采购的所有方面的细节。如果供应商已经成为零售商的供货伙伴，订货只是例行的或再订货活动，通常只涉及一份格式化的合同。在这种情况下，条款是标准化的，或者已经为双方所接受，订货过程按例行方式处理。

（一）采购谈判的内容

采购人员谈判的目标是在协议期限内确保提供指定数量的商品来满足销售，以实现盈利目标。商品可通过一家或多家供应商进行配送，谈判内容主要围绕讨论数量折扣、促销、货架安置、特别折扣、达到协定营业额时的返还折扣，这些都是实现毛利率的条件。结算条款规定了对供应商付款的时间，这一时间从下单付款，到30天延期付款，再到60天或90天延期付款不等。零售商希望在结算条款谈判中取得成功，因为这些条款对现金流和营运资金有重要影响。从单张定单到动态经营的年度订单，结算条款经协商都有一定期限，对于海外订单，交通费、保险费和货运费也需要经过谈判计入成本价格。

零售商采购谈判的主要内容是：

（1）采购商品，包括商品质量、品种、规格、包装等。

（2）采购数量，包括采购总量、采购批量、单次采购的最低订货量和最高订货量等。

（3）送货，包括交货期、频率、交货地点、最高与最低送货量、保质期、验收方式、交货应配合事项等。

（4）退换货，包括退换货条件、退换货时间、退换货地点、退换货方式、退换货数量、退换货费用分摊等。

（5）价格及折扣，包括新商品价格折扣、单次订货数量折扣、累计进货数量折扣、年底进货奖励、不退货折扣（买断折扣）、提前付款折扣等。

（6）售后服务保证，包括是否负责保换、保退、保修、安装等。

（7）付款，包括付款天数（账期）、付款方式等。

（8）促销，包括促销保证、广告赞助、各种节庆赞助、促销组织配合、促销费用承担等。

上述谈判内容加上违约责任、合同变更与解除条件及其他合同必备内容就形成采购合同。在谈判过程中，采购员要明确重点谈判项目，对于这些重点问题，采购员要找出分歧点，明确重点问题的预期目标和自己的态度，善于应用谈判技巧，赢取主动。采购员尤其应注意以下问题：

1. 配送责任的规定

零售商经营的商品一般周转率都比较高，要保持充分的商品供应，商品配送是一个十分重要的方面。许多连锁商店设有自己的配送中心，这一问题相对容易解决，但许多商店是单体商店或小型连锁商店，自己的配送能力有限，必须全部或部分依靠供应商的配送，此时商品配送问题就成了谈判中的一个主要内容。因此，商店应在配送的方式及配送的时间、地点、配送次数等方面与供应商达成协议，清楚地规定供应商的配送责任，以及若违反协定必须承受的处罚。

2. 缺货问题的规定

缺货是零售经营的大忌，不仅损失销售机会，也损害商店形象。对于供应商的供货，若出现缺货的现象，必然会影响销售。因此，在谈判中要制定一个比例，明确供应商缺货时应负的责任，以约束供应商准时供货。例如，允许供应商的缺货率为3％，超过3％时，每月要付1万元的罚金。

3. 商品品质的规定

进行商品采购时，采购员应了解商品的成分及品质是否符合国家安全标准和环保标准或商标等规定。由于采购员的知识所限，不能判断所有商品的各种成分及技术标准，因此，在采购时，必须要求供应商提出合乎国家法律规定的承诺，提供相应的合法证明。对于食品，还必须要求供应商在每次送货时提供相应的检验报告。

4. 价格变动的规定

零售商与供应商往往建立的是一种长期的供货关系，在这期间，零售商当然希望供应商的商品价格保持不变。但由于供应商的商品成本因素会出现意外情况，如原料成本上升或原料供应减少造成商品供不应求或薪金上涨等，价格的变动自然在所难免。但在谈判时仍需规定供应商若调整价格必须按一定程序进行，取得零售商的同意。

5. 付款的规定

采购时，支付的货款天数是一个很重要的采购条件，但需对支付供应商的方式有所规范。例如，将对账日定在每月的某一天、付款日定在某一天、付款时是以现金支付还是银行转账等，都要有一系列规定，并请双方共同遵守。

(二) 签约及合同管理

谈判结束签订合约后，应办理订货签约手续，即签订采购订单。采购订单是采购商向供应商发出的采购书面通知，是具有法律效力的书面文件。其对买卖双方的要求、权利和义务，必须予以说明。一般公司都有设计好的采购订单，但在洽谈中还需进行关键条款的修改，以最后双方认可的条款为准。任何实用的采购订单所必备以下内容：序列编号，发单日期，接受订单的供应商的名称和地址，采购商品的名称、数量、质量，发货日期，运输要求，价格术语，支付条款，违约责任，以及对订单有约束的各种条件。

采购订单适合于有长期供货关系的双方，采购方发出的标准采购单一式两份，供应商确认签字盖章后，留存第一联，作为发货依据；第二联返回采购方作为结算依据，同时表明供应商已正式接受采购订单。订单只有在供应商接受以后才能构成一项合同。

对于新供应商，其商品第一次进场销售，双方往往先签一个商品试销协议，期限不等，一般为三个月或更短。待试销期满，试销成绩合格的商品，零售商可以与供应商签订正式的采购合同，建立长期的供销关系。

任何一个经济合同都包含基本条款和普通条款。采购合同的具体内容由以下几个方面构成：

（1）采购商品的名称。合同上应注明商品的生产厂名、牌号或商标、品种、型号、规格、等级、花色等。

（2）采购商品的数量、价格和质量。数量和价格经购销双方议定，对于质量，合同可以规定多种鉴别方法：一是直接观察法；二是以样品为标准鉴别；三是以牌号为根据鉴别；四是以标准品级为依据鉴别。

（3）采购商品的交货地点及交货时间。交货地点包括现场交货、船上交货、车站交货、到库交货；交货时间分别有立即交货、近期交货、远期交货。

（4）采购商品货款的支付。包括结算方式，开户银行、账户名称及账号，是当时付款还是预付货款、约定期付款等。

（5）其他事项。包括供应商的售后服务，对消费者的承诺，应支付的各种入场费、赞助费等。

（6）违约责任及违约金。

采购合同一经签订就正式生效，买卖双方必须严格执行，任何一方不得随意毁约。如遇特殊情况，一方需要修改的，需经对方同意。在合同执行过程中，如果发生纠纷，双方应充分协商，尽量要求合理解决。协商不成的，可由中介机构出面调解，调解不成的可直接向经济法庭起诉，由法院做出裁决。

四、采购合同的履行

在买手与供应商完成采购业务谈判，签订采购合同并正式生效后，就进入采购合同的履行阶段，这一阶段主要包括订单、质量监控和付款三个环节。

1. 订单

订单这项业务由采购部的货架管理员与里手履行。

（1）单店铺货与多店铺货的选择。单店铺货是指所采购新商品首先在零售企业某一家门店试销。其优点是经营风险小，购销过程容易控制；缺点是促销影响面小，市场对该新品接受慢。多店铺货是指所采购新商品同时在零售企业多个门店销售。其优点是促销影响面广，有可能短期内成为公司主力商品；缺点是一旦该新品销路不佳，其占据的货架陈列位置会使公司损失一些获利机会。

单店铺货与多店铺货选择，主要取决于该新商品市场销售的预测，若前景看好，应多店铺货；若前景不明，则先在单店试销，试销效果不佳，尽早退出，试销效果较好，再全面在各门店铺货。

（2）预铺卖场布局和陈列货架的选定。新品引入卖场通常与促销活动相配合。所以新品一般可陈列在卖场进口的端头货架上，并配以适当 POP 广告。订单时要确定布局点陈列货架，并确定布局点和空货架的腾出时间和上货时间。

（3）配送中心舱位预留和选定。若所采购的新商品实行的是集中进货和配送中心统一配送，则采购业务人员在履行采购合同时，还将负责配送中心仓位预留和选定。仓位的预留和选定，除了要考虑商品本身物理、化学属性外，还要考虑将来配送中心到门店距离的远近、装卸因素以及分拣、配货、物流加工等物流要求。

（4）供应商送货时间、数量的确定。供应商送货时间与数量要由零售企业里手（下单员）严格按照采购合同和零售企业销售状况执行，送货时间体现的是准时和高效服务，既不能迟送也不能早送；送货数量体现的是经济和低成本，既不能少送，也不能多送。

送货时间与数量的确定，是零售企业采购业务流程中一个重要环节，也是零售企业整个经营活动的重要基础。

（5）确定配送方式。送货有配送和直送两种方式，各有优点。对于不同种类、不同批量的商品，或者对于不同位置、不同距离区段的门店，选择配送还是直送的依据是公司实行何种配送体制并要以降低物流费用为标准。零售企业应在统一配送原则下，根据物流成本的实际情况，选择那些离供应商距离区段相对近的门店和品种单一、体积大、不易装卸、无需加工和保鲜度高的商品，由供应商直接将货送到门店。

送货涉及零售企业采购部、门店、供应商、配送中心诸多单位，各单位只有密切配合，才能使多环节很好地衔接，保证采购合同的顺利履行。

2. 质量监控

质量监控（供应商管理）既是采购部一项日常工作，也是保证采购合同顺利履行的重要手段。质量监控的核心是零售企业根据采购合同的主要条款，制定一系列易于操作的量化标准，保证合同的正常履行，维护公司的正当权益。质量监控的主要量化标准有商品质量与数量、配送能力、缺货率、退货服务、售后服务等。

3. 付款

虽然在程序和职能上支付货款是由零售企业财务部按采购合同实施的，但在采购合同实际履行中，订货、配送、门店销售过程都存在一些不确定因素，实际订货数量、订货时间、商品价格会随之发生变化。所以财务部支付货款的时间、数量应根据采购合同实际履行情况作必要调整，调整的依据是采购部提供的实际送货时间、送货数量与结算金额。实践中可通过计算不同商品贡献率来确定不同商品的付款周期。

货款支付要遵循准时、准额原则。既要避免由于工作疏忽或人情关系提前、超额付款，影响零售企业的流动资金使用；也要避免以大压小，延期、欠额付款，影响零售企业同供应商的合作伙伴关系。

五、订单的追踪与催货

采购订单发给供应商之后，为求供应商按期、按质、按量交货，采购部门应依据合同规定，对订单进行跟踪和催货。企业在采购订单发出时，同时会确定相应的跟踪催货日期。在一些企业中，甚至会设有一些专职的跟踪和催货人员。

跟踪是对订单所做的例行追踪，以确保供应商能够履行其商品发运的承诺。如果产生了问题，如质量或发运方面的问题，采购方就需要对此尽早了解，以便及时采取相应的行动。跟踪需要经常询问供应商的进度，有时甚至需要到供应商那里去走访。不过这一措施一般仅用于关键的、大额的和提前期较早的采购事项。通常为了及时获得信息并知道结果，跟踪是通过电话进行的；现在一些公司也使用由计算机生成的简单表格，以查询有关发运日期和在某一时点采购计划完成的百分比。

催货是对供应商施加压力，使其按期履行最初所做出的发运承诺、提前发运商品或加快已经延误的订单涉及的商品发运。如果供应商不能履行发运的承诺，采购部门会威胁取消订单或是以后可能进行罚款。催货应该只用于采购订单中一小部分，因为如果采购部门对供应商能力已经做过全面分析的话，那被选中的供应商就应该是那些能遵守采购合约的可靠的供应商；如果公司对其商品需求已经做了充分的计划工作，不是特殊情况，不必要求供应商提前发运货。当然，在断货的时候，催货确实有重要意义。

六、商品的接收与检验

（一）商品的接收

商品接收，是为了确保以前发出的订单所采购的商品已经实际到达并检查是否完好无损，是否符合数量。供应商将商品送至采购方仓储部门之后，采购方首先要核对发货单，看商品种类、数量、一般品质是否与合同相符；其次要检查各类单据是否齐备，如装箱单、发票等；再次要检查外包装是否完好、入库时是否需要再另行包装。以上几项检查无误后就可以卸货、清点、入库，同时由仓储部门经手人填写商品入库单或将该信息输入仓储管理信息系统。

（二）商品的检验

采购方在接收采购商品之时或之前先要进行商品的检验，其基本步骤如下所示：

1. 确定检验时间、地点

（1）在发送前或在规定的程序中由采购方进行检查。

（2）当接收到产品时由采购方进行抽样检查或检验。一般检验时间和地点的确定和商品的性质有很大关系，如一些价值昂贵的商品，往往需要当场逐件检验；而对于采购的品质稳定的消费品等，可以在商品送至采购方仓库后再进行抽样检验。

2. 通知检验部门及人员

一般采购商品的检验都交由企业内部的质量检验的部门，这项工作需要采购部门与检验部门及时沟通。

3. 商品检验

主要是检查供应商提供的商品是否符合合同要求。检验的结果是将商品分为合格商品与不合格商品两种。对于那些质量性能稳定的商品或者那些长期合作、供货表现良好的供应商的商品，检验的程序可以从简；而对于那些性能不稳定的商品或者新供应商的商品，检验的程序要比较完备。

4. 处理不合格商品

一般不合格商品分为致命缺陷商品、严重缺陷商品和轻微缺陷商品三种。对于这三种不合格商品的处理因采购方的要求和商品的品质而异，对于那些产品本身品质要求就比较高的商品，哪怕是有轻微缺陷也是废品；又如对质量严格控制的供应商，他们不会冒险把有缺陷的产品摆放在卖场里。如果没有以上严格的要求，一般来讲，对于有致命缺陷和严重缺陷的商品，采购方可以要求供应商换货；对于轻微缺陷的商品，经过检验人员、销售部门等协商后，视情况做出处理。

5. 填写采购物品验收报告

对采购商品检验完毕后，检验部门人员要填写采购物品验收报告或输入计算机信息系统。

七、结算与结案

采购方一般收到供应商的货物，并进行了验收入库，以"入库单"作为货物结算的依据。保管部门将收货单一联反馈给采购部门；二联反馈给财务部门；三联反馈给供应商以备查询；四联存根。采购部门依据验收入库单，通知财务部门按照合同规定向供应商支付货款。通常情况下以支票通过银行账户进行货款支付。

凡验收合格付款，或验收不合格退货，均须办理结案手续，查清各项书面资料有无缺失、绩效好坏等，签报高级管理部门或全责部门核阅批示。

凡经结案批示后的采购案件，均应列入档案、登记编号分类，予以保管，以备参阅或事后发生问题时查考。档案应具有一定保管期限的规定。

要保存的记录主要有采购订单目录、采购订单卷宗、商品文件（日期、供应商、数量、价格和采购订单编号）、供应商历史文件、劳务合约、投标历史文件、工具和寿命记录。

第四节　采购的控制

作为零售企业，控制好采购环节是实现经营计划目标的重要手段，控制好采购环节就可以为接下来的销售创造良好条件。

一、采购计划控制

采购计划是达到经营目标的依据，因此在采购计划的制订中要控制好经营目标值、市场份额值、盈利值和盈利率。一般可考虑以下几种控制的方法：

（1）采购计划的制订要细分落实到商品的小分类，对一些特别重要的商品甚至要落实到品牌商品的计划采购量。

（2）如果促销计划作为采购计划的一部分，那么就要求在与供应商签订年度采购合同之前，由供应商提供下一年的产品促销计划与方案，便于零售企业在制订促销计划时作参考。零售企业的促销活动实际上是对供应商产品的促销动员、促销组合；促销计划及活动是实现经营计划目标的最重要或最主要的手段。经过对外资零售企业考察发现，营业额中有 60%～70% 的份额是由促销达成的。采购业务人员日常最主要的业务就是与供应商谈判如何组织促销活动。

（3）分类商品的目标毛利率。在采购计划中制定各类商品的目标毛利率是实现盈利率和盈利值目标的控制手段。在一些国际化连锁经营的超市中，商品目标毛利率是达到各项经营目标最重要的综合指标。现在我国许多连锁超市也很注重各类商品的目标毛利率，将此作为与达成采购协议的目标。

（4）在制定采购计划时要求供应商提供下一个年度新产品上市计划和上市促销方案，作为制定新产品开发计划的一部分。

二、考核采购业绩的指标体系

零售企业在日常的采购业务活动中，还必须建立企业内部考核采购员的指标体系，以实现对采购进行细化的控制。采购考核指标体系一般可由以下指标组成：

1. 销售额指标

销售额指标细分到大类商品指标、中分类指标、小分类指标及一些特别的单品项商品指标。应根据不同的业态模式中商品销售的特点来制定分类的商品销售额指标比例值。

2. 商品结构指标

商品结构指标是为了体现业态特征和满足目标顾客需求度的考核指标。通过对企业内部的商品结构分析发现，商品结构存在不合理现象，如超市的食品类商品比重下降、公司自有品牌商品比重过小，就需要改变这种商品结构，就要从指标上提高食品类商品和自有品牌商品的比重，并进行考核。通过指标的制定和考核可以使在经营的商品上业态特征更明显，同时促进高毛利的自有品牌率商品比重上升，从而增强盈利能力。

3. 毛利率指标

毛利率指标在各种业态有所不同。以超级市场为例，毛利率指标首先是确定一个综合毛利率指标，这个指标的要求是反映超市廉价的业态特征，控制住毛利率。然后分解综合毛利率，制定比例不同的类别商品的毛利率指标体系并进行考核。低毛利率商品一定要是消费者购买量巨大的商品，要加快这部分商品周转、扩大毛利额，并通过与供应商谈判加大促销力度扩大销售量，增大供应商给予的"返利"。对高毛利率商品，要促使其优化商品品牌结构，做大品牌商品的销售量，或通过促销做大销售量扩大毛利额。超市毛利率的增加，很重要的一个途径就是通过促销做大销售量，然后从供应商手中取得能提高毛利率的"折扣率"。

4. 返利率指标

返利是标准超市、大卖场、仓储式商场、便利店业态的重要利润来源。这些业态在与供应商谈判中最为关注的往往不是价格，而是返利率。在超市价格竞争激烈、商品毛利微薄的情况下，获得更多的返利就成为企业的优势所在。因此对采购人员考核的一个关键指标是看返利率高低，现在许多大卖场的商品返利率高达 15％～30％。返利率高的原因之一是政府对通道费进行了规制，零售企业将原先的部分通道费转变为返利。

5. 商品周转天数指标

商品周转天数指标主要考核配送中心库存商品的周转天数。通过这一指标可以考核采购业务人员是否根据店铺商品的营销情况合理地控制库存，是否合理地确定了订货数量。

6. 门店订货商品到位率指标

门店订货商品到位率指标一般不能低于 98％，最好是 100％。这个指标考核的是门店向总部配送中心订货的商品与配送中心库存商品可供配货商品的接口比例。这个指标的考核在排除总部的其他部门的工作因素或特殊原因外，主要落实在商品采购人员的身上。到位率低就意味着门店缺货率高，必须严格考核。

7. 配送商品的销售率指标

门店的商品结构、布局与陈列量都是由采购业务部制定的。如果配送到门店的销售率没有达到目标，可能是商品结构、商品布局和陈列量不合理。对一些实行自动配送的公司来说，如果配送商品销售率低，可能还关系到对商品最高与最低陈列量的上下限设定是否合理。

8. 商品有效销售发生率指标

在超级市场中有许多周转率很低，但为了满足消费者一次性购足的需要和选择性需要的商品，这些商品不得不备。但如果库存准备得不合理，损失就很大。商品有效销售发生率就是考核配送中心档案商品（档案目录）在门店 POS 机中的销售发生率。如低于一定的发生率，说明一些商品为无效备货，必须从目录中删除，并进行库存清理。

9. 新商品引进率指标

为了使零售企业具有竞争力，必须在商品经营结构上进行调整和创新，使用新商品引进率指标就是考核采购人员的创新能力，以及对新的供应商和新商品的开发能力，一般可根据业态的不同而分别提出不同的指标。如便利店的顾客是新的消费潮流的创造者和追随者，其新商品的引进力度就要大，一般一年可达 60％～70％，每月则为 5％，如当月完成 3％，则下月必须达到 7％。因为新商品的引进是一个持续的过程，能使顾客觉得超市始终有新商品出现，以此来满足消费者求新的需求。同时不断引进新商品，也能体现本企业区别于竞争店的个性化特色。

10. 商品淘汰率指标

由于门店的卖场面积有限，又由于必须不断更新结构，当新商品按照考核指标不断引进时，就必须制定商品的淘汰率指标。一般商品淘汰率指标可比新商品引进率低6%左右，即每月低0.5%左右。另外，不是只有滞销品才可以淘汰，零售企业有许多理由需要对一些商品进行淘汰。

11. 通道利润指标

零售企业向供应商收取通道费用，已成为零售企业的盈利模式之一。从盈利角度考虑，通道费多多益善，但要以供应商承受能力为限。在零售行业的价格竞争之下，商品毛利率越来越低，因此，通道利润就成为一些连锁零售企业的主要利润源泉。一般通道费可表现为进场费、上架费、条码费、堆头费、端头费、促销费等，对采购人员考核的通道利润指标是采购员业绩的重要组成部分。

12. 供应商环节整合率指标

供应商环节整合率指标的考核可促使采购人员更多地直接向厂商进货，更多地向地区总代理、总经销商进货，以降低进货成本。许多零售企业缺货率高的重要原因是供应商太小，无法做到向超市持续性供货，且价格也缺乏竞争力。因此，连锁零售企业必须适时地根据规模的扩大整合供应商，压缩中间环节。

■ 第五节　商品采购策略

一、商品采购品种的确定

（一）制定商品采购目录

当零售商确定了商品经营范围以后，也就是确定了商品采购范围。为了便于操作，零售商还必须将各商品品种详细地列出来，形成商品采购目录。商品采购目录是零售商经营范围的具体化，也是零售商进行采购的依据，是商品采购管理的一项重要内容。

商品采购目录包括全部商品目录和必备商品目录两种。全部商品目录是商店制定的应该经营的全部商品种类目录；必备商品目录是商店制定的经常必备的最低限度商品品种目录。必备目录不包括商店经营的全部商品种类，而只包括其中的主要部分。

必备商品目录是按照商品大类、中类、小类的顺序排列的。每一类商品都必须明确标出商品的品名和具体特征。由于商品特征不同，消费者选择商品的要求不同，因而确定商品品名和特征的粗细程度和划分标准也不相同。一般情况下，商品特征的多少决定着品名划分的粗细程度，特征简单的商品如大米、面粉等，品名可以粗一些；特征复杂的商品，品名可以适当细分。目前，有些商店采用计算机进行管理，实行单品核算，则商品品名应根据最细小的标准来划分，直至无法划分，以便准确区分每一具体商品。

必备商品目录确定以后，再根据顾客的特殊需要和临时需要加以补充与完善，便成了商店的全部商品目录。商品采购目录制定以后，不能固定不变，应随着环境的变化定期进行调整，以适应消费者需要。一般来说，季节性商品需分季调整，非季节性商品按年度调整，做到有增有减。但在调整中要注意新旧商品交替存在的必要阶段，在新产品供应尚未稳定之前，不可停止旧商品的经营，以免影响消费者的选择需要。

（二）ABC 分类管理法

在商品采购管理中，必须坚持重点商品管理原则。由于当今新产品不断开发，商场经营面积有限，不可能把所有消费品均纳入商场销售范围，即使是目标市场比较狭窄的专业商店，也无法经营所有同类商品的花色品种。所以，零售商必须对经营商品的品种进行优选，把销售量大、利润高、顾客必需的商品作为重点商品，进行重点管理。目前，零售商流行的做法是将商品分为 A、B、C 三类，分别采用不同的管理方式。这种方法称为 ABC 分类管理法。

ABC 分类管理法的操作步骤是将各种商品按金额大小顺序排列，计算出各类商品的金额比重和品种比重（单项比重和累计比重），再将商品划分 A、B、C 三种类别。A 类商品是指获利高或占销售额比重大，而品种少的商品，一般金额比重为 70％～80％，品种比重为 10％～20％；C 类商品是指获利低或占销售额比重小，而品种多的商品，一般金额比重为 10％～20％，品种比重为 70％～80％；B 类商品是处于 A 类和 C 类商品之间的商品，其金额比重为 10％～20％。

将商品划分成 ABC 三类后，再根据分类结果实施分类管理。A 类商品是重点商品，应进行重点控制。为防止脱销，要定时定量采购，经常检查每个品种的储存情况，及时进行调整，务必使这类商品经常保持在合理的限度内，保证不脱销，不积压。C 类商品可以采用较简单的办法加以控制，如采用固定采购量、适当减少采购次数，由于这类商品所占销售额比重较小，而品种比重较大，因而需要对每种商品的库存量控制在最小限度内。B 类商品可实行一般控制，分大类进行管理，除其中销售额较高的部分品种参照 A 类商品管理外，其余大部分商品连同 C 类商品都可以采取定期检查存量的方法进行控制。

二、商品采购数量的确定

商品采购数量的确定，会影响到商品销售和库存，关系到销售成本和经营效益。商店的采购数量，取决于商店的采购方式是大量采购还是适量采购。

（一）大量采购

大量采购是指商店为了节省采购费用、降低采购成本而一次性把一种商品大批量地采购进来。这种采购方式的优点是可以降低一次性的采购成本，获得进货优惠；缺点是需要占用大量资金和仓储设施。大量采购的商品数量一般很难找出规律性，主要依靠商店的经营需要、仓储条件和采购优惠条件等情况而定。一般适合以下几种情况：

1. 在市场中需求量巨大的商品

有些商品为消费者日常生活必需品，需求量大而且需求稳定，商品周转速度快，对此类商品可以大量采购。

有些价格弹性较大的商品，价格降低一定幅度以后，可以引起需求量迅速扩大。对这类商品可以采取大量进货，压低进货成本，再通过薄利多销的促销策略吸引消费者购买，从而加速商品周转。

2. 企业合作共同采购的商品

共同采购是许多独立中小商店为降低采购成本而联合起来的一种联购分销的采购方

式，这在国外零售业非常普遍，近年来在国内也出现采购联盟。在这种采购方式下，尽管具体到每一个企业采购量不大，但各个企业联合起来采购，数量很可观，形成了大量采购。

3. 供货不稳定的商品

有些商品的供应受到原料或生产条件的限制，经常中断，导致零售商店断货。当市场上供应这种商品的时候，商店便大批量采购并储存起来，供以后陆续销售。这种情况下，商店必须准确估计需求量以及商品供应不稳定的缺货时间，否则商店会承担商品积压的风险。

（二）适量采购

适量采购就是对市场销售均衡的商品，在商店保有适当的商品库存的条件下，确定适当的采购商品数量。适量采购的关键是确定适当的采购数量，如果数量不当，将直接影响企业销售，增加进货成本。这一适当的采购数量被称为经济采购批量。经济采购批量尽管是理论上的一个数字，但商店需要测算出这一经济采购批量，为实际的采购工作作参考。

对于商店而言，采购中常常会出现这种问题：如果采购商品过多，会造成企业商品的保管费用增多，资金长期被占用，从而影响资金的周转和利用率；如果商品采购太少，不能满足顾客的需要，会使商店出现商品脱销，失去销售的有利时机。而且，每次采购商品过少又要保证商品供应，势必增加采购次数，频繁的采购会增加采购支出。

为了避免出现商品脱销和商品积压两种经营失控的现象，有必要确定最恰当的采购数量，即经济采购批量。经济采购批量与采购费用及保管费用有密切的关系。

（1）采购批量与采购费用呈反比例关系。因为在一定时期内的采购总量不变的情况下，每采购一次商品，就要耗费一次采购费用。因而每次采购批量大，采购次数少，采购费用也就少；反过来，采购批量少，采购次数就多，采购费用也就多。

（2）采购批量与保管费用呈正比例关系。因为在一定时期内采购总量不变的情况下，每次采购批量大，平均库存量也大，保管费用支出也就多；反之，采购批量小，平均库存量就小，保管费用就少。

采购费用与保管费用对一次采购批量的要求是不同的。从商店经济效益来考虑，要使这两种费用都能节省，就必须寻找一个最佳采购批量。通过计算，可以找出进货次数、进货批量与储存费用之间的最佳关系（经济订货批量），在满足销售的情况下，实现进货所带来的费用最小。

设总成本 T 的表达式为

$$T = K \cdot R/Q + H \cdot Q/2$$

上式对 Q 求导，且令其导数为零（即使得总成本最小），即可得出经济订货批量。经济订货批量公式为

$$Q = \sqrt{\frac{2RK}{H}}$$

式中，Q 为每次进货数量（经济订货批量）；R 为某商品年进货量；K 为每次订货成本；H 为单位商品年平均储存费用。

最佳进货次数为 R/Q；最佳进货周期为 $\frac{360}{Q/R}$。

零售商在计算出来商品的经济采购批量后，还要考虑到实际需求、数量折扣及可变的订货成本和占用成本等方面的变化，来确定实际的采购数量。

三、商品采购时间的确定

确定了采购商品的品种和数量后，还要确定什么时间采购，以保证无缺货现象的发生。这里的商品采购时间是指再订购商品的时间。一定商品有一定的采购季节，适时采购不仅容易购进商品，而且价格也较为便宜，过早购入会延长商品的储存时间，导致资金积压。因此，零售商应权衡利弊，选择合理的采购时间。

（一）定时采购

定时采购，就是每隔一个固定时间，采购一批商品，此时采购商品的数量不一定是经济批量，而是以这段时间销售掉的商品为计算依据。

定时采购的特点是：采购周期固定，采购批量不固定。

采购周期是根据企业采购该种商品的备运时间、平均日销售量及企业储备条件、供货商的供货特点等因素而定的，一般由企业预先固定，可以是 2 周或 4 周，时间长短不等。采购批量则不固定，每次采购前，必须通过盘点了解商店的实际库存量，再定出采购批量。计算公式为

$$采购批量＝平均日销售量×采购周期＋保险储备量－实际库存量$$

式中，保险储备量是防止由消费需要发生变化和延期交货引起脱销的额外库存量。

例如，某商店日销售某商品 40 件，保险储备定额为 7 天需求量，订货日实际库存量为 300 件，进货周期为 15 天，则

$$采购批量 ＝ 40×15＋40×7－300 ＝ 580(件)$$

定时采购的优缺点是：采购时间固定，因而可以做周密的采购计划，便于采购管理，并能得到多种商品合并采购的好处；但由于这种采购方法不能随时掌握库存动态，易出现缺货现象，盘点工作较复杂。

（二）不定时采购

不定时采购，是指每次采购的数量相同，而每次采购的时间则根据库存量降到一定点来确定，也称为采购点法。

不定时采购的特点是：采购批量固定，采购时间不固定。

不定时采购的采购批量可以参考经济采购批量的计算方法。这种采购的关键实际上是确定采购点的库存量。

从 A 采购点开始到可以销售，一般需要一定的间隔时间，不可能随进随销。这段间隔期也称备运时间，包括商品在途运输时间、商品验收入库时间、销售前整理加工时间、其他时间。

在这段时间内，存货通过逐日销售下降，如果存量下降到 A 采购点而不开始采购，则商店就会冒脱销的风险；如果存量尚未下降到 A 采购点就提前采购，则企业要冒积压的风险。因此，当库存量下降到 A 采购点时，是开始采购的最适当时间。采购点的计算公式如下：

$$采购点＝平均日销售量×平均备运时间＋保险储备量$$

例如，某商品平均日销售量为 30 件，备运时间为 10 天，保险储备额为 150 件，则

$$采购点＝30×10＋150＝450（件）$$

因此，当商品库存量超过 450 件时，不考虑采购；当降到 450 件时，商店就及时按预定的采购数量或经济采购批量进行采购。

不定时采购的优缺点是：能随时掌握商品变动情况，采购及时，不易出现缺货现象。但是，由于各种商品的采购时间不一致，难以制定周密的采购计划。不便于采购管理，也不能享受多种商品集中采购的价格优惠。

四、根据产品与市场特点灵活制定采购策略

（一）商品采购方式策略

零售企业在经营活动中，应当根据企业本身经营的任务。规模大小，经营范围、专业化程度等情况，选择适当的采购方式。零售企业的采购方式大致有以下几种：

1. 市场选择

市场选择是零售企业根据市场需要，直接通过市场向生产者或批发企业自由进货。零售企业选购不受任何限制，有充分的进货自主权。这种方式有利于选择最好的供应商，提高产品质量。

2. 合同订购

合同订购方式是零售企业为了掌握某些商品的货源，通过与生产部门协商签订合同，预先向生产部门订购一定数量的商品。生产部门按照合同规定的品种、规格、数量、质量进行生产并按期交货；零售企业按照合同规定的内容、标准验收商品和交付货款。零售企业可以订购生产企业现在生产的产品，也可以提出自己的样品、设计或要求，由生产企业专门生产。这种方式适合于大批量长期订货。

3. 预购

零售企业在商品生产前同生产单位协商，签订预购合同，并预付一定数量的订金。一般多用于农产品收购。

4. 现卖先买

现卖先买采购是零售企业到商品出现缺货时才去采购。其优点是可以节省库存支出。但如果不能及时补充到商品，就会延误商机。这种采购方式常用于一些小零售企业从本地区进货。

5. 投机采购

投机采购是指估计到某种商品会涨价而事先大量采购，以降低进货成本，加强商品的竞争性。如果投机成功，可获得高额利润，短期回报明显，但具有相当的风险性。

6. 预算采购

预算采购是制订计划后在固定的时间内按部就班采购。预算采购比较稳健，既能避免现卖先买采购可能出现临时货源不足的情况，又能避免投机采购的风险性。但预算采购缺乏灵活性。目前，大部分的大中型规模的零售企业采用这种方式采购。

7. 招标采购

采购招标制是通过公开招标的方式而进行的大量采购。一般由购货单位或主办单位发

出采购某种商品的通知，或是在媒体登出广告，说明拟购商品及相应的条件，请各方卖主在指定的期限内提出报价投标；招标人开标并比较各方报价，选择对其有利者达成交易。一般采取提前预付或货到付款的方式，因此，有人又将其称为招标买断制。

采购招标过去在我国零售业采购中使用不多。然而，2000 年以来，国内零售商开始尝试采用招标制进行大量采购，采购的商品通常是大众化的产品，主要目的是获取低价。例如，当年国美电器连锁公司采用公开招标的方式分别与夏华和索尼签订了 1 800 万元、2 564 万元的彩电购货合同，并现款一次性付清；2002 年 4 月，国美采用招标方式与国内 10 家空调生产企业签订了价值 17 亿元的采购合同。采购招标渐渐成为人们关注的热点话题。

零售商实施采购招标制是与买断制（非代销）相结合的。这种现象的出现有其一定的必要性和可能性。

从必要性来看，零售商实施采购招标制最重要的原因是降低商品价格。零售业竞争已进入微利时代，行业平均利润率已不到 2 ％。大家电商品基本上是无利经营，但竞争仍是围绕着价格战来进行，商家商品降价空间越来越小，消费者降价预期越来越高。这种矛盾迫使商家必须找到新的降低成本的方法，除了加强管理之外，最有效的就是改变采购方式。招标买断制与代销制相比，既可以使厂商及时收回货款，又可以使厂商多家竞标，大大降低进货成本和采购价格，因此，招标制变得十分必要。其次，采购招标制使采购变得迅捷。采购招标制是在指定的时间和地点公开进行，优劣一目了然，交易双方不必耗时耗力进行反复磋商，没完没了地讨价还价，是一种高效率的采购方式。这在市场变化越来越快、消费者居于主导地位的今天，显得尤为重要。

从可能性来看，任何一种交易方式的出现与推行，都取决于交易双方的接受程度。多年来，厂家深受货款收不回来的痛苦折磨，也受某些商家的上架费、促销费、店庆费等名目繁多费用的盘剥。采购招标制的公开性原则，节省了厂家的关系费用；而它的买断制原则，又保证了厂家能及时回收货款，因此，厂家欢迎商家的采购招标制。同时，经过这几年市场经济的磨炼，厂商有能力完成商家的批量订货。对于商家而言，不少企业已具备相当的实力和信誉，商业资本快速增加，有条件拿出一部分垫付资金进行买断制采购。

采购招标制的兴起，也说明了国内商业资本的成长，已使零售商与制造商的力量对比发生了变化。大型零售企业利用完善的营销信息与后勤系统，向消费者们提供质优价廉的产品和服务。在决定顾客需要方面，零售商处于比制造商更为优越的位置。于是，他们可以向有实力的制造商发出指令，应该生产什么、生产多少、生产什么样的品种与款式。

（二）根据商品生命周期的阶段性而采取的采购策略

商品从投入到被淘汰，一般被认为经历 4 个时期，分别为投入期、成长期、成熟期和衰退期 4 个阶段。

（1）投入期。在此期间，要谨慎进货，数量以少为上。待消费者开始接受产品之后，才确定大量进货。

（2）成长期。在此期间，商品经过第一个阶段后开始被消费者接受，销售量也将迅速增长，这时就应该积极进货，促进商品销售。

（3）成熟期。这个时期商品的销售已进入一个稳定的阶段。新的竞争者与产品的替代品相继产生，从而市场缩小，这时企业就应该适当减少库存，避免造成商品积压。

（4）衰退期。这时候经营此种商品的优势消失，企业的策略应该是清理库存，转营其他商品。

（三）买方或卖方市场条件下的采购策略

在买方市场的条件下，商品供大于求，这时零售企业在采购商品时就会享有各方面的主动权。零售企业应当采取以需定进、勤进快销的原则，充分保证企业自身的竞争地位。而在卖方市场的条件下，竞争力就主要体现在采购上了。谁能获得卖方更便宜的货物，谁便会在竞争中占据优势。在这种情况下，零售企业可以采取以下策略：①与供应商建立互利合作关系；②扶持供应商的发展；③利用一些优惠条件，以吸引供应商提供商品。

> ➤ **案例**

从三鹿牌奶粉事件看企业采购

昨日，三鹿集团传媒部工作人员杨爱告诉记者，奶粉在采购环节被三聚氰胺污染，一些不法奶农为获利润，向鲜牛奶中掺入三聚氰胺。对于三鹿集团是否在生产环节也添加了三聚氰胺，卫生部新闻发言人毛群安表示，目前由卫生部牵头的联合调查组仍在调查之中。

三聚氰胺是一种化工原料，具有轻微毒性，奶粉配方和生产过程中是否需要这种原料呢？对此，三鹿集团传媒部杨爱语气坚定地告诉记者，在整个奶粉配方和生产过程中均不需要三聚氰胺，该厂也从未采购过这种原料，更不会将三聚氰胺添加到奶粉中。

杨爱介绍，在甘肃等省份出现婴儿患肾结石病例后，公司接到了相关投诉。通过对产品进行检测排查，发现是不法奶农向鲜牛奶中掺入三聚氰胺，从而导致婴儿患肾结石。

对于奶农往鲜奶中掺加三聚氰胺的动机，杨爱表示，三聚氰胺是一种化工原料，作为添加剂，可以使原奶在掺入清水后，仍然符合收购标准，所以被不法分子用来增加交奶量以获利。杨爱承认三鹿集团在奶粉原料采购环节存在纰漏。她解释说，由于三鹿奶源基地遍布省内外，奶源管理非常松散，对于奶农的不法行为难以监控。

然而，外界并未打消对三鹿集团的怀疑。卫生部新闻发言人毛群安表示，目前由卫生部牵头的联合调查组仍在调查三鹿集团是否在生产环节也添加了三聚氰胺。

昨晚8时，记者登陆石家庄三鹿集团股份有限公司官方网站，发现原来的三鹿集团网站已经无法正常登录，网站标题被篡改为"看三聚氰胺集团新闻有感"，黑客还留下"小黑们对中国社会责任心片面一窥"等字样。

多美滋中国对外事务总监蒲家彬告诉记者，多美滋是从国外进口奶源和营养素，在奶粉的生产过程中，原、辅料都有一整套严格的检验程序，并严格执行相关国家标准和国际标准，多美滋也愿意随时接受相关部门的检测。

惠氏中国公共关系总监席庆也表示，惠氏使用的也都是进口奶源，进入国内后加工生产，总共600多道检验程序保证了奶粉的质量。此外，惠氏奶粉还特别按照制药行业的GMP标准生产。此次，惠氏还准备就三鹿奶粉的有关污染成分，对惠氏奶粉进行进一步检测。

雅培中国相关人士介绍说，雅培都是从国外进口的已经全部生产完毕的奶粉，而国外奶源地大都拥有严格的管理和检验措施。

上海本土企业光明乳业相关人士告诉记者，光明拥有自己的牧场，不存在从奶农处收购鲜奶的环节，而且所有的光明奶粉在生产过程中需要经过原料奶检验和成品检验，完成"双保险"。由于严格的质检把关是一个常年的工作，因此不会因为这次三鹿奶粉出了问题而对光明的产品再做特别检验。

（资料来源：姜鹏.2008-09-13.三鹿集团承认采购环节存纰漏.解放网.http://www.jfdaily.com/news/xwgh/200809/t20080913-378928.htm）

➤ 基本概念

商品采购（merchandise purchase）　　　　　进价（purchasing price）

采购规划（purchase plan）　　　　　　　　集中采购（centralized procurement）

商品采购组织（merchandise buying organization）　买断（buyout）

分散采购（decentralize procurement）　　　代销（sales by proxy）

产品生命周期（product life cycle）　　　　供应商（supplier）

经济订货批量（economic order quantity）　　招标采购（bidding）

采购管理（purchase management）　　　　　采购员（purchase member）

➤ 思考题

1. 谈谈采购在零售企业中的重要性。
2. 试比较集中采购与分散采购的优缺点。
3. 选择供应商须注意哪些问题？
4. 简述采购谈判的主要内容。
5. 对采购员的考核指标有哪些？
6. 商品采购需要考虑哪些策略？

第十一章

零售商品配送管理

　　商品配送是零售企业经营的重要环节。零售企业主要是通过配送中心配送这一具体形式来体现配送的各项功能的。目前我国大多数连续零售企业都设有自己的配送中心，通过对商品的"配"与"送"，提高门店对顾客的服务。同时，配送中心的建立又为降低物流成本、开发第三利润源泉起了重要的作用。

　　配送与物流是既紧密相连又相互区别的两个概念。了解各种配送模式，以及统一配送在零售企业经营的作用，有利于充分发挥配送的作用，进而优化零售企业的物流系统。

■ 第一节　零售企业配送的基本概念

一、配送的概念

　　商品配送是指在配送中心或物流节点，将从供应商手中接受的多品种、大批量货物，进行必要的储存保管，并按用户的订货要求进行分货、配货后，将配好的货物在规定的时间内，安全、准确地送交需求用户的一项物流活动。零售企业的配送是零售商从自己的配送中心将商品送达所属门店的过程。配送不同于货物运输，它是比货物运输更为复杂的过程，它们之间是有明显区别的。主要表现在以下三个方面：

　　（1）配送不是单纯的运输或输送，而是运输与其他活动共同构成的组合体。配送集装卸、包装、保管、加工、运输等功能于一体，通过一系列活动完成将货物送达的目的。因此配送几乎包括了所有的物流功能要素，是物流的一个缩影或在某一小范围中物流全部活动的体现，比单纯的运输要复杂得多。

　　（2）配送仅指从物流据点至需求用户之间的货物输送，在整个货物运输过程中是处于"二次输送"或"终端输送"的地位。比如工厂通过配送中心向商店交货时，工厂和配送中心之间的货物输送称为运输，而配送中心到商店之间的货物输送则称为配送。

　　（3）由于配送运输的距离短、批量小、品种多，因而所采用的主要是短途运输工具——汽车，与一般的货物运输相比，其运输方式、运输工具单一。

　　配送是按用户订货的要求，在配送中心或物流节点进行货物配备，并以最合理的方式送交用户的经济活动。从配送的定义可以看出，配送是一种完善的、高级的输送活动。它不是简单地将零售企业门店订的商品送到各个门店处；而是按照各门店的要求，在备货和配货的基础上，以确定的组织和明确的供货渠道，并在相关的制度约束下进行送货的。因此备货、配货、送货是配送的基本特点。

配送功能是物流系统中由运输派生出的功能。以往配送常被理解为面向本市、本地区的小范围、短距离、小批量的运输。其实，在一些交通条件好、交通发达、货物运输能力强的国家，配送的活动范围早已超越城市界限。如美国的沃尔玛公司就是采用先进的通信网络对各城市的连锁门店进行配送。

配送属于物流范畴，是一个缩小的物流过程，但这并不意味着能以物流概念来代替配送的概念。配送不仅有依附于物流的一个功能，其实它具有自己的独立性。配送本身就是一个多项目、多环节的物流活动。我们从一次配送活动中，可以看出配送包含了物流的所有功能，如运输、集货、储存、分货、拣选、配装等，有些还附带加工，而且在配送的过程中始终贯穿着收集信息的操作。

二、商品配送的特点

（1）商品配送是从物流据点至需求用户的一种特殊送货形式。配送的实质虽然是送货，但和一般的送货是有区别的。这种区别就在于：①配送中从事送货的是专职的流通企业（如配送中心等），而不是生产企业；②配送是一种"中转型"送货，而一般送货，尤其是从工厂至用户的送货往往是直达型送货。

（2）商品配送是"配"和"送"的有机结合形式。配送是按照顾客订货所要求的品种、规格、等级、型号、数量等，在物流据点中经过分拣、配货后，将配好的货物送交顾客。因此除了各种"运"和"送"的活动外，还要从事大量的分拣、配货、配装等工作。"配"是"送"的前提和条件，"送"是"配"的实现与完成，两者相辅相成，缺一不可。此外，配送还可以利用物流据点中有效的分拣、配货等理货工作，使送货达到一定的规模，从而利用规模优势获取较低的送货成本。

（3）商品配送是一种门到门服务方式。配送是"按用户的订货要求"，以供给者送货到户式的服务性供应满足用户的要求。从其服务方式来讲，是一种"门到门"的服务方式，可以将货物从物流据点一直送到门店，因而决定了配送中用户的主导地位和配送企业的服务地位。

（4）对零售商的利润进行分析显示，配送系统可以在很大程度上提高净利润。

三、商品配送模式

为了满足零售企业对商品配送的要求，可以采用多种商品配送模式。常见的有：由供应商直接配送，将采购、送货与商品配送完全融合；自建配送中心，实现企业内封闭式商品配送业务；与其他企业合作，共建配送中心，实现共同配送；将配送业务完全外包给第三方物流商，以合同方式实现商品配送社会化。

1. 供应商直接配送模式

供应商直接配送是在连锁超市刚刚兴起的时期通常采用的方式，它是与传统零售组织完全相同的模式。在零售企业自己保持适量库存的情况下，通过频繁的采购活动，从多个生产厂家采购不同品种的商品，然后限定合适的时间，让生产厂家直接将商品送达店铺。这种模式虽然减少了中间的收货、整理和发货作业环节，但由于零售企业商品品种较多，需要补货的频率较高，从而导致多个厂家同时送货时，在店铺收货环节往往会出现混乱现象。在大多数情况下，生产厂家直接送达店铺的商品只是一些有冷藏要求、不宜储存、周转速度快的商品，如牛奶等奶制品、熟食制品、肉类等食品，连锁超市并不是所有商品都采取供应商直送。

供应商直接配送在连锁超市自身配送中心尚不健全的情况下不失为一种可行的配送方式，它使零售商无须自建冷藏库而进行高额投资，弥补了零售商配送中心功能的不足。对连锁超市的门店来说，直接与供应商打交道也有方便之处，如退货、换货都比较容易，而不像与配送中心打交道那么刚性。

但是当连锁超市的规模扩大、门店增多后，供应商的运输系统适应不了多店铺广域发展的连锁店的需求。配送不到位、缺货断档、时间衔接不上等情况就出现了，制约了连锁超市的发展。而且这种配送方式使得连锁店工作人员每天在大量重复做同一件事，即面对大量的供应商验货和收货，影响了店铺的经营管理。供应商直接配送只能体现在少数商品上，如果一家标准超市要让供应商配送全部商品是难以做到的。据统计，一家经营品种在5 000种左右的超级市场，如由供应商直接送货，每天需要接待各类供应商的送货车多达78次。然而最根本的是，这种配送只简单地解决了"送"的问题，而对"配"的问题则完全交给门店去解决，门店不合理地承担了本应由总部承担的"组配"责任。早先由供应商直接配送的许多连锁超市后来实施了总部配送方式。

但是，大型综合超市或仓储式商场采取供应商直送门店的方式是成功的。这是因为这两种业态的零售企业面积大，其货架本身在设计上就有储备功能。再加上其销售量大，每下一个订单，都达到了供应商可以送货的经济批量，而且这两种业态在门店中专门设置了适应供应商直送方式的机构——收货部。

2. 零售企业自营配送模式

由于供应商直接送货易造成的店铺整理商品作业量和成本费用的不断增加，因此零售企业倾向于自建配送中心，实行企业内部的封闭式商品配送服务。这是目前连锁企业广泛采用的一种配送模式。企业通过独立组建配送中心，实现对内部各门店的物品供应。这种配送中心的各种物流设施和设备归一家零售企业所拥有，作为一种物流组织，配送中心是零售企业的一个有机组成部分。自然，这种隶属于某零售企业的配送中心只服务于该零售企业的各个门店，包括加盟店。通常它是不对外提供配送服务的。这种配送模式中虽然因为糅合了传统的"自给自足"的"小农意识"，形成了新型的"大而全"、"小而全"，有可能造成资源浪费。但是就目前来看，在满足零售企业门店供应方面发挥了重要作用。因此，许多零售企业都通过组建自己的配送中心，来完成对内部各门店的统一采购、统一配送和统一结算工作。例如，美国的沃尔玛公司所属的配送中心就是公司独资建立、专门为本公司所属的连锁门店提供商品配送服务的自用性配送中心。在中国零售企业发展的初期，社会化配送中心是缺位的。零售企业自建配送中心就显得十分必要。

零售企业自建配送中心的配送组织模式，是零售企业根据自身的经营规模、销售商品的构成和门店分布的特点，参照所在地区的社会经济条件及道路交通等因素，在适当的位置投资建设若干个配送中心，自己进行管理和运作，完成企业自身的配送服务。因为零售企业配送中心是自建的，所以零售企业对配送业务的自我管理和运作。可以直接针对企业经营网络的特点，围绕企业的销售业务而展开，能够为各门店提供更方便、更灵活、更个性化的配送服务，最大限度地满足企业销售业务的需要。因而服务质量和效果比较好，且自主性较强。其缺点是：自建配送中心投资大；管理和运作中的成本和人力资源的耗费较高；在企业尚未达到一定规模的时候，这种配送模式通常是难以赢利的。因此，这种配送模式一般适用于经济实力雄厚、企业规模较大、门店布局较合理的零售企业。

3. 社会化的中介型配送模式

在这种模式中，零售企业完全不参与商品配送中心的建设，而是授权专门的部门。通过与社会化的物流公司或专业的配送中心签订配送业务委托合同，将各门店的集货、配货和送货等配送业务委托给这些专业的、社会化的配送企业，来实现对企业各门店的最有效的商品配送。这是目前专业领域内重点倡导并且被认为是最经济、最符合市场经济原则的一种配送模式。从事配送业务的企业，通过与生产企业建立广泛的代理或买断关系，与零售企业建立较稳定的契约关系，从而将生产、加工企业的商品或信息进行统一组合、处理后，按客户订单的要求，配送到各门店。这种模式的配送，还表现为在用户之间交流供应信息，从而起到调剂余缺、合理利用资源的作用。这种社会化的商品配送模式，一方面使零售企业自身能够集中力量搞好卖场营运的管理和操作，最大限度地提高销售利润；另一方面由于提供商品配送服务的是专业的物流公司或配送中心，他们凭借其专业化的设施设备和丰富的经营管理经验，能够提供更加高效的商品配送服务，并通过降低商品配送成本让利于零售企业，实现双赢。

另外一种比较有效的社会化商品配送模式是供应商共同配送。所谓供应商共同配送，就是零售企业将商品配送业务委托给由多个供应商共同设立的配送中心来完成，以提高商品配送的效率和配送业务的效益。其基本做法是：将原来由多家供应商分别向分散的多个门店配送商品，改为由多家供应商将商品集中送到配送中心；在配送中心内将商品进行适当整理，按照适当的路径，统一向各个门店送货。如将原来由 8 家速冻食品厂商用 8 辆车向各个店铺送货，改为 8 个厂家将商品集中送到配送中心，然后用 1 辆车向各个店铺送货。这样既减少了送货车辆，减轻了交通负担，也减轻了店铺接卸商品的作业量，降低了送货费用。

社会化的中介配送模式是一种比较完整意义上的配送模式。目前，多数物流配送企业正在积极探索。

4. 共同配送模式

共同配送模式是指零售企业与其他企业合作开展共同配送。这是一种配送经营企业之间为实现整体的配送合理化，以互惠互利为原则，互相提供便利的配送服务的协作型配送模式。这种方式适用于中、小型零售企业，一般这类零售企业由于自身规模或资金的限制，不具备独立建设配送中心的条件，又不愿意将配送业务的管理和运作权交给其他企业。那么它可以选择与其他中小型零售企业集资建立共同的配送中心。由这些企业管理并为这些企业提供配送服务。其优点是：可以节约投资，降低经营风险，同时满足自身销售的商品配送服务需要。其缺点是：运作效果往往受到企业间合作的密切程度及合作双方经营和管理水平的影响，并且存在泄露企业商业机密的风险。

上述后两种配送模式，是中国连锁企业配送中心发展的未来趋势。在今后的发展中，中国的连锁企业将在更大层面和范围上普遍摒弃小商业传统的"小而全"的做法，接受社会化配送的新理念。这种理念的接受和普及来自连锁企业经营利益的驱使，来自对社会资源共享，追求更大范围的社会化协作原则的认同。因此，社会化配送中心在中国有着广阔的前景。但是，在目前的条件下实现社会协力配送有一定的困难。

第二节 零售企业的配送中心

一、配送中心的定义及功能

（一）配送中心的定义

配送中心是位于物流节点上，专门从事货物配送活动的经营组织或经营实体。零售企业配送中心的核心任务就是将货物送到需要的门店。围绕这一核心，配送中心除了配送外还必须进行收集信息、订货、储存等一系列活动。配送中心内基本上集中了所有的物流功能。

从配送中心是开展商品配送及其相关业务的场所这个角度来看，一个完整的配送中心的内部结构首先要有基本的硬件设施，如足够的场地和仓库；其次还需要有保障配送中心内各项活动有效运作的各种设备；最后还需具备进行现代化管理的计算机软硬件。

如果外部环境良好，社会化配送发展也较完善，零售企业完全可以不设置具体形式的配送中心。它只需要通过自己的计算机网络系统和中心决策机构，向有关的仓库、运输公司等发出命令，就可完成配送中心的核心功能——配送。而配送中心这时完全是一个管理机构。

（二）配送中心的功能

配送中心是一个多功能体系。它集加工、理货、送货等多种职能为一体，是这些功能的综合。

1. 衔接功能

通过开展货物配送活动，配送中心能把各种工业产品和农产品直接送到用户手中，可以起到连接生产和消费的作用。这是配送中心衔接功能的一种重要表现。此外，通过集货和存储货物，配送中心又有平衡供求的作用。因此能有效地解决季节性货物的产需衔接问题，这是配送中心衔接功能的另一种表现。生产和消费并非总是等幅度增长和同步运动的。就某些产品而言，生产和消费存在着一定的时间差。由于配送中心有吞吐货物的能力和具备存储商品的功能，因此它能调节产品供求关系，进而能解决产销之间的时间差。

2. 仓储功能

零售企业配送中心的服务对象是零售企业的各个门店，为了顺利而有效地完成向门店配送商品的任务，更好地发挥连锁企业的规模效益，通常配送中心都要储存一定量的商品。配送中心的服务对象是为数众多的商业网点，如连锁超市和大卖场。配送中心的职能和作用是：按照用户的要求及时将各种配装好的货物交到用户手中，满足零售商店需要。为了顺利而有序地完成向用户配送商品的任务及更好地发挥保障供应的作用，配送中心要兴建现代化的仓库并配备一定数量的仓储设备，存储一定数量的商品。

3. 分拣功能

零售企业配送中心服务的门店少则十几个，多则上百个，这些门店之间存在着许多差别。在订货时，不同的门店对于商品的种类、规格、数量等会提出不同的要求。因此配送中心必须采取适当的方式对门店所需商品进行拣选，并在此基础上，按照配送计划分装和配装商品。作为物流节点的配送中心，其服务对象是为数众多的零售企业。在这些为数众多的客户中，彼此之间存在着很多差别。不仅各自的性质不尽相同，而且其经营规模也不一样。这样，在商品流通实践中，配送中心除了能够存储货物、具有存储功能以外，它还有分拣货物的功能，能发挥分拣中心的作用。

4. 加工功能

配送中心通过对商品的加工，能够扩大经营范围和提高配送水平，满足零售企业的需要；同时，通过加工可以提高商品的价值，从而提高配送中心的经济效益。为了扩大经营范围和提高配送水平，目前国内外许多配送中心都配备了各种加工设备，由此而形成了一定的加工（系初加工）能力。加工货物是某些配送中心的重要活动，这些配送组织能够按照用户提出的要求，根据合理配送商品的原则，将组织进来的货物加工成一定的规格、尺寸和形状，由此而形成了加工功能。配送中心具备上述功能，积极开展加工业务，不但大大方便了用户、省略了用户不少烦琐劳动，而且也有利于提高物质资源的利用率和配送效率。此外，对于配送活动本身来说，客观上则起着强化其整体功能的作用。

5. 集散功能

在物流实践中，配送中心凭借其特殊的地位并以其拥有的各种先进设施和设备，能够将分散在各个生产企业的产品（即货物）集中到一起，而后经过分拣、配装向用户发运。

与此同时，配送中心也可以做到把各个用户所需要的多种货物有效地组合（或配装）在一起，形成经济合理的货载批量。配送中心在流通实践中所表现出的这种功能亦即（货物）集散功能，也有人把它称为"配货、分放"功能。另外，配送中心在建设选址时也充分考虑了其集散功能，一般选择商品流通发达、交通较为便利的中心城市或地区，以便充分发挥配送中心作为货物或商品集散地的功能。

6. 信息处理功能

配送中心连接着物流干线和配送，直接面对着产品的供需双方。因而不仅是实物的连接，更重要的是信息的传递和处理，成为整个流通过程的信息中枢。

二、配送中心的组织结构

配送中心一般由信息中心与仓库构成。信息中心起着汇集信息并对配送中心进行管理的作用。仓库根据各部门不同的功能又可分为不同的作业区。

1. 信息中心

信息中心指挥和管理着整个配送中心，它是配送中心的中枢神经。它的功能是：对外负责收集和汇总各种信息，包括门店的销售、订货信息，以及与部分直接供应商联网的信息，并根据这些信息做出相应的决策；对内负责协调、组织各种活动，指挥调度各部门的人员，共同完成配送任务。

2. 收货区

在这个作业区内，工作人员须完成接收货物的任务和货物入库之前的准备工作如卸货、检验等工作。因货物在收货区停留的时间不太长，并处于流动状态，因此收货区的面积相对来说都不算太大。它的主要设施有验货用的设备和卸货工具。

3. 储存区

在这个作业区里分类储存着验收后的货物。储存区一般分为暂时储存区和常规储存区。由于货物需要在这个区域内停留一段时间，并要占据一定位置，因此储存区所占的面积比较大。在储存区一般都建有专用的仓库，并配置各种设备，其中包括各种货架、叉车、起堆机等起重设备。从位置上看，有的储存区与收货区联在一起，有的与收货区分开。

4. 理货区

理货区是配送中心人员进行拣货和配货作业的场所。其面积大小因零售企业的类型不同而异。一般来说，拣选货和配货工作量大的配送中心，其理货区面积较大。如负责对便利店进行配送的配送中心，按便利店的特点要求不但要对货物进行拆零，还要完成向多家门店以少批量、多批次的方式进行配送，所以这样的配送中心的拣货和配货区域的面积较大。

与其他作业区一样，在理货区内也配置着许多专用设备和设施。如果是以人工完成拣选任务的，一般有手推货车、货架等；如果采用自动拣选装置，其设施包括重力式货架、皮带机、传送装置、自动分拣装置、升降机等。

5. 配装区

由于种种原因，有些分拣出来并配备好的货物不能立即发送，而是需要集中在某一场所等待统一发货，这种放置和处理待发货物的场所就是配装区。在配装区内，工作人员要根据每个门店的位置、货物数量进行分放、配车，并确定单独装运还是混载同运。

因货物在配装区内停留时间不长，货位所占的面积不大，所以配装区的面积比存储区小得多。

需要注意的是，有一些配送中心的配装区与发货区合在一起，因此配装作业常融合于其他相关的工序中。

此外，因配装作业主要是分放货物、组配货物和安排车辆等，在这个作业区除了配装计算工具和小型装卸机械、运输工具以外，没有什么特殊的大型专用设备。

6. 发货区

发货区是工作人员将组配好的货物装车外运的作业区域。在许多配送中心，配货区和发货区往往是可以共用的。

7. 加工区

有些配送中心要对鲜活食品进行配送，因此配送中心在结构上除了设置一般性的作业区外，还设有配送货物加工区。在这个区域内对收进的生鲜食品进行整理加工，如对猪肉进行分割等。如果零售企业以经营生鲜食品为主，则配送中心的加工区域所占面积较大。

第三节　零售企业配送的作业流程

零售企业根据自己的特点和商品配送的要求，往往采用不同的配送模式。有些规模较大、资金相对较雄厚的零售企业，通常自己投资建设配送中心，自营针对本企业各门店的商品配送服务；有些中小型零售企业没有条件自建配送中心，但又不想把配送管理完全交给其他企业，则采用合作的方式，部分地控制商品配送业务；有些企业倾向于将全部或部分配送业务外包给专业的物流公司或配送中心，实现配送社会化。无论是自己承担配送服务，还是将配送业务外包，在配送业务运作流程方面基本是一致的。本节仅介绍零售企业自建配送中心开展配送业务的基本工作程序。

配送中心的效益主要来自"统一进货，统一配送"。统一进货的主要目的是避免库存分散、降低企业的整体库存水平。通过降低库存水平，可以减少库存商品占用的流动资金，减少为这部分占压资金支付的利息和机会损失，降低商品滞销压库的风险。统一配送的主要目的是减少送货的交通流量，提高送货车辆的实载率，从而减少送货费用。配送中心的作业流程设计要便于实现两个主要目标：一是降低企业的物流总成本；二是缩短补货时间，提供更好的服务。

一、配送的一般业务流程

（一）采购进货

采购进货即组织货源，零售企业经营的主要特点是销售商品的品种多、销售批量小。为了适应这一特点，满足顾客在任何时间都能够买到所需要的商品的要求，零售企业配送部门必须从众多的供应商那里大批量地购进多种品类的商品，这个环节被称为进货。进货是配送作业的基础，是配送的物质准备阶段，也是决定配送绩效的重要环节。它通常以采购、订货的方式开始，所订货物到达配送中心后，即由配送中心负责对货物进行检查验收。验收的内容主要是货物的品质质量、数量和包装的完好性。验收的依据主要是合同条款要求和有关质量标准。验收合格无误的货物办理入账、信息采集和货物入库手续；如不符合合同条款要求，配送中心将详细登记差错情况，并拒收货物，按有关规定或合同中的事先约定来处理。

（二）储存

储存活动是进货、购货活动的延续。在配送活动中，货物储存有两种表现形态：一种是暂存形态；另一种是储备形态（包括保险储备和周转储备）。暂存是根据配送订单处理的情况以及分拣、配载作业的要求，在非储存区进行的暂时性存放作业；储备是按照一定时期内配送活动的需要，进行大量的品类构成完整的时间相对较长的储存活动。储存作业的主要内容就是随时掌握商品的库存动态，保证库存商品的质量完好和数量准确。通过储存功能的发挥可以有效调节零售企业进货与销售之间的时间差异，有效分配货源，合理利用资金。在储存环节，通常需要对堆码作业提出严格的要求，并且需要对商品进行有针对性的、恰当的保管和养护。

（三）订单处理

订单处理是一个独立的环节，与商品实体无关，但它是对商品在理货作业完成后的流向做出决定的依据。因此在配送中心的作业流程上是必不可少的，而且在理货完成、商品在理货区处于暂存状态时必须完成。从严格意义上讲，零售企业商品配送活动应是从配送中心接受各门店订单之后才真正开始。上述活动都是配送活动的基础。配送部门只有接到各门店提交的订单并进行适当的整理、输出，才能开始进行分拣、加工和配载、送货作业。如何有效、准确地接单，如何及时录入和处理订货资料，如何对各类订单进行最有效的分类和汇总以便有效地开展后续业务，直接关系着企业整个商品配送业务的绩效。因此，必须对订单处理给予足够的重视。

（四）拣选

拣选是从种类繁多的库存商品中，将其所需要的不同品种、不同规格、数量各异的商品，根据各门店提交的订单，从储存场所取出，放置在适当的位置等待后续处理的作业过程。拣选强调的是"选取"和"拣出"。在现代零售企业商品配送中，一方面，门店数和经营商品的种类日益繁多，门店布局日趋分散，商品配送作业量越来越大；另一方面，客户要货的批量趋于零星化，要货时间日趋紧迫，要求将各门店需要的商品迅速、及时、准确地送达。因此，商品拣选作业已经成为一项十分复杂而繁重的作业，其质量和效率直接影响着零售企业的经营。由此可见，拣选作业日趋重要，相关技术的发展在现代物流技术及现代零售企业发展方面有着日益重要的地位与作用。

（五）流通加工

配送部门从供应商处购进的商品，在规格和组合方式上不一定都适合门店销售需要，因此需要对准备配送的商品进行适当的加工处理。配送中心加工作业属于增值性活动，有些加工作业属于初级加工活动，如按照门店的要求，将一些商品套装；有些加工作业属于辅助加工，比如对产品进行简单组装，给产品贴上标签或套塑料袋等；也有些加工作业属于深加工，食品类配送中心的加工通常是深加工，如将蔬菜、水果洗净，切割，过磅，分份并装袋，加工成净菜，或按照不同的风味进行配菜组合，或加工成原料菜等配送给零售企业或零售店。流通加工的目的主要有两个：一是便于销售；二是提高后续物流过程的效率和质量。通过流通加工作业环节，商品的附加价值将大大提高。

（六）分拣和配货

分拣和配货是同一个工艺流程中的两项有着紧密关系的作业活动。有时，两项活动是同时进行和同时完成的。是指以订单提交单位门店为单元，按照每个订单所要求的品种、规格、数量，进行分类和集中，等候配载和发货。分拣强调的是"分类"和"集中"。由于现代零售企业经营中更强调及时性、准确性和个性化，零售企业各门店的配送需求更趋于复杂化，而配送部门需要处理的商品种类繁多、规格复杂、批次趋小、总量趋大、要货时间更紧。如果分拣作业不能按时、按质、按量完成，势必影响到配送部门的配送业务和门店补货的效果。因此，商品分拣作业在配送业务中的地位也十分重要。该环节作业的特异性通常取决于储存库的类型和作业时采用的机具和技术。

分拣作业的方法分为摘果式和播种式两种。常用的是摘果式拣选，具体做法是拣货员拉着拣货箱在仓库货架内巡回走动，根据拣货单和配货单在货架上的位置（货位或储存），拣取规定的货物品种、规格和数量并放入货箱内。另外，一些大型配送中心采用了自动分拣技术，利用自动分拣设备自动分拣，大大地提高了拣货作业的准确性和作业效率。

（七）送货

在送货流程中，包括搬运、配装、运输和交货。一般情况下，配送中心都自备送货车辆，有时也可根据实际需要借助社会运力来组织送货。送货作业的重点是正确选择运输工具和合理选择运输路线。对于固定用户的送货，可事先编排出合理的运送线路，选择合适的送货时间，进行定时定线送货；对于临时送货，可根据用户要求和当时的交通状况，选择合适送货路线进行送货。在确定使用运送车辆后，需要对质量不同、外形各异的商品之间合理组合和适当的配装比例进行分析并确定合理的方案，使装载的商品尽可能达到车辆的额定载重和占满车厢空间，实现有效地利用运力。特别是在单个门店的配送商品量达不到车辆额定装载量，或者不能占满车厢有效容积的时候，必须对不同门店的商品进行组合配载，以减少运力浪费。商品配载完成后，载货车辆即可按照事先确定和规划的运送路线，依次将商品送达各门店。在进行送货作业时，选择合理的运输方式和使用合适的运输工具，对于提高送货质量至关重要。

（八）信息处理

信息处理为了使商品配送作业的各个环节能够连续地、有条不紊地进行，而对整个过程的信息进行及时接收和反馈的过程。由此可见，信息处理并不是一个独立的环节，而是伴随在每一个业务环节并贯穿于配送业务的始终，是整个商品配送业务的中枢系统。零售企业配送部门需要建立与各门店及企业总部之间的直接的信息交流渠道，及时获取卖场销售信息，随时对库存商品信息进行分析，并据此安排采购和进货业务；在配送部门内部开展的拣选、分拣、流通加工和配载等作业的信息，也需要有一套完整、高效且灵活的信息处理系统进行处置；在企业和供应商、制造商之间，更应该建立有效的信息交流途径。

在实际业务活动中，上述各环节实际上是以一个系统的、有机联系的形态存在的。也就是说，对于零售企业配送业务来说，各个作业环节之间既有纵向的操作工序先后的区别，也有横向的物品传递和信息反馈。

由于零售企业配送中心的规模、功能都会有所不同，因此在配送作业流程上与上述程序相比会有所差异，如简化一些环节或者强化某个环节，但在总的流程上都是基于上述流程设计和运作的。

二、零售企业对门店的配送业务流程

零售企业配送部门的业务操作实际上开始于采购部门的订货或代理协议签订阶段，严格地说它是一种商务活动。真正的物流活动是从供应商将商品送达配送部门指定场所时开始的，并最终结束于配送部门对各门店或购物单位的发运货物环节。零售企业配送的一般业务流程如下所示：

（一）一般作业流程

对零售企业内部门店配送的一般作业流程如图 11-1 所示，其中包含了零售企业中与配送业务相关的全部作业工序。从零售企业订货开始，直至商品被陈列在货架上结束。

（二）直接配送流程

直接配送流程是指根据商品的种类或零售企业门店要货情况，将供应商送达的货物不进行入库操作，而直接配送至门店。这种配送业务的流程如图 11-2 所示。

（三）店铺直达流程

店铺直达流程是指在零售企业配送部门的统一组织和协调下，由供应商直接将货物

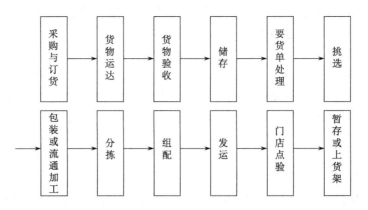

图 11-1　对零售企业内部门店配送的一般作业流程

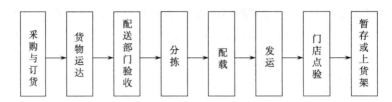

图 11-2　直接配送至门店的作业流程

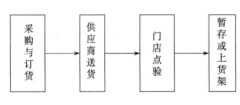

图 11-3　店铺直达作业流程

送达零售企业门店的配送作业流程。它是零售企业内部配送作业的一种简化形态。在中小型零售企业通常用来作为对集团采购的配送作业流程。此流程如图 11-3 所示。

（四）门店间存货调剂流程

门店间存货调剂流程是由于各门店位置的差异，对某一类商品的销售进度存在较大差异。也就是说，当一个门店已售完某种商品时，另一个门店该种商品仍然处于滞销状态。在这种情况下，如果前者提出补货要求时，就将后者的存货调剂过来，而不是重新向供应商订货。这种配送活动的作业流程如图11-4所示。

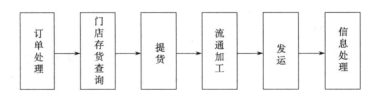

图 11-4　门店间存货调剂作业流程

三、配送方式

在不同的市场环境下，为了满足不同产品、不同企业、不同的流通环境的要求，在配送组织活动过程中，可以采取不同的配送形式来满足用户的需要。根据配送组织过程的两大要素，即配送的时间和配送货物的数量不同，配送活动分为定时配送，定量配送，定时定量配送，定时、定线路配送和即时配送等几种不同的组织形式。

1. 定时配送

定时配送是指按照规定的时间间隔进行配送。固定周期配送中每次配送商品的品种、数量以及包装方式，比如数天或数小时一次等。而且每次配送的品种及数量可以根据计划执行，也可以在配送之前以商定的联络方式（如电话、计算机终端输入等）通知配送的品种及数量。这种配送方式由于时间固定，便于配送企业安排集、配、运作业，也便于各门店安排接货。但也由于时间固定而配送商品的品种、数量具有不确定性，配送往往会造成送、接货作业量的不均衡或者运力的浪费。

日配是定时配送中施行较为广泛的方式，尤其在城市内的配送中，日配送占了绝大多数比例。日配的时间要求大体上是：上午的配送订货下午可送达，下午的配送订货第二天早上送达，即实现送达时间在订货的24小时之内。或者是用户下午的需要保证上午送到，上午的需要保证前一天下午送到，即实现在实际投入使用前若干小时之内送达。

广泛而稳定地开展日配方式，就可使用户基本上无须保持库存，做到以配送的日配方式代替传统库存方式来实现销售的保证。日配方式对下述情况特别适合：

（1）消费者追求新鲜的各种食品，如水果、点心、肉类、蛋类、菜蔬等。

（2）配送对象是小型商店，如标超、便利店。它们追求周转快，随进随售，因而需要采取日配形式实现快速周转。

（3）由于门店的条件限制，不可能保持较长时间的库存。比如已经采用零库存方式的零售企业，位于"黄金宝地"的商店以及那些缺乏储存设施（如冷冻设施）的用户。

（4）临时出现的需求。

2. 定量配送

定量配送是指按照规定的批量，在一个指定的时间范围内进行配送。配送数量可以依据托盘及车辆的装载能力确定，也可以据门店的销售状况而定。这种配送方式数量固定，备货工作较为简单，可以根据托盘及车辆的装载能力规定配送的定量，能够有效利用托盘等集装方式，也可做到整车配送，配送效率较高。由于时间不严格限定，因此可以将不同用户所需的物品凑成整车后配送，运力利用也较好。对于各个门店来说，每次接货作业需要处理的货物数量是固定的，因而可以预先调度好相关的人力、物力。

3. 定时定量配送

定时定量配送是指按照所规定的配送时间和配送数量进行配送。这种方式兼有定时、定量两种方式的优点，配送的计划性强、准确性高，但是其特殊性强，计划难度大，难以应付销售市场的异常变化，因此适合采用的对象不多，不是一种普遍的方式。

4. 定时、定路线配送

定时、定路线配送是指在规定的运行路线上，按照事先拟定的运送时间表进行配送，用户则可以按规定的路线站及规定的时间接货以及提出配送要求。配送前按照各个门店事先提出配送的具体要求，在规定的时间在预定的车辆停靠位置接货。这种配送方式便于配送企业安排送货车辆和调度驾驶人员，各门店也可以灵活选择接货时间和地点，有计划地安排人力、物力。

采用这种方式有利于计划安排车辆及驾驶人员。在配送用户较多的地区，也可以免去过分复杂的配送要求所造成的配送组织工作及车辆安排的困难。对于用户来讲，既可以在一定路线、一定时间进行选择，又可以有计划安排接货力量。但这种方式应用领域也是有限的。

5. 即时配送

即时配送是指完全按照门店随时提出的时间、数量方面的配送要求，随即进行配送的方式。这种配送方式要完全按照各门店临时提出的配送需求进行配送。由于即时配送的随机性和灵活性，运作对技术和管理、运作水平要求较高。同时，由于计划性差，车辆调度难度较大，运力利用率较低，配送成本较高。但是它是减少门店缺货损失的较为有效的方式之一。另外，还可以按照配送商品的品种、数量的不同，将配送分为少品种、大批量配送和多品种、小批量配送等方式，这是有很高灵活性的一种应急的方式。采用这种方式的品种可以实现保险储备的零库存，即以即时配送代替保险储备。

> **案例**

沃尔玛物流配送管理模式是沃尔玛成功的关键

沃尔玛前任总裁大卫格拉斯这样总结："配送设施是沃尔玛成功的关键之一，如果说我们有什么比别人干得好的话，那就是配送中心。"

沃尔玛公司1962年建立第一个连锁商店。随着连锁店铺数量的增加和销售额的增长，物流配送逐渐成为企业发展的"瓶颈"。于是，1970年沃尔玛在公司总部所在地建立起第一间配送中心，集中处理公司所销商品的40%。随着公司的不断发展壮大，配送中心的数量也不断增加。到现在该公司已建立62个配送中心，为全球4 000多个店铺提供配送服务。整个公司销售商品85%由这些配送中心供应，而其竞争对手只有50%～65%的商品集中配送。

其配送中心的基本流程是：供应商将商品送到配送中心后，经过核对采购计划、进行商品检验等程序，分别送到货架的不同位置存放。提出要货计划后，电脑系统将所需商品的存放位置查出，并打印有商店代号的标签。整包装的商品直接由货架上送往传送带，零散的商品由工作台人员取出后也送到传送带上。一般情况下，商店要货的当天就可以将商品送出。

沃尔玛公司共有六种形式的配送中心：一种是"干货"配送中心，主要用于生鲜食品以外的日用商品进货、分装、储存和配送，该公司目前这种形式的配送中心数量很多。第二种是食品中心，包括不易变质的饮料等食品，以及易变质的生鲜食品等，需要有专门的冷藏仓储和运输设施，直接送货到店。第三种是山姆会员店配送中心，这种业态批零结合，有三分之一的会员是小零售商，配送商品的内容和方式与其他业态不同，使用独立的配送中心。由于这种商店1983年才开始建立，数量不多，有些商店使用第三方配送中心的服务。考虑到第三方配送中心的服务费用较高，沃尔玛公司已决定在合同期满后，用自行建立的山姆会员店配送中心取代。第四种是服装配送中心，不直接送货到店，而是分送到其他配送中心。第五种是进口商品配送中心，为整个公司服务，主要作用是大量进口以降低进价，再根据要货情况送往其他配送中心。第六种是退货配送中心，接收店铺因各种原因退回的商品，其中一部分退给供应商，一部分送往折扣商店，一部分就地处理，其收益主要来自出售包装箱的收入和供应商支付的手续费。

如今，沃尔玛在美国拥有100%的物流系统，配送中心只是其中一小部分，沃尔玛完整的物流系统不仅包括配送中心，还有更为复杂的资料输入采购系统、自动补货系统等。

为了满足美国国内 3 000 多个连锁店的配送需要，沃尔玛公司在国内共有近 3 万个大型集装箱挂车、5 500 辆大型货运卡车，24 小时昼夜不停地工作。每年的运输总量达到 77.5 亿箱，总行程 6.5 亿公里。合理调度如此规模的商品采购、库存、物流和销售管理，离不开高科技的手段。为此，沃尔玛公司建立了专门的电脑管理系统、卫星定位系统和电视高度系统，拥有世界第一流的先进技术。

沃尔玛公司总部只是一座普通的平房，但与其相连的计算机控制中心却是一座外貌如同体育馆的庞然大物，公司的计算机系统规模在美国仅次于五角大楼（美国国防部），甚至超过了联邦航天局。全球 4 000 多个店铺的销售、订货、库存情况可以随时调出查问。公司同休斯公司合作，发射了专用卫星，用于全球店铺的信息传送与运输车辆的定位及联络。公司 5 500 辆货运卡车，全部装备了卫星定位系统，每辆车在什么位置、装载什么货物、目的地是什么地方，总部一目了然。可以合理安排运量和路程，最大限度地发挥运输潜力，避免浪费，降低成本，提高效率。

（资料来源：2007-07-13. 沃尔玛物流配送管理模式分析. 长沙市连锁经营协会网站 http：//www.cscfa.org.cn)

➤ 基本概念

配送（distribution）	配送管理（distribution management）
物流（logistics）	备货（preparation of goods）
储存（stock）	分拣（sorting）
配送中心（distribution centre）	配货（distribution of goods）

➤ 思考题

1. 什么是配送？零售企业的配送有哪些模式？
2. 简述配送中心的定义和功能。
3. 简述配送的一般业务流程。

第十二章

零售企业商品定价策略

价格是反映零售店内的商品昂贵、适度还是廉价的指标。顾客通过价格能够对商品价值做出判断。零售企业的价格制定是企业经营管理的重要内容，价格制定得恰到好处是企业经营成功的条件之一，它可以促进企业的销售，使企业获得预期的利润。定价最为重要的一个方面是产品或服务的价格决定着顾客如何来认识它。定价能反映出品牌的定位，影响营销渠道的选择，影响该类商品的促销方式，并影响目标客户所期望获得的服务质量。价格从财务的角度为企业收益率提供了一个简单的衡量标准。

本章就影响零售企业定价的因素、零售价格的构成、零售商的定价策略和技巧以及价格调整展开论述。

■ 第一节　影响零售企业定价的主要因素

零售企业商品销售价格的制定受到诸多因素的影响，可将其分为外部因素和内部因素两方面。外部因素有市场需求与供给、行业竞争状况、政府对价格的干预；内部因素有商品的成本与经营费用、企业的战略与定价目标、商店开设地点等。零售商在制定价格时要充分考虑这些因素。

一、市场需求与供给

经济学原理告诉我们，如果其他因素保持不变，消费者对某一商品需求量的变化与这一商品价格变化的方向相反。如果商品的价格下跌，需求量就上升；而商品的价格上涨，需求量就相应下降；这就是所谓的需求规律。这是企业决定自己的市场行为，特别是制定价格时首先考虑的一个因素。

消费者需求对商品定价的影响是通过需求规模、需求强度和需求层次反映出来。需求规模是某种商品需求者群体的大小和数量的多少。需求强度是指消费者想获取某种商品的程度。如果消费者对某种商品的需求比较迫切，则对价格不敏感，零售企业在定价时，可定得高一些；反之，则应低一些。不同的需求层次对定价也有影响，对于能满足较高需求层次的商品，价格可定得高一些；反之，则应低一些。这样才能满足不同层次消费者的需求。

对于预测商品需求，以下两个因素尤为重要。

1. 顾客对价格的敏感性

不同的商品对顾客会产生不同的敏感性，顾客对商品价格的敏感性也和零售业态有关。超市商品的价格变动具有比较强的敏感性，超市的主要客源是家庭主妇。她们大多勤俭持家，精打细算，十分关注超市价格的变动。沃尔玛就是针对敏感性商品，打出"天天低价"的口号吸引顾客。对于购买频率高的商品、生活必需品的价格，顾客比较敏感。对于产品独特、难以对该产品的质量进行比较的商品，顾客需求对价格就不敏感。此外，消费者对于冲动型商品的价格敏感度低，对于便利型商品的价格敏感度会高一些。

2. 商品需求价格弹性

需求和价格变动之间的关系被称为需求价格弹性（price elasticity of demand），表示为需求量变动百分比与价格变动百分比的比值。

$$需求价格弹性(E) = \frac{需求量变化的百分化}{价格变动的百分比}$$

不同商品具有不同的需求价格弹性，通常必需品的需求价格弹性较小，而奢侈品的需求价格弹性较大。零售企业在制定价格时，必须考虑需求的价格弹性，对于价格弹性大的商品（指弹性系数大于1），应该尽可能采取降低价格、薄利多销的策略，因为此类商品降价能够扩大销售；对于价格弹性小的商品（指弹性系数小于1），可适当提高价格，这类商品提价不会减少多少销售量，提价可使销售总收入增加。但是商品价格提高有一个界限，这个界限取决于两个方面：一是消费者收入或预算；二是这种商品能给消费者带来的用处。任何商品都有不同程度的代替品，价格过高会使消费者寻找替代品。

消费者对商品本身的需求程度、商品的可替代程度、用途的广泛程度、耐用程度、独特程度以及质量的高低都会影响到商品的需求价格弹性，而激烈的竞争也使得需求通常对价格变化更加敏感。如彩色电视机等过去被认为是非生活必需品的家电产品，由于成本不断降低，需求因此变得富有弹性。与以往相比，现在需求对价格变动更加灵敏，这就使得零售商利用商品的需求弹性来更灵活地制定价格；能够利用独特或具有差异化的产品和服务，在一定限度内制定价格。

市场供给也对价格产生决定性的影响，供给的充裕或紧张导致商品价格下降或上升。在商品紧缺和通货膨胀情况下，价格上升；在商品供应十分充裕或经济不景气的情况下，价格下降。

二、商品的经营成本

商品经营成本是影响商品价格的主要因素。零售的商品经营成本包括进价、销售成本和储运成本。进价是商品购进成本；销售成本是商品在营销过程中所发生的费用，如卖场人员工资和广告费等；储运成本是商品的运输和存储费用。这些成本构成了价格的主体部分。商品的成本费用是影响零售定价的主要因素之一，是零售定价的起点。企业的最终经济目的是追求利润，商品的价格只有高于商品的平均成本费用才能产生利润，商品的平均成本费用是零售定价的底线。

定价必须考虑经营成本，成本是商品价格的下限。零售企业经营成本包括固定成本和变动成本。前者是指那些不随销售收入变化而变化的成本，如租金、利息、固定资产折旧、主管经理的工资等；而后者是指随销售收入变化而变化的成本，如临时工的工资、运输、保管、包装、水电等费用。

成本有总成本和单位成本之分，随着销售额的增加，总成本也会增加，但是单位成本（如百元销售额成本）可能下降，所以在定价时还要考虑边际成本。如果销售额的大幅度增加能够导致边际成本下降，那么适当降低价格是可行的。

企业的生产经营状况也会对零售商的成本费用产生影响。企业状况主要指企业的生产经营能力和企业经营管理水平对制定价格的影响，包括以下内容：企业的规模与实力、企业的销售渠道、企业的信息沟通、企业营销人员的素质和能力等。产品成本低的企业，对价格制定拥有较大的灵活性，在市场竞争中将占有有利地位，能获得较好的经济效益；反之，在市场竞争中就会处于被动地位。

三、企业发展战略与定价目标

零售企业具有自己的发展战略，发展战略影响着企业的一切活动，包括企业的营销策略和价格制定。零售商采取的很多行动可以从零售商的长期战略而不是短期策略来理解，定价也是如此。定价策略对零售商的短期和长期盈利都有直接的影响，因此零售企业定价策略要服从其长期目标，如价格领先、利润最大化，阻止竞争者或新成员进入该行业。如果企业的长期战略是扩大市场份额，在价格上就会采取有竞争力的低价；企业的长期战略是尽快收回投资成本，在定价上就会采取较高价格。定价在短期要服从于市场营销目标的实现，也要配合其他诸如产品策略、销售策略等各项决策的制定与实施。营销成本的高低对于商品价格的高低有直接影响，一般来说，营销能力强的零售企业，对制定价格有着较大的灵活性。

企业定价目标是指零售企业通过制定及实施商品价格所要达到的目的。零售商品的定价目标是零售企业选择定价方法和制定价格策略的依据。定价目标不同，要求有不同的定价策略和方法，因此定价首先应确定定价目标。商品定价的目标主要有以下几种：

1. 利润最大化目标

以最大利润为定价目标，指的是零售企业期望获取最大限度的销售利润。商品市场销售前景看好、市场容量很大，在市场上占据明显的优势，如具有某种垄断优势、品牌优势，零售企业期望获取最大的销售利润和投资收益。最大利润目标会导致高价策略，但价格高到什么程度，才能既保证零售企业利润的最大化，又能使购买者承受，是需要周密思考的问题。追求最大利润并不等于追求最高价格，当一个产品在市场上处于某种绝对优势地位时，如有专卖权或垄断等，可以实行高价。但价格过高，会抑制购买，加剧竞争，产生更多的替代品，甚至会导致政府的干预。

2. 预期利润目标

以预期的利润作为定价目标，就是零售企业把某项商品或投资的预期利润水平，规定为销售额或投资额的一定百分比，即销售利润率或投资利润率。新商品的引入，畅销产品的增加、采购都需要新的投资。投资的回收与报酬是零售企业定价必然要考虑的因素。商品定价是在采购成本的基础上加上适当的目标利润，零售企业要事先估算商品按何种价格销售、销售多少、多长时间才能回收投资并达到预期的利润率目标。预期的销售利润率或投资利润率一般要高于银行存贷款利率。

3. 维持生存目标

在市场竞争十分激烈的情况下，而有的零售企业不具有优势、处境艰难，为保持在市场上占有一席之地，将生存作为定价目标。这种目标采取的是低价策略，但必须保证收回可变资本和部分固定资本。不过，假如一家零售企业长期地仅能维持生存，必然会导致亏损。因此维持生存仅可作为短期定价目标。

4. 销售额增长目标

销售增长这一定价目标，是指零售企业期望通过制定及实施商品价格使其能实现销售量的快速增长。这一目标通过低价渗透的策略来实现，制定较低的商品价格能够刺激销售量的增长，但这样的价格不能产生高的利润率，其结果是降低盈利水平。

销售额增长目标往往与零售企业的市场占有率目标联系在一起。市场占有率定价目标，是指零售企业期望通过制定商品价格增加其在整体市场上的销售份额。

市场占有率是零售企业经营状况在市场上的直接体现，也是零售企业竞争能力的综合反映。市场占有率对于零售企业的生存和发展，具有极其重要的意义。市场占有率越高，销售规模越大，商品的单位生产及销售成本就越低，竞争实力就越强，市场地位也就越高。从长期着眼能够促进企业盈利能力提高。

低价通常是实现市场份额最大化的重要手段。为了保持和扩大市场占有率，许多企业采用低价策略，通过制定较低的商品价格，吸引消费者。此外，低价带来的较低的单位利润还可以有效抑制现实的和潜在的竞争。

5. 企业形象目标

良好的企业形象是零售企业宝贵的无形资产。商品价格是零售企业形象构成的重要因素。企业形象定价目标是指零售企业期望通过制定及实施商品价格，树立和保持良好的企业形象。制定这一目标需要注意：①本企业的商品价格水平能否被目标消费者所接受，与目标消费者的期望商品价格水平是否接近，是否有利于企业整体营销策略的有效实施；②本企业的商品价格是否让消费者感到有良好的性价比；③本企业制定商品价格是否符合国家宏观经济管理目标，是否严格遵从了社会和职业道德规范。

除了以上几种常用的定价目标，零售企业还可以根据自身的实际情况选用其他定价目标，如持续经营目标、稳定价格目标、销售渠道畅通目标、最快现金周转目标等。定价目标确定以后，在一定情况下可以进行调整，但必须服从整体营销战略目标。

四、企业竞争环境

在具有众多竞争商店的情况下，每一家商店在定价时都不得不考虑邻近商店的价格策略。一个零售企业对价格的控制程度与其经营商品的垄断程度有关，垄断程度越高，在定价上的控制能力越强。但是，零售企业要实行高度垄断是很困难的。

竞争环境与市场结构有关。根据市场的竞争程度，市场结构可分为4种不同的市场类型，即完全竞争市场、完全垄断市场、垄断竞争市场和寡头垄断市场。不同类型的市场竞争状况不一样，有不同的运行机制和特点，对零售企业行为具有不同的约束力，因而在定价方面表现出显著的差异性。

竞争对手定价行为影响零售企业商品的定价，迫使零售企业做出反应。价格是竞争对手关注的焦点和竞争的主要手段，定价是挑战性行为，本企业任何一次价格制定与调整都会引起竞争对手的关注，并导致竞争对手采取相应对策。在这种对抗中，竞争力强的零售企业有较大的定价自由，竞争力弱的零售企业定价的自主性就小，通常是追随市场领先者进行定价。

在确定价格时，必须考虑竞争者的价格，以此作为企业定价的重要参考。分析竞争者价格不仅要分析竞争者的市场价格，还要分析他的成本，从而判断其价格竞争的真正实力。如果竞争者是一个小的店铺，成本比自己高，则可以采取削价竞争，凭借着雄厚的实力占据优势。但是，如果竞争对手采取品质差异化策略，经营的是与企业不同的商品，仅以低价竞争就难以奏效。

竞争环境对一个商业企业价格影响的大小，关键取决于该企业使自己同其他竞争者相区别的能力，区别能力越强，受竞争环境的影响就越小。

五、商店开设地点

零售商店的开设地点对商品销售价格有显著的影响。商店若处在市中心商业区，它的商品价格可定得高些。这些地区的商店不需要以低价吸引顾客，顾客会自动来光顾。相反，处在非商业区的商店，吸引顾客的重要手段就是价格，这些商店通常只能吸引周围的居民，如果它想吸引离商店较远的居民，就必须把商品价格定得低一些。顾客购买商品的成本等于商品价格加交通费用，有时还要加上路上所费时间。对于顾客来说，不同距离的商店，如果商品价格相同，自然选择就近的商店；若商品价格不同，则要看远处商店的商品价格加上交通费用是否仍低于近处。只有这个条件成立，顾客才会到远处的商店去购买，这种情况对于供应食品与杂货为主的超级市场来说具有重要的意义。一个地理位置没有优势的商店要同相距较远的商店竞争，就必须在定价时考虑顾客花费的交通费用。时间的因素也要考虑，因为时间具有机会成本，可以转化为收入。

六、政府对价格的干预

政府干预企业价格制定也直接影响企业的价格决策。在现代经济生活中，为了保持经济的稳定，防止通货膨胀，维护消费者利益，维护正常的市场秩序，每个国家都制定有关的经济政策，约束定价行为。这种约束反映在定价的种类、价格水平和定价的产品品种等方面。

政府对企业定价限制大都通过立法的形式产生效力。各国政府对价格制定限制的程度不同，如不允许价格协商（price consultation），即不允许商业企业之间进行横向联系的价格规定，也就是企业不得在售价上达成协议，不能按统一的价格出售产品。再如规定最低定价限度（minimum pricing），不允许商业企业尤其是大型零售企业实行掠夺性定价，即长期将价格定在成本以下，以极低的价格抛售产品来破坏竞争、排挤小企业。

■ 第二节　商品价格的制定方法

零售价格是零售市场营销组合四大要素（商品、价格、服务、促销）中与利润关系最为直接的要素，也是影响消费者需求的最关键的因素，更是市场竞争的重要手段。任何零售企业都极其重视零售价格的制定。

一、商品价格的构成

零售企业商品价格是由商品进价、费用、税金以及企业的利润构成，即：价格＝商品进价＋费用＋税金＋利润。

（1）商品进价（purchase price）。商品进价即采购价格，是零售企业采购某种商品所付的价格，即供应商卖出商品的价格。如果供货单位是生产部门，那么采购价格就是生产部门的销售价格。如果供应商是中间商，则是其获取该商品的成本加上利润。商品进价是零售企业的商品成本的最重要组成部分，是制定商品价格的重要依据。

（2）费用（expense）。零售企业的费用是指零售商在买卖商品整个过程所耗费的成本，可以进一步划分为采购费用、存储费用、配送费用和销售费用。采购费用（purchase expense）是指在采购商品过程中所发生的一切费用，如运输费、运输保险费、采购人员差旅费等。销售费用（sales expense）是零售企业在销售商品中所支出的费用，如场地费、广告费、人员工资、企业设备的折旧费等。

（3）税金。税金是价格的构成因素。国家是通过法令形式强制规定各类商品的税率并进行征收的。税率的高低直接影响产品的价格，因而税率是国家调控商品生产经营活动的重要经济手段。

（4）利润。利润是零售企业追求的目标，没有利润零售商不会从事经营活动，所以利润是价格的构成因素。由于零售行业竞争的激烈，零售企业的净利润水平较低。

二、零售价格的制定方法

零售企业在利润最大化与商品成本之间制定价格，零售企业对商品价格制定的高低，取决于竞争对手同种产品的价格水平。定价方法主要包括三大类：成本导向定价法、需求导向定价法以及竞争导向定价法。

（一）成本导向定价法

成本导向定价法是以商品成本为定价基本依据，设定一个价格下限，即为达到特定利润目标可接受的最低价。该价的算法一般是先计算商品进货成本及零售运营成本，再加上一个利润率。具体来说，成本导向定价法又分为成本加成定价法、盈亏平衡定价法及目标收益定价法 3 种。

1. 成本加成定价法

成本加成定价法，是指在商品采购成本基础上加上经营成本的分摊额后推算出销售成本，再以推算出的销售成本为基础加上利润和税金确定售价。经营成本的分摊额和利润加价往往以商品大类或商品部为单位统一计算，而不是各种商品单独计算。

如果采购市场上某种商品的采购价格基本上是给定的，在这种情况下企业往往采用成本加成定价法。出现采购价格给定这种情况的原因，可能是供货企业属于垄断经营；也可能是采购企业实力小，从而无力使上游供货企业在供货价格上做出让步。在这种情况下，零售企业要购进选中的商品只能按供货企业的要价进行结算，商品的销售价格除了采用成本加成定价法进行确定外别无选择。

成本加成定价法计算公式为

$$单位商品价格＝单位商品成本×（1＋加成率）$$

式中，加成率为预期利润占商品成本的百分比。

例如，零售企业所采购的某种食用油每桶的单位成本是 40 元，加成率是 20％，则该油的价格为

$$48（元）＝40×（1＋20％）$$

采用成本加成定价法，确定合理的加成率是关键问题。不同的商品应根据其不同的性质、特点、市场环境、行业情况等制定不同的加成比例。一般来说，高档消费品和生产批量较小的商品，加成比例应适当地高一些；而生活必需品和生产批量较大的产品，其加成比例应适当地低一些。

现在许多零售企业流行毛利率加成法，把它作为控制零售价格水平的基本尺度。比如超市将商品分类进行一定比例加成。生鲜食品、一般食品、杂货等分别给予不同的毛利率。在一般情况下，季节性强的商品、特殊及周转慢的商品、储存和搬运费用较高的商品加成比率高。

在企业经营活动比较正常以及利润加价不高的情况下，大多数商业企业采用加成定价法制定的售价不会相差太大，因此，所制定的商品价格在销售市场上一般都能被顾客接受。这种定价方法的优点在于简单易行，因为确定成本比确定需求容易。将价格盯住成本，可极大地简化零售企业的定价程序，也不必经常根据需求的变化调整价格，便于价格管理。而其不足之处在于：它是以卖方的利益为出发点，没有考虑市场需求及竞争因素；加成率是个估计值，其准确性不一定很高。

2. 盈亏平衡定价法

在销量既定的条件下，商品的价格必须达到一定的水平才能做到盈亏平衡、收支相抵。既定的销量就称为盈亏平衡点，这种制定价格的方法就称为盈亏平衡定价法。准确地预测销量和已知固定成本、变动成本是盈亏平衡定价的前提。商品的销售量达到既定销售量，可实现收支平衡，超过既定销售量获得盈利，不足既定销售量出现亏损。

其计算公式为

$$单位商品价格＝单位固定成本＋单位变动成本$$

以盈亏平衡点确定的价格只能使零售商的费用得以补偿，而不能得到收益。因而这种定价方法是在零售企业的商品销售遇到了困难或市场竞争激烈，为避免损失，将保本经营作为定价的目标时才使用的方法。

3. 目标收益定价法

目标收益定价法也称为投资收益率定价法。它是在企业投资总额的基础上，按照目标收益率的高低计算价格的方法。其基本步骤为：确定目标收益率、确定单位商品的目标利润额、计算单位商品的价格。

其计算公式为

$$单位商品价格＝单位商品成本＋单位商品目标利润$$

目标收益定价法有一个较大的缺点，即使用估计的销售量来计算应制定的价格，颠倒了价格与销售量的因果关系；把销售量看成是价格的决定因素，忽略了市场需求及市场竞争。如果无法保证销售量的实现，那么投资回收期、目标收益都会落空。

（二）需求导向定价法

需求导向定价是以消费者的需求强度及对价格的承受能力作为定价依据，定价取决于消费者愿意支付的价格。顾客需求决定可被目标市场接受的价格区间。区间顶点称为需求上限，指顾客愿意为商品或服务付出的最高价。它主要包括理解价值定价法、需求差别定价法及倒推核算定价法。

1. 理解价值定价法

理解价值定价法是根据顾客对商品价值的理解度，即商品在顾客心目中的价值观念为定价依据，运用种种营销策略和手段，影响顾客对商品价值认知的定价方法。

理解价值定价法的关键和难点是获得顾客对有关商品价值理解的准确信息。企业必须通过广泛的市场调研了解顾客的需求偏好，根据商品的性能、用途、质量、品牌、服务等要素及顾客对商品的理解价值，制定商品的价格。

2. 需求差别定价法

所谓需求差别定价，是指商品价格的确定以需求为依据，可根据不同的需求强度、不同的购买力、不同的购买地点和不同的购买时间等因素，制定不同的价格。采用差别定价的目的，是为了充分利用某种商品或服务的市场价与某些顾客群体愿意支付价格之间的差额，即消费者剩余。

这种定价方法首先强调适应顾客需求的不同特性，而将成本补偿只放在次要的地位。其好处是可以使零售企业定价最大限度地符合市场需求，促进商品销售，有利于企业获取最佳的经济效益。

对于大型零售连锁企业和多门店经营的企业，地区（空间）性差价（有时甚至同一地区的不同卖场之间也存在差价）是一种充分利用某些消费者群体过剩购买力的绝好方法。零售企业之所以能有效地运用空间性差价策略，是因为私人消费者一般机动能力较差，而且对商品价格和零售企业供货条件的比较通常也仅局限于居住地。

同样，零售企业还可以有效地运用时间性差价，一般私人消费者比较商品价格的时间跨度小。另外，私人消费者仓储能力也小，所以，他们不可能像批发企业客户那样自如地运用储备性采购法。

相反，顾客群体差价对零售企业作用不大，因为零售企业受明码标价规定的限制，零售商店所标出的商品售价必须对所有顾客有效。

3. 倒推核算定价法

倒推核算定价法首先考虑需求状况，遵循的是承受能力定价原则。零售企业按照补偿成本支出和实现一定利润的要求，确定各种商品的最高可定售价。零售企业在确定商品售价时必须参考竞争对手的定价，定价必须要与竞争对手进行比较，最终形成所谓的市场价。市场价对所有企业近乎是硬性价格。有市场价的商品主要是那些价格透明度较高的商品，一个企业一旦对这类商品的定价高于市场价，顾客就会流向其他企业。

对有市场价的商品，企业只能选择以市场价为基础的倒推核算法。利用市场价减去税金、计划利润以及经营成本计算进价。然后，再争取在采购中实现这一进价目标。同样，只要企业经营活动不存在太大问题，计划的利润加价额也处于合理的范围内，大多数零售企业推算出的采购价格一般相差都不会太多。所以，只要不出现特殊情况（如因客观原因导致商品售价过低），供货企业可以接受零售企业推算出的采购价格。

倒推核算定价法的特点是：价格能反映市场需求情况，使商品迅速向市场渗透，并可根据市场供求情况及时调整，定价比较灵活。但是如果市场销售形势严峻，市场价过低，倒推核算定价法会影响零售企业的正常毛利率和供应商的售价。

（三）竞争导向定价法

竞争导向定价法是以主要竞争者的价格水平作为定价基础，不大考虑成本和市场需求状况，其价格水平可能与竞争对手持平，也可能略高或略低。在定价中一般遵循下列原则：

若本零售企业商品与竞争对手商品相似，就要使商品的定价接近竞争者商品的价格；若本零售企业商品逊色于竞争对手商品，就要使商品价格低于竞争者商品的价格；若本零售企业商品好于竞争对手商品，就可使商品的价格高于竞争对手商品的价格。

竞争导向定价法最常用的方法是通行价格定价法。在通行价格定价法中，企业的价格主要基于竞争者价格。企业的价格可能与它的主要竞争者的价格相同，也可能高于竞争者或低于竞争者。一些小企业通常制定与大企业相同的价格。那些小型企业是"价格跟随者"，而大企业是"价格领导者"。小企业变动自己的价格，与其说是根据自己的需求变化或成本变化，不如说是依据市场领导者的价格变动。

■ 第三节　定价策略

价格策略是零售商为了实现经营目标或者是为了竞争需要，有的情况下是为了企业的形象而采取的一种较为持久的策略手段。零售商店在经营过程中会使用一系列的价格策略，有些策略是可以组合使用的。

一、低于竞争对手的定价策略

一些零售商并不只是将价格定在与竞争对手相等的水平上，并且要制定比竞争对手更低的价格。很多超市和折扣店喜欢利用较低的价格来吸引顾客进行购买，实现大量销售额，从而获得利润。低价位零售商通常具有如下特征：

（1）他们是积极的采购者，因为他们必须用低成本进货来保证实施低价格策略仍能获利。

（2）他们常常使用成本较低的实体设备，省掉很多其他商店提供的服务。

（3）他们经常限制快速消费品的存货；他们常常使用自助服务或半自助服务方法，减少或取消信贷消费和送货服务。

采取低价策略的零售商在经营的其他方面也必须采用相同的策略。否则他们就会在商业经营中被淘汰出局，或者可能将顾客推向其他竞争者的商店中。一些零售商正在转向经营高端商品，同时提供更多精细的设备和服务。但有的零售商已经能够使他们的经营成本维持在相对较低的水平。

定价一贯低于竞争对手的折扣店通常在他们所出售的商品种类和所提供的服务类型上具有一定的局限性。在食物行业，像德国的 Aldi 等零售商通常是自有品牌的强力号召者。这些零售商的商品价格明显低于竞争者，并且，他们通常将广告专门用于宣传特价商品。在服装行业，折扣店能以非常低的价格采购可能包括品牌商品在内的过剩的生产存货和处理品并进行大量销售。因而，折扣店能够以 1％的低经营利率和比大多数竞争对手低5％～15％的价格范围补偿企业开支。

二、高于竞争对手的定价策略

一些零售商通常以高于竞争对手的价格销售某些或所有的商品，这一方法通常被一些名牌和奢侈品商店所采用。采取这一策略的零售商发现，很多与价格无关的因素可能会吸引顾客到他们店里来，比如，尽管有些零售商定价较高，但是他们通常能够成功经营，前提是他们具备很多其他商店所不具备的额外的特征和经验，如满意的服务、信誉、便利的位置、更长的营业时间、独特并具有特殊声誉的商品。

顾客在一个位置便利的商店购物或在延长营业时间的商店里购物需要支付额外费用。如居民区食品杂货店、药店和家居用品商店的产品定价高于偏远的大型超级市场和折扣店；位于机场的餐馆、咖啡厅或礼品店，足球场的快餐摊，或者独立社区内的商店由于位置优势实际控制着一定的消费者市场，因此能够制定较高的价格。

三、零售商自有品牌的定价策略

由于制造商需要承担大量的广告和其他销售费用，因而制造商的品牌商品通常比零售商自有品牌产品成本高。因此，零售商可多销售自有品牌商品以降低成本。成本的节约可以以较低售价的形式传递给顾客，而零售商仍然可获得期望的利润。多数零售商努力为顾客在自有品牌方面提供多种商品选择。

总体而言，大多数自有品牌如食品杂货、化妆品、电器、服装和一些类似产品通常售价比制造商品牌商品低。对自有品牌商品制定低价位有助于商店与顾客建立起牢固的关系。自有品牌商品与制造商品牌商品相比通常成本要低得多，因此即使不考虑制定更低的零售价格，零售商通常会获得大量利润。

四、每日低价策略

每日低价（everyday low price，EDLP）策略要求零售商商品总是保持低价。目的是保证顾客无需等到促销时获得低价来购买他们需要的商品。该策略中，零售商假定顾客被他们的低价产品吸引，而不是主动销售。

"每日低价"并不一定是市场最低价。尽管使用每日低价的零售商尽量保持低价，给顾客的印象是所有商品价格均比较低廉，但他们的定价并非总是市场上的最低价。零售商真正要施行 EDLP 是很困难的，只有低成本的零售商才能够维持低而稳定的售价。始终如一地采用这一价格策略需要零售商具备不同寻常的成本控制能力，如美国零售商 Home Depot、沃尔玛、Office Depot、Toys "R" Us 公司等使用每日低价策略获得了成功。

每日低价具有下列优点：

（1）减少价格战。每日低价策略使得零售商从与对手的残酷的价格战中撤出。一旦顾客意识到其价格合理时，他们就会更多、更经常地购买。

（2）减少广告。每日低价策略下的稳定价格减少了促销广告，而把注意力更多地放在塑造企业形象上。

（3）提高对顾客的服务水平。没有因贱卖的刺激而产生新的消费群，因而销售人员可以在顾客身上花更多的时间，提高服务质量。

（4）提高边际利润。尽管在每日低价策略中价格一般较低，但由于其商品大量销售，所以总的来说会提高边际利润。

凯玛特公司在 2001 年底为摆脱经营困境，曾改变自己的经营策略，在价格政策上放弃多年的传统，走每日低价的道路，并将矛头直指沃尔玛。凯玛特降低了 38 000 种日用品的价格，但同时却削减了广告方面的预算。由于经费的减少，广告人员不得不使用他们认为最有效的具有强烈对比性的广告内容。凯玛特在营销广告中大肆宣扬自己要达到沃尔玛的价格水平，"这是个大错误，等于你花了自己的广告费，却告诉人们你的价格目前还高于沃尔玛"！美国的分析家们批评道。凯玛特在 2002 年 1 月申请进入了破产保护的程序，后被西尔斯公司收购并重组。事实上，价格政策的转型失败也曾在西尔斯公司身上发生过，它告诉我们如何对价格政策的选择和调整持审慎态度。

五、高-低定价策略

高-低定价策略通过低价位销售价格敏感的商品或易于比较的商品，以较高的价格销售价格不敏感的商品，从而有机会提高销售毛利，在次要产品品类上面保持较高的销售利润。

一份针对家乐福某分店的调查显示：1/3 的商品价格比国内零售企业低；1/3 的价格持平；1/3 的价格要高出。然而在普通消费者看来，家乐福的商品就意味着便宜，由此可见，家乐福的定价技巧是很高超的。在开业的最初几天，家乐福把商品价格定得很低，并充分利用店堂招贴、抢眼的特价提示、特低价格商品的集中陈列展示等方法营造商品价格特别低廉的卖场氛围，这些技巧为家乐福营造了价格低廉的公众形象，并使这种形象产生较长时间的持续效应。开业之后，家乐福坚持走低价路线，从商店布局、特价商品目录的定期印刷和发送、商品陈列、店堂内铺天盖地的广告宣传，到价格标签及特价商品的周期性轮换等，大肆渲染低价气氛，将低价形象深深地植根于广大消费者的心中。而且，特价商品一般摆放在商店最显眼的地方，如人流集中的中央通道、货架两端、收款台通道旁等，并用大而独特的字体进行醒目标示，造成强烈的视觉效果。并非所有的商品都采用低价，家乐福会轮流选择一些低值易耗、需求量大、周转快、购买频率高的商品（如牙膏、肥皂、饮料、食用油等），作为吸引顾客的"磁石"商品，制定特别低的价格以招徕顾客。节假日、双休日时这种商品更是多一些，做到特价销售常年不断，周期性循环。通过持之以恒的强化，顾客通常只记住了特价商品的特低价，而忽略了其他商品正常的甚至稍高的价格。

六、单一定价策略

尽可能窄的价格范围被称为单一价格策略。零售商使用这一策略，在同一价位销售某一特定类型的所有商品。这种方法通常适用于经营廉价商品的零售商。

很多零售商遵循单一价格策略，即采购可比数量的同一种商品的每个商家在相似的经营情况下采用相同的定价。当然，单一价格策略并不阻止商店进行清仓甩卖或是进行特殊的促销活动，但有一点需要注意，大型连锁零售商和具有多种品牌连锁店的零售商很可能在全国范围内根据不同的营销环境制定不同的价格，或者对整体企业集团内部的不同品牌进行适当的差异定价。

七、可变定价策略

某些商店为员工购物提供折扣价，零售商偶尔会为特定人群安排商品的特别折扣，如运动俱乐部的会员或附近工厂的工人，以赢得这些消费者购物的较大份额。这些计划折扣活动只对销售额产生很小的影响。对限量折扣进行个体讨价还价是一种十分常见的非单一定价体制，如在汽车销售中便是如此。讨价还价还常常出现在耐久品交易中，尤其是在汽车和家具、办公家具市场。一些从事其他非便利品交易的中小型零售商也偶尔会降价或给客户一定的折扣，以实现难于达成交易的销售。

八、价格梯度策略

价格梯度是指在不考虑降价的情况下，确定特定的价格，并以这些价格对商品进行分类。例如，十余款男士领带可以制定18元、28元、38元三种价格，十余款男士衬衫价格定在85元、135元、185元三种梯度上。设置价格梯度的原因在于，消费者在购物时（对于那些特别适用于价格梯度的商品）期望有一个宽泛的选择范围，如果各种商品价格差异太小，消费者在选购时就会产生迷惑。有限数量的价格点有助于销售人员准确掌握商品的价格，减少错误。针对几个特定的点来界定商品类别使困惑减少。仅有的几个价位点有助于店员熟知商品价格，减少错误率。这有助于促进销售并增进顾客的好感。制定价格梯度的作用在于：

①减少店内存货量；②增加营业额；③减少降价销售；④简化库存控制；⑤降低利息和存储成本；⑥确保商店采购人员能集中精力采购在预定价格仍能实现有利销售的商品。

制定价格梯度要仔细分析商品过去的销售情况，选出销售量大的价位。不过在有些情况下，要忽略过去的销售，零售商只是在选择新的价格梯度后，要求店员在这一价格梯度下努力"推销"商品。尽管不同情况下需要的价格梯度数目不同，零售商通常需要制定至少各一条低于和高于中度价位的梯度。比如，一家大众价位女装店的系列服装定价采用四个价格梯度。其他大型商店可以为针织品一类的商品制定六个或更多的价格梯度，以满足不同顾客的需求。

如果各价格梯度离得太近，就难以分辨商品质量的差异，那么制定梯度的某些优势就丧失了，结果顾客面对价格相当的几种产品仍然感到迷惑。商家要保证每条价格梯度上的产品足够丰富，以服务于受到这些商品吸引的消费者。零售商要经常分析竞争对手的价格梯度，以确定他们的价格梯度不会对消费者有更大的吸引力。零售商需要经常对价格梯度进行重新估计，价格梯度图很少被认为是静态的；经常在建立的价格梯度之上、之下或其中进行测试和检查是有好处的。

制定价格梯度缩小了采购人员挑选货物时比较选择商品的范围；采购员必须选购那些按商店既定的价格梯度销售能够获得利润的商品。这一要求增加了采购员选择足够花色品种商品的难度，大大抵消了只考虑适合商店价格梯度商品所产生的优势。价格梯度也限制了商店为消费者提供具有竞争力的价格。价格梯度的其他缺点还包括：选定的价格梯度不适合现有顾客和潜在顾客偏好的危险；存在维持价格梯度并在价位变化时统一质量的难度。

实行价格梯度定价策略可以使企业在毛利率与毛利额的掌握上更加容易，由于事先进行过划分，使企业获得整体的利润比均一利润高。

九、稳定价格策略

稳定价格策略是指零售商基本上保持稳定的价格，不在价格促销上过分做文章。

稳定价格策略的零售商是在商品进货成本上附加一个合理的加价，它并不刻意寻求价格方面的竞争优势，而是寻求丰富的花色品种、销售服务、卖场环境及其他方面的优势。给顾客的印象是零售商赚取合理的毛利，以弥补必要的经营费用和保持稳定的经营。稳定价格策略的零售商可以在商品进货成本上附加一个他们认为合理的毛利，但如果忽视了控制进货成本和管理费用而使价格过高，同样不能被顾客所接受。

稳定价格策略的优势如下：

（1）稳定价格策略可以稳定商品销售，从而有利于库存管理和防止脱销。频繁的、大打折扣的减价销售造成顾客需求上的大起大落，而稳定的价格可以使顾客的需求趋于稳定。平衡的需求可以减少需求预测上的失误，因而产品脱销的现象很少发生，顾客不满意的现象减少了。减少需求预测上的失误，也可以使安全库存量减少，这意味着库存周转加快，从而能更有效地利用商店的仓库空间。较为准确的需求预测和稳定的货物周转还可以提高配送效率，从而降低物流费用。

（2）稳定价格策略可以减少人员开支和其他费用。减价销售渐渐减少后，重新为商品标价的人员也随之减少，尽管由于条码计价代替了每个产品的单独标价而节省下来的人力很有限。在减价促销期间，需要有人处理顾客需求方面的问题，也需要有人安装、拆卸临时性的货物展台。由于实行稳定价格的策略，这其中的一些人力费用支出都可以节省下来。由于价格稳定，零售商可以减少做广告的次数，商品的广告册子更新也不快。沃尔玛商店在媒介广告上花的钱不到销售额的 1％，而凯玛特商店则为 2.5％。

（3）稳定价格策略能为顾客提供更优质的服务。稳定的顾客人流与减价刺激顾客一哄而上是不同的，前者可以使销售人员有更多的时间和顾客在一起。从理论上讲，价格稳定的零售商同价格忽高忽低的零售商投入销售人员的数量是一样的，但是后者在销售高峰期间要额外雇用销售人员，到了非促销时期又要解雇他们，雇用临时销售人员既花钱又不划算。这就足以说明，在销售服务方面，价格忽高忽低的零售商要想达到与价格稳定的零售商相同的质量水平是困难的。

（4）稳定价格策略还可以改进日常的管理工作。因为管理人员将工作重点从管理减价销售活动转移到管理整个商店的日常工作上来，可以完善销售计划，增加产品的花色品种。组织更能吸引顾客、更井然有序地进行商品展示活动等。

（5）稳定价格策略可以保持顾客的忠诚。目前，许多顾客尤其是年轻顾客，对经常大降价的商店里其他商品的标价持怀疑态度。他们甚至养成了一种习惯——只在减价销售时才买东西，如果一种商品在顾客购买之后商店不久即降价，顾客会产生一种被欺骗或吃亏的感觉，并由此对商店的标价更不信任。而稳定价格政策会让顾客感觉标价诚实可信，不必延迟购买，不会产生被欺骗的感觉，因而会对商店更忠诚。

十、特价策略

特价策略是指按照企业的总体经营策略制定特殊价格。特价既不同于依据成本制定的价格，也不同于普通市场价格。特价策略可分为两大类：①因某些特殊机会进行特价酬宾。如新开张、改建后重新开业、企业庆典等；②按照企业的特卖策略制定特价。通过特卖可以达到招揽新顾客、留住老顾客和树立价格公道、经营有方的良好企业形象的目的。

对于某些特殊时机制定酬宾特价的问题，没有明确的、统一的做法。人们一般认为遇到诸如商店新开张或周年庆典等特殊日子，商品价格可以在正常价格的基础上往下调一点。企业这样做的目的不是为了迅速提高新开张或重新开张的新商店在消费者中的知名度，而是为了显示经营实力和回报忠实顾客。当企业需要清仓处理某些商品时，为了尽快地把商品处理出去需要采取某些特殊的招揽顾客措施，低价销售往往是最理想的招揽顾客的手段。

特价比正常价格低多少完全取决于企业的财力大小。企业管理层可以根据行业惯例、引发降价的特殊机会的重要程度、企业本身对降价措施的认识等因素决定具体的降价幅度。

但客观上也存在企业制定特价策略时不容忽视的因素。应该看到降价措施对消费者的刺激作用在逐渐减弱。也有人反对制定过低特价的做法，理由是顾客胃口可能因此被调得太高，以至于以后企业无法满足顾客对价格的过高期望。因此，对于档次较高的专营店或高档化妆品商店，开张时一般不适合采用过低的特价来吸引消费者。综上所述，一个商业企业必须要有一套全面的、系统的特价策略，其中企业财力大小是制定特价策略时要考虑的主要因素。

特卖策略也是一个与定价有关的决策。特卖的主要目的可以从三个方面分析，即供货的生产企业、竞争对手、消费者。对供货生产企业来讲，特卖活动有助于促进那些不景气产品或生产线的生产；对于竞争对手，特卖特别适合用来作为企业打击竞争对手、抢夺竞争对手的市场份额的手段；对于消费者，企业的特卖活动具有证明企业实力、改善企业形象以及报答老顾客的作用；最后，企业还可以借助特卖减少错误采购所造成的损失。特卖策略的目的归纳如下：①与工业企业联合促销商品或促使新产品进入市场；②排挤竞争对手；③赢得新顾客，留住老顾客；④显示企业实力；⑤增加销售额；⑥作为某些特殊时间段内的价格补充策略；⑦抛售错误采购的商品；⑧腾库房。

由于特卖策略追求的目标不同，特卖商品的选择、定价、特卖时间、广告宣传方式等也不同。

■ 第四节　定价技巧

在激烈的市场竞争中，零售企业为了实现自己的营销战略和定价目标，必须根据商品特点、市场需求及竞争情况，采取灵活多变的定价策略，使价格与零售企业营销组合中的其他因素更好地结合，促进和扩大商品销售，提高零售企业的整体效益。灵活运用价格制定技巧是零售企业取得市场竞争优势地位的重要手段之一。

一、新引进商品价格制定技巧

新引进商品的定价得当，就可能使其顺利进入市场，打开销路，占领市场，给零售企业带来利润；新引进商品的定价不当，就有可能使其失败，影响零售企业效益。因此，新引进商品的定价既要遵从商品定价的一般方法与原则，又要考虑其特殊的定价原则。常用的新引进商品的定价技巧可以采用以下 3 种：

1. 撇脂定价策略

撇脂定价策略是一种高价格定价策略，是指在商品生命周期的最初阶段，将新商品价格定得较高，在短期内获取丰厚利润。这种定价策略犹如从鲜奶中撇取奶油，取其精华，所以称为"撇脂定价"策略。撇脂定价策略可以分为快速撇脂策略和缓慢撇脂策略。

1) 快速撇脂策略

这种策略采用高价格、高促销费用，以求迅速扩大销售量，取得较高的市场占有率。采取这种策略必须有一定的市场环境，如大多数潜在消费者还不了解这种新产品；已经了解这种新产品的人急于求购，并且愿意按价购买；企业面临潜在竞争者的威胁，应该迅速使消费者建立对自己产品的偏好。

2) 缓慢撇脂策略

以高价格、低促销费用的形式进行经营，以求得到更多的利润。这种策略可以在市场面比较小，市场上大多数的消费者已熟悉该新产品；购买者愿意出高价；潜在竞争威胁不大的市场环境下使用。

撇脂方法适合需求弹性较小的细分市场，撇脂定价策略有以下几个优点：在新商品上市之初，零售企业的竞争对手尚未采购该种商品，顾客对新商品尚无理性的认识，利用顾客求新求异心理，以较高的价格销售，以提高商品身价，创造高价、优质、名牌的印象；由于价格较高，可在短时期内获得较大利润；在新商品开发之初，定价较高，当竞争对手大量采购该商品进入市场时，便于零售企业主动降价，增强竞争能力，此举符合顾客对价格由高到低的心理。

当然，撇脂定价策略也存在着某些缺点：高价不利于市场开拓、增加销量；不利于占领和稳定市场，容易导致新商品引进的失败；高价高利容易引来竞争对手的迅速采购，加剧竞争，同时仿制品、替代品可能出现，导致价格下跌；此时若无其他有效策略相配合，则零售企业苦心营造的高价优质形象可能会受到损害，失去部分顾客；价格远高于价值，在某种程度上损害了消费者利益，容易招致公众的反对和顾客抵制，甚至被当做暴利予以取缔。

2. 渗透定价策略

渗透定价策略是与撇油定价策略相反的一种定价策略，是一种低价格策略。即在新商品采购引入之初，零售企业将新商品的价格定得相对较低，吸引大量的顾客，以利于为市场所接受，迅速打开销路，提高市场占有率。

这种定价策略有两点好处：第一，低价可以使新商品尽快为顾客所接受，并借助大批量销售来降低成本，获得长期稳定的市场地位；第二，微利可以阻止竞争对手的进入，有利于零售企业控制市场。值得注意的是，采用这种定价策略，零售企业赢利见效慢，一旦渗透失利，零售企业可能很难保本。

零售企业采用这种定价策略，应具备如下条件：商品的市场规模较大，存在强大的潜在竞争对手；商品的需求价格弹性较大，顾客对这类商品的价格较为敏感；大批量销售能显著降低成本，薄利多销可获得长期稳定的利润。

3. 满意定价策略

满意定价策略是一种介于撇油定价策略和渗透定价策略之间的定价策略，以获取社会平均利润为目标。所定的价格比撇油价格低，比渗透价格高，是一种中间价格。制定不高不低的价格，既保证零售企业有稳定的收入，又对顾客有一定的吸引力，使零售企业和顾客双方对价格都满意。

这种定价策略优点有：商品能较快为顾客所接受，且不会引起竞争对手的反击；可以适当延长商品的生命周期；有利于零售企业树立信誉、稳步调价，并使顾客满意。

对于零售企业来说，撇脂策略、渗透策略及满意策略分别适应不同的市场条件。何者为优，不能一概而论，需要综合考虑市场需求、竞争、供给、市场潜力、价格弹性、商品特性、企业发展战略等因素才能确定。

二、心理定价技巧

心理定价技巧是零售企业常用的定价技巧，这是一种根据顾客心理要求所采用的定价技巧。每一件商品都能满足顾客某一方面的需求，其价值与顾客的心理感受有着很大的关系。这就为定价技巧的运用提供了基础，使得企业在定价时可以利用顾客心理因素，在商品价格制定时加入一些变化，以满足顾客生理的和心理的、物质的和精神的多方面需求，通过顾客对零售企业商品的偏爱或忠诚，诱导顾客增加购买，扩大市场销售，获得最大效益。心理定价技巧有以下各种：

1. 整数定价

对于那些无法明确显示其内在质量的商品，顾客往往通过其价格的高低来判断其质量的好坏。在定价时，把商品的价格定成整数，不带尾数，使顾客产生"一分钱一分货"的感觉。但是，整数定价其价格的高并不是绝对的高，而只是凭借整数价格来给顾客造成高价的印象。整数定价常常以偶数，特别是"0"作尾数。例如，精品店的服装可以定价为1 000元，而不必定为998元。

整数定价技巧适用于：高档消费品或顾客不甚了解的商品，需求的价格弹性比较小、价格高低不会对需求产生较大影响的产品，譬如流行品、时尚品、奢侈品、礼品等。由于顾客在购买此类商品时不太计较价格，整数定价能够被接受。

2. 尾数定价

尾数定价是与整数定价正好相反的一种定价技巧，是指零售企业利用消费者求廉的心理，在商品定价时取尾数而不取整数的定价技巧。它常常以奇数作尾数，尽可能在价格上不进位，通常以9结尾，比如定价在99元而非100元。例如，一条浴巾9.97元比10元受欢迎；将一件女装的价格定为99.90元，而不定为100元。原因在顾客看来，9.97元或99.9元是经过精心核算的价格，是对顾客负责的表现；另外，在直观上给顾客一种非整数价位而显得便宜的感觉，从而激起顾客的购买欲望。

尾数定价使零售价通常刚好低于整数销售价，使消费者产生价格低的感觉，这种方法有明显的心理因素。

3. 奇数定价

奇数定价（odd price）指的是以奇数结尾的价格（如57元或63元等）或稍稍低于整

数的价格（如将 100 元定为 99 元）。一些零售商认为奇数定价能提高销售量，然而根据以往经验显示，这个结论并不成立。

尽管如此，许多零售商仍然认为奇数定价方法是一个很好的方法。奇数定价对需要经过仔细考虑后才购买的商品来说，可能效果较小。例如，在购买一辆摩托车时，大多数顾客不会意识到 17 995 元和 18 000 元有什么不同。奇数定价可能对处于销售末端的零售商的销售和推动打折商品的销售会比较成功。

4. 声望定价

声望定价（prestige pricing）是根据商品在顾客心目中的声望、信任度和社会地位来确定价格的一种定价技巧。声望性定价有两个目的：一是提高产品的形象；二是提高同一产品线中的其他产品的形象。高价往往能形成一个较好的高质量产品的形象。声望性定价的根据是：对某些特殊群体，高价产品比低价产品更容易出售。声望性定价并不企图获得最大限度的销售量，而是以较少的销售量与最高的价格来获得同样多的利润。消费者通常认为价格高即品质优良，尤其是对于某些不易衡量质量的商品。

声望定价可以满足某些顾客的特殊欲望，如地位、身份、财富、名望和自我形象等，还可以高价格显示名贵优质。因此，这一技巧适用于一些传统的名优产品，具有历史地位的民族特色产品以及知名度高、有较大的市场影响、深受消费者欢迎的驰名商品。一些名牌汽车、高档服装都是采取声望定价。美国拜尔公司的阿斯匹林，尽管价格比其他牌号的阿斯匹林高，但拜尔公司的销售量始终领先，充分显示一般皆以为价格高便是质量好的心理。但是价格倘若过高，也可能造成对卖方的不信任。

5. 招徕定价

招徕定价也称诱导定价法，是指零售商通过大幅度降低毛利使某种商品价格降低，起到吸引消费者光顾的目的，增加其他相关商品的销售量。在选择招徕商品时，最适合的是那些购买频率较高的、主要由对价格敏感的购物者所购买的商品。譬如，超级市场把面包、鸡蛋、牛奶作为招徕品。

招徕定价主要是利用顾客的求廉心理，吸引顾客在购买"便宜货"的同时，购买其他价格正常甚至是高毛利的商品。招徕定价运用中应注意的事项是招徕商品要与其他商品有连带效应，该商品对大多数顾客有吸引力、价廉物美，顾客购买招徕商品获得的差价足以补偿顾客的交通成本。

将某种商品的价格定得很低乃至亏本销售，将其互补性商品的价格定得较高，也属于招徕定价的一种运用。比如，超市销售美国柯达公司生产的一种性能优越、价格极廉的相机，市场销路很好。这种相机有一个特点，即只能使用"柯达"胶卷。"堤内损失堤外补"，销售相机损失的利润由高价的柯达胶卷全部予以补偿。

三、商品组合定价技巧

零售企业经营的是多种商品，这些商品构成了多种商品的组合，各种商品需求和成本之间存在着内在的相互联系。零售企业在制定价格时，要考虑到各种商品之间的关系，以提高全部商品的总收入。商品组合定价即从零售企业整体利益出发，为每种商品定价，充分发挥每种商品的作用。

1. 价格带定价

价格带定价是零售企业适当安排商品线内各个商品之间的价格梯级，把同类商品的价格分为高中低若干档。通常情况下，若商品线中同类商品价格档次过多，且两个前后连接的商品之间价格差额小，顾客就会难以下决心，或会购买新推出的商品。

商品价格带与价格线的合理确定，一方面可以使商店商品的价格清晰；另一方面可以使顾客很容易对商品进行选择。价格线构成由目标顾客的收入水准确定。可以说，价格带与价格线是商店定价方法的基础。

2. 任选品定价

任选品是指那些与主要商品密切相关的可任意选择的商品。许多零售企业不仅采购主要产品，还采购某些与主要产品密切关联的任选商品来经销。

零售企业为任选品定价的技巧常用的有两种：第一，把任选品价格定得较高，靠它盈利多赚钱；第二，把任选品的价格定得低一些，以此招徕顾客。

3. 连带品定价

连带品是指必须与主要商品一同使用的商品。例如，胶卷是照相机的连带品；刀片是剃须刀架的连带品。许多大超市往往是主要商品定价较低，连带品定价较高。以高价的连带品获取利润，补偿主要产品低价所造成的损失。例如，商店可以给相机制定一个比较高的价格，而胶卷的价格定得很低，这样可以增强顾客使用胶卷的数量，获得较大的利润。

4. 捆绑定价和多单位定价

捆绑定价（price bundling）就是将两种或两种以上的不同产品或服务制定一个价格一起销售。例如，百货商店会将一套化妆品一起销售价格定为 1 200 元。如果分开销售，这几样商品的价格之和是 1 400 元。捆绑定价通过增加本商店的销售量来增加销售额和收入。该策略也可以通过将需求不旺的商品捆绑到需求较大的商品中来销售。

多单位定价（multiple unit pricing）与捆绑定价类似。例如，一个超级市场可能将一箱 8 盒牛奶定价为 24.80 元，而每一盒单独卖定价为 3.3 元，买一箱可节省 1.6 元。像捆绑定价一样，这种策略用于增加销售量。

四、折扣定价技巧

1. 一次性折扣定价法

零售商店在一定的时间里对所有的商品规定一定下浮比例的折扣为一次性折扣定价。采用一次性折扣定价比较多的时间是在店庆、节庆、季节拍卖、商品展销等情况下。随着生活水准的提高及中外文化的交流和渗透的增加，节庆日在增加，而且节庆日往往成为消费者购物的高潮。零售商店如抓住这种市场旺季，适时地推出全面的一次性折扣价，会取得很好的促销效果。一次性折扣定价法是阶段性地把零售商店的销售推向高潮的定价法，每年可计划搞几次。

2. 累计折扣定价法

与一次性的定价方法不同，累计性的折扣定价法是超市可常年持续推出的定价方法。一般来说，去超市购买商品的都是商店周围附近较稳定的顾客，采用累计的定价方法就可稳住这些顾客，达成顾客在该商店连续性的购买，它对稳定商店的顾客队伍作用较大。实施累计折扣定价法的做法可有以下几种：

（1）发票累计折扣法。零售商店在收银时都有金额小票，企业根据顾客的购买金额，确定出购买金额达到多少数额时，给顾客多少折扣。这种累计金额折扣率要张榜公布，使顾客都知晓，为的是给顾客指出购买额的数量指标。累计数量折扣定价法一般可采用以购物券换回顾客累计发票的办法，因为用现金换回顾客的累计小票，这部分现金是有可能投向其他商店购买的。

（2）优惠卡（会员卡）折扣法。消费者只需缴纳少量费用，或达到一定的购买量，即可持有会员卡，成为零售企业的会员。会员享有价格优惠，在购物时可以享受比非会员更大的折扣。另外，目前许多商业企业都向顾客发放优惠卡，而在出售时就按顾客的购买金额给予一定的折扣率。对企业会员和个人会员可以采取不同的折扣率。这种优惠卡折扣法对增大零售商店的顾客群作用很大，但要对购买不同数量商品的顾客给予不同的折扣率。

3. 季节折扣定价技巧

零售商店中有许多商品都有一个季节性的消费高潮，如夏季的冷饮、冬季的火锅食品等，为推进这些商品的消费高潮，可采取折扣价，进一步刺激这些商品的高销售。另外，对一些进入销售淡季的商品，采用季节折扣价也会促进销售，在服装销售中用得较普遍。

4. 限时折扣定价法

通过在特定的日子或营业时段提供优惠商品，来刺激消费者的购买欲望。如限定周末，某些商品八折优惠。此种方法要通过媒体预告或利用卖场广播方式告知，刺激消费者购买特定优惠商品，而且价格优惠要比较大（限时折扣定价法的运用在时间选择上十分重要，一般不宜选择在顾客流量高峰期）。限时折扣定价法可作为零售商店的一大特色经营内容来展开，目的是增强卖场内的人气，活跃气氛，由此调动顾客的购买欲望。

另外，零售商店中有许多商品都有一个保质期，为了促使这些商品在保质期到来之前全部销售完，可采用限时折扣的定价方法。但其运用，必须保证给顾客留下一段使用的期限，否则顾客投入使用时就已经过了保质期，这就不利于保护消费者的利益。限时折扣定价法也适用于一些日配商品，如日产日销的面包，限时折扣定价法可在当天适当时间推出。

但是中国某些城市的商店在采取限时折扣销售中出现顾客拥挤造成死伤的案例，因此政府已对这种优惠促销的方式进行限制。

5. 数量折扣定价法

数量折扣（quantity discount）是购买者一次购买较大数量时，可以降低单价。数量折扣应该普遍应用于所有的顾客，折扣大小通常以不高于卖方因一次大量销售所能节省之成本为原则，这个成本包括推销费用、存货费用、运输费用等。实施时可采取非累积计量方式（no cumulative basis）。

■ 第五节　价格调整

价格调整是零售企业把价格当作适应机制来运用。为了适应竞争、季节性、式样偏好等可变因素，有必要降价或提价，通过灵活调整价格来吸引顾客。此外，为了纠正货物储存过多的失误、清理陈旧商品、出空残余花色品种，以及增加商店交易量，可以把商品的原有价格降下来。相反，提价是在需求激增或成本上升时运用的。

一、降价调整

（一）调整价格的原因

1. 调整制定价格的差错

零售企业在开始定价时，往往把价格定得太高，于是商品的减价就在所难免。商品的减价，是在销售价太高而影响零售企业按预期的销售速度、销售数量进行销售时出现的。如果零售企业购进商品的种类是对路的，同时购进的数量也合适，但是定的销售价太高，就为一般顾客的购买带来了一定的阻力。

2. 促销的需要

零售企业常常有这样的情况，购进的商品对路，数量合适，定的价格也合适，却不能按既定计划来销售。在此情况下，为了更好地进行销售促进，零售企业就会对某些商品的价格进行调整，使顾客注意这些商品的信息，并配合商场广告活动、营业员的销售活动、商场的销售促进活动，引起潜在顾客的购买欲望。

3. 市场变化的需要

为了适应竞争、季节变化、消费者偏好改变，需要进行价格调整。过高的价格常常是与竞争对手的定价情况有关的。如果竞争对手的同类商品的价格明显下降，那么也需要做相应的调整。

4. 处理库存

在采购时对销售估计过高，新品出现，商品接近保质期，以及其他各种意外情况的出现使某种商品积压，必须清理库存；当企业调整经营结构时也需要大量出清存货而采取降价手段。

（二）降价计算

降价可以用货币金额计算，也可以用百分数计算。有两种计算办法，一种是降价率（markdown percentage）计算法：

$$降价率 = \frac{降价总金额}{销售净额} \times 100\%$$

按降价率计算是把原价销售和降价销售加在一起考虑。假定一家商店在一季开始买进100双手套，并按初始价每双以40元的价格售出70%的货物。然后商店将剩余的30%手套以每双20元的价格全部售出。它的净销售收入是3 400元，降价额是600元，30双手套每双降价20元。因此：

$$降价率 =（600 元÷3400 元）\times 100\% = 17.64\%$$

另一种是计算低于零售价降价率（off-retail markdown percentage）：

$$低于零售价降价率 = \frac{原价－新价}{原价} \times 100\%$$

$$低于零售价的降价率 =（40－20）÷40 \times 100\% = 50\%$$

用这一公式，每种商品的降价率和降价商品的降价总额与按原价出售商品的销售额之比率都可以计算。

(三) 降价时机的选择

季节性商品，在季末的时候，合情合理以打折出售。虽然亏本，但这笔货款可再投资于其他商品上，再创造一次机会，总比把商品积压到来年要好得多。降价时机的选择是非常重要的，要考虑时机的选择。零售企业对于降价时机有不同的把握，但必须在商品保质期内或换季前把商品卖掉。对此，可以选择早降价、迟降价、交错降价和全面降价以清除存货。

1. 早降价

为了有计划地保证商品库存更新，零售企业采用早降价策略。在实行这一策略的情况下，当需求还相当旺盛时就把商品低价格出售。采用早降价有以下好处：

(1) 实施这种办法，是在需求还很旺盛的时候，就把商品降低价格出售，可以大大地刺激消费者的购买欲望；

(2) 早降价与在销售季节后期降价相比，只需要较少的降低价格就可以把商品卖出去；

(3) 早降价可以为新商品腾出销售空间；

(4) 早降价可以加快商店资金的周转。

2. 迟降价

迟降价策略的主要好处是能有充分的机会按原价出售商品。迟降价的好处有：

(1) 商店可以有充分的机会按原价出售商品；

(2) 避免频繁降价对正常商品销售的干扰；

(3) 减少商店由于降价带来的利润降低。

3. 交错降价

交错降价政策 (staggered markdown policy) 是在销路好的整个季节期间价格逐步下降。这种政策往往是和自动降价计划结合运用的。在自动降价计划中，降价的金额和时机选择是由商品库存时间的长短所制约的。库存时间越长，降价率越大，这样就可以保证库存更新。

例如，许多时尚商品专卖店在销售的前几周之后削价 10%，又过几周再削价 10%，这样下去直到商品卖完。这种方法看来比那种降价次数少但降价幅度很大的办法更能增加利润，这可能是因为顾客相信他们必须在降价结束之前而商品又未售完时去购买。同样，在第一次降价时未购买的顾客可能会在下一次降价时购买。交错降价可以说是将早期降价和晚期降价策略结合起来运用。

4. 全面降价

全面降价也称全店出清存货 (storewide clearance)，是指零售企业定期全面地降价的一种方式，通常一年搞两次。这种策略可以避免频繁的降价对正常商品销售的干扰。因此，顾客会等待每半年一次或一年一度的出清存货大减价。此时所有的或者绝大多数的存货是降价销售的。这样，爱买便宜商品的顾客，只是在很少一段时间内被吸引了进来。欧美国家的零售业全年出清存货一般进行两次，在一月下旬和八月上旬举行。其目的是在实时盘存和下一季节开始之前把商品清除出去。全店出清存货比自动降价政策的优越之处在于，为按原价出售商品提供较长期限，保证企业获得较高的毛利额。同时它可以避免频繁降价使顾客产生不良的心理反应，使消费者对商店正常定价政策保持信任。

（四）控制适宜的降价幅度

降价的幅度对降价的促销效果会产生重要影响。一次降价幅度过小，不易引起顾客的注意，往往不能起到促销的作用；而一次降价幅度过大，顾客会对商品的使用价值、商品质量等产生怀疑，同样会阻碍商品销售。

确定商品降价幅度，应以商品的需求弹性为依据。需求弹性大的商品，只要有较小的降价幅度，就可以使商品销量大增；相反，需求弹性小的商品，需要有较大的调价幅度，才会扩大销售量。但是，由于需求弹性小的商品，降价可能会引起销售收入和销售利润减少，所以掌握调价幅度时要慎重。零售企业调价时应考虑的最重要因素，还是消费者的反应。因为调整商品价格是为了促进销售，实质上是要促使消费者购买商品。忽视了消费者的反应，销售就会受挫，根据消费者的反应调价，才能收到好的效果。

降价幅度要考虑商品特性和价值大小，易变质的商品如农产品以及时尚商品需要比日用品有更大的降价幅度。因为商品价值不同，打折的幅度就要有所不同。例如，对 1 万元的彩电降价 10% 可能比对 100 元的 MP3 降价 20% 更具有刺激性。

二、提价调整

零售企业的提价一般出于商品进价的上升，或者出于对商品和原材料价格上升的预期。在供不应求情况下，商品也可能涨价。零售商对商品涨价较谨慎，初始价格一旦确定以后，他们会努力维持现状，尽可能避免涨价。因为顾客对商品涨价非常敏感，常常会产生抵触心理。零售商在经营环境发生变化，商品不得不涨价时，要注意掌握涨价技巧，将提价的负面影响降到最低。

（一）提价技巧

1. 分批提价

即使面临所有商品的采购成本都同时上涨，零售企业也不要同时全面提价。若商店全部商品同时提价，会遭到顾客的抛弃，为了减少顾客对商店涨价的抵触心理，商店采用分批提价的方式为好。如果全部商品涨价，会导致忠诚顾客流失，促使顾客转而走向竞争对手的商店购物，甚至舍近求远去购买一些日常用品。部分商品提价，不至于给顾客造成太大的涨价冲击。在整个行业都涨价的形势下，随着时间的推移，顾客对于涨价之事会逐渐淡忘，对原来无法接受的价格会逐渐适应，此时商店可以将其他商品价格也提上去。因此，商店即使需要对所有商品涨价，明智的做法是分批分阶段涨价，先选出一部分不得不涨的商品或不敏感商品涨价，然后再逐一提高其他商品价格。

2. 分阶段提价

尽管商品的采购成本可能短时间内上涨过快，涨价也是事出有因。但大多数顾客一般并不关心商店出于什么原因涨价，而只是关心自己能否接受这一新价格，即涨价后的价格与心目中的价格标准是否接近。如果涨价幅度过高，不论任何原因，都会导致顾客减少购买，或寻求其他价格相对便宜的商品。因此，商品的一次涨价幅度不能过大，尤其是价格敏感度较高的商品，涨价幅度更要谨慎，也许这些商品正是招徕顾客的诱饵。涨价之后，不仅失去了这一部分顾客购买力，还将连带失去其他商品的营业额。在涨价幅度上最好跟在其他企业后面，不要当出头鸟。

商店如果需要调整的价格幅度较大，最好采取分段提价的办法。当然，顾客对不同商品的敏感度是不同的，顾客对成本很高和经常购买的商品价格非常敏感，而对低成本的和不经常购买的商品则不太注意其价格是否上涨。另外，有些顾客虽然关心商品价格，但更关心商品购买、使用和维修的总费用。如果零售商能使顾客所付的总费用较低，则即使他制定的价格高于竞争对手，仍有可能扩大销售额。

3. 附加馈赠

涨价时，以不损害商店的正常收益为前提，搭配附属商品或赠送一些小礼物，把一些滞销商品乘机推销出去，或提供某些特别优惠，给顾客一种商品价格提高是由于搭配了附属商品的感觉，过一段时间，再撤去搭配商品，稳定在新价格水平。这样做要注意时间的配合。

4. 减少分量

有些商品的量是可以调整的。当成本上升不得不涨价时，可以适当减少分量，维持价格不变。许多消费者不太在意分量的变化，而在乎价格的变化。

（二）涨价时机的选择

涨价不是在任何时候进行都一样，最好选择恰当的时机。除非商品采购成本突然大涨，不得不当时涨价，否则涨价需要考虑时机。涨价如选择一个恰当时机，可以减少涨价带来的负面影响。商店通常选择的涨价时机有：

（1）当商品采购成本上升，商店已经出告示通知顾客一段时间，而顾客皆知采购成本上涨时。

（2）季节性商品换季时。如冬季商品换成春季商品时，对新上市的春季商品可以考虑高于上年价格的幅度销售。

（3）年度交替时。新年或春节期间消费比较热，顾客手中要花费的钱比较多。此时，顾客对商品价格敏感度减弱，在这一时期涨价容易被顾客接受。

（4）应节商品。传统节日和传统习俗时期，因为顾客这时对价格关心程度较低，对商品本身的关心程度较高。这时提高价格往往不会遭到顾客的拒绝。

> **案例**

百佳"新感觉"

新品牌战略百佳作为港式营销风格的企业，在中国零售业的历史上留下了让人不能忘却的一笔。在经营中，这个新品牌新战略纲领包括5大支柱：价值、新鲜、产品、品质服务和方便。

"最贵的地段，最低的价格"，百佳秉承了李嘉诚在香港开设的零售企业的风格：高端选址，低端价位。百佳内地一直保留着这个非常显著的特色。

百佳的店址一般选择在高档社区或是黄金地段，或者是CBD黄金旺地。比如百佳在广州有家店就选择在中山五路百汇广场，这里的租金之高足令同行咋舌。百佳很多大超市也是选择在人气最高的地点，哪怕这些地方租金贵得离谱。而百佳进入内地长三角地区后，也是采取高调占领黄金商圈的策略。高端选址必然带来高昂的物业成本，但是百佳的商品价格并不高，它甚至号称"最低价"。在百佳的店里，"省钱精明眼"、"破低价"、"长期最低价"等标志随处可见，时时打动顾客。如此高的租金与如此低的价格相比较，不得不令人怀疑百佳这种行为是不是一种噱头，而百佳公司的工作人员解释了笔者的这个疑问。

在商品价格上，百佳主要采取两大杀手锏保证产品低价：一是百佳采购部可以凭借大规模的采购量向供货商争取到最低成本的货品，并加大本土采购的力度，在内地百佳本土采购的份额达到99%；二是在整合物流供应链上下工夫。随着零售企业数量的增加，货物量少而批次多将成为一种趋势。如果可以把多家的客户资源有效整合起来，就可以避免由于经过促销商的中间周转导致的供应链成本增加，从而达到降低综合成本的目的，最终让消费者获得实惠。

在物业租金上，百佳自身的高端定位引来当地黄金地产主的青睐，因为百佳的形象和定位与这些高端社区与黄金商圈是吻合的，地产商也需要这样的高端超市来提升人气，正所谓"凤栖梧枝，各取所需"。

百佳有了以上几条"法宝"，自然可以做到"最贵的地方卖最便宜的东西"，而它这个独树一帜的特色，也得到越来越多的顾客了解和认可。这也已经逐渐成为百佳独有的鲜明特色。

（资料来源：吴娟．2006．零售世界，（12））

➤ 基本概念

价格协商（price consultation）	最低定价限度（minimum pricing）
商品进价（purchase price）	需求价格弹性（price elasticity of demand）
渗透定价（penetration pricing）	市场撇脂（skimming pricing）
需求导向定价（demand-oriented pricing）	成本导向定价（cost-oriented pricing）
竞争导向定价（competition-oriented pricing）	心理定价（psychological pricing）
每日低价（everyday low price）	弹性定价（flexible pricing）
奇数定价（odd pricing）	特价（leader pricing）
降价（markdown）	

➤ 思考题

1. 影响零售企业定价的主要因素有哪些？
2. 零售的商品经营成本包括哪些方面？
3. 零售价格的制定方法有哪些？
4. 什么是成本导向定价法？
5. 零售企业可以采取哪些定价策略？
6. 新引进商品在价格制定上有些什么技巧？
7. 什么是销售毛利率？确定毛利率要考虑哪些因素？
8. 零售企业如何把握好商品降价？

第十三章

零售企业促销管理

促销是一种零售商们可以创造性地提供较其竞争对手价值更好或价格更低的手段。在现今激烈竞争的零售市场环境中，零售商日益认识到比起选择适当的地点、商品、价格，更重要的是与现有顾客及潜在顾客的沟通。零售商要吸引消费者，创立竞争优势，必须不断地与顾客沟通，向顾客提供商店地点、商品、服务和价格方面的信息；通过影响顾客的态度与偏好说服顾客光顾商店，购买商品；使顾客对商店形成良好的印象。通过一系列有效沟通的促销活动，零售商能够吸引顾客进入商店。促销应是一种有着特定的企业内涵、产品内涵和明确的创意构思的活动，应能产生一定的消费心理冲击波。

■ 第一节 促销活动概述

零售促销（retail promotion）是零售商运用各种广告媒体和开展各种活动或者通过宣传报道，向顾客传递有关商品服务信息，吸引、说服、刺激消费者接受零售商及其提供的商品和服务。零售促销包括所有将商品以直接或间接方式出售给顾客的活动与措施。

零售商应用促销活动的目标与企业的经营目标是一致的，可以将之归纳为有利于提高长期的和短期的经营效果。

一、零售促销的意义

由于零售市场竞争激烈，企业为适应市场环境改变，经营状况相应也在不断变化。因此零售商需要利用各种传播方法告诉消费者变化的信息，消费者也需要知道零售商的新信息以便决定购买行动。企业与消费者都有沟通的需求，促销的意义在于以下几个方面：

1. 让消费者认识、了解零售企业

零售市场每日都有新变化，比如，新商店的开张、原有商店重新装修、新品上市、价格变动、提供新服务项目等。顾客如果不知道某个商店的存在及所在地点，不了解商店有什么商品、商品的档次、服务水准、价格水平、商店所有新的变化，就不会去该商店。所以，零售商首先要让顾客知道商店的存在及企业现状、商店有哪些商品可供选购、某种厂

牌或商标的商品价格是多少、在哪里能买到、顾客能得到哪些优惠、还能为顾客提供哪些服务等，帮助顾客认识商店。同时面对数量众多的商店，顾客也不知如何选择，他们也迫切想了解能满足自己需求的信息。因此，零售企业的促销活动能直接或间接地向顾客提供有关商店与商品的一切信息。顾客了解这些信息后，能决定到可满足自己需求的商店进行购买。

2. 让消费者知道零售企业的定位，建立商店形象

商店的形象和声誉是零售企业的无形资产，直接影响其商品销售。通过促销活动向消费者传播企业有关信息，使消费者了解到本商店对待消费者的态度，为消费者提供的利益。特别要强调本公司能给消费者带来的特殊利益，从而在市场上建立并巩固本企业的良好形象。一方面使消费者形成对本商店的印象，树立起商店的形象；另一方面有利于加强零售企业在市场竞争中的优势。良好的企业形象会使顾客产生亲切感、信任感，使其愿意到本零售企业购物，并可能积极为本公司做口头宣传，进一步扩大企业的知名度和可信度。

3. 让消费者知道零售企业的特点和优势

促销可以突出零售企业特点，扩大企业影响。在竞争激烈的市场环境下，消费者往往难以辨别或察觉众多零售企业间的差别以及经营的同类商品间的细微差别。这时，各零售企业就应该通过促销活动，反映各自的经营特色和特点，突出各自不同的主题、特色商品、特色服务；同时也应该借助促销活动，大力宣传本零售企业与竞争企业及其经营商品间的不同特点，强调能给消费者带来的独特利益等。促使消费者偏爱本商店的商品与服务，起到吸引目标顾客进入商店的作用，稳定本零售企业的市场占有率，巩固市场竞争地位。

4. 引起消费者的购买欲望，扩大销售

零售企业通过各种有效的促销宣传手段，把丰富多彩、价廉物美的各类消费品介绍给消费者，使消费者了解商品的性能、特点、使用方法和食用方法等有关知识；帮助消费者挑选商品，当消费者的参谋，刺激顾客的购买欲望，引发购买行为，扩大商品的销售。零售企业的信息使顾客相信，购买该商店的商品对顾客本身是必需的、方便的、有利的，从而起到说服顾客采取购买行动的作用。

促销能够引起消费者的购买欲望，扩大其对商品的需求。零售企业可通过促销激发潜在顾客的购买欲望，引发他们的购买行为。有效的促销活动不仅可以诱导和激发需求，在一定条件下，还可以创造需求，从而使市场需求朝着有利于零售企业商品促销的方向发展。当零售企业的商品处于需求不足时，促销活动可以扩大需求；当需求处于潜伏状态时，促销活动可以开拓需求；而当需求衰退时，促销活动又可以吸引更多的新用户，保持一定的销售势头。

5. 维持和扩大零售企业的市场份额

许多情况下，在一定时期内零售企业的销售额会出现上下波动，这不利于稳定其市场地位。这时，零售企业可以有针对性地开展各种促销活动，使更多的消费者了解、熟悉、信任本公司出售的商品以及提供的服务，从而稳定乃至扩大公司的市场份额，巩固其市场地位。

6. 成为零售企业开展竞争的手段

促销是市场竞争的产物。促销主要是由竞争引起的，促销的主要作用之一是与竞争者

对抗。零售市场每时每刻都在竞争，促销是对付竞争的最好办法。由于竞争者采取了促销措施，本零售企业就必须对此做出反应，即进行相应策划。促销策划具有充分的预期性，可以对抗竞争。促销在市场上的效果是推动竞争，促销也正是使零售企业在竞争中取胜的利器。

7. 能够反映零售企业的经营活力

零售企业经营商品种类繁多，新产品层出不穷，很多产品刚上市时，不为消费者所了解。零售企业适当地开展促销活动可以迅速地把商品介绍给顾客，激发消费者需求，促进消费者购买和消费。同时，通过与消费者接触，可以加强零售企业与顾客间的信息沟通和感情交流，了解顾客对商品的反应和消费需求的变化。

8. 能够帮助零售企业清除库存的过时商品

由于换季或商品保值期的限制等各种原因，商店可能会形成较大的不必要的库存。若不及时处理，这些库存将会给企业带来很大的损失。这时零售企业就要借助于促销把库存商品迅速处理。

二、零售促销活动的类型

（一）按照实施时间长短分

1. 长期性促销

促销的长期目标取决于企业定位（positioning），通过一个零售促销计划的设计和贯彻，在顾客心目中营造出该零售商的形象。零售商通过定位把自己同竞争对手区分开来，在顾客的头脑中留下独特的印象，以吸引顾客的光临。长期性促销活动的主要着眼点是塑造本店的差异优势，增加顾客对本店的向心力，以确保顾客长期来店购物，不至于流失至其他店。一种定位目标通常会把零售商与一种特定类型的商品，或顾客心目中的一种具体的利益联系在一起。零售商追求着各种不同的特定的定位目标。

定位最常见的方法是宣传零售商在某种类型的商品方面所具有的盛名，比如上海华联商厦以经营服饰闻名，其口号是"穿在华联"。零售商还可以通过销售商品的价位来和竞争对手形成区分，如沃尔玛、家乐福将自身定位在提供低价格的、充足的商品和服务以及良好的产品质量上，这样就有效地避免了竞争，吸引不同的消费阶层的顾客。

长期性促销项目手段各种各样：早晨提前开店，晚上延长闭店时间；提供免费洗手间凭购物收据提供免费停车服务；设置快速收银通道；晚上定时部分商品打折出售；购买大件商品免费送货上门；免费礼品包装等。

2. 短期性促销

短期性促销的主要目的是希望在有限期间内，通常是 1～3 周，借助具有特定主题的促销活动，以提高来客数，达到预期的营业目标。短期性促销名目有春节、"十一"黄金周、圣诞至元旦购物高潮等。

促销计划的短期目标就是在一个特定的时段内增加销售额。例如，零售商通常在短期内对某些或全部商品进行打折以增加销售额。大型超市或百货商店用商品优惠券来做一周的广告，这些优惠券可以使在该周内购物的顾客节省开支。这样就可以吸引顾客到该商店来购物，在社区的商家也经常在附近居民区散发折扣商品目录；而在商业中心，大的商家则采用定期将一些名牌产品打折销售的方法来招徕顾客。

（二）按实施活动的促销主题分

零售企业经常举办的促销活动一般可分为以下四种类型：

1. 开业促销活动

大中型商店在开业时策划一个较为大型的促销活动是一个惯例，因为开业促销是顾客第一次接触商店，会在心目中留下深刻的第一印象，影响顾客将来的购买行为。顾客往往根据自己的第一印象长久地留下对这家商店的商品、价格、服务、气氛等认识，而第一印象一旦形成，以后会长期保持。所以，大中型商店对开业促销活动都非常重视，全力以赴打好开业第一仗。如果是大型商场，开业促销一定要隆重，要让所在城市或区域的居民人人皆知。尤其是第一天的销售，要有抢购效应，当天的销售额要力争超过同类商店的开业销售额，创造历史记录。

2. 周年庆促销活动

周年庆促销活动是商家可以借题发挥的重要促销活动。除了年庆外，更为重要的是 5 周年、10 周年、20 周年等的庆祝活动。一般供应商也会对商店的周年庆典予以支持，给予商家更多的优惠条件，借此扩大销售。如果是 10 周年、20 周年等整数大庆，商店一般会举办大型的促销活动，活动范围很广、优惠很多，会在一个城市引起轰动，引起购物狂潮。

3. 例行性促销活动

除了开业和周年庆促销活动，商店还往往在一年的不同时期推出一系列的促销活动，这些促销活动的主题五花八门，有的以节日为主题，如国庆节、春节、中秋节、儿童节、情人节等；有的以当年的重大活动为主题，如庆祝北京奥运会举行等。在上海，2007 年起每年在 9 月份举行购物节，为商家促销提供了一个主题。尽管这些主题花样繁多，但每一商店在下一年要做哪些促销活动已经提前做好计划，每年的变化不会太大，故称为例行性促销活动。有些超市每个月举办一次促销活动，均可算在例行性促销活动之列。

4. 竞争性促销活动

竞争性促销活动是指针对竞争对手的促销活动而采取的临时性促销活动。这一方面是由于各地新的商店或商业集群不断涌现，市场竞争日趋激烈；另一方面是现存的竞争商店不断在推出促销活动，为了与竞争对手相抗衡，防止竞争对手在某一促销时期将当地客源吸引过去，商店往往会针对竞争对手的促销行为推出相应的竞争性促销活动，以免自己的营业额下滑。

（三）按沟通方式来划分

按沟通方式来划分，可归纳为两大类别：

（1）单向沟通式，如特价、优惠券促销、赠品促销、POP 促销等；

（2）双向沟通式，如意见征询、有奖答题、现场促销等。

（四）从作用效果来划分

从作用效果来划分，可归纳为两大类别：

（1）产品入市促销。新产品入市通常要使用促销工具来解决消费者认知、尝试购买使用这两个障碍，常规的促销形式有样品派送、赠购、限期优惠等。

（2）巩固重复购买促销。维护品牌忠诚者重复购买率的重要武器之一，就是合适的、持续的促销活动。如消费者跟踪优惠折让、新产品或新服务优先试用、累积计分奖励等。

（五）从营销角度划分

从营销角度划分，可归纳为五种类别：零售企业卖场促销、广告促销、服务促销、人员促销和公关促销。

1. 零售企业卖场促销

零售企业门店要实行总部的统一促销计划，此外门店促销主要体现在零售企业卖场促销，包括店头促销、现场促销、展示促销、特价促销、让利酬宾、折扣优惠等，是连锁零售企业使用最频繁的促销工具之一，也是影响消费者购买最重要的因素之一。

2. 广告促销

包括利用各种广告媒体、邮报、商场内广告、街头广告牌等进行促销。

3. 服务促销

"服务"是零售企业巩固老顾客和开发新顾客的最重要的方法之一，零售企业间的竞争，某种意义上就是服务的竞争。

零售企业的服务促销，是零售企业以某种方式、活动或劳务向消费者提供服务的促销活动。常见的方式有商品介绍服务、订购服务、加工服务、送货服务、维修服务、培训服务、咨询与信息服务以及日常便民服务项目促销活动。例如，代缴公用事业费，代售电影及晚会票，代收洗衣服，附售手机充值卡，自动提款机，冲洗相片，复印和传真，出售和出租书籍及游戏卡，等等。这些项目的开展不仅可以增加零售企业每日的客流量，促进商品的购买，还能使零售企业在其服务的社区内形成良好的企业形象。

4. 人员促销

零售企业人员促销，主要指营业员促销。但零售企业的销售过程十分强调顾客的"自助"，即"自我服务"，故一般只是在商品促销期间，或是当顾客有请求时，营业员才会向顾客提供帮助。营业员的主要任务如下：

（1）巡视。在零售企业中，营业人员应以亲切、温和、细致的眼光巡视商场，观察顾客群，随时准备为需要咨询的顾客服务，并兼顾货架上翻乱商品的整理。

（2）熟悉零售企业商品知识，包括商品原料、性能、质地、产地、使用方法、保管方法、真伪识别等商品知识，以备顾客咨询。此外，还应开展针对性介绍及演示，提高顾客的即兴购买欲，尤其是新产品，通过营业人员热情推荐，把新产品顺利推入市场。

（3）发展与顾客的友好关系。零售企业多开在居民区，因此应努力培养老顾客，发展彼此间友好和信任的关系，使顾客把零售企业当成自己的家，把营业员当成购物好参谋，形成对零售企业商品的习惯性购买。

5. 公关促销

许多富有创意的公关促销活动，在极大促进销售的同时，使零售企业的形象获得良好、适当的诠释。事实上，越来越多的顾客希望零售企业在更多的促销活动中加入公关服务。这种需求形态的转变，代表了一种新的趋势。凡是著名的零售企业，都非常善于利用公关促销方式制造公关事件，扩大企业的知名度。而忽视公关的零售企业将难以生存发展。

公关活动的创意一定要新奇。从事零售企业工作的人员会觉得要做到这点很难,因为消费诉求及消费偏好的变化很快,似乎只在消费者的一念之间。在这种情况下,零售企业必须做到先对促销活动定位与企业定位的结合度、企业环境、竞争分析、企业资源条件、活动目的等方面进行综合性的评估,然后再确定企业公关促销活动计划及其具体内容。

三、促销组合因素

零售商虽然可以选择的促销手段有很多,但归纳起来主要有四种:广告、销售促进、人员推销和公共关系。这四种手段又有付费和不付费之分,每一种包含许多具体形式。支付费用的包括公共宣传、广告、促销、商店氛围、人员推销;不支付费用的比如媒体报道。

这里,先根据可控性、灵活性、可信度及成本不同对促销手段进行比较。

(一)可控性

零售商对付费性的促销手段有较高的控制力,而对非付费的促销手段的控制力较低。广告、销售促进是零售商付费的促销手段,因而零售商有权决定这些信息的内容及传递时间。而公共关系是非付费的,零售商对其传播的内容和时间都显得无能为力,这就是为什么公共关系既可以传播对企业有利的信息,也可以传播对企业不利的信息。人员推销在一定程度上尽管也是付费的,但由于人员能够传递不同的信息而使零售商的控制力减弱。

(二)灵活性

在所有的促销手段中,人员推销是最灵活的,因为人员推销可以在与每一位顾客交流的过程中有针对性地提供一对一的服务,提供每一个顾客所需要的信息;而其他促销手段则是以同一信息向所有顾客传播。虽然广告能够被零售商利用针对细分的目标市场,但却不能针对每一个顾客传播信息,因此相对而言,广告的灵活性欠佳。

(三)可信度

由于促销手段中公共关系是通过第三者来宣传的,其信息内容不受企业控制,因而对公众来说具有更高的可信度。而对于销售人员的介绍和广告中的表述,由于顾客知道零售商进行了设计,以便促进商品销售,因此顾客会持一定的怀疑态度。

(四)成本

虽然促销手段被分为付费的和不付费的,这并不意味着付费的促销手段就成本高,而不付费的促销手段就成本低。公共关系是无需付费的促销手段,但零售商在利用这一手段时也可能引起间接成本的产生,如零售商举行某种活动以形成新闻事件,这种活动本身需要投入一定的费用。而付费的促销手段未必是昂贵的,由于媒体的价格不同,媒体接触的观众数量不同,因而导致人均成本不同。利用人均成本可以比较各种促销手段的成本高低。

商店对这些促销手段有所选择地加以组合使用就是促销组合。由于各促销手段具有不同的特点,对于不同性质的产品和不同业态的零售商店,促销手段起作用的程度各不相同。对于消费品市场而言，广告的作用最大，销售促进的作用次之，然后是人员推销和公共关系。

第二节 促销活动的规划

促销规划包括确定促销目标、确定目标受众、制定促销实施方案、制定促销预算、确定促销综合措施等一系列内容。

一、确定促销目标

广义的促销目标包括：增加销售额，激发购买动机，提醒购买，增加商店客流量，发展和提高商店的信誉；向顾客介绍商品的特征，使顾客知道新商店开设的地点；向零售商提供信息，为顾客提供服务；改进与顾客的关系，使顾客保持对商店的信赖。在促销目标的制定与管理上，一定要与商业企业的战略、整个计划相适应。促销的有关决策，必须与诸如开设地点、经营范围、目标顾客、建筑与设备、价格，以及为顾客提供的服务项目等其他的决策结合起来。制定促销目标必须确定哪些目标是其中最主要的，还要注意把目标规定得尽可能具体，使其成为一个定量的、可测度的目标。

零售商的促销目标包括长期目标和短期目标，总体说来就是提高业绩、增加销售、增强企业的竞争力。具体来看包括：增加某一时期的销售额，刺激顾客购买欲望，增加客流量，增进顾客忠诚，加强企业形象，扩大企业知名度等。由于每一具体促销目标与不同的促销方式相对应，零售商在开展具体的一次促销活动之前，必须首先确定这次促销活动应该达到的具体目标。

零售商促销目标的实现与顾客的购买行为直接相关，而顾客购买行为是顾客漫长决策过程的最后结果。营销人员必须了解目标顾客购买决策过程，并给目标顾客灌输某些观念，改变目标顾客的态度或促使目标顾客采取行动。

零售商经常使用交流目标而不是销售目标来设计和评估其促销计划。交流目标（communication objection）是指一种关系到零售促销活动组合如何影响顾客的决策过程的特定目标。零售商要设定与顾客做出决策过程的各个阶段相应的目标，而不是要设定销售目标。即零售商可能根据那些了解自己商店、了解自己所提供的产品、对自己商店评价良好或者是愿意光顾自己商店的人群所占的比率的高低，来设定一个目标。

交流目标决定了零售商应该选择哪一种促销方式。一般来说，通过商店职员的行为、形象之类的广告以及商店氛围等交流方式，容易形成一种顾客对商店的有利态度。在发展商店的知名度方面，商店外部的标牌、突出商店名称和地址的广告以及关于商店的宣传是最为有效的交流方式。特定的销量促销活动和商品卖点展示等交流方式可以鼓励顾客去光顾商店并购买商品。通过直接针对商店定位的交流和通过由销售人员提供的服务，也能促成顾客不断地惠顾商店以及提高对商店的忠诚度。

零售商在确定促销目标时，应注意促销目标要尽可能准确地阐述，该目标最好是定量的、可衡量的，这样企业才能精确地评估以后各步骤是否成功。

二、确定目标受众

营销传播一开始就必须做出确定目标受众的决策，即企业必须有明确的目标受众，包括商品的潜在购买者、目前使用者、决策者或影响者。目标受众可以是个人、团体、特殊公众或一般公众。目标受众将会极大地影响信息传播者的下列决策：准备说什么、打算如何说、什么时候说、在什么地方说、向谁说。

在营销传播中，目标受众一定是对传递来的产品及其相关信息感兴趣的人或组织，他们可能是企业产品的潜在购买者和现实使用者，也可能是购买决策过程的决定者或影响者。目标受众是由营销传播者运用市场细分原理确定的。在确定目标传播的过程中，营销传播者应该注意目标受众的心理特性，从而去指导信息及对信息媒体的选择。

三、制定促销实施方案

1. 促销主题

现在，许多商店每举办一次促销活动，往往会寻找一个"借口"，或称促销主题，这样更容易赢得顾客的好感，使之了解商店促销的原因。大多数商店使用节日作为促销的目的，当然，商店也可以别出心裁，选择一些其他商店没有使用过的主题，一下抓住顾客的眼球。促销主题往往具有画龙点睛的震撼效果，因此，必须针对整个促销内容，拟订具有吸引力的促销主题。

2. 促销时间

什么时间开始促销活动、活动持续多长时间效果最好等要慎重考虑。若持续的时间短，在这段时间内无法实现重复购买，促销活动就达不到预定的目标；如果时间过长，又会使开支过大，降低刺激购买的力量。一些超市经营者认为，每个季度搞3周左右的促销活动为宜，每次的持续时间以平均购买周期的长度为宜。如果在一年中的不同月份举办促销活动，则一般3月、4月、6月、11月等是销售淡季，而5月、10月、12月、1月是销售旺季；如果选择同月中的不同日期，一般而言，月初的消费能力比月底强，而周末、周日的购买力又比平日强。此外，重要的节日也是商店促销活动的一个有利时机，常常作为促销活动的一个最好的话题。

3. 促销商品

任何促销活动的目的都离不开商品销售量的增加。同时，选择什么商品作为促销载体也成了商店促销活动的关键。促销商品是否对顾客有吸引力，价格是否有震撼力，都将直接导致促销活动的成败。商店选择促销商品时，既要选择一些敏感性的商品，又要选择一些不太敏感的商品组成促销商品组合。这就需要以季节的变化、商品销售排行榜、厂商的配合度、竞争对手的状况等来加以衡量，选择最适合的促销商品。一般来说，主要的促销商品必须具有以下特征：

(1) 知名的制造企业的著名品牌或者是国际品牌；

(2) 与知名品牌商品既有相同功效，又具有价格优势的商品；

(3) 其他商店非常畅销的，为消费者所瞩目且熟悉其价格的商品。

此外，零售企业的主力商品即20商品，也是促销活动的主要内容。主力商品的下单量通常很大，如果在规定时间内没有卖完，时间一长，就很可能给零售企业造成亏损。主力商品搞促销活动，一般情况下都会得到供应商的大力配合，为零售企业分担一部分降价损失。因此，绝大部分主力商品都可以或可能成为促销商品。

4. 促销宣传

商店虽然策划了一项大型促销活动，但目标顾客如果蒙在鼓里则毫无效果，因而尽可能让顾客知晓促销内容是十分必要的。促销宣传主要有媒体广告、直邮 DM、卖场海报、人员宣传、派发传单等。A. C. 尼尔森在 2005 年做的一次调查表明，在六种促销宣传方式中，排在第一位的是"投递到家中的邮报"，第二位的是电视广告，第三位是门店内悬挂的海报，第四位是商场入口处的海报，第五位是路上派发的广告宣传单，第六位是亲朋好友的介绍。由于购物者在购物之前就已经有大致的购买计划，"投递到家中的邮报"是购物者最优先考虑的获取促销信息的途径。然而，与年长者偏好直邮相比，年轻人更倾向于从电视广告得到促销信息。可见，采用什么促销宣传方式对促销目的的达成有重要的影响。

5. 促销方式

零售商店可以选用的具体促销方式有很多，促销活动林林总总，商店必须选择合适的促销手段和方式，才能避免走进纯粹的价格促销循环。促销手段各有其特点和适用范围，在选择促销方式时要考虑如下因素：

（1）促销目标。特定的促销目标对促销手段的选择有着较为明确的条件和制约，从而规定着这种选择的可能范围。上面提到零售商应根据目标顾客光顾商店购买决策过程的具体情况来确定特定的促销目标，而不同的促销手段由于具备不同的优势和劣势，对于实现不同的促销目标有着不同的作用。例如，介绍性广告和公共关系对于顾客进入认识和了解阶段影响较大，而对进入喜爱阶段影响较小；竞争性广告、服务人员的态度和商店气氛对于建立顾客的喜爱和偏爱有较大影响；销售促进、POP 广告、服务人员的说服鼓动对顾客进入商店准备购买的影响较大。

（2）零售商类型及竞争环境。促销组合的选择常受零售商类型的影响。由于不同业态和类型的零售商满足不同层次消费者或同一层次消费者的不同方面的需要，消费者进入不同类型商店的购买心理会有所区别，于是，这些零售商便投其所好，常用的促销方式也不一样。例如，超级市场主要出售的是食品和日用品，最常使用免费试吃试用、POP 广告、降价促销、奖券及连续性购买计划等；而高级百货商店更多使用形象广告、公关宣传和人员促销。

竞争条件和环境也影响着促销工具的选择，这包括商店本身在竞争中所具有的实力、条件，优势与劣势及商店外部环境中竞争者的数量、实力、竞争策略等因素的影响。零售商店还应注意与供应商的合作促销，特别是获得广告津贴、展示津贴或价格折扣的可能性。如果经济条件和市场环境发生变化，促销策划也需要根据变化作适应性的调整。

四、制定促销预算

促销费用中，用于广告、销售促进和公共关系的各项支出以及比例，往往会对促销手段的选择形成一个硬约束。此外，同一特定的促销目标可以采用多种促销手段来实现，这里就有一个促销手段的比较选择和优化组合的问题，零售商尽量要以较低的促销成本实现最优的促销效益。

确定促销预算有多种方法可以采用，这里介绍较为常用的四种预算方法（表 13-1）。

1. 销售额百分比法

销售额百分比法（percentage-of-sales method）可以分为过去销售百分比法与未来销售百分比法。

表 13-1　编制促销预算的主要方法及比较

主要方法	概　念	优　点	缺　点
销售额百分比法	根据年度营业目标的一定比例（如0.5%～1%）来确定促销预算，再按各月的营业目标分配至各月	简单、明确、易控制	缺乏弹性，未考虑促销活动的实际需求，可能影响促销效果
量入为出法	根据企业的财力来确定促销预算	能确保企业的最低利润水平，不至于因促销费用开支过大而影响利润的最低水平	由此确定的促销预算可能低于最优预算支出水平，也可能高于最优水平
竞争均势法	即企业按竞争对手的大致费用来决定自己的促销预算	能借助他人的预算经验，并有助于维持本公司的市场份额	情报未必确实，而且每家公司的情况不同
目标任务法	根据促销目的和任务而确定促销预算	注重促销效果，使预算较能满足实际需求	促销费用的确定仍带有主观性，且促销预算不易控制

　　过去销售百分比法将销售预算确定为过去销售额的一个确定的比例，它是建立在以往销售量与促销成本有一定关系的基础上，通常认为促销投资力度越大，销售量就越大。它的编列过程是根据以往的经验，确定销售单位产品的促销费用或者利用每元销售收入需要的促销费用确定两者的比率关系，再根据下年的销售收入目标确定其促销预算。如果商家有意加大推广宣传力度，则只要把根据以往经验计算出来的促销费用、销售收入的百分比率提高几个百分点就可以了。

　　过去销售收入百分比法的最大好处就是计算简便、容易应用，资料易于收集，但它也有明显的缺点。由于它沿用历史数据，这些历史数据中不可避免会存在偏差。再者，它没有充分考虑到社会环境变化及商店内部变化对促销活动的影响，这就决定了新的促销预算的适应性不强。

　　未来销售百分比法的制定过程是零售商首先预测下一年度的销售量，然后根据每单位销售量的预算百分比率确定促销预算。在这种制定方法中，最关键的就是每单位销售量的预算百分比率。例如，某零售商以销售净额的3%作为促销预算，下一年度的预计销售额为5 000万元，下一年度的促销预算费用为150万元。

　　这种预算制定方法是针对过去销售百分比法的不足作出的改良，它建立在经过充分考虑各种变化因素而制定的销售量的基础上，但是其中百分比率的确定依据是影响预算合理与否的主要因素。

　　销售百分比法的优点是以销售额为基础，推销宣传与销售额相适应。缺点是推销宣传费用与目标无关，例如，对一家有名气的商店来说，可能不必随销售额的增长而提高推销费用；这样，推销宣传不是作为销售的先导，却成了它的跟随部分。在销售淡季应当加强推销宣传，却将推销费用减少了。

　　2. 量入为出法

　　即根据企业的财力来确定促销预算。其优点是：能确保企业的最低利润水平，不至于因促销费用开支过大而影响利润的最低水平。缺点是：由此确定的促销预算可能低于最优预算支出水平，也可能高于最优水平。

3．竞争均势法

竞争均势法（competitive parity method）对大小商业企业都可适用。企业根据竞争对手的行动而增减其推销费预算。例如，假定在一个地区起主导作用的商业企业把推销预算提高了 8%，当地的竞争者就会照样做。竞争均势法的优点在于利用对照点面向市场，较为稳健。缺点是跟随别人，不起主导作用，难以获得数据。

4．目标与任务法

目标与任务法（objective-and-task method）是一种明确规定其推销宣传目标，然后为达到这个目标去规定预算额的方法。例如，一家批发公司决定要让它经营地区所有零售企业都知道自己商号的名称，于是它就计算出为达到这个目标需要做些什么宣传工作、需要花费多少钱。目标和任务结合法的优点是目标定得明确，支出费用与完成目标任务密切相关，适应性好，便于评价成功或失败。主要缺点是确定目标和具体任务较为复杂，对小零售商来说尤其如此。

零售促销具有主观性与创造性特点使促销中各组成部分预算标准的制定是非常困难的，主要困难在于将各组成部分的费用支出与所产生的利润联系起来。例如，广告宣传，它只是创造销售的整个零售沟通策略中的一个组成部分。此外，促销和销售收入发生之间的时差随不同产品和市场细分而各不相同，从而导致很难将零售促销与利润联系在一起。

五、确定促销综合措施

确定了促销预算以后，必须确定促销的综合措施，把刊登广告、公开宣传、个人推销和扩大销售结合起来。预算额较小的商店可采用店内展销、邮寄资料和公开宣传招徕顾客，而促销预算额较大的零售企业则可以大量地利用报纸做广告。商业企业的不同类型往往影响到促销综合措施的选择。

零售企业经常利用互相影响的各种促销形式。例如，将广告和商店展销结合起来传递信息，比单独用一种办法更为有效。对于促销活动四个方面的手段，必须进行综合考虑，互相配合、互相补充。如果广告上宣传的是商品的质量情况，那么个人推销、公开宣传与扩大销售活动中也应这样做。不能使顾客在得到某一商店信息时有不协调的印象。

顾客对促销的反应，从知道信息到决定购买，要经过几个步骤，这些步骤是知道、认识、喜欢、偏爱、确定和购买。对每一步骤都应采用不同的促销综合措施。促销要有针对性地打动消费者。

一般的说，刊登广告和公开宣传是让顾客知道信息的最有效方法；而个人推销是转变顾客态度，激发购买欲望的最有效方式。这对推销贵重商品和复杂商品，或对服务工作来说尤其明显。

制订促销计划的内容包括详细的活动日程安排，其中包括工作重点，以及何时、如何来做等内容。而对于一家结构复杂的大型零售商店的全店商品促销时，这些计划就需要经过精心制定，而不仅仅考虑到参与活动的部门而已。促销方案有可能需要单独列出每一项促销活动、预计日期、基本主题及实现目标、促销时间跨度、参与的部门数量或产品种类。

促销综合措施的执行包括以下内容：

1. 确定宣传工具

选择具体的宣传工具要根据各种因素，包括总成本、效率、准备时间及编排的内容。总成本是很重要的，因为过多地使用一种花钱多的宣传工具，就会妨碍均衡地运用各种促销综合措施，一家企业也不可能使用一种费用很高的宣传工具来反复传播一个信息；反之，若只登一次广告几乎没有效果。

不同的宣传工具要求不同的准备时间。例如，报纸上的广告可以在出版前几天预约，而杂志上的广告必须提前几个月预约。此外，要求登广告者还必须决定在广告旁边编排些什么样的文章内容吸引读者。

零售企业尤其是大型零售企业，做促销活动如果缺乏媒体配合，效果肯定欠佳。大型零售企业媒体可以分为两方面：一是公共媒体，如广播、电视、报纸等；二是 POP 广告，如在销售地点的广告牌、广告价目牌和商品展示图等。

促销活动一定要与这两种类型的媒体配合好。一般来讲较好的办法是：公共媒体广告由零售企业自己动手，亲自制作；POP 广告可以请供应商配合，共同制作，因为供应商更熟悉促销商品的特性和功能，由供应商配合，设计出的 POP 效果通常比较好。

2. 安排促销综合措施的时机

广告工作的决策涉及有效范围和频率两个概念。有效范围是指在一定时期内受广告影响的确切的人数，频率是指在一定时期内受广告影响的每一个人接触广告的平均次数。商业企业可以采用粗放的广告或集约的广告。粗放的广告（extensive coverage）是指广告影响到的人数虽众多，但其频率相当低；集约的广告（intensive coverage）是指广告在选定的宣传工具上频繁地重复出现。广告的重复出现是很重要的，对于一家力求树立商誉或销售新产品或新服务项目的商店来说尤其如此。

商业企业运用促销综合措施时应考虑是否处于旺季，是集中使用力量还是分散使用力量。在旺季往往把推销宣传的全部措施都使用上，在淡季则减少推销宣传工作。旺季广告是超级市场的习惯做法。国外的超级市场大多把它们每周在主要报纸上登载一次的广告安排在星期三，这样安排的理由是根据大多数顾客主要在星期四、五、六出外采购商品的习惯。

销售人员的多少也随时间、日期和月份的不同而变化，如早晚不同、平日与周末不同、12 月与 1 月不同。推销宣传随时机的选择而变化。商店新开张及节假日是销售宣传特别好的时机。

3. 确定促销的信息内容

促销的信息内容具有重要意义。在广告方面，必须决定主题、措词、标题、色彩的运用、尺寸大小、布局及位置。在个人推销方面必须做到热情周到；在营业推广方面，必须将企业的信息编写好，并安排到推销宣传手段上去。

信息内容在很大程度上受促销方式的特点所制约。一只购货袋通常只够印上商店的名称；以每小时 80 公里的速度驱车的人可以看得清楚的一块广告牌，适宜于广告画，但只能容纳很少的文字材料；售货员能将顾客的注意力吸引住一会儿，那么就可以增加所传达的信息内容。

4. 促销人员安排

由于促销活动内容繁杂，工作千头万绪，要使活动有条不紊地开展，管理人员要事先对每一项工作进行分工，安排人员具体负责。如安排不同人员在规定的时间内完成广告内容的撰写、广告媒体的联系、卖场氛围的布置、商品价格的调整、供应商的联络、促销商品的陈列等。另外，还要有专人负责对商店营业人员的促销培训，使每个员工都能清楚地了解促销的内容与要求，为顾客提供更好的服务。

5. 促销商品安排

在商品管理方面，要注意：

（1）要准确预测促销商品的销售量并提前进货，促销商品必须充足，以免缺货造成顾客抱怨及丧失促销机会。如果消费者买不到促销商品，不但达不到零售企业的促销目的，反而会打击消费者的购买热情，甚至会损害零售企业的信誉。出现这种状况的原因就在于供应商供货的连续性差，或配货中心的配货协调性差。所以，零售企业应当选择那些整体配合能力强的供应商合作，选择其商品为零售企业的主力商品或促销商品。

（2）促销商品价格必须及时调整，以免使顾客产生被欺骗的感觉及影响收银工作的正常进行。

（3）新产品促销应配合试用、品尝、示范等方式，以吸引顾客消费，以免顾客缺乏了解而不愿购买。

（4）商品陈列必须正确且吸引人，除了促销活动中必须做的各种端架陈列和堆头陈列外，还要对陈列做一些调整以配合促销获得最佳效果。例如，促销商品和高毛利的非促销商品必须有效组合、关联陈列，以提高顾客对非促销商品的关注。

6. 卖场氛围布置

卖场氛围可以根据促销活动进行针对性的布置，应张贴各种促销的海报、设计引人注目的价格标签，置放旗帜、气球等物品，以增加促销气氛；同时应辅以灯具、垫子、隔物板、模型等用品以更好地衬托商品，刺激顾客的购物兴趣。在促销现场可以用广播直接告知顾客哪个楼层和那些商品正在搞促销，可以播放轻松愉快的背景音乐，使顾客感觉更舒适，必要的话也可以适当安排专人在卖场直接促销商品。

六、促销成功的要素

（一）计划性

零售企业的商品促销是有计划、有目的的活动。零售企业应该有专门的部门来实施这项工作，其主要任务是制定年度、季度、月度的促销计划。

促销计划的具体内容包括：促销活动的次数、时间上的安排，促销活动的主题内容，促销活动的供应商和商品的选定、维护与落实，促销活动的进场时间、组织与落实，促销活动期间的协调，以及促销活动的评估等。

1. 要提前做促销计划

（1）促销计划是与商品采购计划相联系的。为保证促销的顺利进行，在商品采购合同中，在促销保证这一部分，要让供应商做出促销承诺，要落实促销期间供应商的义务及配合等相关事宜。

（2）商品促销活动必须是一种有较长提前期的计划活动。通常促销部要提前一年做好商品促销计划。一般情况下，零售企业在每年11月份与供应商进行采购业务谈判，签订下一年的合同。而采购业务谈判是按照商品采购计划、商品促销计划和供应商文件来进行的。

在做促销计划时，按照不同的零售企业业态模式，确定不同的促销活动次数和间隔时间，一般大型零售企业可以每月做一次促销。提前做的促销计划可以粗一些，但是一定要制定出来，不可缺少。

（3）要求大供应商提供下一年度的新产品开发计划和产品促销计划。实际上，零售商的商品促销，是供应商促销活动的一种有机组合。零售企业做促销计划其实是先请供应商做好商品促销计划，在此基础上，零售企业再进行组合。凡是新产品或是第二年要重新订合同的商品，零售企业都应该让供应商拿出促销计划。

（4）按季节和节庆假日编制促销项目计划。不同的季节和节庆假日，顾客的需求和购买行为会有很大的提升和改变，一个良好的促销计划应与之相配合。不同的季节应选择不同的促销项目，例如，夏季应以凉席、空调、电风扇、饮料、啤酒、果汁等商品为重点；冬季则需以取暖器、羽绒衣、火锅、热食等商品为重点。而重要的节庆假日是促销的最好时机，如果善于规划，便能掌握商机，争取绩效。

2. 提前做促销项目实施计划

在采购合同的促销保证部分，应要求在收到零售企业促销活动通知之后，供应商保证提前1～2个月，做出具体的促销项目实施计划及其配合事项的条款。例如，在合同上写清楚，供应商每个月都要做一次促销活动。

促销项目实施计划主要包括三个方面：①选择具体的商品。②选择促销形式，是公关促销、服务促销，还是卖场促销，等等。如果选择卖场促销，那么要确定采取哪种方式，是特价、赠品还是新产品推荐方式。③将促销计划交给促销部，由其落实有关细节。

需要落实的细节包括：

（1）由采购人员落实好促销品种、价格、时间、数量、POP广告形式和堆头的费用承担。

（2）由门店管理部实施卖场的组织，包括货位预留、卖场布置、人员配置、POP广告张贴。

（3）落实促销商品的配送渠道，是由供应商直接把商品送到门店，还是由零售企业的配送中心配送。前者主要用于大卖场的货物配送；后者在配送中心配送的过程当中，需注意预留库位、组织运力、分配备门店促销商品的数量等几项工作的实施。

（4）促销活动进行期间的协调与控制。

（5）进行促销评估。其主要方面有：促销商品是否符合消费者需求；能否反映零售企业的经营特色；促销商品的销售额与毛利额；供应商配合是否恰当、及时；零售企业自身系统中，促销计划的准确性和差异性；总部对门店的配合程度；配送中心是否有问题；促销商品的选择正确与否；门店是否按照总部促销计划操作。

（二）主题性

良好的促销主题往往会为零售企业的促销活动起到画龙点睛的震撼效果，所以应针对整个促销内容拟订具有吸引力的促销主题。促销主题要新，即促销内容、方式、口号要富有新意，这样才能吸引人。

主题性促销的内容，必须能够抓住顾客的需求和市场的卖点。一个好的促销主题会成为一个好的市场卖点，而要有好的促销主题，促销人员的创意是相当重要和关键的。在现实生活中，在日趋激烈的商业竞争中，零售企业可以通过新颖的、独特的想法，去确立促销主题，开发和创造一个市场。

主题性促销活动的类型，按促销主题划分，有开业促销活动、周年店庆促销活动、例行性促销活动、竞争性促销活动、主题事件促销活动。

主题事件促销活动特别强调特定事件或突发事件的时机掌握，若掌握得当，常会提高零售企业知名度及业绩。特定事件或突发事件，往往因为出乎意料，没有精神准备，使零售企业难有敏锐的反应。然而，精明的经营者会快速反应，迅速决策，及时分析，总能先他人一步抢占商机。其做法通常如下：

首先，经常关注并及时掌握社会及商圈内有关事件及新闻，并研究其对零售企业经营及消费者购物心理的影响。其次，若发现良好的促销主题，则立即确定促销的商品及营业部门，在最短的期限内推出促销活动以抢夺先机，塑造零售企业的经营特色和差异化服务。

（三）创意性

为使企业取得良好的促销投资回报，促销人员必须运用创造性思维，使促销方案富有新意、创意，即运用创造性想象进行促销策划，并运用创造性思维寻求方案变化，突出个性。要抓住特定时空的有利条件，以引人注目的形式展示零售企业及其经营商品的特色，强化其竞争优势；以全新的内容刺激消费者，使企业及其经营商品的形象在赞叹和惊奇声中定格于消费者脑海之中，从而刺激消费需求；以巧妙的手法及时传递信息，吸引消费者的注意力并对其产生同化作用，最终实现零售企业的促销目标。

促销方案有创意，才能在促销过程中给消费者一种新鲜感、一种冲击力。当然，创新是为实用服务的，没有实用价值的创新就是臆想。所以，在进行促销方案策划及实施的过程中，不要注重过多的形式，也不要仅凭策划者或执行者的主观感受，而要以获得消费者的良好看法和行为作为创意性促销的标准。

例如，经营着世界上最大乳品零售企业的美国乳品大王伦纳德先生说："我的成功秘诀在于运用创意进行促销，刺激顾客的购买欲望。"请看他的创意促销"四步曲"：第一步，在零售企业门口放上一头打扮漂亮的真奶牛，向顾客表示欢迎；第二步，进入卖场后，迎面耸立一头活灵活现的塑料奶牛，旁边站着一位哼着优美民歌的牧牛机器人，使顾客感到仿佛置身于牛羊成群的海洋之中，使其对乳制品产生强烈兴趣，得到一种快乐的享受；第三步，当顾客走进售货大厅，两只活泼可爱的机器狗，每隔6分钟就会唱一首有关乳制品的逗人的曲子，使顾客产生强烈的购买欲；第四步，当顾客在各式各样的商品中穿行时，扑鼻而来的奶香和烤面包的清香，令人馋涎欲滴，促使其产生品尝行为和购买冲动。

（四）参与性

零售企业的促销目标是要提高销售额、利润额，以谋求高促销投资回报。但是，零售企业的促销应努力诉求顾客的心理感受，以达到预期的促销效果。所以，应设法打动消费大众的心，在情感上令广大消费者满意，即促销的观念和做法应以消费者为主。所以，促销活动必须能够让顾客参与进来。

在设计参与性促销活动时，一定要注意活动的趣味性、可行性和安全性。所以，参与性促销活动的设计工作较为复杂，管理工作也比较困难，参与者、获奖者可能与购买零售企业商品没有直接关系，往往会导致目标顾客的针对性不强。这就要求市场营销人员必须精心策划，周密准备，方能取得最佳的效果。

有消费者参与的促销活动方式多种多样，零售企业通过组织各种着眼于趣味性、顾客参与性的特定比赛，提供奖品，会吸引不少人来观看或参与，可以连带达到增加来店顾客数量、带动销售量的目的。

在店内或通过媒介开展各类活动让消费者参加。如母亲节画母亲比赛、卡拉OK大赛、主题有奖征文比赛、猜谜、填字等，以吸引消费者注意零售企业的商品和促销活动。

请消费者回答问题。由零售企业印制或通过新闻媒介刊登有关零售企业及其所售商品的知识问题，征求答案，以加深消费者对零售企业的印象、对其出售商品的了解，扩大销售量。

配合促销主题，拟定比赛项目、参加对象、奖励方法、实施费用、协办供应商等内容；用广告宣传单、海报以及现场广播等方式，扩大宣传，鼓励顾客报名参加；精心组织，活跃比赛场地气氛，确保促销活动达到预期效果。

第三节　零售企业的营业推广

一、营业推广概念

营业推广也称销售促进（sales promotion），美国市场营销协会（AMA）对销售促进的定义是："除了人员推销、广告和宣传报道以外的，刺激消费者购买和经销商效益的种种企业市场营销活动，例如，陈列、演出、展览会、示范表演以及其他非经常发生的推销努力。"零售商的销售促进是指零售商针对最终消费者所采取的除广告、公共关系和人员推销之外的能够刺激需求、激励购买、扩大销售的各种短暂性的促销措施。销售促进一般用于暂时的和额外的促销活动，是为了促进消费者立即购买，提高某一时期的营业额或某种商品销售额的特殊促销。

有很多人将销售促进和促销混为一谈，事实上，这是两个概念。销售促进只是促销的四个主要工具中的一个，它与人员促销、广告、公共关系构成了促销的组成部分。销售促进往往是一种短期的促销行为，它追求的是一种立竿见影的效果。因此，它的策划和设计通常是针对有限的时间和空间而设计的，其行动导向是立即的销售。

销售促进的特点是：

（1）主题突出，引人注目，宣传工具具有特色，吸引力强；

（2）在销售中能产生更快和更多可衡量的反应；

（3）有助于吸引大批顾客，并维护顾客对商店的信赖；

（4）促进即兴购买；

（5）使顾客感到乐趣，特别是有竞赛和演示内容的推销活动。

相对于制造商而言，零售商更乐意使用销售促进策略，因为他们更喜欢直接针对目标顾客的促销措施，并希望在短时期内看到立竿见影的效果。零售商在安排促销费用时，总是预先安排销售促进活动的费用；然后才考虑广告和公关宣传。

二、营业推广类型

(一) 店头促销

"店头"是卖场形象的代表，主要指零售企业卖场中的堆头和端头。堆头是指在展示区、过道和其他区域作落地陈列的商品。堆头多做成塔式落地陈列，不受体积大小限制，可以扩大品牌陈列面与消费者接触面。端头是指卖场中货架的两端，多为有头有尾货架末端陈列，与消费者接触率高，容易促使其产生购买行动。

店头促销是零售企业的形象促销活动，主要表现形式有三种：特别展示区，货架两端（端头）和堆头陈列。这三者都是消费者行走时反复通过的、视觉最直接接触的地方，而且陈列在这里的商品通常属于促销商品、特别推荐产品、特价商品和新产品。

店头促销方式比较适合于大卖场业态，并形成大供应商或大品牌与堆头或端头的对应关系，确定一个品牌或一个供应商与一个端头或堆头相对应。

特别展示区、堆头和端头陈列是店头促销的关键。消费者的购物习惯，有一种长期积累的、恒定的惯性，这就对零售企业的店头布置提出了一种深层次的要求，那就是必须要迎合顾客的购物习惯，在商品的层次、视觉和听觉等方面，都要给顾客提供足够的信息。

据调查，到零售企业中去买预先设定的特定商品的顾客只占25％左右，而75％的顾客都属于即时的冲动型购买。店头信息，尤其是特别展示区、端头和堆头陈列的促销商品信息，对非计划型购物的消费者，将起到很大的作用。在卖场的入口处设置特别展示区，加强端头商品的组织，充分发挥这三者的促销作用，改变商品的陈列方式、增加销售势头好的商品数量，可以提高顾客的购买量。

因此，如何进行店头促销和卖场规划，做到商品丰富、品种齐全，使顾客进店看得见、拿得到商品，是至关重要的。以特别展示区、端头和堆头为主的店头促销应该突出，并充分展示促销商品、主力商品以及商品的精华部分，激发顾客的购买欲望；应该努力体现出店头的三种固有功能——展示功能、导向功能、选择和比较功能；应该利用多种形式，开展活泼的店头促销，努力塑造卖场低价、实惠、商品琳琅满目的形象。

(二) 现场促销

现场促销活动是指零售企业在一定期间内，针对多数预期顾客，以扩大销售为目的所进行的促销活动。现场促销通常会结合人员促销，并通过这种特殊形式，直接达到扩大销售额的目的。

现场促销是零售企业促销的主要形式，可以带来显而易见的销售业绩。商店通过热烈的促销活动，使顾客受到感染。顾客在促销现场，面对丰富的商品，不但可以任意浏览、尽情触摸，而且还有专人说明、真人示范，因此，促使顾客购买现场促销商品的可能性会大幅度提高。

现场促销除了能够直接扩大销售额外，还能够大力推动促销商品品牌的潜意识渗透，有利于零售企业与消费者之间的情感沟通。

(三) 展示促销

展示促销较多用于新产品，但不仅仅是宣传新产品，更重要的是发掘新产品的预期顾客、促其购买。通过商品展示，使消费者直接、充分地了解新产品的特性、优点，这种推广活动，就是展示促销。

通常的展示促销只针对新产品，是人员促销的一部分。通过陈列新产品样品，促销新产品，使新产品信息广泛传播，大量招徕商品买主，兼具促销与广告作用。一般零售企业用于食品类商品的展示促销，可以举办食品烹调、炊具使用示范等活动。就展示表演的种类而言，有试用、试饮、试吃，以及附带赠品示范销售等，五花八门，不胜枚举。

零售企业经营的商品种类繁多，新产品层出不穷。很多产品刚上市时，不为消费者所了解，零售企业及时、适当地开展展示促销活动，可以迅速地把新产品介绍给顾客，激发消费者需求，促进消费者购买和消费。此外，通过展示促销，还可以加强零售企业与顾客间的信息沟通和感情交流，了解顾客对新商品的反应和消费需求的变化。

展示促销的费用，包括使用商品的费用和部分人工费用，一般由供应商承担。对许多由供应商提供的新产品和赠品，可以归促销部门来实施具体的促销活动。

1. 展示促销的优缺点

展示促销的优点是：

（1）可以促使消费者更好地接受新产品。对于消费者来说，了解一种新产品最好的方法就是令其对该产品产生实际的感受。展示促销就可以让消费者做到亲眼目睹，从而对新产品产生浓厚的兴趣。

（2）可以节省促销的费用开支。展示促销的成本费用主要是用于展示的商品费用、辅助品费用以及促销人员的劳务费用。与其他一些促销方式相比，费用较低，但是效果却很好，所以是零售企业值得采用的一种较好的促销方式。

展示促销的缺点是：

受商品特性的限制较大，而且一般只适用于新产品。而新产品展示的效果好坏，有时会受到展示人员水平的影响。如果展示不当，反而会造成适得其反的效果。

2. 展示促销活动的要求

（1）精心选择展示商品。展示商品应具有以下特征：有新的使用功效，能使新商品的使用效果立即显现，新产品的技术不是很复杂。

（2）设置合适的区域来进行新产品展示活动。该区域在零售企业的布局中应该显眼醒目，以便吸引更多的消费者前来观看；要注意展示区域与商品销售位置的配合，应在商品销售位置附近开展展示；要考虑保持零售企业内部通道的顺畅，使对展示活动无兴趣的消费者能够顺利通过和选购其他商品。

（3）认真地选择展示人员。展示人员水平的高低对于展示效果的影响很大，所以在选择展示人员时应充分考虑到展示人员对展示商品的性能、质量、使用方法等的了解程度，以及展示人员的展示技巧和把握现场气氛的能力。

三、营业推广的过程

营业推广就是通过信息传播引导需求，影响购买。只有传递，才能沟通；只有沟通，才能促销。顾客光顾商店有一个过程，包括认识、了解、引起注意、引发兴趣、产生欲望、付诸行动。营业推广的过程如下：

1. 引起顾客注意

人们无法注意不知道的东西，也不会注意自己知道的所有东西，这就需要商店主动传播信息。众多的商店，琳琅满目的商品，首先要让顾客知道并引起注意。人们的注意力或人们注意的对象，是有选择的。促销信息能否引起消费者注意，这是零售促销能否取得成功的第一步。要吸引消费者的注意：提供与当前消费者需要有关的信息；提供反差强烈、新奇醒目的各种信息；提供易懂可信、亲切而有感染力的信息。

2. 提高顾客兴趣

引起顾客对商店及商品、服务的注意之后，还必须调动顾客的好奇心，使他产生进一步了解的积极性，提高兴趣。如果反映的信息缺乏引起人们兴趣的感染力，引起的注意很短暂，就不能刺激顾客产生购买欲望。因此，在营业推广的过程中有意识地增大促销信息各组成部分的感染力，激发消费者对促销各种信息的兴趣，进一步刺激顾客购买欲望。

3. 刺激购买行动

提高兴趣刺激顾客产生购买的欲望后，还要进一步让顾客的购买欲望上升到产生付诸购买行动想法。顾客知道商店有某种自己非常想买的商品，确信能从中得到满足，商品价格也可以接受的。购买欲望就会上升为一种信念，即这个商店的商品比其他商店的好，应该买下来，并付诸行动。

4. 影响行为

影响行为是商店传播信息的根本目的。欲望受到刺激，动机必被强化，消费者就会做出购买决定并采取行动。行动的结果是欲望得到满足。

四、营业推广的形式

营业推广的类型非常多，这里介绍通行的几种。

（一）销售点展销

销售点展销是为提高销售额而设在店内的商品展销，通常是集中于某一品类，款式品种多样，价格比平时要低。销售点展销一般是由供应商与零售商合作开展，供应商提供优惠价格的商品，零售商提供场地和实施促销活动。销售点展销能吸引消费者眼球，激发购买欲望，实现某类商品短期热销效果。由于生产商提供展销陈列品或优惠价商品，因此销售点展销的成本很低。但是销售点推销宣传的长期效果难以确定，顾客在展销时可能买些商品储备起来，展销过后就购买得少了。

（二）抽奖

抽奖是指顾客在商店购物满一定金额即可凭抽奖券在当时或指定时间内参加商店组织的公开抽奖活动。抽奖活动参加者，只要填写姓名、身份证号或其他一些个人资料即可，抽奖全凭顾客的运气。这是基于人们的侥幸和追求刺激的心理，有以小搏大的乐趣，主办商店通常备有各式大小奖品吸引顾客。在20世纪80～90年代，抽奖促销很热门，实施效果良好，但后来商家出现不少抽奖欺诈的行为，消费者对此兴趣下降；另外，中国消费者的成熟和购物的理性也导致抽奖活动不再像过去那样有吸引力。

抽奖与购买商品中的商品中奖、随货中奖是有区别的。抽奖是顾客购买商品后，凭购物小票等证明从商店方获得抽奖券，再参加抽奖。而商品中奖和随货中奖都是与商品有直接关系的，即奖品或奖券就在商品中，顾客获奖的直接原因是购买了该商品。生产厂商多采用商品中奖和随货中奖的促销手段，而零售商则多采用抽奖的方式进行促销。

常见的抽奖方式有以下几种：

1. 直接抽奖方式

顾客购买商品后可立即参加抽奖或者获得一张对奖卡，抽奖结果可以马上知道。目前，很多商店都采用一种简便易行的抽奖方式——刮刮卡。刮刮卡属于直接抽奖方式。刮刮卡上印有一些数字、图形或商店的标志等，均被覆盖住。消费者购物后，即可凭购买金额获得数额不等的刮刮卡，当场刮开覆盖的涂层，即可看到里面的标志，与商店的规定相对照领取奖品。

2. 事后对奖方式

在一组奖券送完或到了指定的日期时，由商店公布中奖的号码、图标、文字等。这些中奖的标志可以是由商店在抽奖前就确定好的，但目前最流行的做法是在奖券送完后，到指定的日期公开摇奖，以确定中奖号码。对奖式抽奖不能马上知道中奖结果。

3. 多重抽奖方式

现在很多商店为了吸引顾客，在抽奖方式上可谓绞尽脑汁，多数采用的是综合抽奖方式，即将上述两种方式融合起来的多重抽奖方式。如消费者购买一定数量或金额的商品，商店给予抽奖券，顾客可以立即刮卡得知是否中第一层奖；随后又可参加在商店举行的即行抽奖，经过摇奖或计算机随机抽取，可知是否中第二层奖；然后，该抽奖券还可以参加商店举办的一定时期的公开抽奖，看是否中第三层奖。这种多层抽奖能极大地提高顾客参加抽奖的兴趣，已被许多商店所采用。

零售商在采用抽奖促销时需事先做好准备工作，包括：

（1）决定顾客参加抽奖的消费金额。通常以顾客平均客单价基础上酌增。例如，商店顾客平时客单价为 100 元，则可将参加抽奖的金额设为 150 元或 200 元。这样可以通过抽奖促使顾客购买比平时更多的商品，达到促销的目的。

（2）决定顾客参加抽奖的方式。通常抽奖方式与准备的奖品有关。若奖品是一些大奖，如国外旅游机票、名贵音响、大件家具等，多用定期公开抽奖的方式；若奖品的金额不高，属一般性奖品，如吸尘器、电饭煲、电熨斗等，且数量充裕，则多用立即抽奖兑换的方式；若奖品既有大奖，又有大量的一般性小额奖，则可以采用多重抽奖方式。当然，商店在策划抽奖活动时，也可以先确定抽奖方式，再根据这次抽奖活动的经费设计抽奖的奖品，往往会以顾客最感兴趣并能达到最佳促销效果的方式进行。

（3）决定抽奖品的金额和品种。通常抽奖品的金额多为此次促销活动预计增加营业额的 5%～10%，或依厂商赞助奖品的情况斟酌而定。

商品抽奖被商家视为一种有效的促销手段，而许多消费者也认为是一种有刺激性的活动，一度非常火爆。但随着这种促销手段的广泛采用，各种不规范甚至欺诈行为也时有发生。因此商店在搞抽奖促销活动时，要对游戏规则严格界定，对参加活动的消费者履行约定，防止出现纠纷。

（三）随货中奖

商品随货中奖形式有：

（1）一种方式是每件商品内都有一个号码，若顾客购得的商品的号码正好是公布的某一等级中奖号，则可获得一笔不菲的奖金。

（2）还有一种形式是少数商品内放有彩票，并标明彩票的等级，顾客持彩票向商店免费领取赠品。

（四）优惠券

优惠券常常用来为商店或供应商销售特别廉价商品，优惠券有三大优点：第一，在多数情况下，由供应商支付优惠券的发放成本及兑付实物；第二，优惠券对进行中的广告宣传活动及增加商店客流量十分有利；第三，广告的效果可由已兑付实物的优惠券来衡量。

零售商将印在报纸、杂志、宣传单或商品包装上的附有一定面值的优惠券或单独的优惠券，通过邮寄、挨户递送、销售点分发等形式发放，持券人可以凭此券在购买某种商品时打折。还有一种做法是顾客凭买过本商店的商品证明如收款收据等，向商店索取优惠券。优惠券既鼓励了顾客购买，又扩大了商店的影响。

商店优惠券只能在某一特定商店或连锁店使用。它绝大部分是以吸引顾客光临某一特定的商店为主要目的，而不是为了吸引顾客购买某一特定品牌的商品。另外，它也被广泛地用来协助刺激对店内各种商品的购买欲望上。

优惠券兑换比率低是促销活动中面临的尴尬。在美国，报纸优惠券在期限内的回收率约2%，直接邮寄分发的回收率约为8%，而附在其他产品中的则有17%的回收率。在中国，随着优惠券的泛滥，兑换率低的情况趋于严重，一些消费者对放在信箱里的商场优惠券态度冷漠，对印在报纸上的优惠券也不热衷，因为他们认为商场在抬高价格的同时用可打折的优惠券吸引消费者，这里面实惠很少。

（五）赠送商品

赠送商品是指顾客在商店购买一定价值商品后可获得零售商赠送的特定物品的活动。赠送商品效果很好，会增加顾客对商品的购买，起到立竿见影的作用，问题是成本较高。也有少数没有条件的免费赠送，但免费赠送的商品价值很小。

赠送主要有以下几种方式：

1. 买一赠一

顾客购买某一特定商品可免费获得相应的赠品。例如，购买一套西装赠送一条领带，购买电脑可获赠电脑包。

2. 酬谢包装

酬谢包装是以标准包装的原价格供给比标准包装更大的包装或以标准包装另外附加商品来酬谢购买者。这种方法在推销食品、日用品、保健品和美容品中广为使用。超市经常在牛奶、洗发膏等产品外面加附赠的小盒同类产品。

3. 批量购买赠送

顾客购买某商品数额达到既定批量，或顾客购买本商店商品的金额达到一定标准，可以免费获得赠品。这通常是对团购的一种奖励，家庭购买很难达到这种批量，如顾客在商店购买50盒月饼可赠送1盒月饼。

（六）折价优惠

折价优惠是零售商使用非常广泛的一种促销方式。折价优惠是指商店在一定时期内，调低一定数量的商品售价，也可以说是适当减少自己的利润以回馈消费者的促销活动。折价优惠在百货商店、服装商店、仓储式商场、超级市场、折扣商店等经常采用，成为吸引顾客的一个有效手段。

折价销售的主要目的是为了与其他商店在价格上抗衡，也为了吸引对价格比较敏感的消费者，扩大商店的销售额，增加人气。折价优惠虽然在单件商品上获得的利润减少，但低价促进了销售，增加了销售量，特别是给竞争对手以有力打击。

零售商常采用的折价优惠形式有以下几种：

1. 商品特价

商品特价是指直接将商品的原价调至较低的现价（现价就叫特价）以吸引消费者购买。特价销售在促进商品销售方面的作用非常突出，是商店最常采用的促销方法。

2. 限时优惠

限时优惠是在特定的营业时段提供优惠商品，以刺激消费者购买。此类活动以价格为促销的着眼点，利用消费者求实惠的心理，刺激其在特定的时间段内采购特定的优惠商品。例如，周六、周日全场商品8折优惠。

3. 买就送

顾客购买一定金额商品就可获得相应礼券，如买200送50、买300送100、买500送200等。这是一种极具诱惑力的折价优惠手段，商家不惜成本吸引顾客，形成抢购效应，为商店带来巨大客流。一些百货商店、时装商店在重大节庆或店庆时采用这种手段答谢消费者，效果显著。但是毛利微薄的超市难以承受这种慷慨的奉送。

（七）积点优待

积点优待又叫积分卡或商业印花（商业贴花），指顾客每购买单位商品就可获得一张印花，若筹集到一定数量的印花就可以免费换取或换购（即支付少量金额）某种商品或奖品。目前，商店流行会员卡积分，顾客每次购物使用会员卡可以积分，待积分满一定数额，商店将奖励一定数额的现金券给顾客。

积点优待的最大优点是能够形成一批忠诚的顾客，有的消费者对积分卡十分热衷，反正到哪里购买都差不多，经常来某一家商店购买商品能够获得积点优待是一笔额外的收获，何乐而不为。

对于商家而言，最重要的顾客就是经常性光顾的老顾客。因此，如何稳定老顾客成了商家十分重要的问题，而积点优待与其他促销方式的最大差别在于保持顾客的持续性，即稳定老顾客。顾客必须通过购买商品才能增加积点；达到一定的量后才可获得返还。这一促销活动的特点是能让顾客持续购买本商店的商品。如果顾客一旦决定参加积点优待，就会积极地收积点券，自然就不会到其他的商店购物。因此，积点优待不失为商家一种重要且有影响力的促销手段。

（八）竞赛

竞赛是一种让消费者重在参与的促销手段，其目的是引起社会广泛注意，扩大零售企业的影响和知名度，通过这样一种活动使消费者认识企业的经营方向、经营理念和经营优势，从而成为企业的忠实顾客。竞赛一般不能直接为零售企业带来眼前销售的增加，它是意在长远的一种促销策略。竞赛要求参与者运用和发挥自己的才能以解决或完成某一特定问题，是提供奖品鼓励消费者参与的一种活动。这种活动方式有：回答本商店的经营特点等问题、回答有关商品的优点等问题、为商店命名、提供广告主题语和广告创意等。竞赛着眼于趣味性及顾客的参与性，通常会吸引不少人来观看和参与，可连带达到增加客流量、扩大销售的目的。

常见的竞赛活动方式有:

(1) 在商店内或通过媒介开展各类游戏比赛活动,让消费者参加。如举办儿童游戏比赛,儿童节绘画比赛、卡拉 OK 比赛、猜谜填字比赛、喝啤酒比赛等。

(2) 让消费者回答问题。由商店印制或通过媒介刊登有关商店以及销售商品的知识问题,征求答案,以加深顾客对商店的印象以及所出售的商品的了解。

(3) 征求商店的标志、广告词、店歌、店徽等,或征求商店某一时期的促销创意等。使消费者参与商店的营销工作,从而取得对商店的认同感。

竞赛要成功地举办,一定要有一个明确的活动规则。商店在竞赛活动举办之前必须将竞赛的具体规则公布于众,并受公证机关的监督。活动规则一旦确定后,商店必须严格按照规则履行自己的承诺,而不应以任何理由改变规则或不予兑现。

(九) 商品演示和免费品尝

商品演示就是通过对商品的使用表演示范,使顾客对商品的效能产生兴趣和信任,以激起冲动性的购买行为。如榨汁机现场演示榨鲜果汁、真空吸尘器演示吸尘等,多用于新产品、使用比较复杂的产品。商品演示的目的是向顾客进一步证实商品的效能和优点。商品演示还包括在商店现场品尝、现场制作等活动。现在有一些超市让消费者免费品尝咖啡、糕点等。此类活动在超市或旅游景点的商店,是提高特定商品销售量的有效方法。通过商品实际展示和专业人员的介绍,会打消消费者的顾虑和增加消费者购买的信心。

商品演示的主要形式有以下几种:

1. 定点展览演示

定点展览演示就是在某一固定地点进行演示,如在卖场销售该商品的柜台旁,或者在客流量较大的商店入口处、主通道处等摆设专门的演示摊位。这种演示形式在超市经常可以看到。

2. 外出流动演示

外出流动演示不是在商场内部演示,而是在商场区域以外的地点演示,而这一地点是不固定的。商店组成专门的流动演示小组,在顾客密集的地区巡回演示,既可以扩大商品的销路,又可以提高商店的知名度。这种方法与目标市场接触面大,促销效果好,但费用较高。

3. 制作演示

制作演示主要用于食品加工机的促销,如榨汁机、食品粉碎机等。这种演示能激起顾客对自己动手加工食品的欲望。

4. 模特演示

模特演示主要适用于服装和首饰等的推销。商店可以聘请模特做时装展示会,也可以让销售该服装的导购员充当临时模特,穿着陈列的服装边销售边展示,以激发顾客的兴趣。模特演示可以充分展现商品的美,适应顾客的爱美心理,激发顾客的潜在需求。这种方法比较适合大的百货商店。

5. 电视演示

商店在营业场所安置电视屏幕,在营业时间内播放提前录制好的商品广告或商品介绍以及商品的使用方法等,以此吸引顾客的注意。

商品演示和免费品尝由于让顾客亲自体验、亲眼目睹，导致购买增多，其效果很明显，问题是成本可能较高。

第四节　零售企业广告促销

一、零售业广告定义

零售广告是零售商以付费的非人员的方式，借助于广告载体有目的地、有意识地、非强迫性地对受众施加影响，传递信息，提供关于商店、商品、服务、观念等信息，以影响消费者对商店的态度和偏好，直接或间接地引起销售增长的沟通传达方式。

零售企业广告的目标是：增加短期的销售额；增加商店的客流量；树立和增强商店的声誉；向顾客展示产品和商店的特征；减轻销售人员的工作。

零售广告按其内容分为：①开拓性广告，目的是让人了解，它通常提供新商店及其坐落地点的信息；②竞争性广告，以说服顾客到本店购物为目的；③提醒性广告，目的是招呼商店老顾客，并强调曾使商店取得成就的那些特点；④形象广告，为建立企业声誉的广告，致力于在公众面前保持商店的声誉而不强调商品和销售。

零售企业可以独自做广告，也可找人合伙做。独自出钱做广告的主要好处是便于控制，并有灵活性，但是成本高；合作广告是由两家以上的单位分摊费用，共同决策的一种广告。合作有纵向合作广告（vertical cooperative-advertising）和横向合作广告（horizontal cooperative-advertising）。纵向合作广告为一家制造商和一家零售商，或一家批发商和一家零售商共用一则广告；横向合作广告为两个或几个零售商共用一则广告。

二、零售业广告的特点

零售企业在广告上有自己的特点，这种特点可通过将零售企业与制造业相比较而显示：

（1）零售企业通常比工业企业具有地区上较为集中的目标市场。就是说，零售业比工业能更好地适应本地区的需求、习惯与爱好。然而零售企业不可能像工业企业那样使用全国性的宣传工具，只有较大的连锁商店和特许的专业商店才登得起全国性的电视广告节目。

（2）零售企业的广告强调及时性。在短期内登出广告，要求顾客及时前来购买。工业企业所关心的是培养对本公司或一种产品的好感，而不太关心短期销售额的增加。

（3）零售企业在各种广告中总是把重点放在价格上，工业企业往往强调一种产品的若干特性。零售企业常常在一份广告中展示许多不同的商品，而工业企业则将一份广告中提到的产品种数减少到最低限度。

（4）零售企业的广告费用往往由自己和供应商分摊，称之为纵向合作广告。纵向合作广告是指零售商与制造商或批发商合作做广告，共同分担广告费用。纵向合作广告确实能减少零售商的广告费用，市场覆盖面也更广，但它削弱了零售商对广告的控制权，灵活性和特色性不足。

（5）零售商在媒体上的宣传费用一般都低于制造商。制造商要打响一个品牌和一个新商品，往往会不惜重金打开市场，而零售商则很少进行这种大手笔的广告宣传。原因是零售商不把广告作为最重要的促销手段。

三、零售企业运用广告的优缺点

1. 零售企业运用广告的优点

（1）表现方式多样，能吸引大批观众，对于印刷品可以通过读者相互传阅来扩大影响，印刷品广告还可以让读者反复研究。

（2）相对于每个读者、听众、观众的宣传费用是很低的。

（3）有很多种宣传工具可供选择，可以与其他促销方式有效配合。

（4）企业可以控制广告的内容、图像、时间和尺寸，以便把一套格式理想的、标准化的信息传送给全部观众。

（5）由于顾客在购货前已经了解商店及其商品或服务项目，就有可能实行顾客自助销售或简化销售手续。

2. 零售企业运用广告的缺点

（1）由于广告内容的标准化，没有灵活性，无法针对每个人的需要进行宣传。

（2）有些广告需要很多投资，一些小企业无力采用。

（3）许多宣传工具是适用于广大地区的，零售企业在其上做广告存在浪费。例如，一家在报纸上做广告的商店发现住在这个商圈的读者只占很小比例。

（4）有些宣传工具安排广告需要很长时间，这就降低了宣传热门商品或及时反映时事主题的能力。

（5）有些广告宣传品废弃率很高。例如，有些传单和邮递广告往往没有人看过就扔掉了。

（6）许多广告要求简明，因此不能包含很多信息。

四、零售广告的媒体

零售广告媒体可分为印刷媒体、电波媒体及其他媒体等三大类。每种媒体各有其优越性和局限性，零售商在进行媒体选择时，要考虑各具体媒体的送达率、宣传频率、效果影响力、媒体载体及媒体使用时机等，零售广告媒体分类如下：

（一）印刷媒体类

印刷媒体类广告包括报纸、杂志、招贴、传单、商品说明书、商品价目表、商品目录、内部通信、包装纸（盒）、广告牌、邮寄广告、电话号码簿等。企业常选择的有如下印刷媒体类广告：

1. 报纸广告

报纸广告因市场覆盖面大，反应快，限制较少等优点而成为零售商偏爱的媒体类广告。报纸广告很适合定期和长期做广告，零售商往往是为市场容量大的商品大幅度降价而做报纸广告。国美、苏宁电器公司常在地方性、区域性报纸上使用周末的报纸刊登促销广告，广告的内容包括所促销的商品及特殊的价格折扣。报纸广告常被商店用作优惠展销、季节与节日推销、降价推销等广告宣传。报纸广告的缺点是生命周期短，如果报纸上刊登的广告太多，则不易被发现。

2. 杂志广告

杂志广告可以运用彩色照片和图片，宣传效果比报纸更好，而且专业针对性强，生命周期长，有一定的保留价值。但由于杂志广告的出版周期长，对强调时间性的零售商来说，不能配合即时的促销活动，显得不够灵活。杂志广告里信息覆盖面不及报纸，影响力有限，针对的消费群有一定限制，费用也比报纸高，故零售商很少采用这一广告形式。

3. 传单广告

传单广告是指将广告印成传单后散发给顾客。传单广告制作简单，费用不高，方式灵活，对于提高商店知名度、引导顾客入店购物有明显效果，所以新开的小型商店或老商店推出某一特色服务时常常使用。传单的有效范围一般只限于商业圈内，散发的形式可以采用人员在街头或商店门前散发。许多超市将印好的传单广告摆放在商店门口或服务台、收银台任顾客拿取，这种方式很受顾客欢迎。

4. 包装广告

包装广告是将商店的店徽、店名、地址、电话号码、经营项目等信息印在包装纸（袋）上，在购买成交后包装商品时使用。包装广告在方便顾客携带和保护商品的同时宣传了商店，有助于建立良好的商店形象。因此，零售商店中，越来越多的商店采用包装广告作为重要的促销手段，增进顾客与商店的联系。包装袋过去一般都是塑料袋，近年来为了节约资源、减少环境污染，一些国家提倡用能降解的无毒材料生产包装袋。例如，日本的吉之岛商店采用的包装袋都由聚乙烯制作，燃烧后不会产生氯气等有害气体。欧洲有不少商店采用纸袋。

5. 直接邮寄广告

直接邮寄广告亦称 DM 广告（direct mail advertising），零售商通过邮局或快递公司邮寄印刷品广告。这种给顾客直接邮寄广告又称信函广告，是直接与顾客沟通的一种广告。其特点是针对性强，读者群明确，不受其他广告的影响，成本较低，适合各种商店采用。零售企业每隔一段时间制作一个宣传单，上面标有上百个特价商品，并将其随报纸一起寄给顾客。直接邮寄广告的缺点是信息覆盖面小，而且不容易引起顾客重视，弃置率很高。

6. 户外广告

户外广告是指建在商店建筑物外面的招牌广告、栏架广告、临街广告、灯箱广告等。户外广告最大的优势在于曝光频率高，生命周期长，可数月甚至数年保持。但广告牌不易寻得理想位置，且有效范围小，主要被那些以社区居民为目标顾客的商店采用。

7. 电话号码簿

电话号码簿方便顾客随时查询店址、电话，也是重要的广告宣传工具。电话号码簿一般分白页和黄页两部分。白页是免费的，按拼音顺序排列入簿；黄页是收费的，按商业类型排序入簿。不熟悉本地零售状况的顾客通常在黄页上查询。黄页上也可以登较大的印刷广告。黄页广告的优点是使用面广，而且寿命长，通常在一年或一年以上。由于我国电话簿不是十分普及，因而这种方式效果有限。

（二）电波媒体类

电波媒体类的广告主要有电视广告、广播广告、电子广告牌、剧场广告等。

1. 电视广告

电视广告具有生动、说服力强、视觉效果显著、信息覆盖面广、传播迅速的特点，是最为有效的传播媒介。但是，电视广告制作复杂，成本昂贵，受众选择性差，并且时间短暂，一般在15～30秒，不适合做详细的广告说明。大多数零售商认为电视广告成本太高。

2. 广播广告

广播广告主要是将信息传递给听众。除了电台广播外，零售商店里还有内部广播。广播广告具有很好的灵活性和随机性，收听方便，既可传递商品信息，也可介绍商店，而且成本低。但电台的广播听众区域大，目标顾客所占比例小。因此，零售商经常使用店内广播宣传商品信息，配合商店的销售。

（三）其他媒体类

其他媒体类广告有交通工具及站台、气球、店面广告、商店橱窗、互联网广告等。

1. 交通工具广告

交通工具广告的最大的优点是广告被读率较高，因为公交汽车、电车、出租汽车、地铁列车车厢内人流往来频率高，乘车时间较长。顾客有充足的时间看车内、外张贴的广告宣传画。交通工具不停地在街道上穿梭，使得马路上更广泛的人可以观看注意到车体外的大幅广告，对招揽顾客很有用。有些零售商还充分利用本店送货车做广告，提高商店的曝光率。

2. POP 广告

POP 广告（point of purchase advertising）是指在店内提供商品和服务信息的广告，POP 广告包括在橱窗、柜台、地板上或墙面上所挂放的各种有关商品信息和引导顾客购买的标志等。凡是在店内提供商品与服务信息的广告、指示牌、引导标志等，都可以称为POP 广告。

POP 广告的任务是简洁地介绍商品，如商品的特色、价格、用途与价值等。可以把POP 广告功能界定为商品与顾客之间的对话，没有营业员中介的自助式销售方式是非常需要 POP 广告的，需要 POP 广告来沟通商场与消费者的关系。POP 广告针对性较强，目的在于诱导顾客进店，方便顾客选择商品，并提醒顾客注意促销商品，以促进销售。因此被称为是无声的推销员。

POP 广告可以把有关商品的信息（如商品名称、制造商名称、商品特性价格等）充分地传递给顾客。这些信息包括：告知顾客商店内在销售什么、商店的位置配置、商店最新商品供应信息、商品的价格、促销商品的销售。POP 广告还可以吸引路人进入商店，顾客可在短时间内近距离地接触它，容易留下较深刻的印象并且极易促成冲动性购买行为。

POP 广告张贴的主要做法是在销售现场张贴有关销售的广告宣传品，以图文并茂的形式提供商品性能、服务、说明等信息，刺激顾客的欲望。这些作为购买指南的五颜六色的 POP 广告是零售商必须做的广告。

商场普遍使用的 POP 类型有：

（1）招牌POP。它包括店面、布幕、旗子、横（直）幅、电动字幕，其功能是向顾客传达企业的识别标志，传达企业销售活动的信息，并渲染这种活动的气氛。

（2）货架 POP。货架 POP 是展示商品广告或立体展示售货，这是一种直接推销商品的广告。

（3）招贴 POP。它类似于传递商品信息的海报，招贴 POP 要注意区别主次信息，严格控制信息量，建立起视觉上的秩序。

（4）悬挂 POP。它包括悬挂在超级市场卖场中的气球、吊牌、吊旗、包装空盒、装饰物，其主要功能是创造卖场活泼、热烈的气氛。

（5）标志 POP。它其实就是我们已经介绍过的商品位置指示牌，它的功能主要是向顾客传达购物方向的流程和位置的信息。

（6）包装 POP。它是指商品的包装具有促销和企业形象宣传的功能，例如，附赠品包装，礼品包装，若干小单元的整体包装。

（7）灯箱 POP。超级市场中的灯箱 POP 大多稳定在陈列架的端侧或壁式陈列架的上面，它主要起到指定商品的陈列位置和品牌专卖柜的作用。

表 13-2 是广告媒体比较表。

表 13-2 广告媒体比较表

媒体	市场覆盖	主要优点	主要缺点
日报	单一社区或整个城市区域；当地版本能到达的地方	传播面广，前置时间短	不能选择读者群，广告竞争强烈
周报	一般是单一社区，也可以是某一城市区域	明确的目标读者，明确的地区性	读者有限，广告创造性差
购物导报	一个社区中的大多数住户；连锁性报纸可覆盖一个城市区域	目标读者明确，费用低	读者较少，可能不被仔细阅读
电话号码簿	地区性区域或电话簿所服务的职业领域	可吸引有购物意向的顾客，信息持久	对经常购物者吸引力有限，前置时间长
直接邮件	由超市控制	明确的目标读者，直接针对潜在客户，与数据库相联系	高抛弃率，被许多顾客认为形象较差
电台	电台周围确定的市场区域	费用相对较低、市场覆盖好	无视觉效果，必须经常使用才有价值
电视台	电视台周围确定的市场区域	效果显著，市场覆盖面广	成本费用高
因特网	全球性	市场覆盖面广，互动性，成本低，多样化的性能	需不断刷新，难以衡量效果
交通工具	交通系统所服务的市区或郊区	明确的目标顾客，可重复性，曝光时间长	广告杂乱，观众注意力被分散或不感兴趣
户外广告	整个城市区域或单一街区	广告巨大、醒目，曝光频繁	广告杂乱，观众注意力被分散或不感兴趣
当地杂志	整个城市区域或地区，当地版本有时能达到的地方	有特别兴趣的读者，创造性的选择权	前置时间长，即时性差
传单/通知	单一街区	明确的目标读者，低费用	高抛弃率，形象较差

五、广告策略

零售企业的广告决策可分为三个阶段（表 13-3）。

表 13-3　广告决策

阶　段	行　动
决策阶段一	确定广告目标 确定广告受众 确定广告主体 确定广告客体
决策阶段二	组织广告信息 选择广告手段 广告手段设计 选择传媒（传播计划）
决策阶段三	确定广告时间 确定广告预算 广告播出（或刊登）的组织 广告效果控制

1. 第一阶段

第一阶段决策主要涉及一些广告基础性问题。广告的目标按广告的内容不同而分别有通知、说服、提醒、促进销售等目标。确定广告目标是指决定以提高销售额或收益等经济指标为目标，还是以非经济指标（如改善企业形象、提高知名度或广告刊登出去后的反馈率）为目标。

然后要确定广告受众，在确定广告受众时要特别注意上面提到的那个问题，即宣传对象是大众还是意见主导人。

确定广告主体，即确定由谁来做广告，是做独家广告还是做集体广告。确定广告客体是指确定企业通过广告要宣传什么，是宣传整个企业，还是企业的某个部门或企业的某个商品等。

（1）正常价格的产品广告宣传，其吸引力是基于商品的客观需要性。

（2）廉价产品的广告宣传，特点是相对于价值的极具吸引力的价格。

（3）清货削价销售广告宣传，其主要目的在于降价抛售滞销品、品种不全商品以及残留品。

（4）口碑式或间接作用式广告宣传，其目的在于设法提高商场声誉、树立人们对其商品与服务的信心，从而实现长久光顾。它又可分为两种主要类型：声誉广告宣传与服务广告宣传。前者侧重于强调商场或部门特点以及领导风格、商品质量或社会责任心；后者则通过强调商场所提供的各种服务与便利，使人们感觉出这是一个理想的购物场所，从而吸引顾客的光顾。

2. 第二阶段

第二个决策阶段将涉及广告如何进行组织落实的问题。广告信息的内容和形式要让广告受众易于接受。另外，还要进行广告手段的选择，即选择如何展现广告信息。常用的广告手段有电视广告、广播广告、海报、报纸、杂志、广告信和 POP 广告等。

最后，要决定委托哪些机构来刊登或播出广告，即广告媒体选择。一般广告手段与广告媒体之间有一种必然的联系。如广播广告只能选择无线电台播出，电视广告需要选择电视台作为广告媒体，图文广告只能委托报社、杂志社等新闻机构来刊登。在广告手段已经选定的情况下，对媒体的选择也称为 intra-media-selection。选择媒体的依据除广告成本外，还包括广告传播范围、传播效果、媒体与广告信息是否匹配、预期广告传播损失率等指标。

3. 第三阶段

第三个决策阶段涉及广告的播出（或刊登）的效果控制问题。企业需要确定广告播出（或刊登）的时机、播出（或刊登）时间的长短和周期。另外，还要确定广告由谁具体负责。如果企业全权委托某个广告代理公司负责，企业需要做的工作包括确定本企业谁负责与广告代理公司联系、与广告代理公司商谈广告播出（或刊登）的具体程序等。

在广告手段、广告媒体、广告时间以及广告组织（如是否雇佣广告撰稿人、广告画家或广告代理公司）等决策基础上，企业就可以做出广告预算。广告是一项非常重要的零售业市场营销措施，一般在零售企业内广告费用是除员工工资和经营场地费用之外的第三大成本支出（商品投放成本除外）。

从企业角度看，合理的广告预算制定方法，在实践中却几乎没有企业采用。实践中广告预算制定的顺序往往正好相反，即首先确定广告预算，然后再按照预算来选择广告手段、决定是否委托专业广告媒体以及决定广告播出（或刊登）的频率和时间。在零售行业，广告预算几乎没有一种比较科学的量化计算方法，尤其是中小型商业企业。习惯上都是参考当年的广告费用做下年的预算，或按计划销售额乘以某个百分数确定广告预算。

广告效果控制的方式取决于事先确定的广告目标。如果企业事先将某些经济指标（如销售额或毛利额等）作为广告要实现的目标，可以用这些指标的实现情况检查广告效果。如果企业为广告确定的是非经济指标目标（如改善企业形象等），则可以通过调查问询法和企业形象对比法检查广告效果。如果把广告的顾客收视率定为广告目标，则可通过媒体分析检查广告效果。

实践中，控制广告效果存在两大难题：

（1）时滞（time-lag）问题。在广告播出和所产生的效果之间往往存在一定的时滞，而且时间延迟的长短很难预测。广告播出后经营状况出现的改善，通常很难准确地讲是由于正在播出的广告，还是刚刚播完的广告，或者是企业长期的广告策略所起的作用。

（2）经营措施对经营业绩贡献的界定问题。一项经营措施对经营业绩贡献的界定问题也是影响广告效果控制的一项因素。因为一般情况下除了广告措施，企业还会采取其他市场营销措施，所以，很难确定所取得的经营成果应归功于所采取的哪一项营销措施。企业同时采取经营客体策略、集散策略、广义价格策略以及信息交流策略，这些策略究竟各自对企业经营成果的贡献有多大，几乎没有办法确定。另外，除了市场营销措施外，其他经营措施也会影响企业的经营成果。影响企业经营成果的因素不仅有企业内部因素，还有大量几乎无法量化的外部因素。如竞争对手的经营措施或顾客消费观念的变化等。

由于存在上述问题，企业很难确定一项广告措施所带来的经济效益。不过一项广告措施所带来的非经济效益则可以通过调查方式比较容易地来确定。企业可以通过调查来确定广告的收视率或企业形象的改善情况。

第五节 零售企业公共关系

一、零售公关的定义

公共关系（public relation）是零售企业以尊重公众利益为前提，实现零售企业与公众的相互理解、建立信任关系，从而树立起良好的企业形象，有目标、有计划、具有连续性的各种措施。

零售公关较多的是通过在大众传播媒介上发表有关商店能引起公众注意的公益消息或服务信息等商业新闻，以提高商店的形象并获得消费者的好感与信赖。

零售商在经营过程中，不但与顾客、渠道商发生联系，还和其他群体如员工、投资者、政府、中介协会、新闻媒体及一般公众发生联系。商店与众多社会群体关系的好坏对企业的发展具有正面或负面的影响。零售公关承担着为零售商在其公众中塑造良好形象的一切沟通联系活动。商店形象的建立可以促进商品的销售。

零售企业公关部门的任务是处理好商店与公众的关系。他们追踪公众的态度，向公众提供信息并与其进行交流，以建立好感。当营销危机出现时，他们就要排解纠纷，扭转局势。零售商通常通过在商店内发生的事件及其发起的娱乐性和教育性活动、为顾客服务等的各种活动，创造新闻，借助公关宣传实现与社会公众的沟通，使公众增加对商店的认识，提高商店的形象，使企业的形象得以传播。

零售商的公共关系活动可分为形象公关、危机公关、关系公关等几种类型。形象公关是为提升企业形象的公关活动，如零售商事先做好活动策划并努力促使媒体做出有益的报道；危机公共是指媒体在零售商事先未曾注意的情况下报道其负面表现，零售商力求扭转不利局面而从事的活动；关系公关是零售商为了使企业经营活动顺利开展而有意识地与消费者、社区、政府部门搞好关系的各种活动。

公共关系可以从"状态"和"活动"两方面理解，"状态"是一个企业与其公众之间的关系状况；"活动"是一个企业为实现其与公众良好关系的行为。

二、零售公关的意义

1. 零售公关可以建立商店形象，提高企业知名度

相对于广告来说，很多消费者很可能更愿意接受新闻报道中的信息。零售公关最大的作用是可以建立商店形象。顾客对形象良好的商店，总是优先考虑光顾；形象不佳的商店，很难得到消费者的信赖。一个在社会公众中具有良好形象的商店，可以赢得消费者的信赖，为确立竞争优势打下基础，产生对顾客的吸引力。

2. 零售公关可以产生间接的经济效益

零售公关不直接鼓动消费者来商店购物，但提升了零售企业的知名度，商店的销售业绩原则上和商店的知名度成正比。消费者对商店有了认知才会有购买欲望，通过认知便可能产生好感和信赖，才有可能成为商店的顾客，高知名度是潜在的销售额。

3. 零售公关宣传减少广告成本，获取良好的促销效果

零售公关有一定的广告宣传效应，但与零售广告不同的是不付费，在达到宣传的目的同时又节省了零售广告的开支。零售公关的新闻内容由媒体来控制。与广告相比，顾客更信赖、更重视这种宣传，从而可以取得更佳的宣传效果。

4. 零售公关有利于协调企业与各方面的关系

零售公关有利于协调好企业与社会各界的关系，协调企业内部上下级、员工之间的关系，为商店的顺利经营创造和谐、融洽的外部和内部环境。

公共关系被认为是零售促销策略中一个重要的组成部分，它的作用已远远超出了影响某一特定品牌购买的商业目标。公共关系，特别是其中的曝光率，可以说对于零售促销目标的实现起到重大作用。

三、零售公关的特点

零售公关宣传与零售广告相比较，其特点如下：

（1）以树立商店形象为直接目的，促进商品销售为间接目的。

（2）由于是以新闻稿件出现，对所宣传的内容报道详细。

（3）被消费者认可程度高。公关宣传是由媒体控制，体现了外部公众的看法，使顾客感到真实可信。

（4）信息传播不需付费。公关宣传是媒体做的新闻报道，不是企业经济行为，不涉及费用。

（5）企业不能控制宣传内容，零售商不能控制媒体的报道行为。

（6）可以触及更为广泛的受众，引起广泛的消费者注意。人们对于新闻报道比对纯粹的广告更留意。

（7）一些公关活动的效果从短期看不明显。

（8）企业控制力弱。对于公共关系效果，企业很难控制该效果的大小及其是正面的还是负面的。

必须指出的是，虽然公关宣传不花钱，但对进行公开宣传的工作人员、规划及进行各项活动仍要花钱，如捐赠、展销、开张、沟通等活动。

四、零售公关的形式

零售商开展公共宣传的常用方式有如下四种：

（一）新闻报道

新闻报道是由新闻媒介对在零售商店发生的事实进行观点的陈述。新闻稿件要求真实，内容应有人物、事件、时间、地点、方式、缘由等。新闻稿件通常是新闻记者撰写的现场纪实，零售商店也可以提供，如商店特定的事件、新商店的开设、年度销售额和利润的增长状况、零售商战略的变更等。零售商自己提供的稿件一般事先都做好活动策划并努力促使媒体做出有益的报道。零售商要做好零售公关宣传，应与新闻机构建立良好的关系，以得到更多的有关企业的报道。

（二）策划特定事件

零售企业可以策划一些有较强新闻价值、带有新的信息和情报的特殊事件来吸引消费者对商店的注意，这包括召开新闻发布会、组织零售行业研讨会、创新顾客服务、召开消费者代表会议、举行支持社会公益事业活动、革新经营方式、举行周年庆等特殊纪念日活动、对体育和文化事业提供赞助等。

1. 新闻发布会

新闻发布会又称记者招待会，由零售商邀请新闻记者前来，发布企业较重要变化的新闻。如举行支持社会公益事业活动、提出新的服务理念、公司成功上市发行股票等，这些都有一定的新闻价值，可以召开新闻发布会。新闻发布会要回答记者提问，分发新闻资料，便于记者进行报道。

2. 赞助活动

策划赞助活动要考虑一些有社会效益的活动，使赞助活动成为树立企业良好形象和信誉、创造和谐的公众环境，赢得公众的支持的活动。一般赞助的项目宜选社会正义事业、公益事业、慈善事业。

企业常选的赞助活动主要有如下类型：

（1）赞助体育运动。例如，赞助国内的乒乓球超级联赛、足球超级联赛等。

（2）赞助文化娱乐活动。例如，赞助电视剧、文化娱乐活动的比赛等。

（3）赞助教育事业。例如，设立教育研究基金、奖学金，资助贫困生上学，资助希望工程，建设希望小学等。

（4）赞助社会慈善和福利事业。此项活动是与社会、政府搞好关系的重要途径，也是表明企业向社会承担义务的手段。例如，赞助残疾儿童福利院。

（5）赞助其他活动。如突发的自然灾害、职业竞赛、知识竞赛等。

（三）专业文章

请零售专业研究机构为零售商写专论文章，文章表达零售商的观点、做法，发表在行业、专业出版物上，在社会形成一定的影响。

（四）与顾客沟通

口碑是零售企业最好的宣传工具，通过与顾客沟通能起到这种作用。具体如定期举办顾客座谈会，每月设立顾客来访日，有机会就邀请顾客代表到企业做客，这样可以与顾客保持良好的关系，可以使企业无需太高的成本支出就取得较好的宣传效果。

提供电话热线服务是一种快捷而新颖的公关促销工具。零售商提供热线电话，方便顾客查询商品信息，常能使潜在的顾客成为现实的顾客，也能使顾客成为商店信息的传播者。

在主要以本企业潜在顾客为读者的报纸杂志上发表文章，参与到与商业、零售、消费等有关的电视和广播节目中也可以起到很好的宣传作用。

（五）与媒体沟通

经常请媒体到企业来参加各种活动，如举办重大庆祝活动、参与各种社会公益活动、新店开张、改建后重新营业、企业新型物流设施展示等。

（六）建立企业标志

零售企业要为自己设计统一的标志，作为顾客和社会识别自己的特征。商店的招牌、商店的营业场所、制服以及制服的号码、包装袋、商业表格、商业名片、发票、建筑物等统一标志，让公众能立刻认知、识别出企业，成为零售企业经营者开展商店营销活动的一个有力工具。

五、零售商公关活动的效果

由于零售企业无法控制公关宣传的信息，对于企业有关的情况，媒体可报道可不报道；有时是正面报道，有时是负面宣传。因此，零售商的公关活动要取得理想效果，必须注意以下三个方面：

1. 公关活动要抓住公众关心的社会热点问题

每个时期社会上都有公众感兴趣的热点问题，公关活动要善于抓住公众关心的社会热点问题进行挖掘。如果公关活动的内容具有为社会多数人所关注的特征，包括人物的知名度、事件的重要程度、数量的显赫程度等，那么，它也就具有新闻价值。这样就能最大限度地引起社会的注意，取得很好的效果。

2. 公关活动的创意要新

公关活动要有较强的新闻价值，带有新的信息和情报，使人们有耳目一新的感觉；要使公众在赏心悦目的同时对企业产生好感与期盼，满足人们的好奇心。所以公关策划不能重复老套路，要别出心裁，有创意的公关活动才有效果。

3. 公关活动要注意社会效益

公关活动的目标是树立企业的良好形象和信誉，创造和谐的公众环境，赢得公众的支持。公关活动在注重吸引眼球的同时，也要注意社会效益，防止低级趣味与哗众取宠。公关活动的社会效益包括：弘扬社会正气，支持社会正义事业，支持公益、慈善事业，弘扬民族传统文化与民族精神，发扬社会人文精神，宣扬社会公德，推广科学的文化价值观念，培养文明的社会生活、工作、休闲方式。

一般公关活动的效果只能使用非经济指标来衡量，如借助于企业形象分析可以比较准确地测定顾客对本企业看法的改善情况。

第六节　促销评估

一、促销评估

促销评估是零售企业促销活动的重要组成部分。促销结束后需要对实施效果与目标差异做分析，衡量促销活动的实绩，为以后的促销活动提供参考，从而达到提升企业的促销策划水平、巩固促销活动效果的目的。零售企业促销的目的，除了希望在特定期间内提高来店顾客数、客单价以增加营业额之外，更重要的是促使顾客日后继续光临。因此，需要通过检查来确保促销活动实施的效果，以便为顾客提供最好的服务，达成促销目标。此外，促销活动作为提升经营业绩的工作要长期不断地进行下去，就必须有促销活动的总结。通过评估每次促销活动的效果、成功经验、存在不足，总结促销活动成功或失败的原因，积累促销经验，对于做好促销工作、促进零售企业日后的发展、不断取得更好的业绩是必不可少的。所以，促销活动结束后的评估活动是很重要的。

二、促销评估的内容与方法

促销评估的内容主要分为四部分：业绩评估、促销效果评估、供应商配合状况评估、零售企业自身运行状况评估。

(一) 业绩评估

业绩评估主要包括两个方面：业绩评估的标准与方法，查找和分析促销业绩好或不好的原因。

1. 业绩评估的标准与方法

(1) 促销活动检查表，即对促销前、促销中和促销后的各项工作进行检查，参见表13-4。

表 13-4　零售企业促销活动检查表

类　别	检 查 标 准
促销前	1. 促销宣传单、海报、POP 是否发放和准备妥当 2. 卖场所有人员是否均知道促销活动即将实施 3. 促销商品是否已经订货或进货 4. 促销商品是否已经通知电脑部门变价
促销中	1. 促销商品是否齐全、数量是否足够 2. 促销商品是否变价 3. 促销商品陈列表现是否具有吸引力 4. 促销商品是否张贴 POP 广告 5. 促销商品品质是否良好 6. 卖场所有人员是否均了解促销期限和做法 7. 卖场气氛是否具有活性化 8. 服务台人员是否定时广播促销做法
促销后	1. 过期海报、POP、宣传单是否均已拆下 2. 商品是否恢复原价 3. 商品陈列是否调整恢复原状

(2) 目标评估法。这是将促销实际业绩与目标进行比较分析。一般而言，实际业绩在目标95％～105％之间，算是正常表现；若是在目标105％以上，则算是高标准表现；若是在目标95％以下，则不成功。有些促销目标很难用销售额来直接表示，这使得促销活动的评估很困难，需要营销人员研究一套专用的评估体系和办法。例如，促销目标是树立企业良好形象，增进顾客忠诚度等。

(3) 前后比较法。即选取开展促销活动之前与进行促销时的销售量进行比较，一般会出现三种情况：一是销售量提高，在采用促销活动后，消费者被吸引前来购买，增加了销售量，取得了预期的效果。这是零售企业理想的促销结果。二是销售增长与成本开支相抵，促销活动导致零售企业的营业额有所提升，但数量不大，增加的利润仅能抵消促销费用，这种促销仅能增加一些商店的人气。三是销售量没有增长，与没有开展促销时差不多，促销活动投入的成本无法收回，促销活动失败。

(4) 消费者调查法。零售企业可以组织有关人员抽取合适的消费者样本进行调查，向其了解促销活动的效果。例如，调查有多少消费者记得零售企业的促销活动、他们对该活动有何评价、是否从中得到了利益、对他们今后的购物场所选择是否会有影响等，从而评估零售企业促销活动的效果。

（5）观察法。这种方法十分直观。主要是观察消费者对零售企业促销活动的反应。例如，观察消费者在限时折价活动中的踊跃程度，优惠券的回收程度，参加抽奖竞赛的人数以及赠品的偿付情况等，对零售企业所进行的促销活动的效果做相应的了解。

2. 查找和分析促销业绩好或不好的原因

运用一种或几种评估方法对零售企业的促销业绩进行评估之后，一件很重要的事情就是查找和分析促销业绩好或不好的原因。只有找出根源，才能对症下药、吸取教训，进一步发挥企业的特长。

（二）促销效果评估

促销效果评估主要包括三个方面：促销主题配合度、创意与目标销售额之间的差距，以及促销商品选择的正确与否。

（1）促销主题配合度。促销主题是否针对整个促销活动的内容；促销内容、方式、口号是否富有新意、吸引人，是否简单明确；促销主题是否抓住了顾客的需求和市场的卖点。

（2）创意与目标销售额之间的差距。促销创意是否偏离预期目标销售额；创意虽然很好，然而是否符合促销活动的主题和整个内容；创意是否过于沉闷、正统、陈旧，缺乏创造力、想象力和吸引力。

（3）促销商品选择的正确与否。促销商品能否反映零售企业的经营特色；是否选择了消费者真正需要的商品；能否给消费者增添实际利益；能否帮助零售企业或供应商处理积压商品；促销商品的销售额与毛利额是否与预期目标相一致。

（三）供应商配合状况评估

供应商配合状况评估主要评估供应商对零售企业促销活动的配合是否恰当及时，能否主动参与和积极支持，并为零售企业分担部分促销费用和降价损失；在促销期间，当零售企业（一般是大卖场）请供应商直接将促销商品送到卖场时，供应商能否及时供货，数量是否充足；在商品采购合同中，供应商，尤其是大供应商、大品牌商、主力商品供应商，是否做出促销承诺，而且切实落实促销期间供应商的义务及配合等相关事宜。

（四）零售企业自身运行状况评估

1. 从总部到门店，各个环节的配合状况

总部运行状况评估：零售企业自身系统中，总部促销计划的准确性和差异性；促销活动进行期间总部对各门店促销活动的协调、控制及配合程度；是否正确确定促销活动的次数，安排促销时间，选择促销活动的主题内容，选定与落实促销活动的供应商和商品，组织与落实促销活动的进场时间。

配送中心运行状况评估：配送中心是否有问题，送货是否及时；在由零售企业配送中心实行配送的过程中，是否注意预留库位，合理组织运力、分配门店促销商品的数量等几项工作的正确实施情况如何。

门店运行状况评估：门店对总部促销计划的执行程度，是否按照总部促销计划操作；促销商品在各门店中的陈列方式及数量是否符合各门店的实际情况。

2. 促销人员评估

评估可以帮助促销员全面并迅速地提高自己的促销水平，督促其在日常工作流程中严格遵守规范，保持工作的高度热情，并在促销员之间起到相互带动、督促的作用。

促销人员的具体评估项目如下：促销活动是否连续；是否达到公司目标；是否有销售的热情；是否在时间上具有弹性；能否与其他人一起良好地工作；是否愿意接受被安排的工作；文书工作是否干净、整齐；他们的准备和结束的时间是否符合规定；是否与顾客保持密切关系；是否受顾客欢迎。

> ➤ 案例

美国零售业促销

美国零售业的广告投入十分巨大，各种现场促销也常年不断。美国《广告时代》杂志排出了 2001 年 15 个广告投放量最大的行业，其中零售业以 129 亿美元位居第二，同比增长 10.1％。远远高于第三名娱乐和媒体业的 58 亿，仅比第一名的汽车业少 16 亿。经过对各种媒体（特别是 Los Angeles Times）的零售广告研究和现场观摩，觉得美国的零售商广告和促销实在是平实，没有任何故弄玄虚的策划。季节转换促销广告就照写季节转换，多少折扣就写多少。当然，有一些零售广告亦堪称经典之作，如 Canoga Camera、Sam's Camera、RITZ Camera、Hooper Camera & Imaging、Best Buy 和 Fry's 五个连锁公司 2003 年 8 月份的照相机广告，发现他们对同一照相机的广告居然基本上没有雷同，原来他们采取了各自不同的广告手法：Canoga Camera 把照相机机身与镜头分开描述、分开标价；Samy's Camera 公司则整个相机展示和标价；RITZ Camera 公司则对其他相机标了价，但唯独对这些相同的相机不标价，实际上他们的价格基本一样，最多相差几美元。这种广告使非专家消费者云里雾里。

美国的零售广告和促销主要做法和特点：首先，多数投放在印刷媒体。如各种杂志、报纸。据统计，2001 年零售业投放广告的主要媒体是印刷、广播、户外，投放量分别是 70 亿美元、57 亿美元、2.8 亿美元。电视广告甚少，电视上 2003 年全美连锁零售排名前十名中，只有排到第十的 J. C. Penney、Sears 等偶尔有过电视广告。究其原因，很可能与零售业的低毛利有关。因此，昂贵的电视广告对零售业来说难以支持。当然也与零售业本身不是有形产品，缺乏明确的诉求和 USP 等自身特点有关。美国的零售广告和促销的第二个特点是派发各种宣传目录。有品牌的公司一般是夹在当地的报纸一起派送。一些社区附近有影响的连锁零售商则常常花一定的费用交给当地邮局代为派发。一般的商店多随处派发，如随意派到住户信箱、街边派发等。邮局代为派发比较好，主要是邮局有政府背景，比较权威，人们容易接受；邮局的辐射面较广，送达率较有保障；千人成本不高。在这些传单中基本上通过降价或某种促销来吸引购买。通常会有一些减价券，每一张相当于一两美元不等。有时降价之大令人难以置信，比如一个 Made in Austria 的网球拍，平时接近 300 美元，促销时竟可降为 100 美元。以上广告的共同点是重点宣传商店的两三个特点，在醒目的地方推介主力商品、季节性降价商品和新商品等。在一些食品连锁超市常常可见到家庭主妇或老头老太，慢悠悠推着购物车走到收款台前，然后掏出厚厚一沓纸条。

收款员接过去耐心地埋头查看、清点，在计算机上七折八扣，逐条为顾客减价打折。这些条子就是 Coupon 食品减价券，这是该店何种食品在某月某日减价多少的信息。付款时把这些条子交给收款员，以便照章打折。如正常价格是 2.7 美元的冰淇淋，可优惠为 1.2 美元。当然，零星购买省不了多少钱。但如果一个家庭每周都需要采购各类食品，减价券就可节省一笔开支了。

（资料来源：潘建国.2004.美国的零售广告和促销主要做法和特点.中国统计，(11)）

> **基本概念**

零售促销（retail promotion）   广告（advertisement）

销售促进（sales promotion）   公共关系（public relation）

人员促销（personal promotion）   DM 广告（direct mail advertising）

纵向合作广告（vertical cooperative-advertising）   POP 广告（point of purchase advertising）

横向合作广告（horizontal cooperative-advertising）   目标任务法（objective-and-task method）

销售百分比法（percentage-of-sales method）   量入为出法（affordable budgeting method）

竞争均势法（competitive parity method）

> **思考题**

1. 零售促销意义何在？促销有哪些类型？

2. 零售商可以选择的营业推广方式有哪些？

3. 什么是零售企业的 POP 广告？

4. 广告媒体主要有哪些？它们各自有什么特点？零售商在选择广告媒体时应考虑哪些因素？

5. 选择你熟悉的一家商店，结合即将到来的节日，为该商店设计一份促销计划。

6. 零售企业公共关系的内容有哪些？

7. 如何对零售促销进行评估？

第十四章

零售企业人力资源管理

我国零售业人才不仅数量少，而且素质也不高，具有大专以上文化程度的各类专门人才只占 3％左右。根据中国商业联合会对国内零售企业人才的最新调查显示，目前国内零售业市场人才的缺口平均达到 40％，目前零售业最为抢手的人才有店长、零售业高级采购人才以及谈判人才、物流人才。零售企业建立科学的人力资源管理体系，最大限度地发挥人力资源的作用，对企业核心竞争力的提升至关重要。

■ 第一节　人员招聘和培训

零售企业的人员招聘和培训工作量大而复杂，一方面需要企业人力资源部门根据人员变化适时做出人员招聘的调整和相应人员离职手续的办理；另一方面需要对员工的技能、责任心和忠诚度进行培训，以不断提高员工的工作效率。

一、专业人员的招聘

（一）管理人员的招收

招收零售企业的管理人员，主要注重以下四个方面：

1. 学历

学历是零售企业管理人员的一个前提条件，担任大型零售企业中高级管理人员一般要求本科或研究生学历，具有大学商学院毕业证书的学生在零售企业求职处于有利地位。零售企业的一般管理人员也都要求具备不同程度的学历。国外零售企业以学历要求作为第一条件，以此提高整个管理队伍的层次。

2. 经历

零售企业在招收中高级管理人员时，求职者仅有学历是不够的，还要有从事这方面工作的经历。只要在某一个工作岗位上有若干年的工作经历，才能在新的企业担任同职或更高一级的职务。据日本关东经营者协会一份调查材料，在职工 500 人以上的 34 个公司中，由大学毕业进入公司后，提升到股长需要 9.5 年；由股长提升到科长要 7.3 年；由科长提升到部长要 9.6 年。也就是说，22 岁大学毕业，48 岁才能升为部长，如再提升为经理总要在 60 岁上下。强调经历在于使招收的管理人员具有实践经验。在日本的大企业里，没有大学学历和 20 年以上的实践经验是当不了经理的。

3. 能力

与经历相比，能力又更为重要，实际能力是企业判断一个管理人员是否够格的最主要依据。随着现代企业所有权与经营权的分离，专家在企业中的地位日益重要，对管理人员的能力更加强调。据日本有关资料显示，由经营管理专家担任经营者的，5 亿日元以下的企业中占 29.4%；200 亿日元以上的大公司中则占 56.3%。大企业的经营者，3/4 是根据能力第一的原则，从经营、技术和商品销售等方面的专家中选拔出来的。所谓能力的含义主要包括四个方面的内容：第一，基本能力，即一个人所具有的专业知识和专业技能；第二，认识和统率能力，前者包括理解、判断、创造、计划和开发等方面的能力，后者表现为善于处理人的关系和领导艺术；第三，干劲；第四，贡献。

4. 健康条件

健康也是一个不容忽视的条件，管理人员不仅工作强度大，而且工作时间长。中高级管理人员一般都在中年以上，所以身体健康是很重要的。

以上四个条件是各国在招收或选拔管理人员时的主要条件。除了这些条件外，有的国家如日本，在招收或选拔管理人员时，还要求对企业忠诚。

(二) 售货员的招收

零售企业在选择零售企业的售货员时，最流行的鉴别方法是考虑申请人的性别、年龄、个性、知识、智力、文化程度和经历。

1. 性别与年龄

鉴别与挑选售货员时，对申请人的性别、年龄的考虑是相当重要的。不同的行业，对售货员的性别、年龄的要求是不同的。比如，音像商店的主要供应对象是青少年，因此，选用 30 岁以下的售货员较为适宜。高级妇女时装商店的主要供应对象是有职业的和上层社会的妇女，因此一般不选用文化素质低、年纪大的售货员。

2. 个性

一个人的个性在一定程度上反映了他潜在的能力。零售企业要求售货员待人友好、自信、稳健和富有风采。这些个人的品质，可以通过与申请人的个别交谈或有关个人的材料来了解。

3. 知识、才智、文化程度

零售商店销售的许多商品在技术上是比较复杂的，具有丰富商品知识的售货员，对商品的销售是很有帮助的。另外，售货员要对顾客的各种询问做出满意的回答，也需要有一定的文化知识和才智。

4. 经历

考察售货员业务能力的最可靠的依据之一，是他以前的工作经历，主要是从事售货员的经历。当然有许多年轻人是第一次求职，对这些申请人，可以根据他们个人的特点，以及显露出来的雄心、干劲和职业道德来作出评价。

二、培训的目标、职责、流程

我国的零售企业中，人员素质普遍偏低，专业人员和管理人员匮乏。因此，加大对员工培训的投入，对我国零售企业而言，比其他投入显得更为重要。这种投入潜在的收益是巨大的，必须把其作为组织战略的一部分。除了提高员工素质和改善服务质量外，培训对零售企业还有另外一项重要的功能，即提高规范化经营程度，从而更有效地执行总部的决策，促进整个组织的规范化经营。

员工培训是一项系统性工作，要达到预期的目标，总部首先要结合企业的整体发展战略，制定人才培养的长远规划；其次要拟定各个时期和阶段的具体培训计划，明确培训对象、内容和要求；同时还要采用科学的培训方法。至于各个零售企业，则应根据自己可利用的资源和实际情况灵活地进行。

（一）目标

培训的目标包括：

（1）达成对公司文化、价值观、发展战略的了解和认同；

（2）掌握公司规章制度、岗位职责、工作要领；

（3）提高员工的知识水平，关心员工职业生涯发展；

（4）提升员工履行职责的能力，改善工作绩效；

（5）改善工作态度，提高员工的工作热情，培养团队精神。

（二）职责

教育培训工作在公司总经理统一部署下由人力资源部统筹规划和具体实施，各部门配合，共同完成培训任务。

1. 公司人力资源部职责

公司人力资源部职责包括：

（1）根据公司的发展规划制定公司教育培训战略规划和实施纲要。

（2）制定员工职业生涯发展规划，并形成实施方案，督促各部门贯彻落实。

（3）根据公司年度工作计划、各项考核结果和各部门提出的培训计划，分析培训需求，并统筹安排。

（4）形成中短期培训计划。着重组织实施管理干部培训、业务骨干培训。

（5）负责制定公司年度培训的财务预算，并管理调控培训经费。

（6）负责培训资源的开发与管理。

（7）根据公司培训工作开展情况，做好培训项目和重点培养人才的培训档案的建立与管理工作。开展培训的效果评估工作。

（8）管理、检查、监督、指导、考核各部门的培训工作。

（9）负责编写公司培训教材，检查审定各部门培训的讲义和教案。

2. 公司各部门职责

公司各部门职责包括：

（1）根据工作需要，结合本部门员工需求，制定年度培训计划，并组织实施相应的培训工作；

（2）指导本部门员工制定和实施职业发展规划；

（3）建立和管理本部门员工的培训档案；

（4）负责向公司提供本专业的培训师和教材；

（5）进行培训需求调研和本部门组织的培训工作的结果评估，汇总上报人力资源部。

3. 员工个人职责

员工享有参加培训的权利，也有接受培训和培训他人的义务。员工除了积极参加公司和各部门组织的各项培训外，重点在提高专业知识、工作技能和综合素质方面进行自主学习，同时对自己的职业发展做出具体规划，并在直接领导和公司主管部门的指导下实施。

4. 培训体系图

图 14-1 是全员培训体系图。

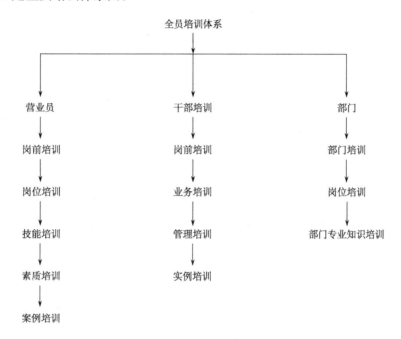

图 14-1　全员培训体系图

（三）培训作业流程

1. 年度培训计划的拟定程序

（1）人力资源部每年年底根据公司的下一年度的业务目标，分析、判断所需要的技能和知识，根据绩效考评结果，对员工作出培训需求建议；

（2）与各部门讨论员工所需培训课程的分配，制定出公共课程和特定课程，制作"年度培训计划表"、"月度培训计划表"。

（3）人力资源部根据各部门计划，统筹年度培训计划并上报公司总经理批准。

2. 培训实施程序

进一步明确课程要求，根据课程要求联络讲师。由讲师设计课程，进行教案设计，制定有效的培训方法。人力资源部公布课程大纲。相关部门根据自身需求填写报名表报人力资源部。人力资源部统筹确定学员名单，与受训员工的直接主管确认其对该培训的期望。

同时安排讲师做培训前调查。课程实施包括：①选择适宜的培训地点，保证良好的环境；②准备培训设备及辅助材料；③准备教材；④课堂管理；⑤培训评估。

三、零售企业员工培训种类

（一）职前培训

职前培训又称入店培训，是新员工进店后的基础培训。它主要是使新员工了解零售企业的规章制度和职业道德规范、礼貌，以适应工作岗位的要求。职前培训应从三方面着手：专业技能培训、规章制度培训、礼貌待客规范培训。

1. 职前培训的形式

1）在职学习

在职学习是让受雇者在干中学，这种学习方法省去了所有直接的培训费用，但是带来比较高的间接费用。因为新手在边干边学中难免会有一些差错，这种差错会给企业造成一定的损失。

2）传授

传授是让老职工带新职工，传授技艺、指导工作，直到新雇员将有关技能学到手为止。这种方法在很大程度上取决于传授者的才干和处理人际关系的技巧，如果有好的传授者，这种培训方法是十分有效的，费用也较低，对小型商业企业来说是最好的办法。

3）正规培训

正规培训是根据新手即将承担的工作，规定一套学习方法和学习资料，学习时间根据培训对象而定，售货员安排一至两周，采购员或分部经理则要安排很长时间。正规培训有不同的方法，可以采用：①讲课。这种方法主要是针对有大批雇佣人员需要培训的时候。②讲课加讨论。这种方法用于培训大批人员也是比较好的，但是如果超过50人，就不一定合适。这种方法比单纯讲课的方法更加有效，因为这可以使参与者弄清有关的问题，并可以通过吸引人的讨论，鼓励参与者深入学习。③电化教学。包括用影片、PPT、幻灯片、投影仪、图表等手段讲课。④专门训练。如对操作计算机的零售企业人员进行训练。⑤实习。使受培训者置身于实际工作环境，让他们实际操作。⑥案例分析。向受培训者提供商业企业经营中遇到的实际问题的案例，就此展开分析和讲授，然后要求接受培训者进行研究，并提出相应的行动方针。

2. 职前培训内容

新的售货员要受到某种形式的培训，即使他们有售货员经验，因为每家零售商店均有自己商店的政策，对此，新的雇佣人员也是需要了解的。而且，零售企业的售货员应当通晓本店经营的有关商品的知识，善于对不同类型的顾客给予不同的对待；并且，由于不同的顾客对商品的要求不同，售货员还需要有相应的销售策略。

售货员往往是零售商店的代言人。在绝大多数情况下，顾客与零售商店是通过售货员来联系的。因此，售货员通晓商店经营政策，特别是那些与顾客直接有关的政策，是很重要的。如商品退换的政策、对偷窃商品者的处理、赊销业务、商品储藏、送货和议价。除此之外，售货员还应当有关于营业时间、休息时间、午餐和晚餐时间、酬金和定额办法、非售货任务，以及定期考核标准等知识。告诉售货员有关零售企业奖励和提升的标准也是有用的。

零售企业要培训它的售货人员，使他们了解有关商品的优点和缺点。允许售货员协助顾客选购最好的商品，满足顾客的需要。此外，售货员还应当了解竞争对手供应的商品的优点和缺点。售货员需要熟悉店内经营的商品的保质期以及商品的耐用性。售货员还应当了解供应商、制造商的信誉等。

（二）在职培训

员工的在职培训就其目的而言，有三种情况：①改善人际关系的培训。此类培训主要是使员工对人员关系有一个比较全面的认识，包括员工与员工之间的关系、感情、交往，员工自身的心理状况和社会关系，员工对部门、企业整体的认同感或疏离感，以及整个企业内部各部门之间的关系等。②新知识、新观念与新技术的培训。零售企业要发展，就必须随时注意环境的变迁，随时向员工灌输新知识、新技术和新观念，否则员工必然落伍。③晋级前的培训。晋级是企业人事管理的必然过程。由于编制的扩充、人员退休、免职等各种原因，需要相应补充各类人员。为让即将晋级的员工在晋级之前先有心理方面和能力方面的准备，并能获得相关的知识、技能和资料等，企业有必要对有培养前途的员工提前实施培训。

在职培训的方式多种多样，以下是几种可以采取的有效形式：

（1）工作更换。工作更换是使一部分雇员到本企业的其他部门去工作若干时间，一般是在每个岗位上待1～2个月，使这些职员更好地了解整个企业的全面情况。

（2）委派。专门委派是企业让某个管理人去解决一项特殊的问题，这既可以锻炼被委派人员，也是企业本身所需。

（3）任管理人员的助理。指派雇员作为总经理或部门经理的助理，工作期限通常为3个月到1年。

（4）内部专题课程。零售企业自己安排各类专题，诸如关于目标和任务的管理，企业应用的计算机知识、个人销售方法等。这些课程可以由公司内部的管理人员或外面的专家、教授来讲。

（5）外部短期课程。短期课程培训是由学校、商会或私人开设的培训公司、咨询公司围绕某些专题或课程来举办的。

（6）现代经营管理课程。许多声望较高的教育机构开设有商业方面的专业课程，如美国的斯坦福、哈佛和麻省理工学院等。有些课程如市场学等，是通过函授方法进行的。这种函授以比较少的监督管理以及指导，使接受培训的人得到学习。

（三）职务培训

职务培训主要是对管理人员的培训。管理人员是零售企业生存发展的中坚力量。对这些人的培训尤为重要。职务培训的形式很多，除上述的各种形式外，还有以下一些较好的方式：

（1）以内部讲师制为特色的门店培训制度。内部讲师制度是指对于每门培训课程在每个门店都有相关营运管理人员担任讲解。比如如何防止损耗这门课程会由专门讲师来讲解，这样既节省了人力成本，又使得课程更具有实践性和针对性，符合零售业培训内容的要求。

（2）固定实习岗位制度。虽然门店课程都会有各门店相关的管理人员负责，但是这还不够，因为零售业的培训更重要的还是来自于工作实践。因此固定实习岗位制度的设计是很好的方法。固定实习岗位制度就是在门店的关键岗位设置固定培训岗位，如培训店长、采购人员和财务人员，根据每个门店的实际情况，给这些固定培训人员安排专门的工作。这样新店开张时，这些培训店长、采购人员和财务人员完全熟悉了工作流程、方法以及员工情况，可以马上接替工作，进行管理。固定实习岗位制度不仅解决了人才储备和人力成本的矛盾，即每位实习人员实际上担负了门店的一部分工作，而且门店中各个层级的管理者实际充当了实践培训老师，使得实践培训既能充分接触工作实际而加快培训速度，同时也节省了培训师的人力成本。

职务培训除注重培养管理人员的技术水平、管理才能、综合协调全局的才干以外，还需注意以下几点：

（1）熟悉开展工作的环境。对于管理人员，应要求他们对公司的经营性质、管理制度、所分配部门的工作性质有充分了解，只有如此才能有效地开展工作。

（2）注重团队能力的培养。管理人员在团队中生活，向具有经验的老手或行家学习工作经验，有助于自身的快速进步。在安排工作时，最好从基层干起，使其确切了解基层人员的状况，为将来的主管工作积累最实用的经验。

（3）提出工作报告。在初期的培训工作中应要求被培训人员定期提出工作报告，以了解该人员学习的进度和深度，随时作出相应调整。

（4）随时进行工作考核。主管应以随机测验的方式做不定期的考核。这种方式可使主管更深入地了解被培训人员的工作绩效和培训成果。

（5）合理的工作分配。在管理人员对某一工作熟悉之后，最好能将其安排调动至其他岗位，特别是一些能力较强、有潜力的新进人员尤不可使其长期做同一种工作，以免浪费精力、埋没人才。适当调动工作，使其能在最短时间掌握较多的工作经验。

第二节　绩效评价

建立科学的绩效评价系统，对于所有企业都是非常重要的。对于零售企业而言，应结合自身的特点建立科学的绩效评价系统。

一、绩效考核的管理制度

1. 考核的原则和目的

绩效考核原则：保持客观性、公正性、全面性、准确性、科学性、系统性、适用性。

绩效考核的目的：提高员工的工作满足感与工作成就感，增强企业的竞争力和整体效率。

2. 考核的标准

员工考核以绩效为主要标准。绩效是员工所做的工作中对企业的目标达到具有效益、具有贡献的部分。绩效，以性质来分包括可量化和不可量化；以效益来分包括即期与远期；以形态来分包括无形和有形。

公司制定绩效考核计划来考核员工绩效中的可量化部分和不可量化部分。

3. 考核的组织

绩效考核工作由行政事务部组织。行政事务部考核各部门和经理级以上员工。各部门经理考核各部门下属员工。

4. 考核的方法

考核分为定期和不定期两种。

（1）对于可量化的绩效部分，公司将进行定期考核，即每月考核、每季考核、每年考核。如考核商品部管理人员，对应的量化指标为销售额、毛利、费用、完成销售情况等。

（2）对于不可量化的绩效部分，公司将进行不定期的考核，随时进行奖惩、年终表彰等。如对公司的突出贡献、日常工作态度、行为表现、考勤等。

5. 考核结果的上报和归档

由行政事务各部组织的绩效考核，得出的结果要以表格的形式整理出来，上报公司领导和总经理，经总经理审批，行政事务部执行。绩效考核的定期、可量化部分在员工的工资中体现出来；绩效考核的不定期、不可量化部分，视具体情况在日常管理中以罚款、表彰、奖励的形式出现。

二、零售企业对各类人员的考核

1. 对售货员的绩效考核

零售企业对售货员进行考核应当制定系统的考核办法，要为售货人员制定科学的、切实可行的考核标准。在这些标准中，有些是只能用来考核售货员的个人工作，有些是既可以考核售货员的个人工作，又可以对售货员的集体工作进行考核。

对售货员考核常用的标准有：

（1）转变率。转变率是以购买了商品的顾客的全部人数，除以进入商店的全部顾客人数来计算的。这种衡量指标反映了进店的人转变成顾客的百分比，以及全部售货人员的工作效果。转变率差是由各种原因造成的：第一种是顾客需要售货员帮助选购时，售货现场没有足够的售货员；第二种是售货员并不少，但是没有较好的销售工作；第三种是售货员无法控制的一些因素，如准备的商品不充分、花色品种不齐、商店关门过早等。当转变率低于标准时，企业应力图找出原因，采取措施，纠正这种情况。

（2）每小时销售额。衡量售货员工作效果的最常见的标准是每小时的平均销售额。这是以一定时间内的全部销售额除以售货员时间来计算的。运用这种衡量手段时，一定要为售货员规定一套专门的衡量标准。比如在百货商店，玩具部与珠宝首饰部每小时的销售额大不相同，7月份与12月份每小时的销售额也截然不同。

（3）时间的利用。确定售货员利用他们工作时间的标准。售货员的工作时间可以花费在以下四个方面：①售货时间。它是指应顾客购买需要，帮助顾客选购所花费的全部时间。这包括接待顾客、与顾客交谈、进行商品介绍和宣传、开写售货单据，以及在其他可能为商店增加收入的方面为顾客提供的服务。②非售货时间。这是指花费在非上述售货任务方面的任何时间。③闲散时间。是指售货员在售货场所花费的与任何业务经营无关的时间。④不在售货场所的时间。零售企业可以为以上各类时间制订一定的标准。比如，标准的时间分配为：60%花在售货上，28%花在非销售活动上，5%的闲散时间，7%的时间可以不在售货场所。对这些标准的任何偏离都应当进行了解，如有必要，应当采取纠正措施。

零售企业要为业务经营制定合适的标准，还需要有关的数据。什么是转变率的正常标准？什么是每小时平均销售额的正常标准？什么是时间分配正常标准？只有有关数据才能帮助解答这些问题。获取数据的来源为零售商业同业公会、咨询服务公司，以及零售企业本身的经验等。

零售企业一旦获得有关数据，并以此作为依据来测定有关的标准时，还必须持续地收集更多的数据，或者至少是定期收集实际的执行结果、实际的转变率、每小时平均转变额，以及时间的分配。一定要与相关的标准对照，如果实际数据与有关的标准差别较大，那么，就有必要调查研究其中的原因。有利的差异和不利的差异，都应当给予调查研究。另外，标准会随着时间推移发生变化，企业应持续地收集数据，加以研究，以制定出适合实际的标准。

2. 对采购人员的绩效考核

在采购管理中，考核不但是调动员工积极性的主要手段，而且是防止业务活动中非职业行为的主要手段。可以说，绩效考核是防止采购腐败的最有力的武器。好的绩效考核可以达到这样的效果：采购人员主观上必须为公司的利益着想，客观上必须为公司的利益服务，没有为个人谋利的空间。

如何对采购人员进行绩效考核，跨国零售企业有许多很成熟的经验可以借鉴，其中的精髓是量化业务目标和等级评价。跨国公司每半年就会集中进行员工的绩效考核和职业规划设计。针对采购部门的人员，就是对采购管理的业绩回顾评价和未来的目标制定。在考核中，交替运用两套指标体系，即业务指标体系和个人素质指标体系。

业务指标体系主要包括：

（1）采购成本是否降低？卖方市场的条件下是否维持了原有的成本水平？

（2）采购质量是否提高？质量事故造成的损失是否得到有效控制？

（3）供应商的服务是否增值？

（4）采购是否有效地支持了其他部门，尤其是营运部门？

（5）采购管理水平和技能是否得到提高？

当然，这些指标还可以进一步细化。如采购成本可以细分为购买费用、运输成本、废弃成本、订货成本、期限成本、仓储成本等。把这些指标一一量化，并同上一个半年的相同指标进行对比所得到的综合评价，就是业务绩效。

应该说，这些指标都是硬的，那些捞个人好处的采购人员这时业绩就会表现不佳。

在评估完成之后，将员工划分成若干个等级，或给予晋升、奖励；或维持现状；或给予警告或辞退。可以说，这半年一次的绩效考核与员工的切身利益是紧密联系在一起的。

对个人素质的评价相对就会灵活一些，因为它不仅包括现有的能力评价，还包括进步的幅度和潜力。主要内容包括谈判技巧、沟通技巧、合作能力、创新能力、决策能力等。这些能力评价都是与业绩的评价联系在一起的，主要是针对业绩中表现不尽如人意的方面，如何进一步在个人能力上提高。为配合这些改进，那些跨国公司为员工安排了许多内部的或外部的培训课程。

在绩效评估结束后，安排的是职业规划设计。职业规划设计包含下一个半年的主要业务指标和为完成这些指标需要的行动计划。这其中又有两个原则：第一是量化原则。这些业务指标能够量化的尽量予以量化，如质量事故的次数、成本量、供货量等。第二是改进原则。大多数情况下，仅仅维持现状是不行的，必须在上一次的绩效基础上有所提高，但提高的幅度要依具体情况而定。

在下一次绩效考核中，如不出现不可抗力，则必须以职业规划设计中的业务指标为基础。

国内有些零售企业的考核流于形式。其缺陷就是没有量化的指标和能力评价，考核时也不够规范，同时缺乏培训安排。

当然，绩效考核更多的作用是提高员工的工作积极性，但对于防止采购腐败仍不失为有效的措施。

■ 第三节　薪酬、福利及激励

薪酬永远是吸引人的一个重要指标。因为薪酬是对一个人总体评价的最根本性指标。个人薪水高，代表公司对其能力认可。薪酬管理是企业进行人力资源管理一个非常重要的工具，运用得当，会获得员工工作热情升高而企业人工成本又比较合理的良好效果；反之，常常会造成员工满意度低、人才流失、企业效益下降等严重后果。合理的薪酬体系应能实现内外均衡。内部均衡是指内部员工之间的薪酬水平应与他们的工作业绩成比例，即内部公平；外部均衡是指员工的薪酬应与同地域同行业的水平基本保持一致。对于零售企业，实现内外均衡显得更为重要。零售企业在制定薪酬政策时，应注意把握好以下几点：①科学地进行工作分析，以此作为零售企业薪酬政策的前提；②定期进行薪酬的市场调查，以实现薪酬水平的外部公平；③把报酬与绩效挂钩，以便通过报酬最大限度地激发员工的积极性提高绩效水平；④注意薪酬结构的合理性。薪酬结构指固定薪酬与可变薪酬的组合问题。对零售企业而言，二者的合理组合特别重要，要选择恰当的薪酬支付方式。

一、报酬与效率

在发达国家的零售企业，人力上的花费，通常占业务经营费的50%，人力上的花费与企业的销售额、利润是密切相关的，管理好工资与报酬，关系到企业的效率。

报酬是吸引、保持、刺激人力资源的重要的可变因素之一。雇员的质量应该是与报酬相称的。雇员的素质越好，所付的报酬就越高。虽然除了报酬以外还有其他激励雇员的因素，但报酬是使绝大多数雇员对工作感到满意的最重要因素。

各国零售企业的经验显示，对售货员实行低工资是得不偿失的，低工资只能吸引素质较差的售货员，而且他们热情不高，结果影响到企业的销售额，造成低水平的恶性循环。提高售货员的售货能力对利润的影响是相当显著的。如果售货人员的售货能力提高10%～15%，那就会在很大程度上直接转化成营业利润。因此，企业管理人员应当设法提高售货人员的售货能力。决定企业的薪水计划是吸引与激发售货人员积极性的基本要素，零售企业应当制定有利可图的薪水计划。确定售货人员的薪水，关键并不在于控制薪金开支，而在于控制利润收入，要确保零售企业的潜在利润达到最大限度。

二、薪酬制度

（一）薪酬政策

零售企业所给付薪资水准的定位，首先取决于该企业在市场上竞争力的强弱，其次一般采取同业相比较或参照的方法。企业的薪酬政策要考虑：

（1）企业负担能力。指企业的财务负担能力。

（2）给付合理性。其水准应与同行大体相当，并与职工对企业的贡献度相当。

（3）内部公平性。各职位的给付标准，须通过职位评价来决定。

（4）工作激励性。指是否具有鼓励员工努力工作的诱因。

（二）薪水制度

零售企业售货员的薪水制度，可以分为四个主要类型：固定薪水、直接酬金、薪水加酬金、钟点计薪制。这四种类型各有优缺点。

1. 固定薪水

固定薪水使售货员每隔一定时间，不管销售额多少均可得到一份固定的薪水。绝大多数小型零售企业采取这种劳动工资办法，他们一般不给售货员分派非销售的任务。如果售货员在非销售方面出了力，可以另外得到相应的酬金。许多薄利多销的连锁商店也采用这种劳动工资办法，因为他们的售货员不过是按顾客需要取货，是很少有可能产生许多额外的销售额的。固定薪水使售货员收入有保证，但它对售货员的格外努力很少有什么鼓励。因此，要使这种劳动工资办法有效果，一定要与定期的考核结合起来，以便鉴别优秀的售货人员，对其确定更高的薪水待遇。

2. 直接酬金

直接酬金是售货员的收入按他们的销售额，给一定比率的酬金。酬金的比率，可以是所有商品销售额均采用同一个比率，也可以根据不同商品的获利可能性确定不同的比率。零售企业售货员领取直接酬金的，一般得到销售额的 2%～8%。支付直接酬金办法，为售货员经营中产生的销售额提供了比较明显的奖励标准。但在买卖不景气的时候，售货员就可能得不到足够的收入，对此，绝大多数零售企业对支付直接酬金的办法稍作了一些修改和调整，在按规定比率支付直接酬金达不到规定的最低限度时，允许售货员从今后的酬金中提取一些工资，直到达到每周的规定数。采用直接酬金办法存在的主要问题是它会给售货员的销售提供过多的鼓励，他们会为了多销售而损害零售企业在顾客中的印象和今后长期的业务经营。售货员也会不愿意承担其他任务，如帮助顾客运走商品、布置商品陈列等。

3. 薪水加酬金

薪水加酬金是企业对售货员支付固定薪水，加上根据整个销售额或者超过定额部分的销售额给一定比率的酬金。在这种办法中，固定薪水一般比全部支付直接薪水要低一些，但是加上支付的酬金，整个收入一般比全部支付直接薪水要高一些。实行这种办法，售货员的基本收入比较稳定，有利于鼓励他们执行非销售任务，还可以鼓励他们在销售中努力。因此，它是固定薪水与直接酬金办法之间一种比较好的折中办法。实行提取部分酬金的办法，确定的定额一定要得当。实行以定额为基础的提成办法，包括以下四个步骤：

（1）确定每个部门每周或每月的定额。这通常以过去的销售额为基础，根据情况或季节性变化予以调整。为有利促进销售，此定额应保持在所有售货员均可达到的水平上。当然，这个水平也不能太低，以致任何人不经过很大努力就可以达到。

（2）确定基本薪水。薪水要以过去工资为基础，根据销售定额的一定百分比来确定。

（3）为超过定额部分的销售额确定酬金比率。在实践中，酬金比率往往定为2％；在某些情况下，奖金为具体的钱数，而不是按超出定额部分的销售额的百分比计算的。

（4）决定采用非累积办法还是累积办法。非累积办法是每周或每个月重新开始，而不管上一次完成定额的情况；累积办法是某个时期未完成定额的售货员，必须补足差额才有资格在下一个时期得到酬金。国外大多数零售企业采用非累积办法。

4. 钟点计薪制

零售企业营业时间长，在营业时间中各时段顾客人数差别很大，因此零售企业普遍雇用一部分钟点工或兼职员工，在高峰时段投入工作。这些员工的报酬完全按照钟点计算。

（三）附加的利益

零售企业的雇员在接受正规工资（薪水与酬金等）以外，还可以接受以下三种附加的利益：

（1）本企业雇员购物享受优惠折扣。几乎所有的零售企业对售货员或职员在本店买商品均给予优惠折扣，唯一不给折扣的行业是食品杂货行业，因为该行业业务经营的毛利比较低。在其他行业，对本企业职工购物的优惠折扣在10％～20％。

（2）保险和退休金。按传统，零售商店的售货员没有任何保险或退休金。但是现在一些零售企业向他们的售货员提供免费的或低费的健康和人寿保险。还有一些零售企业对长期的售货人员实行劳资双方分享利润，工人于工资外分得红利，给予股权和退休金。

（3）推销奖金、奖金与奖品。最后一种附加利益为PM，即推销奖金（push money）、奖金（prize money）、奖品（premium merchandise）。PM是在基本薪水和正规酬金以外付给售货员的，目的是鼓励售货员做出更多的努力。PM既可以由零售企业承办，也可以由供应商承办。零售企业为了鼓励售货员销售过时的或滞销的商品，可以给售货员PM。推销得最多的售货员可以免费去旅游，或者获得一些其他的奖金。供应商给零售商店PM，是为了推销供应商的商品中的高档商品或者是最有利可图的商品。供应商提供PM最常见的行业是家用电器、珠宝首饰行业。但供应商提供的PM往往与零售企业的经营方针存在着矛盾。

（4）其他福利。包括休假、婚丧补助、生日礼物、购物折扣、节庆福利品、在职进修、国内外研修考察、资深员工奖励、分红奖金、员工入股、员工餐厅、健康检查、员工辅助等。

> **案例**

梅西百货的小时工资加销售佣金制度

梅西百货是美国的高档百货商店，主要经营服装、鞋帽和家庭装饰品。它同诺德斯特龙一样，以优质的服务赢得美誉。其公司规模虽然不是很大，但在美国和世界有很高的知名度。

梅西百货的基本理念是：顾客是企业的利润源泉，员工是打开这一源泉的钥匙。商品部门不同，要求的顾客服务不同，因此应该有不同的薪酬制度来启动员工这把钥匙。

梅西的薪酬制度可以归纳为：小时工资加销售额提成，但不是将两种制度用在同一位员工身上，而是用在不同的员工身上。家具、男士定做服装、鞋类一直实行销售额提成制度，因为这些商品的销售业绩与员工的努力关系极大。而对于其他商品则实行小时固定工资制，因为这些商品的销售业绩与员工的努力关系不大。

完全的固定工资制度和完全的销售额提成制度都有明显的优点和缺点。固定工资制，员工收入不与销售额挂钩。优点是便于管理、支出透明、员工关系融洽；缺点是不利于员工积极性的发挥、干好干坏一个样。销售额提成制度，员工收入与销售额息息相关。优点是不产生固定成本、有利于调动员工的积极性；缺点是不利于管理、员工收入高低不均、成本不稳定。梅西薪酬制度的合理性，在于对不同商品部的员工实行不同的方法。对于日常生活用品的销售，由于销售的弹性不大，实行固定工资的制度，保证员工的稳定收益和稳定的服务；对于时尚用品，由于销售的弹性较大，实行销售额提成的制度，保证员工聪明才智和积极性得到充分发挥，公司实现最大销售额。

在美国著名零售企业中，有些采用另外一种小时工资加销售佣金的方法，即同时对一位员工实施两种制度，通常销售佣金比例超过20%、固定工资小于80%才有激励效果。这种组合常用于零售管理人员和鞋、家用电器、首饰、汽车等贵重商品的销售人员。

总之，零售企业成功的薪酬制度，是适合的薪酬制度。不同的企业、不同的商品部、不同的文化，要求有不同的薪酬制度与其相适应。盲目照搬、片面模仿，不会取得理想的效果，必须结合企业实际情况进行固定工资、销售提成、奖金、福利及享受股票购买权等方面的合理组合。

（资料来源：2006-06-17. 美国著名零售企业的薪酬制度 . 中国劳动咨询网 http: //www.51Labour.com）

➤ 基本概念

人力资源管理（human resource management）	人员招聘（staff recruitment）
售货员（salesman）	在职培训（on-the-job training）
员工培训（employee training）	薪酬（pay）
职务培训（job training）	奖金（prize money）
推销奖金（push money）	奖品（premium merchandise）

➤ 思考题

1. 谈谈零售企业人力资源管理的重要性。

2. 零售企业人员招聘计划主要包括哪些内容？

3. 零售企业人员培训的主要方法有哪几种？零售企业如何根据自身情况，制定可行的培训计划和选取合适的培训方法？

4. 零售企业如何对不同的员工制定合适的考核标准？

5. 零售企业售货员的薪水制度有哪几种？

参 考 文 献

巴里·伯曼，乔尔·R. 伊文思 . 1986. 零售企业经营管理 . 《零售企业经营管理》翻译小组译 . 杭州：杭州商学院出版
　社

白世贞，张玉斌 . 2008. 商场超市采购与配送 . 北京：化学工业出版社

保罗·布里顿，罗杰·考克斯 . 2007. 零售 . 吴雅辉，李可用，邢立娟译 . 北京：中国市场出版社

曹小春 . 2000. 零售企业营销实务 . 北京：中国审计出版社

陈己寰 . 2004. 零售学 . 广州：暨南大学出版社

大卫·E. 贝尔，沃尔特·J. 萨蒙 . 2001. 零售学 . 迟诚，孙晓梅，高鹏等译 . 大连：东北财经大学出版社

冯汉良 . 2006. "无店铺销售"悄然崛起 . 上海经济，(3)：14～17

顾国建 . 2000. 超级市场营销管理 . 上海：立信会计出版社

韩光军 . 2001. 零售店经营手册 . 北京：经济管理出版社

莱辛米勒 . 2005. 商业经营学 . 第四版 . 栗志坤，孙红译 . 北京：中国经济出版社

李骏阳 . 1994. 商业企业经营管理国际惯例 . 贵阳：贵州人民出版社

罗伯特·F. 卢斯 . 1986. 零售商业企业经营管理 . 梁一南译 . 北京：中国商业出版社

彭雷清 . 2004. 零销营销 . 广州：广东经济出版社

沙振权 . 2006. 零售学 . 广州：广东高等教育出版社

孙晓燕 . 2006. 现代零售管理 . 北京：科学出版社

托尼·肯特，欧基尼·奥马尔 . 2004. 什么是零售 . 爱丁译 . 北京：电子工业出版社

王利平 . 1999. 连锁商店经营和发展 . 北京：中国人民大学出版社

文大强 . 2004. 零售经营实务 . 上海：复旦大学出版社

巫开立 . 2004. 现代零售精要 . 广州：广东经济出版社

肖怡 . 2007. 零售学 . 第二版 . 北京：高等教育出版社

徐重九 . 2007. 商圈咽喉：选址找准集客点 . 销售与市场（渠道版），(10)：82～83

尹元元，陈柳钦 . 2007. 现代城市商圈布局的技术方法 . 重庆工商大学学报（西部论坛），(4)：43～47

赵萍 . 2006. 国外零售组织演进假说及其局限性分析 . 经济理论与经济管理，(1)：30～35

甄东伟，顾若瑛 . 2006. 浅析当前国内购物中心发展的几个问题 . 商业经济文荟，(3)：17～19

郑毅，陈宁宁 . 2005. 零售管理 . 北京：科学出版社

周勇 . 1997. 连锁超市运作规范 . 上海：立信会计出版社

庄贵军 . 1996. 西方零售业结构演变的有关理论 . 北京商学院学报（社会科学版），(4)：42～46